KLAUS LÖBBE UND ALBERT ROTH

Methoden der mittelfristigen Steuervorausschätzung

SCHRIFTENREIHE DES RHEINISCH-WESTFÄLISCHEN INSTITUTS FÜR WIRTSCHAFTSFORSCHUNG ESSEN

NEUE FOLGE HEFT 30

Methoden der mittelfristigen Steuervorausschätzung

Zur mittelfristigen Entwicklung des Steueraufkommens in der Bundesrepublik Deutschland

Von Klaus Löbbe
und Albert Roth

Duncker & Humblot · Berlin

Gedruckt 1971 bei Berliner Buchdruckerei Union GmbH., Berlin 61
Printed in Germany

ISBN 3 428 02424 9

Vorwort

Die vorliegende Arbeit ist die überarbeitete Fassung eines Gutachtens, das in den Jahren 1968 und 1969 im Auftrag der Kommission der Europäischen Gemeinschaften vom Rheinisch-Westfälischen Institut für Wirtschaftsforschung erstellt wurde. In diesem Gutachten wurde versucht, geeignete Methoden zur Vorausschätzung des Aufkommens der in der Bundesrepublik Deutschland erhobenen Steuern zu entwickeln und eine Prognose für das Jahr 1975 aufzustellen. Für die damit verbundene finanzielle Unterstützung ist der Kommission der Europäischen Gemeinschaften an dieser Stelle zu danken. Zu Dank verpflichtet fühlen sich die Verfasser darüber hinaus allen Mitgliedern des Arbeitskreises „Steuerschätzungen" beim Bundesminister der Finanzen. Aus der Mitarbeit in diesem Gremium ergaben sich zahlreiche Anregungen zur Verbesserung der Schätzmethoden.

Das Institut legt diese Arbeit einer breiteren Öffentlichkeit vor in der Hoffnung, der Planung der öffentlichen Einnahmen zu größerer Durchsichtigkeit und Nachprüfbarkeit zu verhelfen. Die damit verbundenen Fragen dürften insbesondere für die mittelfristige Finanzplanung und im Rahmen der geplanten großen Steuerreform von Interesse sein.

Essen, im August 1970

Rheinisch-Westfälisches Institut
für Wirtschaftsforschung

Prof. Dr. Dr. h. c. Th. Wessels

Inhalt

Tabellenverzeichnis*

* Alle Angaben beziehen sich — soweit nicht anders vermerkt — auf das Bundesgebiet einschließlich Saarland und Berlin (West).

Verzeichnis der benutzten Symbole

A	=	steuerfreie Abzugsbeträge
B	=	Zahl der beschäftigten Arbeitnehmer
C_B	=	Bierverbrauch der Inländer
C_{pr}	=	Privater Verbrauch
C_{st}	=	Staatsverbrauch
C_T	=	Zigarettenkonsum je potentiellen Verbraucher
D	=	Abschreibungen
E	=	zur Einkommensteuer veranlagtes Einkommen
EW	=	Einheitswert der Gewerbebetriebe
$Ex\text{-}Im$	=	Außenbeitrag
F	=	durchschnittlicher Fahrzeugbestand
G	=	Gesamtbetrag der Einkünfte
GK	=	Gewerbekapital
H	=	durchschnittlicher Hebesatz
I	=	Brutto-Anlageinvestitionen
K	=	zur Körperschaftsteuer veranlagte Einkommen
K_a	=	ausgeschüttete Gewinne Körperschaftsteuer
K_e	=	einbehaltene Gewinne Körperschaftsteuer
L	=	Einkommen aus unselbständiger Arbeit
L_L	=	der Lohnsteuer unterliegendes Einkommen
M	=	Verwendungskomponente
MB	=	Meßbetrag
N	=	Nachzahlungen
Q	=	Einkommen aus Unternehmertätigkeit und Vermögen
Q_E	=	einkommensteuerliche Einkünfte
Q_{GE}	=	Gewerbebetrag
Q_K	=	körperschaftsteuerliche Einkünfte
Q_{KE}	=	Summe der Kapitalerträge
R	=	Belastungsveränderung
S	=	sonstige Zahlungen
T	=	Steuerschuld, unbereinigt
T'	=	Steuerschuld, bereinigt
T_{ind}	=	indirekte Steuern
V	=	Vorratsveränderungen (ohne Suffix)
$V.$	=	Vorauszahlungen (mit Suffix für Einzelsteuer)
Y^F	=	Nettosozialprodukt zu Faktorkosten
Y_n^M	=	Bruttosozialprodukt zu jeweiligen Preisen
Y_r^M	=	Bruttosozialprodukt zu konstanten Preisen

Z = kassenmäßiges Steueraufkommen
Z_{St} = Subventionen

a = regressionsanalytisch zu bestimmender Parameter
a_E = Anteil der Freibeträge am Gesamtbetrag der Einkünfte
b = regressionsanalytisch zu bestimmender Parameter
c = Gewerbeertrag-Gewinnrelation
d = Gewerbekapital-Einheitswertrelation
h = Anteil des steuerfreien Haustrunks
g = Hubraum, bzw. Gewicht der Fahrzeuge
q = Stillegungsquote für Fahrzeugbestand
t = durchschnittliche Steuerbelastung
w = Produktivität
α = Angebotselastizität der Produktion in bezug auf die Nachfrage
γ = Besteuerungsquote Lohnsummensteuer
ε_E = Tarifelastizität Einkommensteuer
ε'_E = Tarifelastizität der einbehaltenen Lohnsteuer
ε_{EL} = Elastizität der einbehaltenen Lohnsteuer
ε_L = Tarifelastizität Lohnsteuer
η_1 = branchenspezifische Besteuerungsquote Einkommensteuer
η_2 = Querverteilungsrelation Einkommensteuer
η_3 = Einkunftselastizität der Selbständigen
η_4 = Einkunftselastizität der Unselbständigen
η_5 = Einkunftselastizität der übrigen Steuerpflichtigen
$\varkappa_1$ = branchenspezifische Besteuerungsquote Körperschaftsteuer
$\varkappa_2$ = Querverteilungsrelation Körperschaftsteuer
λ_1 = Besteuerungsquote Lohnsteuer
λ_2 = Aufkommensrelation Lohnsteuer
φ_1 = Aufkommensrelation Kraftfahrzeugsteuer
φ_2 = PKW-Dichte
φ_2^* = Sättigungsniveau der PKW-Dichte

Symbole für die einzelnen Steuerarten

L = Lohnsteuer
E = Einkommensteuer
KE = Kapitalertragsteuer
K = Körperschaftsteuer
U = Steuern vom Umsatz
EA = Ergänzungsabgabe
T = Tabaksteuer
F = Kraftfahrzeugsteuer
B = Biersteuer
GE = Gewerbesteuer E+K
GL = Lohnsummensteuer
V = Vermögensteuer

Vorbemerkungen

Das „Gesetz zur Förderung der Stabilität und des Wachstums der Wirtschaft vom 8. Juni 1967 (StabG)“[1] verpflichtet die Regierungen von Bund und Ländern, „bei ihren wirtschafts- und finanzpolitischen Maßnahmen die Erfordernisse des gesamtwirtschaftlichen Gleichgewichts zu beachten“ (§ 1 StabG). Diese Forderung, durch die ein „Minimum geplanter und rational erkennbarer Wirtschaftspolitik (er-)zwungen werden soll“[2], wird für die Haushaltswirtschaft des Bundes konkretisiert durch die Vorschrift des § 9 StabG, nach der in einer fünfjährigen Finanzplanung „Umfang und Zusammensetzung der voraussichtlichen Ausgaben und die Deckungsmöglichkeiten in ihren Wechselbeziehungen zu der mutmaßlichen Entwicklung des gesamtwirtschaftlichen Leistungsvermögens darzustellen“ (§ 9 Abs. 1 StabG) sind. Als Beitrag zu den damit erforderlichen Bestrebungen, die Methodik der Steuerschätzungen weiter zu verbessern[3], und aufbauend auf einer Reihe bereits veröffentlichter Arbeiten[4] soll der Versuch unternommen werden, den Zusammenhang zwischen der zukünftigen wirtschaftlichen Entwicklung und dem zu erwartenden Steueraufkommen mittels geeigneter Methoden zu beschreiben. In einer solchen mittelfristigen Betrachtungsweise, die einen Zeitraum von maximal fünf bis sieben Jahren umfaßt, muß sowohl von konjunkturellen wie von irregulären

---

[1] „Bundesgesetzblatt“ (im folgenden zitiert: BGBl), Teil I, Jg. 1967, S. 582.

[2] A. Möller (Hrsg.), Kommentar zum Gesetz zur Förderung der Stabilität und des Wachstums der Wirtschaft. Hannover 1968, S. 16.

[3] Über den Stand der Bemühungen seitens des Bundesfinanzministeriums vgl. L. Wolkersdorf, Diskussionsbeitrag in: Mittelfristige Finanzplanung. (Beihefte der Konjunkturpolitik, Heft 15.) Berlin 1968, S. 105.

[4] Vgl. etwa G. Hagemann, Aufkommenselastizitäten ausgewählter Steuern in der Bundesrepublik Deutschland 1950 - 1963. (Kieler Studien, Forschungsberichte des Instituts für Weltwirtschaft an der Universität Kiel. Hrsg. v. E. Schneider. Nr. 85.) Tübingen 1968. — J. Körner, Methoden zur Vorausschätzung des Tabaksteueraufkommens. (Studien zur Finanzpolitik, hrsg. vom Ifo-Institut für Wirtschaftsforschung, Heft 4.) München 1967. — Derselbe, Methoden zur mehrjährigen Vorausschätzung des Biersteueraufkommens. (Ebenda, Heft 7.) München 1968. — Derselbe, Methoden zur mehrjährigen Vorausschätzung des Mineralölsteueraufkommens. (Ebenda, Heft 11.) München 1969. — Derselbe, Struktur und personelle Verteilung von Lohn und Lohnsteuer in der Bundesrepublik Deutschland seit 1950. (Ebenda, Heft 14.) München 1970. — J. P. Petersen und G. Spanakakis, Nettoumsatzsteuer und Steuersatz. (Ebenda, Heft 6.) München 1970. — P. B. Spahn, Modell zur Vorausschätzung des Lohnsteueraufkommens in der BRD. (Forschungsbericht. Hrsg. vom Deutschen Institut für Wirtschaftsforschung.) Berlin 1970. — W. Albers, u. a., Sozialprodukt, öffentliche Haushalte und Bildungsausgaben in der Bundesrepublik. Eine Projektion bis 1975. (Gutachten und Studien der Bildungskommission, Nr. 5. Hrsg. vom Deutschen Bildungsrat.) Stuttgart 1968. — Daneben Untersuchungen des RWI, auf die im einzelnen verwiesen wird (vgl. auch das Literaturverzeichnis auf S. 136 ff.).

Schwankungen abstrahiert wie auch ein unverändertes Steuerrecht[5] unterstellt werden.

Mit wachsendem zeitlichen Horizont nimmt aber das Fehlerrisiko seitens der als exogen betrachteten gesamtwirtschaftlichen Daten stark zu, da der mittelfristige Wachstumsverlauf selbst noch unbekannt ist. Das gilt auch, wenn – wie etwa im Fall der Zielprojektionen der Bundesregierung – die Realisierung gewisser Eckwerte durch geeignete wirtschaftspolitische Mittel gewährleistet sein könnte. Um diese zusätzliche, nicht durch die Methode der Steuerschätzung bedingte Unsicherheit zu verdeutlichen, werden in der vorliegenden Arbeit mehrere konsistent erscheinende gesamtwirtschaftliche Entwicklungsverläufe unterstellt. Diese Alternativrechnungen sollen den Charakter von reinen Trendprognosen haben und – bei relativ großem Wachstumsspielraum – die Konsequenzen der unterschiedlichen wirtschaftlichen Annahmen auf Niveau und Struktur des Steueraufkommens aufzeigen.

Es hätte nahegelegen, zumindest als eine dieser Alternativen den in den amtlichen Zielprojektionen[6] angestrebten Entwicklungsverlauf heranzuziehen. Ansatzpunkt und Methodik der Zielprojektionen weichen jedoch von der für mittelfristige Steuerschätzungen geforderten Konzeption insoweit ab, als hierin

– eine klare Trennung von konjunktureller und trendmäßiger Entwicklung nicht vorgenommen bzw. bewußt vermieden wird,
– einige steuerlich relevante Größen aus ordnungspolitischen Zielsetzungen heraus nicht Bestandteil der Zielprojektion sein können (z. B. die Einkommensverteilung).

Die Zielprojektionen sind ihrer Intention nach zwar konjunkturfrei, was auch in den Erläuterungen zur ersten Projektion für den Zeitraum 1966 bis 1971 ausdrücklich konstatiert wird: „Konjunkturschwankungen sind nicht berücksichtigt, auch wenn Zahlen für einzelne Jahre angegeben werden[7].“ Es wird also eine konjunkturell bedingte Differenz zwischen Prognose und Realisation zugelassen. Das trifft auch für die mit den Zielprojektionen eng verzahnte Mittelfristige Finanzplanung zu: „Eine Berücksichtigung konjunktureller Schwankungen würde schon an der mangelnden Vorhersehbarkeit konjunktureller Wechsellagen über einen längeren Zeitraum scheitern“[8], die Mittelfristige Finanzplanung soll „von kurzfristigen – insbesondere konjunkturellen – Gesichtspunkten (absehen) und sich ausschließlich an längerfristigen

---

5 Es werden grundsätzlich nur Steuerrechtsänderungen berücksichtigt, deren Gesetzestexte vorliegen und/oder deren finanzielle Auswirkungen bereits bekannt sind; insbesondere wird angenommen, daß das Steueränderungsgesetz 1970 entsprechend den Beschlüssen des Bundeskabinetts vom 7. Juli 1970 vorläufig nicht verabschiedet wird. Vgl. „Bulletin des Presse- und Informationsamtes der Bundesregierung“, Bonn, Nr. 93 vom 9. Juli 1970, S. 919.

6 Zuletzt für den Zeitraum 1969 bis 1974, veröffentlicht in: Jahreswirtschaftsbericht 1970 der Bundesregierung, Anlage 3. Deutscher Bundestag, Drucksache (im folgenden zitiert: BT-Drucksache) VI/281, S. 44 ff.

7 Jahreswirtschaftsbericht 1968 der Bundesregierung, Anlage 1. BT-Drucksache V/2511, S. 23.

8 A. Möller, Kommentar zum StabG, a.a.O., S. 128.

wirtschaftspolitischen Zielen (orientieren)“[9]. Die nach den bisher veröffentlichten Projektionen für das Endjahr des Projektionszeitraumes angestrebten wirtschaftspolitischen Zielkombinationen können in der Tat als politisch definierte Gleichgewichtslagen apostrophiert werden. Sie divergieren in den einzelnen Veröffentlichungen nur in Nuancen (vgl. Texttabelle 1), sieht man von der Erhöhung der Preisannahme in der jüngsten Projektion (1969 - 1974) einmal ab.

Tabelle 1: Zielwerte der bisherigen Projektionen der allgemeinen Wirtschaftsentwicklung des Bundesministers für Wirtschaft

	Zielprojektion			
	1966 - 71	1967 - 72	1968 - 73	1969 - 74
Arbeitslosenquote in vH	0,8	0,8	1,0	0,7 - 1,2
Durchschnittl. Zuwachsrate des Preisniveaus des Privaten Verbrauchs in vH	1,0	1,0	1,8	2,0 - 2,5
Anteil des Außenbeitrages am Bruttosozialprodukt in vH	1,0	1,5	2,0	1,5 - 2,0
Durchschnittl. Zuwachsrate des realen Bruttosozialprodukts in vH	4,0	4,0	4,2	4,0 - 4,5

Quelle: Jahreswirtschaftsbericht 1968 der Bundesregierung. BT-Drucksache V/2511, S. 23. — Der Bundesminister für Wirtschaft, Die wirtschaftliche Lage in der Bundesrepublik Deutschland, 1. Vierteljahr 1968, S. 8. — Jahreswirtschaftsbericht 1969 der Bundesregierung. BT-Drucksache V/3786, S. 37. — Jahreswirtschaftsbericht 1970 der Bundesregierung. BT-Drucksache VI/281, S. 44.

Der Zielprojektion für das Endjahr wird das — in der Regel konjunkturell verzerrte — Basisjahr gegenübergestellt. Aus den „tatsächlichen Abweichungen im Basisjahr und der Hypothese der Realisierung der optimalen Zielkombination im Endjahr der Projektionsperiode ergeben sich Entwicklungsreihen für den Zeitraum selber“[10]. Diese „Entwicklungsreihe“ ist aber logischerweise keine echte mittelfristige Wachstumsrate mehr, sie wird stets in dem Ausmaß konjunkturell (antizyklisch!) verzerrt sein, in dem die tatsächliche konjunkturelle Lage im Basisjahr von der für das Endjahr angestrebten konjunkturellen Lage abweicht. Dieses Problem wird sich solange ergeben, wie dem § 9 Abs. 3 StabG die Verpflichtung zur Anpassung der Finanzplanung auf das jeweils laufende Kalenderjahr entnommen wird, denn damit wird jeweils nach Jahresfrist ein neues, konjunkturell vom vorhergehenden abweichendes Basisjahr herangezogen; der vermeintlich mittelfristige Verlauf also ceteris paribus jedes Jahr neu formuliert.

---

9 Stabilität im Wachstum. Jahresgutachten 1967/68. Sachverständigenrat zur Begutachtung der gesamtwirtschaftlichen Entwicklung. Stuttgart und Mainz 1967, TZ 184, S. 94.

10 Der Bundesminister für Wirtschaft, Projektion der mittelfristigen Wirtschaftsentwicklung — Methode und Verfahren. (BMWi-Texte.) Bonn 1969, S. 9.

Dieser Effekt wird durch die unter anderem in der Zielprojektion 1967 bis 1972[11] praktizierte Methode der Restrechnung noch verstärkt. Hierbei werden das am Ende des fünfjährigen Projektionszeitraumes angestrebte und das in den ersten b e i d e n Jahren wahrscheinlich zu realisierende Niveau saldiert und die sich ergebende Reststeigerung ermittelt. Auf diese Weise wird die in § 9 StabG offen gebliebene Frage, ob das Basisjahr als erstes Jahr des Plans auf die gesetzliche Fünfjahresperiode anzurechnen sei[12], umgangen. „Die konjunkturpolitische Komponente der der Finanzplanung zugrunde liegenden wirtschaftlichen und finanzwirtschaftlichen Leitgrößen kommt darin zum Ausdruck, daß die Zuwachsraten ... sich ... bei der jährlichen Anpassung für die beiden ersten Planungsjahre faktisch auf Grund einer Vorausschätzung der wahrscheinlichen allgemeinen Wirtschaftsentwicklung ergeben und erst für die drei letzten Planungsjahre auf Grund der wirtschaftlichen Zielprojektion unter längerfristigen Wachstums- und strukturpolitischen Aspekten ermittelt werden[13]." So notwendig ein solches Vorgehen für die mehrjährige Finanzplanung aus politischen Erfordernissen sein mag und so sinnvoll dies im Sinne einer antizyklischen Finanzpolitik ist, die auf diese Weise gebildeten mehrjährigen Wachstumsraten sind in keinem Falle mittelfristiger Art, wie das nebenstehende Schaubild am Beispiel der Zielprojektion 1968 - 1973 verdeutlicht: Es sei ein durchschnittliches jährliches Wachstum in konstanten Preisen von + 4,2 vH und, bei jährlichen Preissteigerungen von + 1,8 vH, ein nominales Wachstum von + 6,0 vH angestrebt. Würde beispielsweise in 1969 ein tatsächliches nominales Wachstum von + 9,0 vH und in 1970 von + 7,0 vH für wahrscheinlich gehalten, so ergäbe sich eine „Gleitlandung von oben"; lägen die Werte dagegen für 1969 mit + 3,3 vH und für 1970 mit + 4,0 vH unter dem Durchschnitt von + 6,0 vH, dann käme es zu einer „Gleitlandung von unten". Die Zuwachsrate im Zeitabschnitt 1971 bis 1973 ist im ersten Fall kleiner als im zweiten Fall. Ein solches Ergebnis ist aber für mittelfristige Überlegungen untragbar.

Wegen der methodischen Schwierigkeiten, insbesondere bei der Wahl des Basisjahres und der fehlenden Angaben für die Verteilungsrechnung, wurde von einer Durchrechnung auf der Basis der Zielprojektionen abgesehen. Sie bilden nurmehr Bezugspunkte für die Bildung einer oberen und einer unteren Alternative der trendmäßigen Entwicklung des Bruttosozialprodukts und seiner Komponenten.

Neben diesen mittelfristigen Trendschätzungen werden zu Vergleichszwecken auch Schätzungen für 1969 und 1970 auf der Basis der tatsächlich eingetretenen bzw. nach den neuesten Konjunkturschätzungen[14] zu erwartenden Ent-

[11] Es ist allerdings zu berücksichtigen, daß es sich hierbei um eine Fortschreibung der Zielprojektion von 1966 bis 1971 handelt, also nicht um eine originäre Berechnung.

[12] Vgl. A. Möller, Kommentar zum StabG, a.a.O., S. 127.

[13] L. Wolkersdorf, Beziehungen zwischen Haushaltsplan und Finanzplanung unter besonderer Berücksichtigung politischer und administrativer Aspekte. In: Mittelfristige Finanzplanung, a.a.O., S. 35.

[14] Die Lage der Weltwirtschaft und der Westdeutschen Wirtschaft im Frühjahr 1970, abgeschlossen in Berlin am 24. April 1970. Hrsg. von der Arbeitsgemeinschaft deutscher wirtschaftswissenschaftlicher Forschungsinstitute. Bonn 1970.

ENTWICKLUNG DES BRUTTOSOZIALPRODUKTS
in jeweiligen Preisen
1960 = 100

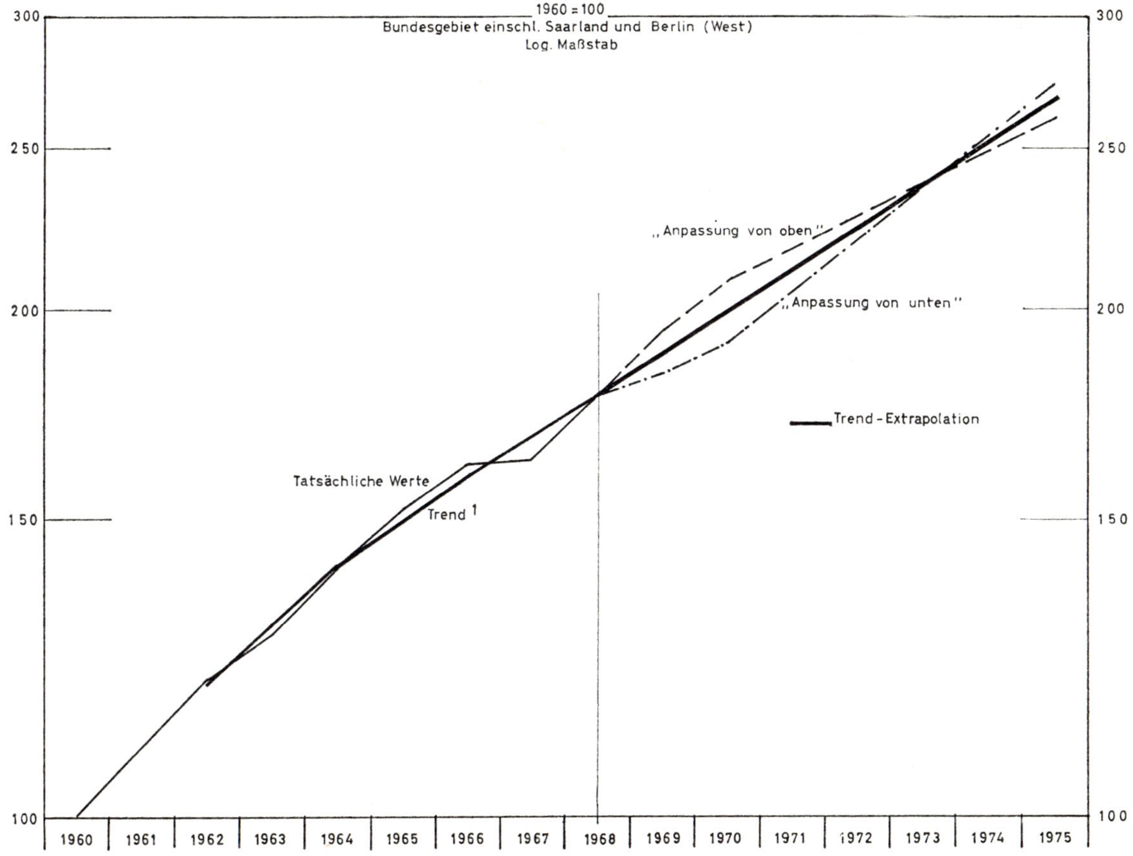

1) Gleit. 5-Jahres-Ø, für 1967: gleit. 3-Jahres-Ø, für 1968: Tatsächlicher Wert.

wicklung vorgenommen. Für diese beiden Jahre liegen damit 3 Werte vor, nämlich jeweils zwei Trendwerte und ein Konjunkturwert. Damit soll gezeigt werden, daß die hier vorgelegten Schätzmethoden sowohl zur mittelfristigen Finanzplanung wie auch – mit gewissen veränderten Annahmen – zur kurzfristigen Haushaltsplanung herangezogen werden können.

Eine weitere Vorbemerkung erfordert der Begriff der Steuerfunktion. In der vorliegenden Arbeit wird die Entwicklung des Aufkommens einer einzelnen Steuer in Abhängigkeit gesehen von geeigneten, meist makroökonomischen Größen; durch Einsetzen der entsprechenden Daten für den Prognosezeitraum läßt sich damit das zukünftige Aufkommen ableiten. Die verwendeten Funktionen oder Schätzgleichungen sind jedoch häufig umfangreicher, als dies für ökonometrische Analysen wünschenswert und zulässig ist, weil die Entwicklung des Steueraufkommens in nicht geringem Maße mitbestimmt wird durch Rechtsänderungen, exogen zu bestimmende Korrekturposten und sehr spezielle Lag-Beziehungen. Unter diesen Voraussetzungen ist die Zahl der Zeitreihenwerte, die auf vergleichbarem Rechtsstand vorhanden sind oder geschaffen werden, viel zu gering, um z. B. plausible Regressionsansätze zu bestimmen[15]. Die verwendeten Steuerfunktionen haben also den Charakter von Schätzgleichungen mit einfachen additiven oder multiplikativen Verknüpfungen. Die Güte des Schätzverfahrens läßt sich daher auch nicht ex ante mit Hilfe der bekannten Testverfahren bestimmen, sondern nur durch ex post-Prognosen. Dieser Umstand zwingt jedoch wiederum zu weiterer Spezifizierung der Schätzgleichungen, die erst abgebrochen werden kann, wenn die sich ergebenden Relationen, Quoten oder Koeffizienten keine signifikanten oder keine erklärbaren Schwankungen mehr zeigen. Die Entwicklung oder das Niveau dieser Größen, die den ökonometrisch zu bestimmenden Parametern vergleichbar sind, werden für die Prognose als konstant unterstellt. Irreguläre Schwankungen sind in den Prognosewerten ex definitione nicht enthalten, ebenso ist der Prognoseansatz so gewählt, daß konjunkturelle Schwankungen nicht mehr auftreten.

Um den Rechenaufwand für eine grobe Steuerschätzung auf der Basis anderer als der hier getroffenen Annahmen über die gesamtwirtschaftliche Entwicklung in möglichst engen Grenzen zu halten, werden in der vorliegenden Untersuchung neben den ausführlichen Schätzgleichungen zusätzlich Elastizitätskoeffizienten und Belastungsquoten bestimmt, die eine Beziehung zwischen dem Steueraufkommen und den großen Aggregaten der Volkswirtschaftlichen Gesamtrechnung herstellen. Es darf jedoch kein Zweifel darüber bestehen, daß die Anwendung solcher Quoten und Elastizitäten, die selbst das Ergebnis umfangreicher Schätzverfahren sind, außerordentlich problematisch ist:

---

[15] Gegen die im sog. Krelle-Modell enthaltenen linearen Regressionsfunktionen läßt sich neben diesen Einwänden auch geltend machen, daß der Progressionscharakter der Einkommensteuer nicht adäquat berücksichtigt werden kann. Vgl. W. Krelle, u. a., Ein Prognosesystem für die wirtschaftliche Entwicklung der Bundesrepublik Deutschland. Meisenheim a. Gl. 1969, insbes. S. 284 ff.

- Der zeitliche Verlauf der Koeffizienten ist nicht unabhängig von dem der gesamtwirtschaftlichen Entwicklung. So wird etwa der Elastizitätskoeffizient einer Progressionssteuer für ein bestimmtes Jahr wesentlich von der Niveaulage der Einkommensschichtung mitbestimmt, diese ist aber auch von den Einkommenssteigerungen vergangener Jahre abhängig.
- Neben den im einzelnen getroffenen Annahmen über die Entwicklung sind auch jene über das Verhältnis einzelner gesamtwirtschaftlicher Leitdaten zueinander von Bedeutung, so z. B. über das Verhältnis von Löhnen und Gewinnen oder den Anteil der körperschaftsteuerlichen an den gesamten Einkommen der Unternehmen.
- In einigen Fällen, insbesondere bei den Veranlagungssteuern, ergeben sich Nachwirkungen der jüngsten Vergangenheitswerte auf die Prognosedaten; ein Umstand, der auch in mittelfristigen Schätzungen nicht auszuschalten ist.
- Steuerrechtsänderungen bewirken nicht nur Steuerausfälle im Jahr des Wirksamwerdens, sondern verursachen auch in späteren Jahren sowohl Minder- wie u. U. auch Mehreinnahmen.

All dies bewirkt, daß die ausgewiesenen Belastungsquoten und Elastizitätskoeffizienten nur für das genau bezeichnete Jahr und unter den jeweils genannten Annahmen Gültigkeit haben. Je nach der tatsächlichen Entwicklung und der Tragweite der Annahmen werden die Koeffizienten daher in etwa ein- bis zweijährigen Abständen anhand der ausführlichen Schätzverfahren neu zu bestimmen sein.

Erstes Kapitel

Die gesamtwirtschaftlichen Grundlagen

A. Zur Prognose der allgemeinen Wirtschaftsentwicklung

In ähnlicher Weise wie die Zielprojektionen sind auch die Sozialproduktsdaten aus einer mittelfristigen Potentialschätzung unter Vorgabe einer Preishypothese abgeleitet worden. Ausgangspunkt sind die vom Bundesministerium für Wirtschaft im Jahre 1968 veröffentlichten und bisher noch nicht offiziell revidierten „Perspektiven des Wirtschaftswachstums in der Bundesrepublik Deutschland bis zum Jahre 1980“[1], aus denen unter Berücksichtigung der in der jüngsten Vergangenheit festzustellenden Tendenzen eine Bandbreite denkbarer wirtschaftlicher Entwicklungsverläufe für den Zeitraum 1968 bis 1975 formuliert wird. Eine Entscheidung zugunsten einer niedrigeren oder, wie in letzter Zeit verschiedentlich diskutiert[2], höheren mittelfristigen Produktionsentwicklung ist damit nicht verbunden.

Das in den Perspektivprojektionen als Basis gewählte Jahr 1968 erscheint angemessen, da die empirischen Werte für diesen Zeitraum nur geringfügig unter ihren Trendwerten lagen: Der tatsächliche Wert des Bruttosozialprodukts lag 1968 um 1 vH unter dem Wert des gleitenden Dreijahresdurchschnitts (1967 bis 1969) und um knapp 4 vH unter dem Wert des gleitenden Fünfjahresdurchschnitts (1966 bis 1970; 1970 geschätzt). Von der Berechnung eines hypothetischen, konjunkturfreien Basiswertes wurde daher aus praktischen Erwägungen abgesehen[3]. Das Niveau des Basisjahres wurde mit jährlich gleichbleibenden alternativen Zuwachsraten bis zum Jahre 1975 fortgeschrieben.

---

1 Der Bundesminister für Wirtschaft, Die wirtschaftliche Lage in der Bundesrepublik Deutschland. 3. Vierteljahr. Bonn 1968, S. 1 ff. Während der Drucklegung wurden die „Perspektiven des Wirtschaftswachstums in der Bundesrepublik Deutschland bis zum Jahre 1985“ veröffentlicht. Vgl. Der Bundesminister für Wirtschaft, Die wirtschaftliche Lage in der Bundesrepublik Deutschland. 3. Vierteljahr. Bonn 1970, S. 1 ff.

2 Im Sog des Booms. Jahresgutachten 1969/70. Sachverständigenrat zur Begutachtung der gesamtwirtschaftlichen Entwicklung. Stuttgart und Mainz 1969, S. 16 f. Ähnliche Überlegungen werden in jüngster Zeit auch vom Deutschen Institut für Wirtschaftsforschung angestellt. Vgl. Höherer Wachstumsspielraum für die deutsche Wirtschaft. „Wochenbericht“ (hrsg. vom Deutschen Institut für Wirtschaftsforschung), Berlin, Jg. 37 (1970), S. 155.

3 Alle Angaben der Volkswirtschaftlichen Gesamtrechnung für 1954 bis 1969 einschließlich nach Angaben des Statistischen Bundesamtes und dem Stande von Januar 1970. Vgl. „Wirtschaft und Statistik“, Stuttgart und Mainz, Jg. 1969, Zahlenteil S. 556* ff.; — „Statistischer Wochendienst“, Stuttgart und

Neben diese reinen Trendschätzungen treten — soweit dies vertretbar erscheint und ohne direkten Bezug zu diesen — auch Schätzwerte für 1969 und 1970 unter Berücksichtigung der konjunkturellen Situation. Die Angaben werden für zusätzliche ex post-Schätzungen einzelner Steuern benötigt; sie machen das Ausmaß der konjunkturellen Anspannungen in diesen Jahren deutlich.

1. Die Entstehung des Sozialprodukts

Zur Analyse des gesamtwirtschaftlichen Wachstums wird die Entwicklung des realen Bruttosozialprodukts definitorisch in eine Beschäftigungs- und eine Produktivitätskomponente zerlegt:

$$Y_r^M = w \cdot B \,, \tag{1}$$

wobei unter Y_r^M das zu konstanten Preisen bewertete Bruttosozialprodukt nach dem Marktpreiskonzept, unter B die Zahl der beschäftigten Arbeitnehmer und unter w die Produktivität zu verstehen ist. Die Beziehung (1) ist eine Tautologie, denn die Produktivität ist ihrerseits definiert als Bruttosozialprodukt je im Inland beschäftigten Arbeitnehmer:

$$w = \frac{Y_r^M}{B} \,. \tag{2}$$

Die Bezugsgröße „beschäftigte Arbeitnehmer" (B) wurde gewählt, da nur für diese Erwerbspersonen nach Wirtschaftssektoren gegliederte Angaben aus der amtlichen Statistik in der erforderlichen Tiefengliederung zur Verfügung stehen[4]. Bei einem Vergleich mit amtlichen Zahlen ergeben sich daraus gewisse Schwierigkeiten, denn in den Vorausschätzungen des Bundesministeriums für Wirtschaft wird die Produktivität im allgemeinen verstanden als Bruttosozialprodukt je Erwerbstätigen, die Differenz ergibt sich aus der Veränderung der Selbständigen und der mithelfenden Familienangehörigen.

Nach den Angaben der Perspektivprojektionen lassen sich jedoch die notwendigen Abstimmungen vornehmen:

Erwerbstätige Inländer
— Selbständige
— mithelfende Familienangehörige
= Beschäftigte Arbeitnehmer, Inländer
+ im Inland erwerbstätige Ausländer
abzüglich im Ausland erwerbstätige Inländer
= Beschäftigte Arbeitnehmer, Inland

Mainz, Jg. 1969, Beilage zu Heft 1/1970. Angaben für 1970: eigene Berechnungen auf der Grundlage der Gemeinschaftsdiagnose der Forschungsinstitute: Die Lage der Weltwirtschaft und der Westdeutschen Wirtschaft im Frühjahr 1970, a.a.O.

[4] Vgl. „Wirtschaft und Statistik", Jg. 1966, Zahlenteil S. 656*.

Die Entwicklung der erwerbstätigen Inländer ist sowohl von demographischen wie von ökonomischen Faktoren abhängig. Nach der neuesten Vorausschätzung der natürlichen Bevölkerungsentwicklung des Statistischen Bundesamtes wird die Wohnbevölkerung vom 1. 1. 1968 bis zum 1. 1. 1975 um etwa 2,73 Millionen Personen zunehmen und damit im Endjahr (ohne Wanderungen, die als ökonomisch induziert betrachtet werden) 62,91 Millionen erreichen (vgl. Texttabelle 2). Die Erwerbsquote, definiert als Anteil der Erwerbspersonen an der Wohnbevölkerung, wird, wie allgemein angenommen, als Folge einer veränderten Altersstruktur und verlängerter Ausbildungszeiten im Prognosezeit-

Tabelle 2: Einwohner, Erwerbspersonen und Erwerbstätige

	1968	1975	
		Alternative I	Alternative II
Wohnbevölkerung (ohne Wanderungen) JD in 1 000	60 184	62 910	62 910
Anteil der Erwerbspersonen .... in vH	44,3	42,6	42,6
Erwerbspersonen (ohne Wanderungen) JD in 1 000	26 665	26 800	26 800
Anteil der Arbeitslosen .... in vH	1,2	1,2	0,7
Erwerbstätige Inländer (ohne Wanderungen) JD in 1 000	26 342	26 480	26 610
Beschäftigte nichtdeutsche Arbeitnehmer JD in 1 000	1 019	1 260	1 690
Zunahme in 1 000	—	240	670
Erwerbstätige Inländer	26 342	26 720	27 280

Quelle: „Wirtschaft und Statistik", Jg. 1969, Zahlenteil S. 564*. — Statistisches Bundesamt, Statistisches Jahrbuch für die Bundesrepublik Deutschland 1969. Stuttgart und Mainz 1969, S. 36 und 130. Eigene Schätzungen.

raum weiter absinken; in beiden Alternativen dürfte 1975 eine Erwerbsquote von 42,6 vH erreicht werden[5]. Aus den Perspektivprojektionen wird die Arbeitslosenquote von 1,2 vH in der unteren und 0,7 vH in der oberen Alternative abgeleitet; es ergeben sich Werte für die erwerbstätigen Inländer von etwa 26,5 bis 26,6 Millionen Personen, ebenfalls ohne Berücksichtigung der Wanderungen über die Grenzen des Bundesgebietes. Diese Erhöhung des inländischen Beschäftigungspotentials wird — da hier nur die Erwerbstätigen interessie-

---

5 Dieser Wert stimmt bei Berücksichtigung der definitorischen Unterschiede auch mit einer Vorausschätzung des Instituts für Arbeitsmarkt- und Berufsforschung überein. Vgl. W. Klauder und G. Kühlewind, Projektion des Angebots an inländischen Arbeitskräften in der Bundesrepublik Deutschland für die Jahre 1973, 1975 und 1980. „Mitteilungen aus der Arbeits- und Berufsforschung", Stuttgart, Jg. 3 (1970), S. 10.

ren – durch einfache Annahmen über die Erhöhung der beschäftigten nichtdeutschen Arbeitnehmer berücksichtigt. Es wird angenommen, daß im Jahresdurchschnitt 1975 knapp 1,3 Millionen Ausländer im Fall der unteren bzw. 1,7 Millionen im Fall der oberen Alternative im Bundesgebiet arbeiten, das bedeutet einen Zugang von 240 000 bzw. 670 000 Beschäftigten gegenüber 1968. Entsprechend liegt die Zahl der erwerbstätigen Inländer 1975 zwischen 26,7 und 27,3 Millionen Personen (vgl. Texttabelle 2 und Tabelle[6] A 1, Spalte 1). Die jährlichen Veränderungsraten liegen mit + 0,2, bzw. + 0,5 vH pro Jahr höher als die der Perspektivprojektion, das trendmäßige Niveau des Jahres 1975 wird unter dem Einfluß der Hochkonjunktur bereits 1970 erstmals erreicht werden.

Die Zahl der Unselbständigen wird auch in Zukunft stärker zunehmen als die der Erwerbstätigen insgesamt. Es wird damit gerechnet, daß die Zahl der Selbständigen und der mithelfenden Familienangehörigen von 1968 bis 1975 um etwa ein Viertel abnehmen wird, so daß die Zunahme der abhängig Erwerbstätigen jeweils um 0,5 vH höher liegen wird als die aller Erwerbstätigen (vgl. Tabelle A 1, Spalten 3 und 4).

Der Pendlersaldo, d. h. der Saldo der im Inland erwerbstätigen Ausländer und der im Ausland erwerbstätigen Inländer („Grenzgänger") wird mit dem 1968 erreichten Niveau fortgeschrieben. Damit ist auch die zukünftige Entwicklung der beschäftigten Arbeitnehmer im Inland bestimmt (Tabelle A 1, Spalten 6 und 7).

Als Produktivitätsmaße werden sowohl das Bruttosozialprodukt je Erwerbstätigen wie auch je beschäftigten Arbeitnehmer untersucht und prognostiziert. Entsprechend der divergierenden Entwicklung der beiden Bezugsgrößen ist auch die Spanne zwischen den Alternativen unterschiedlich: Die Zunahme des Bruttosozialprodukts je Erwerbstätigen wird mit + 4,0 vH pro Jahr (Alternative I) bzw. + 5,4 vH pro Jahr (Alternative II) angenommen, die entsprechenden Werte für das Produktionswachstum je unselbständig Beschäftigten liegen zwischen 3,5 vH und 4,6 vH (vgl. Tabelle A 1, Spalten 8 und 9). Die relativ hoch erscheinenden Werte insbesondere der oberen Alternative sind im Zusammenhang mit der tatsächlichen Entwicklung in den Jahren 1969 und 1970 zu sehen. Es handelt sich um unechte Durchschnitte aus je zwei Hochkonjunktur- und drei Trendwerten.

Entsprechend Gleichung (1) ergibt sich damit ein Wachstum des Sozialprodukts in konstanten Preisen von + 4,2 vH bei Alternative I und + 5,9 vH bei Alternative II für den Zeitraum 1968 bis 1975 (Spalten 10 und 11).

In Anlehnung an die jüngste Zielprojektion (1969 - 1974) des Bundeswirtschaftsministeriums[7] und in Anbetracht der relativ hohen Preissteigerungen der Jahre 1969 und 1970 wurde die Entwicklung des Preisindex des Bruttosozialprodukts („Deflator", Tabelle A 1, Spalte 12) mit 1,8 vH bzw. 3,0 vH an-

---

6 Die Tabellen des Anhangs werden mit A 1, A 2 . . . bezeichnet.

7 Vgl. S. 17.

gesetzt und die jährliche nominale Zunahme des Bruttosozialprodukts (Y_n^M) mit + 6,0 vH in der unteren und knapp + 9,0 vH in der oberen Alternative ermittelt (Tabelle A 1, Spalten 13 und 14).

Aus dem nominalen Bruttosozialprodukt Y_n^M ergibt sich nach Abzug der Abschreibungen (D) und der indirekten Steuern (T_{ind}), vermindert um die Subventionen (Z_{st}), das Nettosozialprodukt zu Faktorkosten (Y^F):

(3) $$Y^F = Y_n^M - D - (T_{\text{ind}} - Z_{st}) \ .$$

Die Vorausschätzung der Abschreibungen erfolgt über Elastizitätsbeziehungen mit dem Bruttosozialprodukt und auf Grund der zu erwartenden Änderungen des Kapitalbestandes. Es wurde mit einer zum Sozialprodukt leicht gedämpft verlaufenden Entwicklung gerechnet: im Fall der unteren Alternative mit einer Elastizität von 1,08 und im Fall der oberen Alternative von 0,90.

Die Entwicklung der indirekten Steuern wurde mit Hilfe von vereinfachten Ansätzen der hier entwickelten Schätzmethoden prognostiziert. Die gegenüber dem Sozialprodukt weniger große Wachstumsdifferenz erklärt sich aus der im Prognosezeitraum voll wirksam werdenden Mehrwertsteuer und dem Abbau der Investitionssteuer[8]. Die Subventionen wurden in Anlehnung an die Entwicklung des Staatsverbrauchs geschätzt.

Durch Saldierung gemäß Gleichung (3) ergibt sich das Nettosozialprodukt zu Faktorkosten.

2. Verwendung des Sozialprodukts

Die Entwicklung der nominalen Verwendungskomponenten des Sozialprodukts unterliegt im System der Globalsteuerung in hohem Maße den von den staatlichen Instanzen formulierten Zielsetzungen. Aus diesen Gründen ist bei allen Vorbehalten gegen die amtlichen Zielprojektionen zumindest ihre relative Struktur hinsichtlich der Nachfragekomponenten zu beachten. Die Texttabelle 3 enthält aus diesem Grunde eine Gegenüberstellung der in den einzelnen Zielprojektionen angestrebten jahresdurchschnittlichen Veränderungsraten der wichtigsten Verwendungsaggregate und die in der vorliegenden Arbeit unterstellten entsprechenden Größen.

Es zeigt sich, daß die in den neueren Zielprojektionen angestrebten Wachstumsraten im allgemeinen in der Mitte des durch die Alternativen eingegrenzten Spielraumes liegen. Dabei ist zu beachten, daß die jeweiligen Projektionszeiträume unterschiedlich sind, insbesondere, daß die Zielprojektion 1969 bis 1974 auf einem konjunkturell höheren Niveau basiert. Für den Zeitraum von 1968 bis 1974 impliziert die Zielprojektion 1969 bis 1974 ein Wachstum des

---

8 Der für 1969 eingesetzte Konjunktur-Wert weicht von den in den Veröffentlichungen des Statistischen Bundesamtes vor der Revision genannten Zahlen ab, da hierin die Gewerbesteuer offensichtlich zu niedrig geschätzt worden war.

Bruttosozialprodukts in jeweiligen Preisen von jährlich + 7,6 vH, d. h. bei vergleichbarer Basis liegt das gesamtwirtschaftliche Wachstum gemäß der jüngsten Zielprojektion – wie auch das der meisten Aggregate hierin – tendenziell mehr in der Nähe der Alternative II.

Tabelle 3: Veränderung der Nachfragekomponenten 1969–1975

Aggregat	Zielprojektion				Alternative	
					I	II
	1966 - 71	1967 - 72	1968 - 73	1969 - 74	1968 - 75	1968 - 75
	Jahresdurchschnittliche Veränderungen in vH					
Privater Verbrauch	+ 4,9	+ 5,3	+ 6,5	+ 7,0	+ 6,5	+ 8,9
Staatsverbrauch ..	+ 6,2	+ 6,0	+ 7,2	+ 8,3	+ 7,2	+ 9,9
Bruttoanlageinvestitionen	+ 5,1	+ 7,9	+ 6,2	+ 7,2	+ 5,9	+ 10,2
dav. Ausrüstungen	+ 5,5	·	·	·	+ 7,5	+ 12,0
dav. Bauten	+ 4,8	·	·	·	+ 4,3	+ 8,5
Ausfuhr	+ 7,2	·	·	·	+ 8,2	+ 9,3
Einfuhr	+ 7,7	·	·	·	+ 10,0	+ 11,0
nachrichtlich (in Mrd. DM): ..						
Vorratsveränderungen ..	+ 5,6	+ 5,8	+ 7,0	+ 8,2	+ 11,2	+ 12,5
Außenbeitrag ...	+ 5,7	+ 9,7	+ 10,6	+ 12,3	+ 9,0	+ 11,3
Bruttosozialprodukt zu Marktpreisen ...	+ 5,2	+ 6,0	+ 6,0	+ 6,8	+ 6,0	+ 8,9

Quelle: Jahreswirtschaftsbericht 1968 der Bundesregierung. BT-Drucksache V/2511, S. 25. – Der Bundesminister für Wirtschaft, Die wirtschaftliche Lage in der Bundesrepublik Deutschland. 1. Vierteljahr 1968. Bonn 1968, S. 7. – Jahreswirtschaftsbericht 1969 der Bundesregierung. BT-Drucksache V/3786, S. 37. – Jahreswirtschaftsbericht 1970 der Bundesregierung. BT-Drucksache VI/281, S. 47. – Eigene Schätzungen.

Im folgenden sollen die Annahmen, die hinter den einzelnen Ansätzen des mittelfristigen Verlaufs der Verwendungskomponenten stehen, dargelegt werden. Auf eine Kommentierung der Werte für 1969 und 1970 soll dabei verzichtet werden, da es sich hier um bereits realisierte bzw. wahrscheinlich eintretende Entwicklungen handelt.

a) Brutto-Anlageinvestitionen (I)

Die Vorausschätzung der Investitionen geht im Fall der unteren Alternative von einer ab 1968 leicht sinkenden, im Fall der oberen Alternative von einer steigenden Investitionsquote aus, definiert als Verhältnis von Investitionen zu Bruttosozialprodukt in vH. Bezieht man diese Entwicklung auf die der Unternehmereinkommen[9], dann impliziert dies einen steigenden Fremdfinanzierungsanteil im Fall der unteren Alternative, während im Fall der oberen Alternative ein höherer Verschuldungsanteil der Unternehmen zur Finanzierung der Investitionen nicht erforderlich ist.

Das überproportionale Wachstum im Fall der optimistischen Variante steht im übrigen in Einklang mit den Annahmen der amtlichen Projektion. Der retardierende Einfluß, der sich aus dem Abbau der Investitionssteuer im Prognosezeitraum ergibt, ist dabei bereits berücksichtigt, und zwar – anders als im Steuerrecht vorgesehen – in allen betrachteten Jahren in gleicher Höhe. Hierfür war unter anderem die relativ große Spanne zwischen Steuerschuld und Steueraufkommen in den Jahren 1968 bis 1969 maßgeblich[10].

Der Aufteilung des gesamten Investitionsvolumens auf Bauten und Ausrüstungen liegen folgende Überlegungen zugrunde:

- der verzögernde Einfluß der Investitionssteuer wird bei den Ausrüstungen stärker eingeschätzt als bei den Bauten,
- dem Ausrüstungsboom der Jahre 1968 bis 1970 wird zunächst ein relativer Rückgang der Wachstumsraten folgen,
- im mittelfristigen Verlauf wird die Wohnbautätigkeit allmählich zurückgehen, die Zunahme der Bauinvestitionen wird sinken.

Insgesamt wird daraus auf einen vergleichsweise geringeren Anteil der Bauinvestitionen an den gesamten Investitionen von etwa 46,9 vH im Fall der unteren und von 46,5 vH im Fall der oberen Alternative geschlossen; im Jahre 1968 hatte dieser Anteil noch 52,2 vH betragen. Jahresdurchschnittlich werden demgemäß die Ausrüstungen zwischen 7,5 vH und 12,0 vH und die Bauten zwischen 4,3 vH und 8,2 vH wachsen.

b) Privater Verbrauch (C_{pr})

Die Entwicklung des Privaten Verbrauchs wird in allen Fällen wesentlich gleichmäßiger eingeschätzt als die der Investitionen: die Elastizität in bezug auf das Bruttosozialprodukt liegt bei oder nur geringfügig über eins. Das ist sowohl durch die unterproportionale Entwicklung der Investitionen im Fall der unteren Alternative wie auch durch die in der Zielprojektion angestrebte und daher in beiden Alternativen angenommene Verminderung des Außenbeitrags bedingt. Die mittelfristigen Wachstumsraten liegen dementsprechend bei + 6,5 vH bzw. + 8,9 vH.

---

[9] Vgl. S. 29.

[10] Vgl. dazu auch S. 80.

c) Staatsverbrauch (C_{St})

Bei der Festlegung des Staatsverbrauchs ist die aus der Zielprojektion erkennbare und in der mittelfristigen Finanzplanung[11] ausdrücklich formulierte leicht überproportionale Entwicklung in allen Berechnungen durchgehalten. Sie resultiert im wesentlichen aus hohen Ausgabesteigerungen im Bereich der Sozialversicherung und der öffentlichen Investitionen, der Infrastruktur- und Bildungsausgaben und wird durch verminderte Ansätze bei den sonstigen Ausgaben nicht voll ausgeglichen. Für die „pessimistische" Version wird ein Wert von + 7,2 vH und für die „optimistische" Alternative ein Wachstum von + 9,9 vH angenommen.

d) Vorratsveränderungen (V)

Die Vorratsveränderungen sollen gemäß der Zielprojektion des Wirtschaftsministeriums einen Anteil von 1 vH des Bruttosozialprodukts erreichen. Im Rahmen der vorliegenden Schätzung, die im Jahre 1968 auf einem relativ hohen positiven Saldo der Vorratsveränderungen basiert, muß ein etwas höherer Anteil (etwa 1,3 vH des Bruttosozialprodukts) angenommen werden. Die entsprechenden absoluten Werte liegen bei 11,2 Mrd. DM (untere Alternative), bzw. 12,5 Mrd. DM (obere Alternative).

e) Außenbeitrag (Ex-Im)

Der Außenbeitrag soll nach der Zielprojektion im Endjahr einen Anteil von 1,5 bis 2,0 vH am Sozialprodukt aufweisen. Da auch hier der Basiswert des Jahres 1968 weit über diesem Zielwert liegt, ist die für den gesamten Projektionszeitraum sich ergebende Rate leicht nach oben korrigiert. Die Komponenten des Außenbeitrages werden unter Berücksichtigung der durch die Zielgröße vorgegebenen stärkeren Zunahme der Einfuhren aus einer Analyse der Vergangenheitsentwicklung festgelegt: die Ausfuhren nehmen im Projektionszeitraum um 8,2 vH bis 9,3 vH zu, die Einfuhren um 10,0 vH bis 11,0 vH.

Eine Durchrechnung der Verwendungskomponenten auf der Grundlage der hier getroffenen Annahmen findet sich in Tabelle A 2 im Tabellenanhang. Definitionsgemäß gilt

$$(4) \qquad Y_n^M = C_{pr} + C_{St} + I + V + (Ex\text{-}Im) \ .$$

3. Verteilung des Sozialprodukts

Zielwerte über die Entwicklung der Einkommensverteilung sind in den mittelfristigen Projektionen des Wirtschaftsministeriums nicht enthalten, um die Autonomie der Tarifvertragsparteien nicht zu beeinträchtigen. Es dürfte daher im Rahmen der vorliegenden Untersuchung zweckmäßig sein, die Spanne

[11] Finanzplan des Bundes 1970 bis 1974. Vgl. Finanzbericht 1971. Hrsg. vom Bundesministerium der Finanzen, Bonn.

der möglichen Entwicklungen der Faktoreinkommen relativ weit zu fassen. Ausgangspunkt ist dabei das Nettosozialprodukt zu Faktorkosten, d. h. das Volkseinkommen nach dem Inländerkonzept; der Übergang zu den steuerlich relevanten Inlandseinkommen ergibt sich durch Abzug des Saldos der Erwerbs- und Vermögenseinkommen zwischen Inländern und der übrigen Welt (vgl. Tabelle A 3, Spalte 7). Diese Einkommen werden definitionsgemäß auf Einkommen aus Unternehmertätigkeit und Vermögen (Q) und Einkommen aus unselbständiger Arbeit (L) aufgeteilt:

$$Y^F = Q + L \tag{5}$$

Eine Analyse des Anteils der Bruttoeinkommen aus unselbständiger Arbeit am Nettosozialprodukt zu Faktorkosten in der Vergangenheit zeigt, daß die so definierte Lohnquote tendenziell zwar gestiegen ist, aber mit sinkender Intensität. Für drei konjunkturell vergleichbare Zeiträume ergibt sich folgende Entwicklung:

1959/1964/1968:	59,6/64,3/64,2
1960/1965/1969:	60,4/65,1/65,3
1961/1966/1970:	63,5/66,4/67,1
1963/1967 :	64,1/66,6.

Unter der weiteren Annahme, daß die Entwicklung der Löhne weniger elastisch auf Änderungen des Wachstums reagiert, wurde in der Prognose eine leicht überproportionale Entwicklung (+ 6,0 vH) im Fall der unteren und eine leicht unterproportionale Entwicklung (+ 8,7 vH) im Fall der oberen Alternative angenommen. Die Entwicklung der Einkommen aus Unternehmertätigkeit und Vermögen ergibt sich dann als Restgröße, die jährliche Wachstumsrate im Prognosezeitraum liegt zwischen 5,6 vH und 10,3 vH. Die Ergebnisse der Berechnungen bis 1975 sind, zusammen mit den Konjunkturdaten für 1969 und 1970, in Tabelle A 3 enthalten.

Auf die Darstellung der Einkommensumverteilung, d. h. die Ableitung des verfügbaren Einkommens, wird verzichtet. Diese Größe wäre zwar für Konsistenzprüfungen mit den Verwendungskomponenten recht nützlich, für die Steuerschätzung aber zunächst entbehrlich. Da alle Steuern als Elemente der Umverteilung überdies erst das Ergebnis der Berechnungen sein können[12], wären zur Darstellung der Umverteilung neben Annahmen über die übertragenen Einkommen iterative Berechnungen notwendig, deren Umfang in keinem Verhältnis zum Erkenntniswert steht.

B. Die Entwicklung in den Wirtschaftsbereichen

Die Kenntnis der zukünftigen Branchenstruktur erhöht die Verläßlichkeit der Vorausschätzung bei einigen aufkommensstarken Steuern beträchtlich, da beispielsweise die Anteile der Unternehmereinkommen, welche der progressiven Einkommensteuer, und diejenigen Anteile, welche der proportionalen Kör-

[12] Die Abschätzung der indirekten Steuern wurde dagegen, wie erwähnt, im Rahmen der Verteilungsrechnung durchgeführt.

perschaftsteuer unterliegen, in den einzelnen Branchen signifikant verschieden in Struktur und Entwicklung sind. Weiter hat sich im Fall der Umsatzsteuer ergeben, daß die Lieferungen an den Privaten Verbrauch, die umsatzsteuerbefreit oder -begünstigt sind, bestimmten Wirtschaftsbereichen zurechenbar sind, so daß aus der Branchenstruktur Rückschlüsse auf den durchschnittlichen Steuersatz gezogen werden können. Die Gliederung nach Wirtschaftsbereichen ist also für

- die Beiträge zum Bruttoinlandsprodukt,
- die Einkommen aus Unternehmertätigkeit und Vermögen

unmittelbar steuerrelevant.

Im System der Globalsteuerung läßt sich die Produktionsentwicklung der Branchen primär aus der zum Teil staatlich beeinflußten Struktur der gesamtwirtschaftlichen Nachfrage ableiten, während die Bestimmung der Gewinne eine nach Wirtschaftsbereichen gegliederte Verteilungsrechnung voraussetzt. Da aber einerseits die nachfrageinduzierten Produktionsentwicklungen mit den auf der Angebotsseite wirksamen Tendenzen konfrontiert werden sollen und andererseits die Einkommensverteilung ohne Überlegungen zur Entwicklung von Produktivität und Beschäftigung in den Branchen schwer abzuschätzen ist, werden neben den bereits genannten folgende Komponenten branchenweise differenziert und vorausgeschätzt:

- Produktivität,
- Einkommen je unselbständig Beschäftigten,
- Abhängig Erwerbstätige,
- Beitrag zum Bruttoinlandsprodukt in konstanten Preisen,
- Abschreibungen,
- Indirekte Steuern, vermindert um Subventionen.

Die hier verwendeten Daten über die Entwicklung dieser Größen in der Vergangenheit sind selbst das Ergebnis umfangreicher, zum Teil grober Schätzungen, da amtliche Zahlen in der gewünschten tiefen Gliederung der Wirtschaftsbereiche[13] nicht verfügbar sind. Um einer Überinterpretation der branchenweisen Vorausschätzung von Produktivität, Beschäftigung und Volkseinkommen zu begegnen, ist darüber hinaus zu beachten, daß hier die Auswirkungen der jeweils vorgegebenen gesamtwirtschaftlichen Entwicklung auf die Sektoren allein nach den in der Vergangenheit bereits deutlich erkennbaren Tendenzen abgeschätzt werden sollen und können. In solchen „Vorausrechnungen" ist also eine Umkehr oder abrupte Beschleunigung der bisherigen Entwicklung im allgemeinen nicht berücksichtigt (Ausnahmen z. B.: Bergbau, Landwirtschaft).

Der für alle Wirtschaftsbereiche formulierte Zusammenhang der Makrogrößen gewährleistet jedoch zumindest die ökonomische Plausibilität der Schätzungen. In der Tat können etwa plötzliche Änderungen des Lohn-Produktivitäts-

[13] Verzeichnis der Wirtschaftsbereiche s. S. 135.

verhältnisses, einer u. a. soziologisch und institutionell bestimmten Relation, (Wettbewerbssituation, Gewerkschaftsmacht) als unrealistisch gelten.

1. Beitrag zum nominalen Bruttoinlandsprodukt[14]

Zur Vorausschätzung des in jeweiligen Preisen bewerteten Beitrages der Wirtschaftsbereiche zum Bruttoinlandsprodukt wird von der Überlegung ausgegangen, daß die Produktion eines Wirtschaftszweiges mittelfristig von einer entsprechenden Nachfrage nach den Gütern und Dienstleistungen dieser Branche begleitet sein muß. Zur Feststellung geeigneter Abhängigkeiten ist zunächst zu untersuchen, welche Kategorien der Verwendung des Sozialprodukts mit der Produktion der einzelnen Branchen im Zusammenhang gebracht werden können. Hierzu werden u. a. die Input- und Output-Tabellen des Ifo-Instituts und des Deutschen Instituts für Wirtschaftsforschung[15] herangezogen. Dabei stellte sich heraus, daß auch die Abhängigkeit einiger Wirtschaftszweige von der Entwicklung nachgelagerter Produktionsstufen zu berücksichtigen ist. Die Quantifizierung dieser Zusammenhänge erfolgte mit Hilfe von Nachfrageelastizitäten (Angebotselastizität in bezug auf die Nachfrage). Bezeichnet man mit $\dot{Y}_{j,\,t}$ die Veränderungsrate (in vH) des (nominalen) Bruttoinlandsprodukts der Branche j im Jahre t, mit $\dot{M}_{j,\,t}$ die Veränderungsrate (in vH) der auf die Branche j einwirkenden Nachfragegröße (Verwendungskomponente) im Jahre t und mit $\alpha_{j,\,t}$ die Nachfrageelastizität der Branche j im Jahre t, so ergibt sich die Verknüpfung:

$$\alpha_{j,\,t} = \frac{\dot{Y}_{j,\,t}}{\dot{M}_{j,\,t}} \qquad \text{für } j = 1, 2, \ldots, 16, 25, 26 \tag{6}$$

oder

$$\dot{Y}_{j,\,t} = \alpha_{j,\,t} \cdot \dot{M}_{j,\,t} \qquad \text{für } j = 1, 2, \ldots, 16, 25, 26\ . \tag{7}$$

Die Nachfrageelastizität sagt also aus, um welchen Prozentsatz sich die Produktion eines Wirtschaftszweiges ändert, wenn sich die beeinflussende Nachfragegröße um 1 vH ändert. Die Veränderungsrate der Nachfragegröße kann dabei im einfachsten Fall die Wachstumsrate nur eines Verwendungsaggregates des Bruttosozialprodukts sein, in anderen Fällen ist sie aus den Zuwachsraten mehrerer Verwendungsaggregate oder nachgelagerter Produktionsstufen zusammengewichtet. Die Gewichte wurden größenordnungsmäßig aus den erwähnten Input-Output-Tabellen gewonnen. Für die Vergangenheit ließ sich

---

14 Die folgenden Überlegungen gehen auf mehrere Arbeiten von J. Fischer zurück. Vgl. J. Fischer, Die Ableitung der regionalen Branchenentwicklung aus gesamtwirtschaftlichen Vorausschätzungen. „Mitteilungen des Rheinisch-Westfälischen Instituts für Wirtschaftsforschung", Berlin, Jg. 19 (1968), S. 101 ff. — Derselbe, Der trendmäßige Einfluß der gesamtwirtschaftlichen Nachfrageaggregate auf die sektorale und regionale Produktion. „Mitteilungen des Rheinisch-Westfälischen Instituts für Wirtschaftsforschung", Jg. 20 (1969), S. 249 ff.

15 Input-Output-Tabelle für die Westdeutsche Volkswirtschaft mit vorläufigen Ergebnissen für 1961. Teil I: 1. Aufteilung der Produktion; Teil II: 1. Aufteilung der Bruttoanlageinvestitionen. Hrsg. vom Ifo-Institut für Wirtschaftsforschung. München 1964. — R. Krengel, R. Stäglin und H. Wessels, Jährliche Input-Output-Tabellen für die Bundesrepublik Deutschland für den Zeitraum 1954 - 1960. „Vierteljahreshefte zur Wirtschaftsforschung", Berlin, Jg. 1968, S. 350 ff.

die zeitliche Entwicklung der Elastizitäten gemäß Gleichung (6) aufzeichnen, wobei zur Berechnung die Veränderungsraten der konjunkturbereinigten Produktions- und Nachfragewerte verwendet werden, um den trendmäßigen Verlauf der Elastizitäten zu ermitteln. Dieser Trend wurde unter Heranziehung weiterer Informationen über die betreffenden Branchen bis 1975 graphisch extrapoliert. Die Einflußgrößen der Produktion der Wirtschaftsbereiche und der quantitative Zusammenhang können aus der Texttabelle 4 entnommen werden, die eingesetzten unabhängigen Variablen aus der Anhang-Tabelle A 2. Die

Tabelle 4: Elastizitäten der BIP-Beiträge der Wirtschaftsbereiche in jeweiligen Preisen Prognostizierte Trendwerte

Wirtschaftsbereich	Einflußgröße	1965	1970	1975
Land- und Forstwirtschaft ..	C_{pr}	0,350	0,325	0,300
Bergbau	BSP	−0,075	−0,139	−0,150
Energiewirtschaft u. Wasserversorgung	BSP	0,900	0,925	0,950
Chemie, Mineralöl-, Kunststoff-, Gummi- und Asbestverarbeitung	BSP	1,200	1,250	1,300
Steine und Erden, Feinkeramik, Glas	J	0,950	0,975	1,000
Eisen- u. NE-Metallerzeugung, Gießereien, Stahlverformung	$0{,}5\,(J_A) + 0{,}5\,(E_X)$	0,650	0,650	0,650
Stahl-, Maschinen- und Fahrzeugbau	$0{,}7\,(J_A) + 0{,}3\,(E_X)$	1,050	1,025	1,000
Elektrotechnik, Feinmechanik, Optik, Musikinstrumentenbau	BSP	1,000	1,000	1,000
Holz-, Papier-, Druckgewerbe	BSP	1,175	1,200	1,225
Textil-, Leder- und Bekleidungsgewerbe	C_{pr}	0,850	0,850	0,850
Nahrungs- und Genußmittelgewerbe	C_{pr}	0,750	0,750	0,750
Baugewerbe	J_B	0,975	0,975	0,975
Handel	$0{,}8\,(BSP) + 0{,}2\,(J_m)$	1,000	1,000	1,000
Verkehr und Nachrichtenübermittlung	$0{,}8\,(BSP) + 0{,}2\,(J_m)$	0,800	0,800	0,800
Kreditinstitute und Versicherungsgewerbe	BSP	1,450	1,550	1,650
Dienstleistungen	C_{pr}	1,400	1,400	1,400
Private Organisationen ohne Erwerbscharakter	–	–	–	–
Staat	–	–	–	–

Eigene Berechnungen.

Prognoseergebnisse, die in gegenseitiger Abstimmung mit dem realen Bruttoinlandsprodukt unter realistischen Annahmen über die Preisentwicklung aus den Elastizitätsbeziehungen der Gleichung (7) errechnet werden, sind in der Tabelle 7 enthalten. Tabelle A 8 enthält die entsprechenden absoluten Werte. Eine gewisse Schwierigkeit bringt der Systemwechsel bei der Umsatzsteuer mit sich. Bei der Berechnung des Sozialprodukts werden seit 1968 vom Statistischen Bundesamt die Produktionswerte und die Vorleistungen der einzelnen Bereiche einschließlich Mehrwertsteuer verbucht, mit Ausnahme der steuerfreien und nicht steuerbaren Umsätze. Wegen des sofortigen Vorsteuerabzugs auf Investitionen, der steuerrechtlich den Regelfall darstellt, bedeutet dies, daß die Beiträge zum Bruttoinlandsprodukt bei den Investitionsgüter liefernden Bereichen um die von den Investoren geltend gemachten Vorsteuerbeträge überhöht und bei den investierenden Bereichen um die — während der Übergangszeit zu leistende — Selbstverbrauchsteuer („Investitionssteuer") zu niedrig ausgewiesen sind. In der Verwendungsrechnung werden die Investitionen jedoch — soweit der Investor die Möglichkeit des Vorsteuerabzugs hat — ohne Mehrwertsteuer nachgewiesen, gegebenenfalls nach Erhöhung um die Investitionssteuer. Das Bruttosozialprodukt der Verwendungsrechnung ist damit — abgesehen vom Saldo der Erwerbs- und Vermögenseinkommen zwischen Inländern und der übrigen Welt — niedriger als die in der Entstehungsrechnung nachgewiesene Summe der Beiträge zum Bruttoinlandsprodukt, und zwar um die Differenz zwischen dem Vorsteuerabzug auf Investitionen und der abzuführenden Investitionssteuer. Dieser Differenzbetrag, der sich im Jahre 1968 auf 3,6 Mrd. DM belief, wird vom Statistischen Bundesamt global von der Summe der Bruttoinlandsproduktbeiträge abgesetzt. Eine Aufgliederung dieses Betrages wird für wenig sinnvoll gehalten und wegen statistischer Schwierigkeiten abgelehnt[16]. Damit begibt sich die amtliche Statistik jedoch der Möglichkeit, das Volkseinkommen und insbesondere das Unternehmereinkommen in den Wirtschaftsbereichen zu berechnen. Für die vorliegende Untersuchung, in der für Zwecke der Einkommensteuerschätzung Zeitreihen für die Gewinne benötigt werden, ist eine solche Konsequenz untragbar. Daher wurde im RWI ein Verfahren zur Berechnung dieser sektoralen Beiträge zum Bruttoinlandsprodukt erarbeitet[17]; die dort genannten Korrekturposten wurden von den durch das Statistische Bundesamt berechneten sektoralen Bruttoinlandsproduktwerten abgezogen. Die in Tabelle A 8 enthaltenen Beiträge zum Bruttoinlandsprodukt addieren sich also, anders als in der amtlichen Statistik, zum globalen Bruttoinlandsprodukt auf und erlauben so eine Berechnung des Einkommens aus Unternehmertätigkeit und Vermögen[18]. Die Prognose bezieht

---

16 Vgl. Die Behandlung der Umsatz-(Mehrwert-)steuer in den Volkswirtschaftlichen Gesamtrechnungen. „Wirtschaft und Statistik", Jg. 1968, S. 442.

17 A. Roth, Die Ermittlung des sektoralen Bruttoinlandsprodukts im System der Mehrwertbesteuerung. „Mitteilungen des Rheinisch-Westfälischen Instituts für Wirtschaftsforschung", Jg. 20 (1969), S. 325 ff.

18 Es muß allerdings darauf hingewiesen werden, daß bei dem hier gewählten Vorgehen auch die indirekten Steuern der Branchen zu korrigieren wären, hierfür liegen jedoch nur grobe Anhaltspunkte vor.

sich ausschließlich auf Produktionswerte, in denen die Investitionen netto verbucht sind.

2. Produktivität

Die nachfrageabhängige Produktionsschätzung wird ergänzt und kontrolliert durch eine Analyse der Produktivitäts- und Beschäftigungsentwicklung in den Branchen. Zu diesem Zweck werden für alle 18 Wirtschaftsbereiche einfache lineare Regressionsgleichungen bestimmt, die auf der Basis der jährlichen Veränderungsraten die Branchenentwicklung in Relation zur Gesamtentwicklung zeigen (der über das jeweilige Symbol gesetzte Punkt verdeutlicht, daß die Größen als Veränderungsraten gemessen werden):

(8) $$\dot{w}_j = a_j + b_j \dot{w} \quad \text{für } j = 1, 2, \ldots, 16, 25, 26.$$

Damit wird abgeschätzt, in welchem Ausmaß die Produktivitätsentwicklung eines Sektors in der Vergangenheit sowohl hinsichtlich der Reagibilität als auch hinsichtlich des Niveaus der durchschnittlichen Veränderung von der gesamtwirtschaftlichen Entwicklung abgewichen ist und welche Tendenzen für die Zukunft zu erwarten sind. Aus den regressionsanalytisch bestimmten Parametern a_j und b_j läßt sich unter Vorgabe der jeweiligen gesamtwirtschaftlichen Wachstumsrate $\dot{w}$ (vgl. Tabelle A 1, Spalte 14) durch Gleichung (8) die voraussichtliche Veränderung der Branchendaten im Prognosezeitraum bestimmen. Die Ergebnisse für die einzelnen Sektoren sind in Tabelle A 5 wiedergegeben.

3. Beschäftigte

Aus Produktionsentwicklung und Produktivität läßt sich unter Berücksichtigung der Preisentwicklung die zu erwartende Änderung der Beschäftigung in den Branchen abschätzen. Um diese Ergebnisse besser abzusichern, wird auch hier der Zusammenhang zwischen gesamtwirtschaftlicher und branchenspezifischer Entwicklung untersucht, und zwar in einem mit Gleichung (8) formal identischen Ansatz

(9) $$\dot{B}_j = a_j + b_j \dot{B} \quad \text{für } j = 1, 2, \ldots, 16, 25, 26 .$$

Die Ermittlung und Prognose der Beschäftigten in den Wirtschaftsbereichen, definiert als im Inland abhängig Erwerbstätige, ist mit besonderen Schwierigkeiten verbunden. Sie bestehen in erster Linie aus Zuordnungsproblemen bei unständiger Beschäftigung – z. B. bei mehrfachem Berufswechsel innerhalb eines Jahres, Neueintritt in das Erwerbsleben oder Aufgabe einer selbständigen Tätigkeit (z. B. Landwirtschaft) – und bei der Umrechnung von den Betriebs- auf die Unternehmenseinheiten der Volkswirtschaftlichen Gesamtrechnung. Die für die vorliegende Untersuchung verwendeten Basiszahlen sind zusammen mit den Prognoseergebnissen in Tabelle A 4 wiedergegeben.

Für jede der untersuchten Branchen muß die Definitionsgleichung

$$\text{(1a)} \qquad \mathrm{Y}^{M}_{r,j} = w_j \cdot B_j \quad \text{für } j = 1, 2, \ldots, 16, 25, 26$$

erfüllt sein, wobei Y^M_j das Bruttosozialprodukt zu Marktpreisen, bewertet zu Preisen von 1954, repräsentiert (vgl. Tabelle A 6). Der Vergleich mit der Entwicklung des Bruttosozialprodukts zu jeweiligen Preisen (Tabelle A 7 und A 8) zeigt die unterstellten Preisveränderungen der Produktion der einzelnen Sektoren.

4. Abschreibungen

Die Ableitung des Volkseinkommens aus dem nominalen Sozialprodukt erfordert die Kenntnis der Abschreibungen und indirekten Steuern der Wirtschaftssektoren. Der Gliederung der von der amtlichen Statistik veröffentlichten Abschreibungen nach der hier erforderlichen Systematik der Wirtschaftszweige liegt die Kapitalbestandsrechnung des RWI zugrunde[19]. Die in diesem Zusammenhang berechneten Abschreibungsbeträge beziehen sich zwar nur auf den industriellen Bereich des verarbeitenden Gewerbes, es kann jedoch mit hinreichender Genauigkeit unterstellt werden, daß die Struktur der Abschreibungen des Handwerks und des Sonstigen Produzierenden Gewerbes identisch mit der für die Industrie vorliegenden Struktur ist. Eine in ihrem Ausmaß nur schwer abzuschätzende Fehlerquelle liegt allerdings darin, daß die Kapitalbestandsrechnung zu Preisen von 1962 bewertet ist, so daß die Verschiebungen der relativen Preise der Investitionsgüter zwischen den Branchen nicht berücksichtigt werden können. Für die Land- und Forstwirtschaft sowie für den tertiären Bereich konnten die Angaben des Statistischen Bundesamtes übernommen werden.

Die Prognose wurde in der bereits geschilderten Weise erstellt: es werden in die Regressionsgleichung für die Abschreibungen $\dot{D}$ in der Branche j

$$\text{(10)} \qquad \dot{D}_j = a_j + b_j \dot{D} \quad \text{für } j = 1,2, \ldots, 16,25,26$$

die vorgegebenen gesamtwirtschaftlichen Veränderungsraten eingesetzt (entsprechend Tabelle A 1, Spalte 14), die Branchenentwicklung errechnet und um Struktureffekte bereinigt. Die Ergebnisse für die Sektoren sind in der Tabelle A 9 nachgewiesen.

5. Indirekte Steuern

Die indirekten Steuern, die hier bereits gegen die Subventionen saldiert werden, sind, ähnlich wie die Abschreibungen, gegenüber den Zahlen der amtlichen Volkswirtschaftlichen Gesamtrechnung für das Produzierende Gewerbe

[19] Ch. Thoben, Eine Kapitalbestandsrechnung für 30 Industriezweige der Bundesrepublik. „Mitteilungen des Rheinisch-Westfälischen Instituts für Wirtschaftsforschung", Jg. 19 (1968), S. 85.

tiefer zu gliedern. Unterlagen hierzu liefert bislang nur die Input-Output-Tabelle des Ifo-Instituts für 1961, so daß sich aus der strukturellen Konstanz ein gewisses Fehlerrisiko innerhalb des Produzierenden Gewerbes ergibt. Die Vorausschätzung verwendet die Gleichung

$$(11) \qquad (T_{ind} - Z_{St})_j = a_j + b_j \quad (T_{ind} - Z_{St}) \qquad \text{für } j = 1, 2, \ldots 16, 25, 26;$$

hierbei ist $a_4 = a_5 = \ldots = a_{11}$
$b_4 = b_5 = \ldots = b_{11}$.

Für die Bereiche Bergbau sowie Nahrungs- und Genußmittelindustrie wurde die Vergangenheitsentwicklung extrapoliert, da hier Sondereinflüsse spürbar sind.

In die Prognose gehen die vorausgeschätzten Werte gemäß Tabelle A 1, Spalten 18 und 20, ein. Die Ergebnisse für den Prognosezeitraum sind zusammen mit den ex post-Daten in der Tabelle A 10 enthalten.

6. Volkseinkommen

Die branchenmäßige Entwicklung des Volkseinkommens — nach dem Inlandskonzept — läßt sich aus den jetzt vorliegenden Daten und dem absoluten Niveau der Variablen im Basisjahr mittels der Identität

$$(3a) \qquad Y^F = Y_n^M - D - (T_{\text{ind}} - Z_{St})$$

ermitteln. (Vgl. Tabelle A 11).

7. Einkommen aus unselbständiger Arbeit und je abhängig Erwerbstätigen

Zur Bestimmung der Einkommen je abhängig Erwerbstätigen in den Wirtschaftsbereichen wurde eine einmalige Berechnung des Statistischen Bundesamtes erweitert und fortgeführt, in der für die Jahre 1950 bis 1964 die Entwicklung der Einkommen aus unselbständiger Arbeit dargestellt wurde[20]. Der tieferen Gliederung, besonders im Verarbeitenden Gewerbe, und der Fortschreibung liegen die Lohn- und Gehaltsstrukturerhebung von 1966, die Industrieberichterstattung in der Abgrenzung nach Unternehmen, der Nachweis der Bruttowochenverdienste im Handwerk sowie die Tarifentwicklung beim Staat und den Gebietskörperschaften zugrunde. Die jährlichen Veränderungsraten der gesamten Einkommen aus unselbständiger Arbeit gibt die Tabelle A 13, die entsprechenden Angaben je beschäftigten Arbeitnehmer die Tabelle A 12 wieder.

---

20 G. Hamer und H. W. Richter: Einkommen aus unselbständiger Arbeit und Einkommen aus Unternehmertätigkeit und Vermögen nach Wirtschaftsbereichen. „Wirtschaft und Statistik", Jg. 1966, S. 537 ff.

Die Vorausschätzung der Pro-Kopf-Einkommen bedient sich wiederum der linearen Regressionsbeziehung zwischen Gesamtentwicklung und branchenspezifischem Wachstum:

(12) $$\dot{i}_j = a_j + b_j \dot{i} \quad \text{für } j = 1,2, \ldots, 16,25,26.$$

Es überrascht nicht, daß die Korrelationskoeffizienten in diesem Fall alle relativ hoch[21] und die Variationskoeffizienten, die das Ausmaß der nicht erklärten Streuung der Werte messen, niedrig sind. Die Gründe dürften in der relativen Konstanz der Lohnstruktur, bedingt durch die starke Interdependenz der Wirtschaftszweige, liegen und zur Zuverlässigkeit der Schätzung des Einkommens aus Unternehmertätigkeit und Vermögen beitragen (vgl. unten Ziffer 8).

Die Vorausschätzung der Einkommen je abhängig Erwerbstätigen erfolgt mit gesamtwirtschaftlichen Wachstumsraten von + 8,7 vH im Fall der oberen sowie mit + 5,9 vH im Fall der unteren Alternative (vgl. S. 30). Die Beschäftigtenentwicklung wurde, wie erwähnt, mit + 0,7 bzw. + 1,2 vH angenommen (vgl. auch Tabelle A 1, Spalte 7).

Die Ergebnisse der Vorausschätzung können wiederum den Tabellen A 12 und A 13, die die Zuwachsraten in branchenmäßiger Differenzierung zeigen, entnommen werden.

8. Einkommen aus Unternehmertätigkeit und Vermögen

Als Abschluß der branchenweisen Differenzierung läßt sich nunmehr mittels der Identität das Unternehmereinkommen

(5a) $$Q_j = Y_j^F - L_j \quad \text{für } j = 1, 2, \ldots, 16, 25, 26$$

aus Volkseinkommen (Y^F) und Einkommen aus unselbständiger Arbeit (L) ermitteln. Diese Berechnung ist indessen nicht unproblematisch; es gehen hierin alle Schätz- und Rundungsfehler ein, was sich besonders in den Wirtschaftsbereichen mit relativ geringem Anteil des Einkommens aus Unternehmertätigkeit und Vermögen (z. B. Staat, Private Haushalte und private Organisationen ohne Erwerbscharakter) störend bemerkbar[22] macht und, wie die Ergebnisse in den Tabellen A 14 und A 15 zeigen, zu irregulär schwankenden Veränderungsraten führt.

---

21 Nur ein einziger der 18 Korrelationskoeffizienten liegt unter 0,5, die Mehrzahl hingegen bei 0,8. Bei der Würdigung dieser Ergebnisse ist zu beachten, daß die Berechnung auf – gegenüber absoluten Zahlen wesentlich sensitiveren – Zuwachsraten beruht.

22 So können sich im Extremfall aus einer Fehlschätzung von 0,05 vH bei der Zuwachsrate der Einkommen aus unselbständiger Arbeit Abweichungen von fast 10 vH beim Einkommen aus Unternehmertätigkeit und Vermögen ergeben. In der vorliegenden Schätzung wird jedoch stets bereits die zweite Stelle nach dem Komma gerundet.

Zweites Kapitel

Die Vorausschätzung einzelner Steuerarten

A. Lohnsteuer

Der Lohnsteuer als wichtigster Sonderform (Gliedsteuer) der allgemeinen Einkommensteuer unterliegen gemäß § 2 Abs. 3 und 4 EStG die Einkünfte aus nichtselbständiger Tätigkeit, die definiert sind als Überschuß der Einnahmen, d. h. der Löhne, Gehälter und Ruhegelder, über die Werbungskosten. Durch Abzug von Sonderausgaben und nach Ausgleich mit Verlusten ergibt sich das steuerpflichtige Einkommen, nach dem sich – wie bei der veranlagten Einkommen- und Körperschaftsteuer – die Steuerschuld grundsätzlich bemißt.

Im Unterschied zur Einkommensteuer wird die Lohnsteuer jedoch durch Quellenabzug vom Arbeitgeber erhoben (§ 38 Abs. 1 EStG); dazu werden auf den Arbeitslohn Lohnsteuertabellen angewendet, in die für Werbungskosten und Sonderausgaben Pauschbeträge eingearbeitet sind und die Familienstand und Kinderzahl durch Bildung von Steuerklassen berücksichtigen (§ 39 EStG).

Diese ursprünglich steuertechnisch bedingte Verselbständigung der Lohnsteuer führte auch zur Bildung eigener Begriffe:

- den einkommensteuerrechtlichen Einkünften entspricht der steuerpflichtige Bruttolohn;
- steuerfreie Abzugsbeträge sind die die Pauschbeträge übersteigenden Werbungskosten, Sonderausgaben, Freibeträge für außergewöhnliche Belastung, öffentlich-rechtliche Pensionen usw., soweit diese auf Antrag in die Steuerkarte des Steuerpflichtigen eingetragen wurden.

Für das Steueraufkommen ist letztlich der Saldo aus steuerpflichtigem Bruttolohn und steuerfreien Abzugsbeträgen maßgebend, wenn die im Lohnsteuerausgleich geltend gemachten Abzugsbeträge einbezogen werden: es ergibt sich das zu versteuernde Einkommen.

Für die Bestimmung der Lohnsteuer aus dem gesamtwirtschaftlichen Datenkranz ist nun wichtig, daß keiner der Begriffe Bruttolohn, Einkommen oder Einkünfte unmittelbar denen der Volkswirtschaftlichen Gesamtrechnung entspricht. Hier werden nur diejenigen Einkommen nachgewiesen, die den unselbständig Beschäftigten aus ihrer Beteiligung am Produktionsprozeß zufließen, während dort auch Teile des Ergebnisses der Einkommensumverteilung in die Steuerpflicht einbezogen sind. Deshalb ist neben der Bestimmung der Tarifelastizität der Einkommensteuer zumindest für langfristige Analysen eine genaue Abgrenzung der Bemessungsgrundlage der Lohnsteuer vorzunehmen.

1. Das der Lohnsteuer unterliegende Volkseinkommen

Ausgehend vom Bruttoeinkommen aus unselbständiger Arbeit nach dem Inlandskonzept – der Besteuerung unterliegen zur Vermeidung von Doppelbesteuerung nur die inländischen Einkünfte – sind zunächst die steuerfreien Arbeitgeberbeiträge zu öffentlichen Einrichtungen der sozialen Sicherung (Angestellten- und Arbeiterrentenversicherung, Krankenversicherung, Arbeitslosenversicherung, bis 1969 einschließlich Arbeitgeberzuschuß zum Krankengeld der Arbeiter) abzusetzen. Das Ergebnis ist die volkswirtschaftliche Bruttolohn- und Gehaltsumme (vgl. Tabelle A 16, Spalten 4 und 5). Werden die Beamtenpensionen, die im Gegensatz zu den übrigen öffentlich-rechtlichen Einkommensübertragungen steuerpflichtig sind, für die aber auf Antrag ein Freibetrag in Anspruch genommen werden kann, hinzugerechnet, so ergibt sich der Teil des Volkseinkommens, der der Besteuerung unterliegt (L_t) (vgl. im Anhang die Tabelle A 16, Spalten 8 und 9 sowie Tabelle A 17, Spalten 1 und 2). Für den Prognosezeitraum wird mit einer jährlichen Zuwachsrate der Einkommen aus unselbständiger Arbeit von + 12,5 vH in 1969 und + 16,5 vH in 1970 sowie von + 8,7 vH für den Fall der oberen Alternative und von + 6,0 vH im Fall der unteren Alternative für 1969 bis 1975 gerechnet. Zur Vorausschätzung der Arbeitgeberbeiträge zu öffentlichen Einrichtungen der sozialen Sicherung ist anzunehmen, daß als Folge der allgemeinen Lohnentwicklung die Versicherungspflichtgrenze in der Angestellten-Rentenversicherung jährlich um etwa 100 DM steigt (von 1972 auf 1973 um 200 DM) und der Beitragssatz im Jahre 1972 letztmals angehoben wird[1]. Die neuesten Berechnungen des Bundesministeriums für Arbeit und Sozialordnung konnten nicht mehr eingearbeitet werden, da das Sozialbudget 1969 noch nicht vorlag[2]. Bezüglich der Vorausschätzung der Beamtenpensionen wird ein leicht unterproportionaler Anstieg entsprechend der Entwicklung in der Vergangenheit angenommen. Die Ergebnisse der Vorausschätzung für das der Lohnsteuer unterliegende Volkseinkommen weichen von der Vorausschätzung des Einkommens aus nichtselbständiger Tätigkeit wenig aber mit eindeutiger Tendenz ab, wie die in Tabelle A 16 dargestellten Berechnungen zeigen.

---

[1] Vgl. Sozialbudget 1968 der Bundesrepublik Deutschland. Hrsg. vom Bundesminister für Arbeit und Sozialordnung. Bonn 1969, insbes. S. 220 ff.

[2] Das Sozialbudget 1969/70 ist inzwischen als Teil B des Sozialberichts 1970 veröffentlicht worden. BT-Drucksache VI/643.

2. Zu versteuerndes Einkommen

Informationen über die Struktur der Steuerpflichtigen können den Lohnsteuerstatistiken insbesondere für 1961 und 1965[3] entnommen werden. Aus diesem Grunde wird in Tabelle A 17 das der Lohnsteuer unterliegende Volkseinkommen dem steuerpflichtigen Bruttolohn entsprechend den Nachweisungen in den Lohnsteuerstatistiken 1961 und 1965 gegenübergestellt. Der Quotient beider Größen ist die in Tabelle A 15, Spalte 3, nachgewiesene Besteuerungsquote λ_1, die begrifflich als „Steuermengenelastizität" zu interpretieren ist[4]. Diese Relation zeigt das Ausmaß

- der Erfassung der Lohnsteuerkarten und des darauf eingetragenen Bruttolohns in der Lohnsteuerstatistik,
- der steuerfreien Einnahmen (§ 3 EStG, §§ 2 bis 6 LStDV),
- der Pauschbesteuerung.

Unter der Annahme, daß die Besteuerungsquote λ_1 sich nicht mehr wesentlich erhöhen wird, ergibt sich der steuerpflichtige Bruttolohn L_L im Zeitpunkt t aus dem lohnsteuerpflichtigen Volkseinkommen L_t

$$L_{L,t} = \lambda_{1,t} \cdot L_t. \tag{13}$$

Die steuerfreien Abzugsbeträge konnten für 1965 direkt, für 1961 nach zusätzlichen Schätzungen den Lohnsteuerstatistiken entnommen werden. Die Entwicklung der Abzugsbeträge im Zeitablauf wird beeinflußt durch

- die Entwicklung der Bruttolöhne,
- einkommensunabhängige Komponenten,
- Rechtsänderungen seit 1962.

Es wird angenommen, daß die Abzugsbeträge zu etwa 75 vH einkommensabhängig reagieren, d. h. im gleichen Maße wie die Bruttolöhne wachsen (vgl. Tabelle A 18 des Tabellenteils). Unter Berücksichtigung der noch zu quantifizierenden Rechtsänderungen zeigt die Analyse der verbleibenden, als einkommensunabhängig definierten Bestandteile derzeit noch ein überproportionales Wachstum. Hierin dürfte die wachsende Neigung zu höheren Vorsorgeleistungen auf freiwilliger Basis (Kranken- und Lebensversicherungen u. a.) zum Ausdruck kommen. Ein unbegrenztes Wachstum wird jedoch auszuschließen sein; die zeitliche Entwicklung wird daher als Summe aus einem konstanten Sockelbetrag und einem mit konstanten absoluten Werten wachsenden Betrag gebildet, so daß die relativen Zuwachsraten der einkommensunabhängigen Abzugsbeträge sinken.

---

[3] Statistisches Bundesamt, Lohnsteuer. (Fachserie L: Finanzen und Steuern, Reihe 6: Einkommen und Vermögensteuern, II.) Stuttgart und Mainz 1961 und 1965.

[4] Vgl. hierzu R. A. Musgrave, Finanztheorie. Tübingen 1966, S. 472, und W. Albers, Die automatische Stabilisierungswirkung der Steuern. „Jahrbücher für Nationalökonomie und Statistik", Stuttgart, Bd. 180 (1967), Heft 2 bis 5, S. 109 f.

Um den Einfluß der Steuergesetzgebung darzustellen, muß die Veränderung der Steuerabzugsbeträge abgeschätzt werden, und zwar sowohl im Jahr der Rechtswirksamkeit der Steueränderung wie auch in den folgenden Jahren[5]. Aus Vereinfachungsgründen wird angenommen, daß die Abzugsbeträge sich nur in dem Maße sofort ändern, in dem von der betroffenen Gruppe von Steuerpflichtigen mutmaßlich Freibeträge in Anspruch genommen werden, daß die Abzugsbeträge im folgenden Jahr voll wirksam werden und im weiteren Verlauf einkommensabhängig wachsen (vgl. Tabelle A 18). Die Ungenauigkeit, die daraus resultiert, daß dem Steuerpflichtigen zustehende Freibeträge erst nach Jahren beantragt werden – etwa im Zusammenhang mit einem später beantragten Freibetrag – kann nicht ausgeräumt werden, dürfte aber aufkommensmäßig kaum ins Gewicht fallen. Als Gesamtsumme ergeben sich für jedes Jahr die steuerfreien Abzugsbeträge $A_{L,\,t}$, die von den Bruttolöhnen abzuziehen sind, um zum zu versteuernden Einkommen zu gelangen:

$$L'_{L,t} = L_{L,t} - A_{L,t} \tag{14}$$

und unter Verwendung von Gleichung (13) ergibt sich:

$$L'_{L,t} = \lambda_1 L_t - A_{L,t} \, , \tag{15}$$

Das zu versteuernde Einkommen $L'_{L,\,t}$ ist mit dem entsprechenden Einkommen der veranlagten Steuerpflichtigen in etwa vergleichbar, wobei allerdings die unterschiedliche Behandlung der Kinderfreibeträge nicht vernachlässigt werden darf[6].

3. Steuerschuld

Der Progressionswirkung des Einkommensteuertarifs, die darin liegt, daß höhere und steigende Einkommen überproportional mit Lohn- bzw. Einkommensteuer belastet werden, ist durch Bestimmung einer Tarifelastizität ε_L Rechnung zu tragen. Dieser Koeffizient, dem im Ergebnis der Steuerschätzung entscheidende Bedeutung zukommt, ist definiert als Quotient aus der Zuwachsrate der Steuerschuld und der Veränderungsrate des steuerpflichtigen Einkommens. Zu seiner Berechnung wurde ein im RWI entwickelter graphischer Lösungsansatz[7] umgeformt und algebraischer Behandlung zugänglich gemacht, ohne daß das Grundprinzip dabei angetastet wurde. Insbesondere wurde wieder davon ausgegangen, daß sich die totale Tarifelastizität der Lohnsteuer aus

---

5 Es handelt sich um eigene Schätzungen für A b z u g s beträge; die Ergebnisse können nicht unmittelbar den Steuer a u s f a l l schätzungen des Bundesfinanzministeriums gegenübergestellt werden. Vgl. Finanzbericht 1961 und folgende Jahre. Hrsg. vom Bundesministerium der Finanzen, Bonn.

6 Aus diesem Grunde wird eine gemeinsame Schichtung aller Einkommensbezieher meist vom Gesamtbetrag der Einkünfte aus vorgenommen.

7 Vgl. H. Görgens, Die Ermittlung der Lohnsteuer und ihre Aufkommenselastizität durch Schichtungsgeraden. „Mitteilungen des Rheinisch-Westfälischen Instituts für Wirtschaftsforschung", Jg. 19 (1968), S. 161 ff. Der dort verwendete Begriff der Aufkommenselastizität ist identisch mit der Tarifelastizität im hier verwendeten Sinne.

der Überlagerung unterschiedlicher, aber systematischer Bewegungen der Elastizitäten für die einzelnen Steuerklassen ergibt, so daß ohne Disaggregierung die Überlagerungswirkung nicht zu bestimmen ist.

Daher kann die Fortschreibung von empirischen Totalelastizitäten zu falschen Ergebnissen führen. Vielmehr muß – bei vorgegebener Lohnsteuer je Beschäftigten – die künftige Verteilung der Steuerpflichtigen auf die einzelnen Lohngruppen (Lohnpyramide) für jede Steuerklasse und jedes Jahr neu berechnet werden. Die Multiplikation der ermittelten Anzahl von Steuerpflichtigen in den einzelnen Lohngruppen einer jeden Steuerklasse mit der lohngruppenspezifischen Steuerbelastung ergibt die Lohnsteuerschuld der jeweiligen Lohngruppe. Die Addition des Steuersolls aller Steuerklassen führt zum Gesamtsteueraufkommen, ein Vergleich der Zuwachsrate des Gesamtsteueraufkommens mit der – vorgegebenen – Zuwachsrate des Bruttolohnes ergibt die Tarifelastizität. Für die vorliegende Steuerschätzung wird die Tarifelastizität aller 17 Steuerklassen bei den alternativen Einkommensentwicklungen bestimmt, und zwar sowohl für den von 1958 bis 1964 gültigen Steuertarif wie für den seit 1965 im Proportionalbereich gesenkten und im Progressionsbereich geglätteten Tarif[8]. Die für das Jahr 1966 ermittelten Werte können der Texttabelle 5 entnommen werden, die starke Streuung der Einzelergebnisse macht den zweifelhaften Wert von Durchschnittsberechnungen deutlich. Überdies ist die Annahme der Zeitinvarianz der Tarifelastizität insoweit unzulässig, als sowohl der Zinseszinseffekt einer langfristigen Betrachtung wie auch der Übergang in die offene – bei Verlassen der indirekten – Progression eine allmähliche Senkung der durchschnittlichen Elastizität bewirkt. Dies wird auch durch die Ergebnisse der Berechnung bestätigt, wie sie aus Tabelle A 17, Spalte 9, entnommen werden können. Damit ergibt sich die Zuwachsrate der Steuerschuld aus

$$\dot{T}_{L,t} = \varepsilon_{L,t} \cdot \dot{L}'_{L,t} \qquad (16)$$

und der absolute Betrag der Steuerschuld bei unverändertem Steuertarif

$$\begin{aligned} T_{L,t_1} &= t_{L,t_0} \cdot L_{L,t_0} \left(100 + \dot{T}_{L,t_1}\right) \cdot \frac{1}{100} \\ T_{L,t_2} &= T_{L,t_1} \left(100 + \dot{T}_{L,t_2}\right) \cdot \frac{1}{100} \qquad (17) \\ T_{L,t_3} &= T_{L,t_2} \left(100 + \dot{T}_{L,t_3}\right) \cdot \frac{1}{100} \quad \text{usf.} \end{aligned}$$

Hierbei ist t_{L,t_0} die zu den Zeitpunkten der Steuerstatistiken (z. B. 1961 und 1965) festgestellte durchschnittliche Belastung des Einkommens, wobei eine Bereinigung der nach den Eintragungen der Lohnsteuerkarten einbehaltenen

[8] Die erforderlichen Berechnungen wurden im Auftrage des RWI von der Siemens AG, Erlangen, auf einer Großrechenanlage Siemens 4004 durchgeführt und führten zur Bildung von 68 Einkommenspyramiden für die Lohnsteuerpflichtigen.

Tabelle 5: Tarifelastizitäten der Lohnsteuer im Jahre 1966 nach Steuerklassen

Steuerklasse	Elastizität ε_L	
	Berechnet	Graphisch
I	1,6967	1,75
II/0	2,1029	2,07
II/1	2,5945	–
II/2	3,4060	–
II/3	4,5866	–
II/4	(1,9902)	–
III/0	1,8682	1,89
III/1	2,0831	2,10
III/2	2,5990	2,58
III/3	3,1633	} 3,29
III/4	3,5381	
IV/0	1,6875	1,67
IV/1	1,8033	1,83
IV/2	2,1237	–
IV/3	2,5130	–
IV/4	3,1988	–
V	1,6885	–
Insgesamt	1,9917	2,0

Eigene Berechnungen.

Lohnsteuer um die Erstattungen vorzunehmen ist. Die Ergebnisse sind in Tabelle A 17, Spalte 10, enthalten.

Die Beziehung zwischen steuerpflichtigem Einkommen und Steuerschuld wird aber nicht nur durch die Progression des Einkommensteuertarifs, die durch die Elastizität quantifiziert werden kann, kontinuierlich erhöht, sie wird auch durch Struktureffekte zwischen den Steuerklassen und durch Steuerrechtsänderungen beeinflußt.

Struktureffekte ergeben sich aus der Verschiebung der relativen Anteile der einzelnen Steuerklassen mit unterschiedlich hoher Durchschnittsbelastung an Lohnsteuer. So war von 1961 bis 1965 beispielsweise eine starke Erhöhung der Zahl der Kinderfreibeträge festzustellen, die zu einer Verminderung der Besetzungszahlen bei den Steuerklassen II/1, III/1, IV/1[9] und zu einer Erhöhung der Besetzungszahlen z. B. in den Steuerklassen II/2, III/2, IV/2 führte.

[9] Nach Steuerklasse II werden Alleinstehende, nach Steuerklasse III Verheiratete und nach Steuerklasse IV Verheiratete, die beide Einkünfte aus nichtselbständiger Arbeit beziehen, versteuert.

Durch diese zusätzlichen Kinderfreibeträge wird die Progressionswirkung gemildert. Außerdem waren 1965 die gegenüber der Steuerklasse I niedriger besteuerten Steuerklassen III/0 und IV/0 stärker besetzt als 1961. Diese Tatsache ist in den Elastizitätsberechnungen nicht enthalten, dazu wäre erforderlich, daß entweder die Steuerschuld der Steuerklassen getrennt prognostiziert oder neben der Einkommenssteigerung eine Veränderung der Besetzung der einzelnen Steuerklassen vorgegeben würde. Beide Verfahren führen zum gleichen Ergebnis. In der bisherigen Berechnung wird jedoch die Besetzung der Steuerklassen konstant gehalten, lediglich die Verteilung auf die Einkommensgruppen innerhalb dieser Klassen wird berücksichtigt. Aus diesem Grunde ist eine entsprechende Korrektur vorzunehmen (vgl. Tabelle A 19, Berechnung I).

Rechtsänderungen als Quelle von Belastungsverschiebungen sind besonders für 1965 (Tarifsenkung) und 1971/72 (Erhöhung des Begünstigungsrahmens für vermögenswirksame Leistungen und Neugestaltung der Berlinpräferenzen) zu berücksichtigen[10]. Tabelle A 19, Berechnung II, enthält Angaben über die mutmaßlichen Ausfälle an Lohnsteuer, die zum Teil auch auf Angaben des Bundesministeriums der Finanzen zurückgehen[11]. Soweit eigene Schätzungen zugrunde liegen, wurden lohngruppenspezifische Grenzsteuersätze benutzt.

Die Belastungsveränderungen insgesamt werden in Tabelle A 17, Spalte 12, von der unbereinigten Steuerschuld abgesetzt. Bezeichnet man mit $T'_{L,t}$ die um Rechtsänderungen bereinigte Steuerschuld und mit $R_{L,t}$ die Belastungsveränderung, so gilt Gleichung (18)

$$(18) \qquad T'_{L,t} = T_{L,t} - R_{L,t} \; .$$

Für die Prognose wird angenommen, daß sich die Struktureffekte proportional zur Steuerschuld entwickeln, so daß eine gesonderte Berechnung von Belastungsveränderungen entfällt. Das Steueraufkommen eines Jahres bestimmt sich aus der Lohnsumme und der Steuerschuld der Monate Januar bis November des laufenden und der Lohnsumme des Dezember (zum Teil einschließlich Weihnachtsgeld) des vorhergehenden Jahres, d. h. es ist zu setzen

$$(19) \qquad T'_{L,t} = 1/12\, T'_{L,t-1} + 11/12\, T'_{L,t} \; .$$

---

10 Nach dem Beschluß des Bundeskabinetts vom 7. Juli 1970 soll das Steueränderungsgesetz 1970, das bei der Lohnsteuer eine Verdoppelung des Arbeitnehmerfreibetrages vorsieht, „zu einem konjunkturpolitisch günstigen Zeitpunkt" verabschiedet werden. Wegen der damit verbundenen Unsicherheiten über Zeitpunkt und Ausmaß der Steuersenkung wird das Steueränderungsgesetz 1970 in der vorliegenden Arbeit nicht berücksichtigt. Vgl. „Bulletin des Presse- und Informationsamtes der Bundesregierung", Nr. 93 vom 9. Juli 1970, S. 919.

11 Als Belastungsveränderungen werden nur die in einem Jahr neu hinzutretenden Steuerausfälle definiert. Die Abweichungen gegenüber den Schätzungen des Bundesfinanzministeriums sind daher geringer als zunächst angenommen werden könnte. Vgl. dazu Finanzbericht 1961 und folgende Jahre, a.a.O. – „Finanznachrichten" (hrsg. vom Bundesministerium der Finanzen), Bonn, Nr. 223 vom 12. Juni 1970, Anlage 1.

4. Das kassenmäßige Steueraufkommen

Die aus den Steuerstatistiken resultierende Steuerschuld liegt beträchtlich unter dem kassenmäßigen Aufkommen. Diese Abweichungen, die aus der bereits erwähnten Mindererfassung von Lohnsteuerkarten und Lohnsteuerüberweisungsblättern, der Nicht-Einbeziehung der pauschalen Lohnsteuerabgeltung und der sofortigen Kürzung um alle (!) Erstattungsbeträge resultieren, sollen durch die sog. Aufkommensrelation λ_2 (vgl. Tabelle A 17, Spalte 17) berücksichtigt werden. Die Vorausschätzung dieser Größe ist aber deshalb besonders problematisch, weil ein in Zukunft stark ansteigender Teil der Abzugsbeträge nicht im Lohnsteuerjahresausgleich, sondern in Veranlagungsverfahren zur Einkommensteuer geltend gemacht werden wird: die Zahl der veranlagten Lohnsteuerpflichtigen wird, sofern die Veranlagungsgrenzen nicht durch Steuerrechtsänderungen angehoben werden, in Zukunft sehr stark wachsen[12]. Im Jahre 1965 wurden 4,7 Mrd. DM an einbehaltener Lohnsteuer geltend gemacht, im Jahre 1975 dürften es 20,3 Mrd. DM im Fall der unteren und 31,0 Mrd. DM im Fall der oberen Alternative sein, d. h. der Anteil der einbehaltenen Lohnsteuer an der gesamten Lohnsteuerschuld steigt im Verlauf dieser zehn Jahre von 32 vH auf 61 vH bis 69 vH. Nimmt man an, daß sich im gleichen Umfang der Teil der im Lohnsteuerabzugs- bzw. ausgleichsverfahren geltend gemachten Freibeträge vermindert, dann steigt die Aufkommensrelation von 118,0 vH in 1968 auf 129,5 vH im Fall der unteren und auf 128,5 vH im Fall der oberen Alternative. Unter Verwendung dieser Werte wird das kassenmäßige Lohnsteueraufkommen (Z_L) gemäß Gleichung (20) bestimmt:

$$Z_{L,t} = \lambda_2 \cdot T'_{L,t} \; . \qquad (20)$$

Die Ergebnisse sind in Tabelle A 17, Spalten 18 und 19, enthalten. Danach wird das kassenmäßige Aufkommen an Lohnsteuer im Jahre 1975 bei 44,0 Mrd. DM im Fall der unteren und bei 58,9 Mrd. DM im Fall der oberen Alternative liegen, das bedeutet gegenüber 1968 (Aufkommen 22,0 Mrd. DM) eine Verdoppelung, bzw. eine Zunahme um 166 vH im Gesamtzeitraum. Die jahresdurchschnittlichen Veränderungsraten betragen 10,5 vH im Fall der unteren und 15,0 vH im Fall der oberen Alternative. Die als Konjunkturzuschlag bezeichneten befristeten Steuervorauszahlungen[13] sind hierbei nicht berücksichtigt, da diese Beträge im Prognosezeitraum wahrscheinlich zurückerstattet werden, so daß lediglich eine zeitliche Verschiebung eintreten wird. Darüber hinaus werden diese Zahlungen voraussichtlich gesondert verbucht, so daß das kassenmäßige Lohnsteueraufkommen überhaupt nicht berührt wird.

---

[12] Vgl. dazu auch S. 58.

[13] Der Entwurf des Gesetzes über die Erhebung eines rückzahlbaren Zuschlages von 10 vH zur Lohn-, Einkommen- und Körperschaftsteuer wurde u. a. veröffentlicht in den „Finanznachrichten", Nr. 230 vom 8. Juli 1970.

5. Berechnung von Aufkommenselastizitäten

Die verwendeten Schätzgleichungen lassen sich noch wie folgt zusammenfassen:

(21)
$$\dot{T}_{L,t} = \varepsilon_{L,t} \cdot (\lambda_1 L_{L,t} - A_{L,t}) ,$$

(22)
$$Z_{L,t} = \lambda_2 \left[\frac{1}{12} (T_{L,t-1} - R_{L,t-1}) + \frac{11}{12} (T_{L,t} - R_{L,t}) \right] ,$$

d. h. die Zuwachsrate der Steuerschuld im Zeitpunkt t: $\dot{T}_{L,t}$ ergibt sich aus der Tarifelastizität $\varepsilon_{L,t}$, der Besteuerungsquote λ_1, dem der Lohnsteuer unterliegenden Volkseinkommen $L_{L,t}$ und den steuerfreien Abzugsbeträgen $A_{L,t}$; das kassenmäßige Steueraufkommen ($Z_{L,t}$) aus der Aufkommensrelation λ_2, der Steuerschuld $T_{L,t}$ (die durch Fortschreibung mit der gemäß (21) bestimmten Veränderungsrate $\dot{T}_{L,t}$ ermittelt wird) und den Belastungsveränderungen $R_{L,t}$. Hierbei ist eine Lag-Beziehung zu berücksichtigen.

Die Tarifelastizität ε_L sinkt im Prognosezeitraum bis auf 1,64 ab, die Besteuerungsquote λ_1 steigt nur noch unwesentlich, die Aufkommensrelation λ_2 dagegen recht kräftig. Die steuerfreien Abzugsbeträge und die Belastungsveränderungen müssen den Tabellen A 18 und A 19 entnommen werden.

Um den Bedürfnissen nach einer sehr vereinfachten Schätzmethode im Sinne einer Faustregel nachzukommen, werden in der Texttabelle 6 Aufkommenselastizitäten und Einkommens-Belastungsquoten bestimmt, die im Gegensatz zu den genannten Steuermengen- oder Tarifelastizitäten das kassenmäßige Aufkommen $Z_{L,t}$ mit dem Bruttoeinkommen aus unselbständiger Arbeit ($L_{L,t}$) verknüpfen. Der hohe Elastizitätskoeffizient des Jahres 1969 resultiert aus einer Tarifelastizität von 1,85 und aus der Erhöhung der Aufkommensrelation um 1,64 Punkte, während das Absinken in den Jahren 1970 - 1971 durch die in diesen Jahren wirksam werdenden Steuerrechtsänderungen bedingt ist. Als Reaktion darauf dürfte 1972 die Aufkommenselastizität wieder ansteigen, wenn nicht Teile des Steuerausfalls erst im Jahresausgleich für 1971 abgewickelt werden. Im Endjahr des Prognosezeitraums liegen die Elastizitäten zwischen 1,72 und 1,77, die sinkende Tendenz der Tarifelastizität wird also offensichtlich kompensiert durch verminderte Jahresausgleichsbeträge. Die Belastung der Einkommen (in der Definition der Gesamtrechnung) mit Lohnsteuer steigt unter diesen Voraussetzungen weiter an, sie liegt im Jahre 1975 mit Werten zwischen 11,3 vH und 12,6 vH gegenüber 1960 mehr als doppelt so hoch[14]. Die mit der Erhöhung der vermögenswirksamen Leistungen in 1970 und 1971 verbundene Steuerentlastung ist also nur von geringer Bedeutung.

---

[14] Zu gleichen Ergebnissen kam auch das Ifo-Institut in einer jüngst veröffentlichten Untersuchung. Vgl. J. Körner, Voraussichtlich 25 vH Anstieg der Lohnsteuerbelastungsquote bis 1974. „Ifo-Schnelldienst", München, Jg. 23 (1970), Heft 5, S. 7 ff.

Tabelle 6: Belastungsquote und Aufkommenselastizität der Lohnsteuer 1960—1975

	Einkommen aus unselbständiger Arbeit	Kassenmäßiges Aufkommen an Lohnsteuer	Belastungsquote	Einkommen aus unselbständiger Arbeit	Kassenmäßiges Aufkommen an Lohnsteuer	Aufkommenselastizität
	in Mill. DM		in vH	Veränderung in vH		—
	1	2	3 (= 2 : 1)	4	5	6 (= 5 : 4)
1960	138 710	8 102	5,84	.	.	.
1961	156 200	10 453	6,69	+ 12,6	+ 12,9	1,02
1962	172 790	12 315	7,13	+ 10,6	+ 17,8	1,68
1963	185 490	13 844	7,46	+ 7,3	+ 12,4	1,70
1964	203 380	16 092	7,91	+ 9,6	+ 16,2	1,69
1965	224 910	16 738	7,44	+ 10,6	+ 4,0	0,38
1966	242 040	19 055	7,87	+ 7,6	+ 13,8	1,81
1967	242 160	19 558	8,08	+ 0,1	+ 2,6	26,00
1968	259 720	22 080	8,50	+ 7,3	+ 12,9	1,77
1969	292 170	27 057	9,26	+ 12,5	+ 22,5	1,80
1970	340 380	34 490	10,13	+ 16,5	+ 27,5	1,66
Alternative I						
1969	275 300	24 750	8,99	+ 6,0	+ 12,1	2,02
1970	291 820	27 380	9,38	+ 6,0	+ 10,7	1,78
1971	309 330	29 760	9,62	+ 6,0	+ 8,7	1,45
1972	327 890	32 610	9,95	+ 6,0	+ 9,6	1,60
1973	347 560	36 030	10,37	+ 6,0	+ 10,5	1,75
1974	368 410	39 800	10,80	+ 6,0	+ 10,5	1,75
1975	390 520	44 010	11,27	+ 6,0	+ 10,6	1,77
Alternative II						
1969	282 220	25 750	9,12	+ 8,7	+ 16,6	1,91
1970	306 880	29 730	9,69	+ 8,7	+ 15,4	1,77
1971	333 580	33 790	10,13	+ 8,7	+ 13,7	1,57
1972	362 600	38 650	10,66	+ 8,7	+ 14,4	1,66
1973	394 150	44 490	11,29	+ 8,7	+ 15,1	1,74
1974	428 440	51 180	11,95	+ 8,7	+ 15,0	1,72
1975	465 710	58 870	12,64	+ 8,7	+ 15,0	1,72

Nach Angaben des Statistischen Bundesamtes, des Bundesministers der Finanzen und eigenen Berechnungen.

B. Veranlagte Einkommensteuer

Der veranlagten Einkommensteuer unterliegen gemäß § 1 EStG alle natürlichen Personen, die im Inland ihren Wohnsitz haben oder inländische Einkünfte beziehen. Besteuerungsgrundlage ist das Einkommen, das sich aus der Summe der sieben in § 2 EStG genannten Einkunftsarten aus

- Land- und Forstwirtschaft
- Gewerbebetrieb
- selbständiger Arbeit
- nichtselbständiger Arbeit
- Kapitalvermögen
- Vermietung und Verpachtung
- sonstige, in § 22 EStG definierte Einkünfte

nach Ausgleich mit Verlusten, Abzug von Sonderausgaben und Freibeträgen für freie Berufe und außergewöhnliche Belastungen ergibt. Im Gegensatz zur Lohnsteuer werden zur Berücksichtigung des Familienstandes und der Kinderzahl keine Steuerklassen gebildet, sondern unterschiedliche Tarife angewendet und Freibeträge gewährt.

Als Einkünfte gelten im Falle der Land- und Forstwirtschaft, des Gewerbebetriebes und der selbständigen Arbeit der Gewinn, ansonsten der Überschuß der Einnahmen über die Werbungskosten. Die Steuerschuld wird durch Veranlagung nach Ablauf des Wirtschaftsjahres festgestellt, während des Jahres sind zu festgesetzten Zeitpunkten Vorauszahlungen zu leisten. Lediglich die Steuern auf nichtselbständige Arbeit und Kapitalerträge werden bereits im Quellenabzug erhoben (§§ 38 und 43 EStG). Die Veranlagung von Steuerpflichtigen mit Einkünften aus nichtselbständiger Arbeit unterbleibt, soweit das Einkommen nicht mehr als 24 000 DM beträgt oder Nebeneinkünfte eine bestimmte Höhe nicht überschreiten (§ 46 EStG), bzw. keine Verluste aus Vermietung und Verpachtung geltend gemacht werden (§ 7 b EStG).

Neben der Bemessungsgrundlage ist auch für die Einkommensteuerschätzung die Tarifelastizität zu ermitteln. Zusätzliche Schwierigkeiten eigener Art ergeben sich bei der Bestimmung des Veranlagungsrhythmus.

1. Das veranlagte Einkommen

Zur Prognose der zur Einkommensteuer veranlagten Einkommen wird der Gesamtbetrag der Einkünfte für die wichtigsten Einkunftsarten und – im Fall der gewerblichen Einkünfte – für 16 Wirtschaftsbereiche getrennt vorausgeschätzt[15]. Dabei wird von einer Gliederung nach überwiegender Einkunftsart ausgegangen, d. h. die gesamten Einkünfte eines Steuerpflichtigen werden

---

[15] Die Bereiche 25 (Staat, Gebietskörperschaften und Sozialversicherung) und 26 (Organisationen ohne Erwerbscharakter, private Haushalte) sind steuerlich irrelevant.

der Einkunftsart zugerechnet, die den relativ größten Beitrag leistet, also am ehesten als Erwerbsunterlage angesehen werden kann. Die Abhängigkeit dieser Einkünfte von entsprechenden gesamtwirtschaftlichen Größen, insbesondere den nach Sektoren gegliederten Einkommen aus Unternehmertätigkeit und Vermögen (Tabellen A 14 und A 15) und den Einkommen aus unselbständiger Arbeit, wird untersucht und graphisch extrapoliert. Auf diese Weise wird versucht, das Problem der Erfassung volkswirtschaftlicher Einkommenskategorien in verschiedenen Steuerarten (z. B. der Unternehmereinkommen in der Einkommen- und Körperschaftsteuer) zu lösen. Die benötigten Zeitreihen für die steuerlichen Einkünfte entstammen den Einkommensteuerstatistiken des Statistischen Bundesamtes für 1954, 1957, 1961, 1965 und eigenen Berechnungen[16].

a) Steuerpflichtige mit Einkünften überwiegend aus Gewerbebetrieb

Der Gesamtbetrag der Einkünfte der Steuerpflichtigen mit Einkünften überwiegend aus Gewerbebetrieb wird aus den nach 16 Wirtschaftsbereichen gegliederten Einkünften aus Gewerbebetrieb und einer Querverteilungsrelation[17] berechnet. Die einkommensteuerlichen Einkünfte aus gewerblicher Tätigkeit $Q_{E,j}$ in den Branchen ($j = 1, \ldots 16$) werden aus den volkswirtschaftlichen Einkommen aus Unternehmertätigkeit und Vermögen des jeweiligen Sektors (Q_j) mittels branchenspezifischer, zeitabhängiger Besteuerungsquoten $\eta_{1,j}$ gebildet (der Zeitindex t wird in den folgenden Gleichungen fortgelassen):

$$Q_{E,j} = \eta_{1,j} \cdot Q_j \quad \text{für } j = 1,2, \ldots, 16. \tag{23}$$

Der Verlauf dieser Koeffizienten von 1954 bis 1968 wird untersucht und entsprechend den erkennbaren Trends bis 1975 extrapoliert; die Werte für einige Jahre sind in der nachstehenden Texttabelle 7 wiedergegeben. In der Vergangenheit sind diese Koeffizienten meist noch gestiegen, allerdings mit nachlassender Intensität. Hierin kommt zum Ausdruck:

---

16 Statistisches Bundesamt, Einkommen- und Körperschaftsteuer 1954 und 1957, bzw. 1961. (Fachserie L, Reihe 6: Einkommen- und Vermögensteuern, Teil I.) Stuttgart und Mainz 1962 bzw. 1966. — Einkünfte der Einkommensteuerpflichtigen. „Wirtschaft und Statistik", Jg. 1968, S. 563 ff. — Einkommen und Besteuerung der Einkommensteuerpflichtigen. „Wirtschaft und Statistik", Jg. 1969, S. 523 ff. — Erste Angaben über die Gliederung der gewerblichen Einkünfte 1965 nach Wirtschaftsbereichen sind enthalten in G. Bürgin und K. Löbbe, Die Schichtung der steuerlichen Einkommen in der Bundesrepublik 1954 - 1965. „Mitteilungen des Rheinisch-Westfälischen Instituts für Wirtschaftsforschung", Jg. 20 (1969), S. 283. — Zur Methode der Berechnungen von Zeitreihen aus diesen Angaben vgl. K. Löbbe, Die steuerlichen und ökonomischen Einkommen in der Bundesrepublik 1954 bis 1966 — Versuch einer Berechnung und Auswertung. „Mitteilungen des Rheinisch-Westfälischen Instituts für Wirtschaftsforschung", Jg. 19 (1968), S. 29 ff.

17 Vgl. S. 52.

Tabelle 7: Branchenspezifische Besteuerungsquoten[1])
Einkommensteuer

Wirtschaftsbereich	1954	1960	1968	1975
Land- und Forstwirtschaft	0,0071	0,0106	0,0172	0,0224
Bergbau	0,0059	0,0080	0,0164	0,0220
Energiewirtschaft u. Wasserversorgung	0,0038	0,0044	0,0040	0,0040
Chemie, Mineralöl-, Kunststoff-, Gummi- und Asbestverarbeitung	0,2895	0,2355	0,2850	0,2965
Steine und Erden, Feinkeramik, Glas	0,2992	0,3673	0,3200	0,3110
Eisen- u. NE-Metallerzeugung, Gießereien, Stahlverformung	0,1760	0,2722	0,6000	0,7000
Stahl-, Maschinen- und Fahrzeugbau	0,3125	0,4528	0,4930	0,5190
Elektrotechnik, Feinmechanik, Optik, Musikinstrumentenbau	0,3866	0,4800	0,6870	0,7530
Holz-, Papier- und Druckgewerbe	0,4363	0,6750	0,5610	0,5390
Textil-, Leder- und Bekleidungsgewerbe	0,3330	0,4826	0,3650	0,3400
Nahrungs- und Genußmittelgewerbe	0,2299	0,4261	0,5600	0,6000
Baugewerbe	0,8687	0,7604	0,9100	0,9250
Handel	0,6525	0,7310	0,6800	0,6800
Verkehr und Nachrichtenübermittlung	0,2646	0,2970	0,4540	0,5000
Kreditinstitute und Versicherungsgewerbe	0,1035	0,1344	0,0820	0,0710
Dienstleistungen	0,2036	0,2143	0,2020	0,1930
Insgesamt	0,2891	0,3594	0,3496	0,3488

Eigene Berechnungen. — 1) Gesamtbetrag der Einkünfte der Einkommensteuerpflichtigen mit überwiegend gewerblichen Einkünften als Quote der Einkommen aus Unternehmertätigkeit und Vermögen.

- die absolute oder relative Zunahme des Anteils natürlicher Personen am steuerlichen Einkommen der jeweiligen Branchen insgesamt, und zwar zu Lasten der Körperschaften wie auch der nicht-gewerblichen Einkünfte,
- die Steuerunschädlichkeit volkswirtschaftlich berücksichtigter Verluste bei ununterbrochenen Verlustfällen,
- definitorische Abweichungen zwischen Steuerstatistik und Gesamtrechnung, z. B. bei den Abschreibungen: in der Steuerstatistik gemäß Afa-Tabellen zu Anschaffungs- oder Herstellungskosten, in der Volkswirtschaftlichen Gesamtrechnung verbrauchsbedingt zu Wiederbeschaffungskosten.

Aus der Analyse der Entwicklung in den einzelnen Branchen seit 1954 und im Vergleich zu den in Texttabelle 11 (vgl. S. 67) wiedergegebenen Besteuerungsquoten für die Körperschaftsteuer lassen sich folgende Tendenzen feststellen:

- Steuerpflichtige in der Rechtsform der Einzelfirma können ihren Anteil am Gesamtgewinn besonders in der Chemie, der Eisen- und Stahlindustrie (Schmiederei und Schlosserei) und in der Nahrungs- und Genußmittelindustrie erhöhen;

- in Branchen, wie dem Stahl-, Maschinen- und Fahrzeugbau und der Elektrotechnik, Feinmechanik, Optik, Uhren- und Spielwarenindustrie sowie im Baugewerbe und im Handel, sind die Besteuerungsquoten zwar ebenfalls gestiegen, jedoch schwächer als die der Körperschaftsteuerpflichtigen;
- in wichtigen Branchen sinken die Steuerquoten für die Einkommensteuerpflichtigen auch absolut, so im Bereich Steine, Erden, Feinkeramik und bei den Dienstleistungsbereichen.

Als Folge dieser strukturellen Verschiebungen wird sich der Anteil der einkommensteuerlichen an den gesamtwirtschaftlichen Gewinnen insgesamt im Prognosezeitraum vermindern, er wird von 35,9 vH in 1960 und 35,0 vH in 1968 auf 34,9 vH in 1975 absinken.

Der zukünftige Verlauf dieser Quote kann allerdings noch durch steuerrechtliche Änderungen, die die Ermittlung des Einkommens betreffen, beeinflußt werden. In der Vergangenheit waren hier insbesondere das Berlinhilfegesetz 1962, das Kohleverstromungsgesetz, die Änderungen in der Besteuerung der Land- und Forstwirte, die Neuregelung der A f a für Wohngebäude und die Einschränkung der Abzugsfähigkeit von Kfz-Kosten von Bedeutung[18]. Die Mehrzahl dieser Steuerrechtsänderungen hat sich jedoch in der Einkommensteuerstatistik 1965 bereits ausgewirkt; auf eine branchenweise Aufschlüsselung der seitherigen Rechtsänderungen wurde verzichtet, da die Steuerausfälle im Vergleich zu den konjunkturellen Ausschlägen 1966 - 1968 gering waren. Die Auswirkungen der Aussetzung der degressiven Abschreibung entsprechend der Zweiten Verordnung über steuerliche Konjunkturmaßnahmen vom 6. Juli 1970 können derzeit nicht abgeschätzt werden[19]. In Tabelle A 20 werden die nach 18 Wirtschaftszweigen gegliederten steuerlichen Einkünfte aus Gewerbebetrieb für den Zeitraum 1954 bis 1975 wiedergegeben.

Zu diesen gewerblichen Einkünften treten bei vielen Steuerpflichtigen weitere Einnahmen hinzu (z. B. aus selbständiger Arbeit oder Kapitalvermögen), andererseits wird die Summe der Einkünfte noch um ausgeglichene Verluste (Verlustvortrag oder z. B. Verluste aus Vermietung und Verpachtung) gekürzt, das Ergebnis ist der Gesamtbetrag der Einkünfte. Das Ausmaß dieser Abweichung des einkommensteuerlichen Gesamtbetrages der Einkünfte (G_E) von den gewerblichen Einkünften der Einkommensteuerpflichtigen (Q_E) mißt die Querverteilungsrelation[20]. Nach den Einkommensteuerstatistiken lag der Wert für diesen Koeffizienten, der mit $\gamma_{2,j}$ bezeichnet wird, im Branchendurchschnitt zwischen 1,04 und 1,07[21]. In der Prognose wird die Querverteilungsrelation für

---

18 Vgl. dazu den Bericht der Bundesregierung über die Entwicklung der Finanzhilfen des Bundes und der Steuervergünstigungern für die Jahre 1967 bis 1970 gemäß § 12 Stabilitätsgesetz. BT-Drucksache VI/391.

19 Vgl. „Finanznachrichten", Nr. 229 vom 8. Juli 1970.

20 Der Begriff wurde von Stobbe in die Literatur eingeführt. Vgl. A. Stobbe, Untersuchungen zur makroökonomischen Theorie der Einkommensverteilung. (Kieler Studien, Nr. 59.) Tübingen 1962, S. 20.

21 Für 1954 liegt der Wert aus steuerstatistischen Gründen deutlich niedriger; er wurde für die Prognose nicht berücksichtigt.

alle Branchen in gleicher Höhe angenommen ($\eta_{2,1} = \eta_{2,2} \ldots = \eta_{2,16}$), wobei unterstellt wird, daß im Fall der unteren Alternative die Unternehmen zusätzliche Einnahmen anstreben werden, während in der oberen Alternative ein zu den gewerblichen Einkünften proportionales Wachstum wenig wahrscheinlich gehalten wird. Die Querverteilungsrelation hat daher im ersten Fall steigende, im zweiten Fall sinkende Tendenz.

Der Gesamtbetrag der Einkünfte der Steuerpflichtigen mit Einkünften überwiegend aus Gewerbebetrieb (der „überwiegend Gewerbetreibenden") ergibt sich mithin für alle Sektoren aus

(24) $$\sum_{j=1}^{n} G_{E,j} = \sum_{j=1}^{n} \eta_{1,j} \cdot \eta_{2,j} Q_j \quad \text{für } j = 1, 2, \ldots, 16.$$

Die Ergebnisse sind in Tabelle A 21, Spalten 1 bis 4, enthalten.

b) Steuerpflichtige mit Einkünften überwiegend aus selbständiger Arbeit

Der Gesamtbetrag der Einkünfte der überwiegend Selbständigen, also der Ärzte, Rechtsanwälte, Steuerberater, Architekten usw., wird in ähnlicher Weise aus den Einkommen aus Unternehmertätigkeit und Vermögen der Dienstleistungsbereiche und freien Berufe abgeleitet, und zwar durch Bestimmung einer Elastizität für die Zuwachsraten ($\dot{Q}$). Es gilt:

(25) $$\dot{G}_{E,17} = \eta_3 \cdot \dot{Q}_{16} ;$$

d. h. auf die Berechnung einer Querverteilungsrelation wird verzichtet.

Nach der für die Vergangenheit zu beobachtenden Tendenz dürfte die Elastizität auch in Zukunft kleiner als eins sein. Die mittelfristigen Wachstumsraten des Gesamtbetrages der Einkünfte der überwiegend Selbständigen liegen demgemäß zwischen etwa + 6,8 vH pro Jahr im Fall der unteren und etwa + 9,2 vH pro Jahr im Fall der oberen Alternative (vgl. Tabelle A 21, Spalten 5 bis 8).

c) Steuerpflichtige mit Einkünften überwiegend aus nichtselbständiger Arbeit

Zur veranlagten Einkommensteuer werden Unselbständige vor allem dann herangezogen, wenn im Kalenderjahr

- das Einkommen mehr als 24 000 DM beträgt (§ 46 Abs. 1 EStG),
- Nebeneinkünfte von mehr als 800 DM vorliegen (§ 46 Abs. 2 S. 1 EStG),
- Einkünfte aus mehreren unselbständigen Tätigkeiten vorliegen und das Einkommen mehr als 8000 DM bei getrennter und mehr als 16 000 DM bei gemeinsamer Veranlagung von Ehegatten beträgt (§ 46 Abs. 2 S. 2 EStG),

– ein Verlust aus Vermietung und Verpachtung vom Arbeitslohn abgezogen werden soll, sog. 7 b-Fälle (§ 46 Abs. 2, S. 4 EStG).

Diese Voraussetzungen sind in der Vergangenheit von einem immer größeren Teil der Beamten, Angestellten und Arbeiter erfüllt worden; immer mehr Steuerpflichtige sind in höhere Einkommensklassen hineingewachsen und haben die seit Jahren konstanten Veranlagungsgrenzen überschritten. Außerdem hat die Zahl der Wohnbauten im Besitz von Arbeitnehmern stark zugenommen und damit auch die Möglichkeit eines Verlustabzuges nach § 7 b EStG.

Hierdurch werden aber die zur Einkommensteuer veranlagten Einkommen in immer stärkerem Maße von dem Niveau und der Entwicklung der Einkommen der veranlagten Arbeitnehmer abhängig. Diese Abhängigkeit wird berücksichtigt durch den Ansatz

$$\dot{G}_{E,18} = \eta_4 \dot{L}, \tag{26}$$

d. h. der Gesamtbetrag der Einkünfte der veranlagten Lohnsteuerpflichtigen ergibt sich aus den Einkommen aus unselbständiger Arbeit und einer Besteuerungsmengenelastizität η_4. Eine direkte Schätzung dieses Koeffizienten – etwa durch Fortschreibung der Einkommenspyramiden dieser Steuerpflichtigen über Durchschnittslöhne – ist nicht möglich, da insbesondere in höheren Einkommensgruppen der Anteil der Löhne zugunsten der Nebeneinkünfte (z. B. Gewinnbeteiligungen) stark zurückgeht. Dagegen läßt sich die bei diesen Steuerpflichtigen im Quellenabzug erhobene und von ihnen im Veranlagungsverfahren geltend gemachte einbehaltene Lohnsteuer relativ gut bestimmen[22]. Setzt man die Zuwächse der einbehaltenen Lohnsteuer und der Einkommen der Unselbständigen ins Verhältnis, so ergibt sich die Elastizität ε_{EL} mit einer Mengenkomponente η_4 und der Tarifelastizität ε'_E; es gilt

$$\varepsilon_{EL} = \eta_4 \cdot \varepsilon'_E. \tag{27}$$

Die Tarifelastizität ε'_E liegt zwischen der Tarifelastizität der Lohnsteuer (ε_L) und der noch zu bestimmenden Tarifelastizität der veranlagten Einkommensteuerpflichtigen insgesamt (ε_E); sie zeigt allerdings in der Vergangenheitsentwicklung eine deutlich steigende Tendenz. Dies dürfte darauf zurückzuführen sein, daß der indirekten Progression nicht die gleich hohe Bedeutung wie bei den übrigen Elastizitäten zukommt. Unter diesen Voraussetzungen ergibt sich die gesuchte Besteuerungsmengenkomponente η_4 gemäß Gleichung (27) als Rest. Sie wird im Prognosezeitraum von etwa 2,00 in 1968 bis auf 1,1 bis 1,2 absinken; entsprechend ergibt sich die sinkende Tendenz der anfangs noch sehr hohen Zuwachsraten der Einkünfte der veranlagten Nichtselbständigen (vgl. Tabelle A 21, Spalten 9 bis 12). Es ist allerdings daran zu erinnern, daß auch diese Berechnungen ein konstantes Steuerrecht voraussetzen, also etwa bei einer Heraufsetzung der Veranlagungsgrenzen zu korrigieren sind.

---

22 Vgl. dazu S. 58 f. Hierbei ergibt sich allerdings ein iterativer Rechengang.

d) Übrige Steuerpflichtige

Der Gesamtbetrag der Einkünfte der Steuerpflichtigen mit Einkünften überwiegend aus Land- und Forstwirtschaft ($G_{E,19}$)[23], aus Kapitalvermögen ($G_{E,20}$), aus Vermietung und Verpachtung ($G_{E,21}$) und aus sonstigen Einkunftsarten im Sinne des § 22 EStG ($G_{E,22}$) wird in einer Summe analysiert und vorausgeschätzt, da eine adäquate Bemessungsgrundlage für die einzelnen Komponenten nicht gefunden werden konnte. Sonderfaktoren wie die Änderung der Gewinnermittlungsvorschriften in der Landwirtschaft 1964/65, der Mietpreisvorschriften bei Vermietung und Verpachtung, aber auch die starke Konzentration der Kapitalbesitzer haben die Entwicklung erheblich beeinflußt. Daher basiert die Vorausschätzung in relativ pauschaler Weise für alle genannten Einkunftsarten in der Vorgabe einer Besteuerungsmengenelastizität η_5:

$$\dot{Q}_{E,19/22} = \eta_5 \cdot \dot{Q}. \tag{28}$$

Als Leitgröße dient hierbei das Einkommen aus Unternehmertätigkeit und Vermögen aller Wirtschaftsbereiche. Entsprechend der bisherigen Entwicklung wird angenommen, daß der Elastizitätskoeffizient auch in Zukunft leicht steigt und im Jahre 1973 den Wert eins überschreitet. Daraus ergeben sich anfangs unter- und später überproportionale Wachstumsraten der steuerlichen Einkommen (vgl. Tabelle A 21, Spalten 13 bis 16).

Die Ergebnisse der Berechnungen für die Bezieher dieser vier überwiegenden Einkunftsarten — Gewerbetreibende, Selbständige, Nichtselbständige und übrige Steuerpflichtige — werden in Tabelle A 22 des Zahlenteils zusammengefaßt zum Gesamtbetrag der Einkünfte insgesamt (ohne die beschränkt Steuerpflichtigen $Q_{E,23}$). Hiervon sind die Sonderausgaben und die Freibeträge für freie Berufe und der Altersfreibetrag — nicht dagegen die Kinderfreibeträge — abzuziehen. In Tabelle A 22, Spalten 6 und 7, wurde dazu ein leicht steigender Anteil der Freibeträge a_E angenommen. Das veranlagte Einkommen (E) ergibt sich dann aus

$$E = \frac{100 - a_E}{100} \sum_{j=1}^{n} G_E \quad \text{für } j = 1, 2, \ldots, 22\ . \tag{29}$$

2. Steuerschuld

Die Progressionswirkung des Einkommensteuertarifs wird analog zum Verfahren bei der Lohnsteuer durch Tarifelastizitäten bestimmt, und zwar wiederum für alle 15 „Steuerklassen"[24], so daß für jede Steuerklasse und unter Berücksichtigung der Zeitabhängigkeit von ε_E gilt:

---

23 Davon zu unterscheiden sind die mit $Q_{E,1}$ bezeichneten Gewinne aus Land- und Forstwirtschaft der Steuerpflichtigen mit Einkünften überwiegend aus Gewerbebetrieb.

24 Dieser Begriff, seit 1958 nur noch im Lohnsteuerrecht gebräuchlich, wird zur Vereinfachung benutzt: Steuerklasse I lautet in offizieller Bezeichnung etwa: „Nach der Grundtabelle Besteuerte ohne

$$\dot{T}_{E,t} = \varepsilon_{E,t} \cdot \dot{E}_t \, ,$$

(30) $$T_{E,t_1} = t_{E,t_0} \cdot Q_E \left(100 + \dot{T}_{E,t_1}\right) \cdot \frac{1}{100} \, ,$$

d. h. die Veränderungsrate der Einkommensteuerschuld ($\dot{T}_E$) im Zeitpunkt t ergibt sich aus der Veränderung der veranlagten Einkommen und der für das jeweilige Jahr gültigen Tarifelastizität. Zur Vereinfachung wurde für jede „Steuerklasse" die gleiche Steigerungsrate der veranlagten Einkommen angenommen. In der Texttabelle 8 sind die Ergebnisse entsprechender Berechnungen am Beispiel des Jahres 1966 wiedergegeben.

Tabelle 8: Tarifelastizitäten der veranlagten Einkommensteuer nach Steuerklassen im Jahre 1966

„Steuerklassen"	Elastizität ε_E
I	1,3445
II/1	1,4119
II/2	1,2461
II/3	0,7407
II/4	0,6971
III/0	1,3900
III/1	1,5080
III/2	1,5397
III/3	1,5186
III/4	1,5258
IV/1	0,8262
IV/2	0,3466
IV/3	0,3750
IV/4	0,3408
Insgesamt	1,4449

Eigene Berechnungen.

Für die besonders stark besetzten Steuerklassen I und III ergeben sich dabei Werte zwischen 1,3 und 1,5, d. h. einer Zunahme des Einkommens um 10 vH folgt eine Zunahme der Steuerschuld von 13 bis 15 vH. Die unter eins liegenden Werte bei den Steuerklassen II/3, II/4 und IV sind für das Gesamtergebnis von untergeordneter Bedeutung, sie sind durch relativ niedrige Durchschnittsverdienste bei hohen Freibeträgen bedingt und steigen im Prognosezeitraum nahezu ausnahmslos auf Werte zwischen 1,0 und 1,2 an.

Kinderfreibeträge", Steuerklasse III/O: „Nach der Splittingtabelle Besteuerte ohne Kinderfreibeträge", Steuerklasse II/1: „Nach der Grundtabelle Besteuerte mit ganzen Kinderfreibeträgen für ein Kind". Im Unterschied zur Lohnsteuer entfallen die Steuerklassen II/O und V.

Den Entwicklungsverlauf der Tarifelastizität insgesamt, die 1966 bei 1,445 lag, zeigt Tabelle A 22, Spalte 10. Danach wird die Elastizität kontinuierlich, aber mit nachlassender Intensität zurückgehen und 1975 je nach der Entwicklung der zugrundegelegten Einkommen zwischen 1,36 und 1,37 liegen, also wesentlich unter der Tarifelastizität der Lohnsteuer, die in 1975 noch 1,64 bis 1,65 betragen wird. Die Ursache hierfür liegt in der bei der Einkommensteuer vergleichsweise geringen Bedeutung der indirekten Progression.

Die aus Gleichung (30) nach Einsetzen der Tarifelastizität resultierende jährliche Veränderung der Steuerschuld dient zur Fortschreibung der in den Einkommensteuerstatistiken 1961 und 1965 nachgewiesenen Einkommensteuerschuld (vgl. Tabelle A 22, Spalten 11 und 12):

(31) $$T_{E,t_2} = T_{E,t_1} \cdot \left(100 + \dot{T}_{E,t_2}\right) \cdot \frac{1}{100}$$

$$T_{E,t_3} = T_{E,t_2} \cdot \left(100 + \dot{T}_{E,t_3}\right) \cdot \frac{1}{100} \quad \text{usf.}$$

Die Ergebnisse sind noch um die in der Tarifelastizität nicht berücksichtigten Belastungsänderungen zu bereinigen (vgl. dazu Tabelle A 24). Hierzu gehören einmal Struktureffekte, die sich aus Veränderungen der relativen Besetzungszahlen der Steuerklassen ergeben, zum anderen belastungswirksame Rechtsänderungen.

Nach den Ergebnissen der Einkommensteuerstatistik wurden 1965 gegenüber 1961 etwa 30 vH mehr Kinderfreibeträge beansprucht. Diese Erhöhung mag zwar hier in stärkerem Maße als im Fall der Lohnsteuer durch die Heraufsetzung der Altersgrenze für in Ausbildung befindliche Kinder vom 25. auf das 27. Lebensjahr beeinflußt sein. Dennoch dürfte der Zugang an Kinderfreibeträgen in erster Linie aus einer Zunahme der Geburten resultieren. In der Tat lag die Zahl der Lebendgeborenen 1965 beträchtlich höher als 1961, während die Zahl der kurz nach der Geburt, d. h. in den ersten 28 Tagen, Gestorbenen zurückging. Seither nimmt die Zahl der Geburten jedoch wieder stark ab, wobei verschiedentlich konjunkturelle Ursachen genannt werden[25]. Nachdem aber auch die Geburtenentwicklung des Jahres 1969 keine Änderung des nach unten gerichteten Trends erkennen läßt, setzt sich bei allen Vorbehalten gegenüber einer solchen Prognose doch die Meinung durch, „daß noch bis 1974 mit sinkenden Geburtenzahlen auch dann gerechnet werden muß, wenn das Verhalten der Ehepaare unverändert bleibt“[26]. Es erscheint daher nicht gerechtfertigt, die Struktureffekte in der gleichen Höhe wie 1960 - 1965 auch im Prognosezeitraum zu unterstellen. Eine leicht steigende Tendenz dürfte indessen aus dem verstärkten Besuch weiterführender Schulen zu erwarten sein. Außerdem ist die Vereinheitlichung der Ehegattenbesteuerung und der Kinderfreibetragsregelung bei der Lohn- und Einkommensteuer zu berück-

---

25 Vgl. Geburtenrückgang im Jahr 1968. „Wirtschaft und Statistik“, Jg. 1969, S. 153.

26 H. G. Oehlert, Überlegungen zum Geburtenrückgang. „Wirtschaft und Statistik“, Jg. 1970, S. 232 ff.

sichtigen. Belastungswirksame Rechtsänderungen traten vor allem 1962 und 1965 in Kraft, 1968 und 1969 sind Änderungen des Berlinhilfegesetzes wirksam geworden. Im Prognosezeitraum wird sich nach dem bisherigen Kenntnisstand lediglich das Steueränderungsgesetz 1969 (Investitionszulagengesetz) auswirken.

Aus der unbereinigten Steuerschuld ($T_{E,t}$), d. h. dem Fortschreibungsergebnis vor Abzug der Belastungsveränderungen, und der gemäß Tabelle A 24 ermittelten Summe der Belastungsveränderungen $R_{E,t}$ ergibt sich die bereinigte Steuerschuld $T'_{E,t}$ (vgl. Tabelle A 22, Spalten 14 und 15):

$$T'_{E,t} = T_{E,t} - R_{E,t} \,. \tag{32}$$

Dieses Ergebnis ist noch um die Steuerabzugsbeträge zu kürzen, nämlich die einbehaltene Lohn- und Kapitalertragsteuer, da das Aufkommen von den Finanzbehörden nur der jeweiligen Quellensteuer gutgeschrieben wird, der Erstattungsbetrag aber zu Lasten des Aufkommens an veranlagter Einkommensteuer verbucht wird. Die im Veranlagungsverfahren anzurechnende Lohnsteuer der veranlagten Unselbständigen wurde in ähnlicher Weise bestimmt wie die Tarifelastizität: Die nach Steuerklassen gegliederten Einkommensschichtungen aller Lohnsteuerpflichtigen werden mittels des lognormalen Funktionsansatzes unter Vorgabe der Einkommensentwicklung der Unselbständigen vorausgeschätzt; durch Multiplikation der Verteilung der Lohnsteuerpflichtigen im Prognosejahr mit der Verteilung der einbehaltenen Lohnsteuer je veranlagten Lohnsteuerpflichtigen im Basisjahr 1965 ergibt sich die voraussichtliche Gesamtsumme an einbehaltener Lohnsteuer im Vorausschätzungszeitpunkt[27]. Indirekt wird damit die Verteilung der Lohnsteuerpflichtigen als Verursachungsmasse der veranlagten Lohnsteuerpflichtigen angesehen.

Als Ergebnis dieser Berechnungen[28] ist in Tabelle A 23, Spalte 1, die Elastizität der einbehaltenen Lohnsteuer (ε_{EL}), d. h. das Verhältnis ihrer Zuwachsrate zur Veränderung der Unselbständigeneinkommen, wiedergegeben. Die Werte für den Zeitraum 1961 bis 1965 sind nach den Angaben der Steuerstatistiken grob geschätzt. Bemerkenswert erscheint, daß die Elastizität der einbehaltenen Lohnsteuer in Zukunft leicht sinken wird, da schon in wenigen Jahren der größte Teil der stark vertretenen Einkommensklassen – und zwar die Einkommensklassen um 12 000 DM in 1965 – zur Einkommensteuerveranlagung herangezogen werden wird.

Aus der Elastizität der veranlagten Lohnsteuer, der vorgegebenen Zuwachsrate der Einkommen aus unselbständiger Arbeit im Sinn der Volkswirtschaftlichen Gesamtrechnung und den anteiligen Belastungsveränderungen läßt sich die bereinigte einbehaltene Lohnsteuer berechnen. Sie wird im Zeitraum von

---

27 Die dazu erforderliche Zusammenführung der nach Steuerklassen gegliederten Ergebnisse der Lohnsteuer- und der Einkommensteuerstatistiken 1965 konnte nur schätzungsweise erfolgen. Die Fehler dürften im Rahmen der vorliegenden Berechnungen nicht allzu schwerwiegend sein.

28 Auch diese Berechnungen wurden im Auftrag des RWI von der Siemens AG durchgeführt.

1968 (6,9 Mrd. DM[29]) bis 1975 auf 20,2 bis 31,0 Mrd. DM steigen. Die große Spannweite ist dabei in erster Linie den hohen Elastizitätskoeffizienten zuzuschreiben (vgl. Tabelle A 23, Spalten 1 bis 6).

Der Vorausschätzung der einbehaltenen Kapitalertragsteuer liegt eine Trendextrapolation mit konstanten absoluten Beträgen zugrunde, deren Höhe mit dem Aufkommen an Kapitalertragsteuer abgestimmt wurde (Tabelle A 23, Spalte 7, vgl. auch S. 68).

3. Das kassenmäßige Steueraufkommen

Die Ableitung der tatsächlich kassenwirksam werdenden Einkommensteuerzahlungen ist mit besonderen Schwierigkeiten verbunden, da in der Zahlungs- und Veranlagungstechnik rechtliche, institutionelle und soziologische Einflüsse spürbar werden. Der Bestimmung eines adäquaten Veranlagungs-Lag kommt daher bei der Einkommensteuer ebensolche Bedeutung zu wie der Ermittlung der Tarifelastizität. Die Steuergesetze schreiben folgende Zahlungstechnik vor (§ 35 EStG)[30]:

a) Auf die für ein Jahr zu entrichtende Steuer sind Vorauszahlungen am 10. der Monate März, Juni, September und Dezember nach Maßgabe des letzten Steuerbescheides zu leisten. Zu den ersten beiden Terminen liegt in aller Regel der Steuerbescheid für das vergangene Jahr noch nicht vor, die Vorauszahlungen werden also aufgrund eines um zwei Jahre zurückliegenden Einkommens festgesetzt. Soweit im September bzw. Dezember die Veranlagung für das Vorjahr durchgeführt ist, bestimmt das Einkommen des vergangenen Jahres die Zahlungen. Die Vorauszahlungen zur Einkommen- und Körperschaftsteuer werden daher im Normalfall je zur Hälfte aus dem vorjährigen und dem zwei Jahre zurückliegenden Einkommen bestimmt; der Veranlagungs-Lag beträgt mithin durchschnittlich 18 Monate.

b) Entsprechend der Veranlagungstätigkeit der Finanzämter sind Abschlußzahlungen zu leisten, die demgemäß je zur Hälfte die beiden vorangegangenen Jahre betreffen. Hinzu treten noch Nachzahlungen für verspätet abgegebene Erklärungen. Der Veranlagungs-Lag beträgt demgemäß mindestens 18 Monate.

c) Die Finanzämter sind jedoch gehalten, in allen Fällen von Gewicht die Vorauszahlungen an die laufende Gewinnentwicklung anzupassen. Unterlagen hierzu liefern die monatlichen Umsatzsteuervoranmeldungen, die – je nach Verwaltungsablauf – nach Ablauf der ersten neun Monate eines Jahres oder jährlich aufsummiert werden. Gegen geplante Anpassungen der Vorauszahlungen durch die Finanzämter stehen den Steuerpflichtigen Rechtsmittel zu; die

---

[29] Das Bundesfinanzministerium nannte vor einiger Zeit einen Betrag von 8,5 Mrd. DM, der das kassenmäßige Steueraufkommen des Jahres 1969 gemindert habe, d. h. in 1968 einbehalten wurde. Die vorliegende Schätzung liegt demgegenüber mit 6,9 Mrd. DM in 1968 einbehaltener Lohnsteuer beträchtlich (1,6 Mrd. DM) niedriger. Vgl. „Finanznachrichten", Nr. 197 vom 2. März 1970.

[30] Vgl. auch Bundesministerium der Finanzen, Die Auswirkungen des Veranlagungsrhythmus auf die Steuereinnahmen. In: Finanzbericht 1965, a.a.O., S. 147 ff.

mangelnde Berechtigung der Anpassung muß allerdings durch geeignete Unterlagen nachgewiesen werden. Über das Ergebnis dieser Anpassungsmaßnahmen werden von den Finanzämtern z. T. Geschäftsstatistiken geführt, deren Ergebnisse unterschiedlich sind und deren Verläßlichkeit manchmal bezweifelt werden kann.

Außerdem ist auf die nach § 26 StabG in Verbindung mit § 35 Abs. 2 Satz 2 EStG mögliche nachträgliche – d. h. nach Ablauf des Kalenderjahres durchzuführende – Heraufsetzung der Vorauszahlungen hinzuweisen (sog. Fünfte Vorauszahlung). Den zur Konjunkturdämpfung für 1969 und 1970 vorgesehenen Sonderanpassungen der Vorauszahlungen wird jedoch keine Bedeutung beigemessen, da 1969 gleichzeitig der Veranlagungsrhythmus durch verlängerte allgemeine Erklärungsfristen um 3 Monate hinausgezögert wurde, die Finanzämter durch die Hauptveranlagung zur Vermögensteuer stark beansprucht sind und die Steuerpflichtigen eine Herabsetzung ihrer Jahressteuerschuld beantragen können. Allgemein wird durch Anpassungen der Steuerzahlungen an die Gewinnentwicklung der Veranlagungs-Lag verkürzt, wenn auch über das Ausmaß keinerlei konkrete Anhaltspunkte vorliegen.

d) Zahlungen auf Reste aus Vorjahren, gestundete oder ausgesetzte Steuern sowie Berichtigungen nach Steuerprüfungen werden nur in außerordentlichen Fällen den Veranlagungs-Lag beeinflussen.

Nach der in der Vergangenheit zu beobachtenden Entwicklung bietet folgende Lag-Beziehung die beste Anpassung:

$$Z_{E,t} = V_{E,t} + N_{E,t} + S_{E,t} \ , \tag{33}$$

$$V_{E,t} = 0{,}95\,(0{,}4T'_{E,t-2} + 0{,}5\,T'_{E,t-1} + 0{,}1\,T'_{E,t}) \ , \tag{34}$$

$$N_{E,t} = 0{,}25\,(T'_{E\,t-3} - V_{E,t-3}) + 0{,}5\,(T'_{E,t-2} - V_{E,t-2}) \ , \\ + 0{,}25\,(T'_{E,t-1} - V_{E,t-1}) \ , \tag{35}$$

$$S_{E,t} = f(t) \ , \tag{36}$$

d. h. das kassenmäßige Steueraufkommen eines Jahres ($Z_{E,t}$) setzt sich aus Vorauszahlungen (V_t), Nachzahlungen (N_t) und sonstigen Zahlungen (S_t) zusammen. Die Vorauszahlungen bestimmen sich zu 40 vH aus der Steuerschuld der 2 Jahre zurückliegenden Wirtschaftsperiode, zu 50 vH aus der Steuerschuld des Vorjahres und zu 10 vH aus der Steuerschuld des laufenden Jahres, das Ergebnis wird um 5 vH gekürzt. Die Nachzahlungen bestimmen sich zu je einem Viertel nach der Differenz zwischen Steuerschuld und Vorauszahlungen des vorhergehenden und des 3 Jahre zurückliegenden Jahres und zur Hälfte nach der des 2 Jahre zurückliegenden Jahres. Die Sonstigen Zahlungen entwickeln sich relativ konstant. Damit wird ein Vorauszahlungs-Lag von etwas weniger als 18 Monaten und ein Nachzahlungs-Lag von etwa 24 Monaten angenommen.

Eine solche Festlegung ist naturgemäß weitgehend willkürlich und allein vom Ergebnis her zu beurteilen: andere Lag-Beziehungen brachten schlechtere Resultate. Lediglich für 1969 und 1970 wurde der Zahlungsrhythmus durch angenommene Stundungen weiter verlängert, was in zurückgehenden Sonstigen Zahlungen seinen Niederschlag findet. Der Abschlag dafür scheint jedoch – wie die kassenmäßigen Ergebnisse für das erste Halbjahr 1970 vermuten lassen – noch zu niedrig geschätzt. Zwar ist ein Rückgang des Steueraufkommens in der ersten Jahreshälfte aus verschiedenen steuertechnischen Gründen im allgemeinen nur von geringer Aussagekraft, doch zeichnen sich in diesem Jahre ungewöhnlich starke Verzögerungen in der Veranlagungstätigkeit ab, die im zweiten Halbjahr möglicherweise nicht mehr aufzuholen sind. Diese außerordentlichen Verhältnisse legen eine kritische Einschätzung des Konjunkturwertes für 1970 nahe.

Die Ableitung des Steueraufkommens kann im übrigen in Tabelle A 23, Spalten 10 bis 16, nachvollzogen werden. Danach wird das Steueraufkommen des Jahres 1975 unter den getroffenen Annahmen, insbesondere über die Einkommensentwicklung, zwischen 25,9 Mrd. DM im Fall der unteren und 34,1 Mrd. DM im Fall der oberen Alternative liegen. Nachzahlungen für die Jahre 1968 und 1969 sind noch bis 1971 spürbar. Die als Konjunkturzuschlag bezeichneten zusätzlichen Steuervorauszahlungen werden wiederum, da sie im Prognosezeitraum zurückgezahlt werden sollen und wahrscheinlich gesondert erfaßt werden, nicht berücksichtigt.

4. Berechnung von Aufkommenselastizitäten

Eine Zusammenfassung aller für die Einkommensteuer bisher verwendeten Schätzgleichungen erscheint angesichts der Vielzahl von Einflußfaktoren wenig sinnvoll, ebenso bestehen Bedenken gegen die Berechnung von Belastungsquoten und Aufkommenselastizitäten. Um eine schnelle und notwendigerweise grobe Schätzung des Einkommensteueraufkommens auf der Basis anderer als der hier getroffenen Sozialproduktsentwicklungen zu ermöglichen, werden in Text-Tabelle 9 dennoch Angaben über die Belastung der Einkommen aus Unternehmertätigkeit und Vermögen mit veranlagter Einkommensteuer bzw. über eine entsprechende Elastizität gemacht. Dabei sind aber als wichtigste Annahmen zu berücksichtigen

- die branchenspezifischen Besteuerungsquoten $\eta_{1,j}$ sinken tendenziell ab;
- die Querverteilungsrelation η_2 sinkt im Fall der oberen und steigt im Fall der unteren Alternative;
- die Besteuerungsmengenelastizität (η_3) der Selbständigen ist konstant, die der Nichtselbständigen (η_4) sinkt und die der Übrigen (η_5) steigt;
- die Tarifelastizität (ε_E) und die Elastizität der einbehaltenen Lohnsteuer (ε_{EL}) sinken;
- der Aufkommensrhythmus bleibt konstant.

Tabelle 9: Belastungsquote und Aufkommenselastizität der veranlagten Einkommensteuer 1960–1975

	Einkommen aus Unternehmertätigkeit und Vermögen	Kassenmäßiges Aufkommen an veranl. Einkommenst.	Belastungsquote	Einkommen aus Unternehmertätigkeit und Vermögen	Kassenmäßiges Aufkommen an veranl. Einkommenst.	Aufkommenselastizität
	in Mill. DM		in vH	Veränderung in vH		–
	1	2	3 (= 2 : 1)	4	5	6 (= 5 : 4)
1960	90 930	8 963	9,86	+ 10,5	+ 21,4	2,04
1961	95 800	10 817	11,29	+ 5,4	+ 20,7	3,83
1962	99 490	12 218	12,28	+ 3,9	+ 13,0	3,33
1963	103 910	13 451	12,94	+ 4,4	+ 10,1	2,30
1964	113 920	14 101	12,38	+ 9,6	+ 4,8	0,50
1965	121 650	14 798	12,16	+ 6,8	+ 4,9	0,72
1966	123 420	16 075	13,02	+ 1,5	+ 8,6	5,73
1967	122 420	15 782	12,89	– 0,8	– 1,8	2,25
1968	144 730	16 273	11,24	+ 18,2	+ 3,1	0,17
1969	154 970	16 989	10,96	+ 7,1	+ 4,4	0,62
1970	166 230	19 500 a)	11,73 a)	+ 7,3 a)	+ 14,8 a)	2,03 a)
Alternative I						
1969	152 920	17 320	11,33	+ 5,7	+ 6,5	1,14
1970	161 550	20 390	12,62	+ 5,6	+ 17,7	3,16
1971	170 680	22 300	13,07	+ 5,7	+ 9,4	1,65
1972	180 310	23 180	12,86	+ 5,6	+ 4,0	0,71
1973	190 490	23 930	12,56	+ 5,7	+ 3,2	0,56
1974	201 220	24 900	12,37	+ 5,6	+ 4,1	0,73
1975	212 560	25 930	12,20	+ 5,6	+ 4,1	0,73
Alternative II						
1969	159 770	17 420	10,90	+ 10,4	+ 7,0	0,67
1970	176 320	21 310	12,09	+ 10,3	+ 22,3	2,17
1971	194 530	24 850	12,77	+ 10,3	+ 16,6	1,62
1972	214 540	27 400	11,51	+ 10,3	+ 10,3	1,00
1973	236 560	29 570	12,50	+ 10,3	+ 7,9	0,77
1974	260 760	31 860	12,22	+ 10,2	+ 7,7	0,75
1975	287 370	34 100	11,87	+ 10,2	+ 7,0	0,69

Nach Angaben des Statistischen Bundesamtes, des Bundesministers der Finanzen und eigenen Berechnungen. — a) Wegen der außergewöhnlichen Entwicklung des Aufkommens an veranlagter Einkommensteuer weichen die Werte für 1970 beträchtlich von der tatsächlichen Entwicklung ab. Vgl. dazu S. 134.

Aus der Quantifizierung dieser teilweise divergierenden Einflußfaktoren ergibt sich, wie aus Texttabelle 9 hervorgeht, eine in beiden Alternativen sinkende Aufkommenselastizität und eine sinkende „Belastung" der Einkommen aus Unternehmertätigkeit und Vermögen mit Einkommensteuer, und zwar im mittelfristigen Verlauf eine Aufkommenselastizität von etwa 0,7 und eine Belastungsquote von etwa 12,0 vH. Eine verteilungspolitische Interpretation dieses Ergebnisses ist jedoch schon deshalb verfehlt, weil, wie ein Blick auf die Tabelle A 23 zeigt, diese „Entlastung" lediglich durch die steuertechnische Behandlung der einbehaltenen Lohn- und Kapitalertragsteuer (Verbuchung des Aufkommens zu Gunsten der Quellensteuer, des Erstattungsbetrages zu Lasten der Veranlagungssteuer) bewirkt wird. Der Verlauf der Koeffizienten in den Jahren 1968 bis 1971 ist im übrigen stark von der verzögerten Anpassung an die Gewinnentwicklung beeinflußt.

C. Kapitalertragsteuer

Die Kapitalertragsteuer ist wie die Lohnsteuer eine Teilsteuer (Gliedsteuer) der allgemeinen Einkommensteuer, wenn auch von weitaus geringerer Bedeutung. Ihr unterliegen die inländischen Kapitalerträge (§ 43 Abs. 1 EStG, § 1 KapStDV), d. h. im wesentlichen

- Dividenden, Zinsen, Ausbeuten und sonstige Bezüge aus Aktien, Kuxen, Genußscheinen, Anteilen an Gesellschaften mit beschränkter Haftung usw.,
- Einkünfte aus der Beteiligung an einem Handelsgeschäft als stiller Teilhaber,
- Zinsen aus Industrieobligationen, Wandelanleihen und Gewinnobligationen,
- Zinsen aus Schatzanweisungen und festverzinslichen Schuldverschreibungen der Länder, Gemeinden und Gemeindeverbände (soweit nicht steuerfrei).

Zur Analyse und Prognose werden diese steuerpflichtigen Kapitalerträge, über deren Niveau und Entwicklung keinerlei statistische Nachweisungen vorhanden sind, in zwei Gruppen zusammengefaßt, nämlich

- Ausschüttungen von Kapitalgesellschaften (a)
- Sonstige Kapitalerträge (b).

(a) Die Ausschüttungen der Kapitalgesellschaften, die den weitaus größten Teil der Besteuerungsgrundlage bilden dürften, können wenigstens in der annähernden Größenordnung aus den Körperschaftsteuerstatistiken für 1961 und 1965 entnommen werden, zur Interpolation der Zwischenjahre und zur Prognose liefert damit die Körperschaftsteuerschätzung (vgl. unten S. 68 ff.) brauchbare Ausgangsdaten. Schwierigkeiten ergeben sich lediglich aus den einkommensteuerlichen Freibeträgen für Nebeneinkünfte der

Unselbständigen in Verbindung mit der immer breiteren Streuung des Kapitalbesitzes.

(b) Die sonstigen Kapitalerträge fassen alle nicht durch (a) erfaßten Erträge zusammen, in erster Linie also festverzinsliche Wertpapiere, Schatzanweisungen, Pfandbriefe usw. Unterstellt man, daß die Entwicklung der Ausschüttungen der Kapitalgesellschaften durch die gewählte Fortschreibungsreihe richtig wiedergegeben wird, dann bleibt in Anbetracht des Steueraufkommens aus der Kapitalertragsteuer nur der Schluß, daß die sonstigen Kapitalerträge relativ langsam wachsende, keinerlei konjunkturellen Schwankungen unterworfene Größen sind. Die Fortschreibung erfolgt daher mit konstanten absoluten Beträgen.

Die Summe der Kapitalerträge (a) und (b) wird sich mit einer zeitlichen Verzögerung auf das kassenmäßige Steueraufkommen auswirken, da die Gewinne der Gesellschaften meist nach Schluß des Geschäftsjahres festgestellt und ausgeschüttet werden. Die Steuer wird zu dem Zeitpunkt abgeführt, zu dem der Kapitalertrag dem Empfänger zufließt, der Wertpapierbesitzer erhält also regelmäßig die um die Steuer bereits gekürzten Kapitalerträge. Die beste Anpassung liefert folgende Lag-Beziehung

$$T_{KE,t_1} = t_{KE,t_1} \cdot \left(0{,}7\ Q_{KE,t_0} + 0{,}3\ Q_{KE,t_1}\right) . \qquad (37)$$

Hierbei ist $Q_{KE,t}$ die Summe der Kapitalerträge und $t_{KE,t}$ die steuerliche Belastung mit Kapitalertragsteuer, die sich aus den unterschiedlichen Sätzen 30 vH und 25 vH sowie den Befreiungen ergibt. Vom Steuerabzug wird inbesondere dann abgesehen, wenn der Empfänger der Kapitalerträge unbeschränkt steuerpflichtig ist und anzunehmen ist, daß eine Veranlagung für ihn nicht in Betracht kommt. Diese Tatsache ist durch die sog. Freistellungsbescheinigung des Finanzamtes nachzuweisen (§ 2b KapStDV, § 44 Abs. 6 EStG). Die Kapitalertragsteuer wird weiterhin dann 5 Jahre lang nicht erhoben, wenn die Kapitalerträge aus Ausschüttungen auf VW-Aktien, soweit mit Sozialrabatt erworben, sowie aus Ausschüttungen der VEBA stammen. Die in Tabelle A 25 in Spalte 7 ausgewiesene durchschnittliche Steuerbelastung wurde in den Jahren 1965 und 1966 außerdem durch die Einführung der Kapitalertragsteuer für Gebietsfremde (Kouponsteuer) beeinflußt.

Für den Prognosezeitraum wird ein leicht sinkender durchschnittlicher Steuersatz angenommen, der aber die Wirkung der relativ kräftigen Zunahme der steuerpflichtigen Kapitalerträge auf das Aufkommen nur wenig dämpft (vgl. Tabelle A 25, Spalten 5 und 9). Diese hohe Zunahme der Kapitalerträge resultiert aus der — zum Unternehmereinkommen — überproportionalen Entwicklung der körperschaftsteuerlichen Gewinne und aus der Zunahme des Anteils der Ausschüttungen[31].

---

[31] Vgl. dazu S. 66 ff. Außerdem ist zu beachten, daß die zur Zeit diskutierte Aufhebung der Kouponsteuer nicht berücksichtigt ist.

Tabelle 10: Belastungsquote und Aufkommenselastizität der Kapitalertragsteuer 1960–1975

	Einkommen aus Unternehmertätigkeit und Vermögen	Kassenmäßiges Aufkommen an Kapitalertragsteuer	Belastungsquote	Einkommen aus Unternehmertätigkeit und Vermögen	Kassenmäßiges Aufkommen an Kapitalertragsteuer	Aufkommenselastizität
	in Mill. DM		in vH	Veränderung in vH		—
	1	2	3 (= 2 : 1)	4	5	6 (= 5 : 4)
1960	90 930	846	0,93	+ 10,5	+ 2,4	0,23
1961	95 800	980	1,03	+ 5,4	+ 15,8	2,93
1962	99 490	1 130	1,14	+ 3,9	+ 15,3	3,92
1963	103 910	1 138	1.10	+ 4,4	+ 0,7	0,16
1964	113 920	1 252	1.10	+ 9,6	+ 10,1	1,05
1965	121 650	1 351	1,11	+ 6,8	+ 7,9	1,16
1966	123 420	1 456	1,18	+ 1,5	+ 7,8	5,20
1967	122 420	1 469	1,20	— 0,8	+ 0,9	.
1968	144 730	1 539	1,06	+ 18,2	+ 4,8	0,26
1969	154 970	1 715	1,11	+ 7,1	+ 11,4	1,61
1970	166 230	1 950	1,17	+ 7,3	+ 13,8	1,89
Alternative I						
1969	152 920	1 830	1,20	+ 5,7	+ 19,2	3,37
1970	161 550	1 960	1,21	+ 5,6	+ 7,1	1,27
1971	170 680	2 090	1,22	+ 5,7	+ 6,6	1,16
1972	180 310	2 230	1,24	+ 5,6	+ 6,5	1,16
1973	190 490	2 380	1,25	+ 5,7	+ 6,5	1,16
1974	201 220	2 520	1,25	+ 5,6	+ 6,3	1,13
1975	212 560	2 690	1,27	+ 5,6	+ 6,4	1,14
Alternative II						
1969	159 770	1 850	1,16	+ 10,4	+ 20,4	1,96
1970	176 320	2 070	1,17	+ 10,3	+ 11,6	1,13
1971	194 530	2 310	1,19	+ 10,3	+ 11,7	1,14
1972	214 540	2 580	1,20	+ 10,3	+ 11,5	1,17
1973	236 560	2 870	1,21	+ 10,3	+ 11,4	1,11
1974	260 760	3 190	1,22	+ 10,2	+ 11,2	1,10
1975	287 370	3 550	1,24	+ 10,2	+ 11,2	1,10

Nach Angaben des Statistischen Bundesamtes, des Bundesministers der Finanzen und eigenen Berechnungen.

Unter diesen Voraussetzungen wird das kassenmäßige Aufkommen 1975 zwischen 2,7 Mrd. DM und 3,6 Mrd. DM liegen. Die „Belastung" der Einkommen aus Unternehmertätigkeit und Vermögen mit Kapitalertragsteuer wird von 1,06 vH in 1969 auf 1,24 bis 1,27 vH in 1975 steigen, die Aufkommenselastizität von — konjunkturell verzerrten — 0,26 auf 1,14 bis 1,10 (vgl. Texttabelle 10). Es ist allerdings einzuräumen, daß die Wahl der Bezugsgröße hierin besonders problematisch ist.

D. Körperschaftsteuer

Die Körperschaftsteuer ist die selbständige Steuer vom Einkommen der nichtnatürlichen Personen, d. h. der Körperschaften, Vermögensmassen und Personenvereinigungen. Die Begriffe „Einkommen" und „Einkünfte" sind die gleichen wie im Einkommensteuerrecht, allerdings gelten alle Einkünfte von Steuerpflichtigen, die zur Führung von Büchern verpflichtet sind, als Einkünfte aus Gewerbebetrieb (§ 16 KStDV). Aus diesem Grunde werden nahezu alle körperschaftsteuerlichen Einkünfte in der Statistik als gewerbliche Einkünfte nachgewiesen, auf eine entsprechende Unterscheidung wird daher im folgenden zunächst verzichtet.

Neben der weniger differenzierten Bemessungsgrundlage zeichnet sich die Körperschaftsteuer auch durch einfachere Tarifgestaltung aus: Ausschüttungen unterliegen im allgemeinen einem Proportionalsatz von 15 vH, einbehaltene Gewinne einem ebenfalls proportionalen Steuersatz von 51 vH. Von den anderen Steuersätzen — es gibt mehr als 10 — ist lediglich der Satz von 49 vH für personenbezogene Kapitalgesellschaften und übrige Körperschaften von einiger Bedeutung.

1. Das veranlagte Einkommen

Als Basis der Schätzung dienen wiederum Niveau und zeitliche Veränderung der nach Wirtschaftsbereichen gegliederten Einkommen aus Unternehmertätigkeit und Vermögen entsprechend den Tabellen A 14 und A 15, die den steuerlichen Einkünften des gleichen Wirtschaftsbereiches ($Q_{K,j}$) gegenübergestellt werden zur Bildung branchenspezifischer Besteuerungsquoten $\varkappa_1$:

$$Q_{K,j} = \varkappa_{1,j} \cdot Q_j \quad (j = 1,2, \ldots, 16). \tag{38}$$

Die Entwicklung der steuerlichen Einkünfte der Branchen wird durch Fortschreibung der in den Körperschaftsteuerstatistiken 1954, 1957, 1961 und 1965 nachgewiesenen Angaben ermittelt[32]. Die Fortschreibungsreihen basieren auf den von den Aktiengesellschaften aufzustellenden und vom Statistischen Bundesamt in branchenweiser Zusammenfassung veröffentlichten Erfolgsrechnungen und Bilanzen; die Ergebnisse sind in Tabelle A 26 enthalten. Die gemäß

[32] Zu den Quellenangaben vgl. S. 50.

Gleichung (38) berechneten und extrapolierten Werte der branchenspezifischen Besteuerungsquoten werden für einige ausgewählte Jahre in der Texttabelle 11 wiedergegeben. Es zeigt sich, daß eine Zunahme der Quoten ins-

Tabelle 11: Branchenspezifische Besteuerungsquoten[1]
Körperschaftsteuer

Wirtschaftsbereich	1954	1960	1968	1975
Land- und Forstwirtschaft	0,0014	0,0003	0,0023	0,0023
Bergbau	0,2278	0,2506	0,4900	0,5500
Energiewirtschaft u. Wasserversorgung	0,2123	0,3939	0,4800	0,5000
Chemie, Mineralöl-, Kunststoff-, Gummi- und Asbestverarbeitung	0,8004	0,9318	0,7900	0,7200
Steine und Erden, Feinkeramik, Glas	0,2010	0,2441	0,2200	0,2200
Eisen- u. NE-Metallerzeugung, Gießereien, Stahlverformung	0,1085	0,2696	0,3800	0,4050
Stahl-, Maschinen- und Fahrzeugbau	0,3886	0,5525	0,5900	0,6350
Elektrotechnik, Feinmechanik, Optik, Musikinstrumentenbau	0,2663	0,2850	0,4720	0,5500
Holz-, Papier- und Druckgewerbe	0,0879	0,1290	0,0900	0,0720
Textil-, Leder- u. Bekleidungsgewerbe	0,0832	0,1267	0,0700	0,0560
Nahrungs- und Genußmittelgewerbe	0,0838	0,2235	0,2200	0,2200
Baugewerbe	0,0240	0,0370	0,0600	0,0850
Handel	0,0600	0,0871	0,0900	0,0900
Verkehr und Nachrichtenübermittlung	0,0189	0,0397	0,0600	0,0800
Kreditinstitute und Versicherungsgewerbe	0,2894	0,4144	0,2950	0,2550
Dienstleistungen	0,0423	0,0409	0,0535	0,0620
Insgesamt	0,1029	0,1698	0,1693	0,1811[a)] 0,1887[b)]

Eigene Berechnungen. — 1) Körperschaftsteuerliche Einkünfte aus Gewerbebetrieb als Quote der Einkommen aus Unternehmertätigkeit und Vermögen. — a) Alternative I. — b) Alternative II.

besondere in den Bereichen zu beobachten ist, in denen der Anteil der Kapitalgesellschaften am gesamten steuerlichen bzw. ökonomischen Einkommen ohnehin schon recht hoch ist; so z. B. im Bergbau, in der Energie, dem Stahl-, Maschinen- und Fahrzeugbau sowie der Elektrotechnik und Feinmechanik. Eine Ausnahme bildet hier nur die Chemische Industrie; ihr Anteil zeigt bei durchschnittlich sehr hohem Niveau und starken irregulären Schwankungen in jüngster Zeit sinkende Tendenz. Eine Abhängigkeit zwischen der Wachstumsintensität der Branche und der Entwicklung des Körperschaftsteueranteils ist im übrigen nicht nachzuweisen. Allgemein ergibt sich eine steigende Tendenz der gesamtwirtschaftlichen Besteuerungsquote, 1975 dürften je nach Gewinnentwicklung in den Branchen zwischen 18,1 vH und 18,9 vH der Unternehmereinkommen als körperschaftsteuerliche Einkünfte versteuert werden, gegenüber 16,9 vH in 1968.

Die Hinzurechnung nicht-gewerblicher Einkünfte und der Einfluß von Spenden- und Verlustabzügen wird durch die Querverteilungsrelation $\varkappa_2$ berücksichtigt; die Einkommen der Organgesellschaften sind grob geschätzt. Aus der Summe ergibt sich das zur Körperschaftsteuer veranlagte Einkommen K (der Zeitindex t wird hier nicht aufgeführt):

$$K = \varkappa_2 \sum_{j=1}^{n} \varkappa_{1,\,j}\, Q_j + Q_{K,\,23} \qquad (j = 1, 2, \ldots, 16). \tag{39}$$

Streng genommen wären auch die Einkommen der beschränkt Steuerpflichtigen ($Q_{K,24}$) zu berücksichtigen; das Gewicht dieser mit ihren Inlandseinkommen besteuerten ausländischen Unternehmen ist aber relativ gering, ein Einfluß auf den Entwicklungsverlauf der Körperschaftsteuer kaum zu vermuten.

Trotz der im Prognosezeitraum abnehmenden Querverteilungsrelation und der relativ schwachen Zunahme der Organeinkommen liegen die durchschnittlichen Zuwachsraten der körperschaftsteuerlichen Einkommen mit Werten zwischen + 6,5 vH (Alternative I) und + 11,6 vH (Alternative II) beträchtlich über der Entwicklung der gesamtwirtschaftlichen Unternehmereinkommen (vgl. Tabellen A 3 und A 27, Spalten 5 und 6). Die Konjunkturwerte für 1969 und 1970 sind relativ grob geschätzt.

2. Steuerschuld

Für die durchschnittliche Belastung eines gegebenen Einkommens mit Körperschaftsteuer ist die Aufteilung der Gewinne auf Ausschüttungen und Rücklagenzuführung entscheidend. Nach der in der Vergangenheit spürbaren Tendenz zu breiterer Kapitalstreuung, die eine Interessenverlagerung der Aktionäre zugunsten höherer Dividenden mit sich bringt, wurde ein weiterhin leicht steigender Anteil der Ausschüttungen angenommen, und zwar desto stärker, je mehr die Gewinne insgesamt wachsen, d. h. die Unternehmen werden um so eher geneigt sein, Dividendenwünschen ihrer Aktionäre nachzukommen, je besser die allgemeine Gewinnlage ist. Aufgrund dieser Überlegungen kann mit einer Erhöhung der Ausschüttungsquote von derzeit (1968) etwa 43,6 vH auf fast 50 vH im Fall der oberen und auf 47,8 vH im Fall der unteren Alternative gerechnet werden (vgl. Tabelle A 27, Spalte 7).

Infolge verschiedener Befreiungsvorschriften und der niedrigeren Sätze für einige Körperschaftsteuerpflichtige liegt die durchschnittliche Belastung der einbehaltenen Gewinne ($t_{K,e}$) bei

$$t_{K,e} = 0{,}505$$

und die Belastung der Ausschüttungen ($t_{K,a}$) bei

$$t_{K,a} = 0{,}184 \;.$$

Diese Sätze sind seit Jahren annähernd konstant. Die Steuerschuld der veranlagten Einkommen insgesamt im Zeitpunkt t ergibt sich also aus

(40) $$T_{K,t} = t_{K,e} \cdot K_{e,t} + t_{K,a} \cdot K_{a,t}.$$

Belastungsveränderungen durch Struktureffekte oder Rechtsänderungen können bei der Körperschaftsteuer vernachlässigt werden; die Auswirkungen des Steueränderungsgesetzes 1969 werden, soweit sie die Investitonszulagen betreffen, durch entsprechende Kürzung der „Sonstigen Zahlungen" (Tabelle A 27, Spalte 15) berücksichtigt. Die auslaufenden Sonderabschreibungen der Konjunkturprogramme 1967/68 sowie der Abbau des Körperschaftsteuerprivilegs der Sparkassen wurden durch eine entsprechende Erhöhung der veranlagten Einkommen, d. h. eine Anhebung der Besteuerungsquote, berücksichtigt[33]. Die Auswirkungen der Aussetzung der degressiven Abschreibung entsprechend der zweiten Verordnung über steuerliche Konjunkturmaßnahmen vom 6. Juli 1970[34] können derzeit nicht abgeschätzt werden.

3. Das kassenmäßige Steueraufkommen

Auch die Körperschaftsteuer wird durch Veranlagung erhoben; die Ausführungen zur Ableitung des Einkommensteuer-Aufkommens haben also auch hier Bedeutung. Der Veranlagungs-Lag ist jedoch bei der Körperschaftsteuer erheblich kürzer, da die Anpassungsmaßnahmen — sowohl von Seiten der Steuerpflichtigen wie der Finanzämter — erhebliches Gewicht haben. Die Gründe dafür liegen

— in der stärkeren Konzentration des Steueraufkommens. Bereits 1965 entrichteten 136 Steuerpflichtige, d. h. 0,3 vH der Gesamtzahl, fast die Hälfte (47,8 vH) der Steuerschuld. Die Vergleichszahlen für die Einkommensteuer — 93 000 Steuerpflichtige = 2,3 vH mit 49,8 vH der Steuerschuld — offenbaren zwar auch ein beträchtliches Konzentrationsmaß, doch ist die Zahl der Steuerpflichtigen ungleich höher;

— für Körperschaften ist das Prinzip periodengerechter Abgrenzung von Aufwand und Ertrag — besonders in der veröffentlichten Bilanz — offenbar wichtiger als die zinslose Kreditierung der Steuerschuld, die in der verzögerten Anpassung der Vorauszahlungen bei steigenden Gewinnen liegt;

— im Zusammenhang mit den meist jährlichen Betriebsprüfungen werden den Finanzämtern Informationen zugänglich, die eine zeitgerechte Anpassung der Vorauszahlungen erleichtern;

— durch ihr im allgemeinen besseres Rechnungswesen sind Körperschaften eher in der Lage, Änderungen der Gewinnsituation zu erkennen und Anpassungen — insbesondere nach unten — zu beantragen.

---

33 Der Abbau des Sparkassenprivilegs dürfte zu Steuermehreinnahmen von knapp 400 Mill. DM geführt haben. Exakte Angaben über die Sonderabschreibungen lassen sich derzeit nicht machen.

34 Vgl. „Finanznachrichten", Nr. 229 vom 8. Juli 1970.

Folgende Lag-Beziehung lieferte die beste Anpassung:

(41) $Z_{K,t} = V_{K,t} + N_{K,t} + S_{K,t}$,

(42) $V_{K,t} = 0{,}1\, T_{K,t-2} + 0{,}3\, T_{K,t-1} + 0{,}6\, T_{K,t}$,

(43) $N_{K,t} = 0{,}5\, (T_{K,t-2} - V_{K,t-2}) + 0{,}5\, (T_{K,t-1} - V_{K,t-1})$,

(44) $S_t = f(t)$,

d. h. das Steueraufkommen setzt sich zusammen aus Vorauszahlungen, Nachzahlungen und Sonstigen Zahlungen. Die Vorauszahlungen bestimmen sich zu 10 vH nach der um zwei Jahre, zu 30 vH nach der um ein Jahr zurückliegenden Steuerschuld und zu 60 vH nach der Steuerschuld des laufenden Jahres. Die Nachzahlungen werden zur Hälfte aus den Über- bzw. Unterzahlungen der beiden Vorjahre bestimmt, die Sonstigen Zahlungen (Betriebsprüfungsergebnisse, gestundete Beträge, usw.) entwickeln sich zeitabhängig ohne weitere Regelmäßigkeit. Die Berechnung gemäß den Gleichungen (41) bis (44) wurde in Tabelle A 27, Spalten 12 bis 15, vorgenommen.

Wie in den Spalten 16 und 17 nachgewiesen, wird das kassenmäßige Steueraufkommen von 1968 bis 1975 relativ kräftig zunehmen: Um durchschnittlich + 7,8 vH pro Jahr im Fall der unteren Alternative auf etwa 14,5 Mrd. DM und um + 12,5 vH im Jahresdurchschnitt auf 19,5 Mrd. DM im Fall der oberen Alternative. Bei Realisierung des oberen Wachstumspfades wird sich das Aufkommen an Körperschaftsteuer damit von 1968 bis 1975 mehr als verdoppeln. Bei der Würdigung dieses kassenmäßigen Ergebnisses der Körperschaftsteuer sind die dahinter stehenden und im einzelnen begründeten Annahmen genau zu beachten, so insbesondere über die Zunahme der gesamtwirtschaftlichen Gewinne um + 5,6 vH bzw. + 10,3 vH pro Jahr, über die Abwicklung von Verlusten aus Vorjahren (konstante Querverteilungsrelation) und über die Entwicklung des Anteils der Ausschüttungen. Außerdem ist zu beachten, daß das Verhältnis der körperschaftsteuerlichen zu den gesamtwirtschaftlichen Gewinnen entsprechend der trendmäßigen Entwicklung in der Vergangenheit nur extrapoliert wird. Wie stets in solchen Fällen kann eine Umkehr der Entwicklungsrichtung nicht vorausgesagt werden[35]. Nach den Erfahrungen in der Vergangenheit ist in jedem Fall damit zu rechnen, daß kurzfristig erhebliche Abweichungen zwischen den tatsächlichen und den Trendwerten auftreten, insbesondere daß explosionsartige Gewinnsteigerungen (so z. B. 1960, 1965 und 1969, vgl. Tabelle A 27, Spalte 6) mit jahrelang stagnierenden Einkommen wechseln. Aus diesem Grunde sind auch die konjunkturellen Schätzwerte für 1969 und 1970 mit besonderer Vorsicht zu betrachten, und dies um so mehr, als eine Abstützung durch Branchenanalysen derzeit nicht möglich ist. Die bisher vorliegenden kassenmäßigen Ergebnisse für das erste Halbjahr 1970 unterstreichen die Notwendigkeit zu solch vorsichtiger Beurteilung. Weitere Unsicherheitsmomente resultieren aus der Steuerneuverteilung zwischen Bund und Ländern: seit 1. 1. 1970 erhalten die Länder nur noch 50 vH (1969: 65 vH) des Körperschaftsteueraufkommens.

---

35 Ebensowenig können die Auswirkungen des Umwandlungssteuergesetzes abgeschätzt werden.

Tabelle 12: Belastungsquote und Aufkommenselastizität der Körperschaftsteuer 1960—1975

	Einkommen aus Unternehmertätigkeit und Vermögen	Kassenmäßiges Aufkommen an Körperschaftsteuer	Belastungsquote	Einkommen aus Unternehmertätigkeit und Vermögen	Kassenmäßiges Aufkommen an Körperschaftsteuer	Aufkommenselastizität
	in Mill. DM		in vH	Veränderung in vH		—
	1	2	3 (= 2 : 1)	4	5	6 (= 5 : 4)
1960	90 930	6 510	7,16	+ 10,5	+ 25,7	2,45
1961	95 800	7 473	7,80	+ 5,4	+ 14,8	2,74
1962	99 490	7 790	7,83	+ 3,9	+ 4,2	1,08
1963	103 910	7 688	7,40	+ 4,4	— 1,3	— 2,95
1964	113 920	8 018	7,04	+ 9,6	+ 4,3	0,45
1965	121 650	8 170	6,72	+ 6,8	+ 1,9	2,79
1966	123 420	7 687	6,23	+ 1,5	— 5,9	— 3,93
1967	122 420	7 061	5,77	— 0,8	— 8,2	10,25
1968	144 730	8 553	5,91	+ 18,2	+ 21,1	1,15
1969	154 970	10 895	7,03	+ 7,1	+ 24,7	3,86
1970	166 230	11 550 a)	6,95 a)	+ 7,3 a)	+ 6,0 a)	0,82 a)
Alternative I						
1969	152 920	10 400	6,80	+ 5,7	+ 21,5	3,77
1970	161 550	11 490	7,11	+ 5,6	+ 10,5	1,88
1971	170 680	11 740	6,88	+ 5,7	+ 2,2	0,39
1972	180 310	12 390	6,87	+ 5,6	+ 5,5	0,98
1973	190 490	13 060	6,86	+ 5,7	+ 5,5	0,96
1974	201 220	13 770	6,84	+ 5,6	+ 5,4	0,96
1975	212 560	14 500	6,82	+ 5,6	+ 5,4	0,96
Alternative II						
1969	159 770	10 640	6,66	+ 10,4	+ 24,4	2,35
1970	176 320	12 290	6,97	+ 10,3	+ 15,5	1,50
1971	194 530	13 300	6,84	+ 10,3	+ 8,2	0,80
1972	214 540	14 700	6,85	+ 10,3	+ 10,5	1,02
1973	236 560	16 190	6,84	+ 10,3	+ 10,1	0,98
1974	260 760	17 790	6,82	+ 10,2	+ 9,9	0,97
1975	287 370	19 520	6,79	+ 10,2	+ 9,7	0,95

Nach Angaben des Statistischen Bundesamtes, des Bundesministers der Finanzen und eigenen Berechnungen. — a) Wegen der außergewöhnlichen Entwicklung des Aufkommens an Körperschaftsteuer weichen die Werte für 1970 beträchtlich von der tatsächlichen Entwicklung ab. Vgl. dazu S. 134.

Die als Konjunkturzuschlag bezeichneten zusätzlichen Steuervorauszahlungen werden auch hier nicht berücksichtigt.

4. Berechnung von Aufkommenselastizitäten

Der Verlauf der Elastizitätskoeffizienten und Belastungsquoten (Texttabelle 12) in den einzelnen Jahren des mittelfristigen Prognosezeitraumes wird anfangs noch durch Nachzahlungen auf Vorjahre bedingt, die Koeffizienten steigen 1969 sprunghaft an, um dann – in einer Art technischer Reaktion – 1970 und 1971 überproportional zurückzugehen. Dieser Verlauf ist typisch sowohl für die mittelfristigen Alternativen wie für die konjunkturelle Entwicklung; er wird noch bestärkt durch Steuerrechtsänderungen. Trendwerte im strengen Wortsinne sind erst die Angaben für die Jahre nach 1973, hier zeigen die Koeffizienten mit Werten von 6,9 bis 6,8 (Belastungsquoten) bzw. 0,98 bis 0,95 (Elastizitätskoeffizienten) eine zu den volkswirtschaftlichen Gewinnen unterproportionale Wachstumsrate an.

E. Steuern vom Umsatz (Mehrwert- und Einfuhrumsatzsteuer)

Am 1. Januar 1968 ist in der Bundesrepublik Deutschland bei der Besteuerung des Umsatzes ein grundlegender Systemwechsel vollzogen worden. An die Stelle der bis dahin gültigen kumulativen Allphasenumsatzsteuer trat eine Allphasenumsatzsteuer mit Vorsteuerabzug (Mehrwertsteuer). Daneben werden zeitlich befristet (bis 1972) Teile der Anlageinvestitionen einer Sonderform der Umsatzbesteuerung, nämlich der sog. Selbstverbrauch- oder Investitionssteuer, unterworfen. Beide Steuerarten zusammen, die reine Mehrwertsteuer (MWSt) einschließlich der Einfuhrumsatzsteuer und die Selbstverbrauchsteuer, stellen die Steuern vom Umsatz oder allgemein ausgedrückt die Umsatzsteuer dar.

Die Umsatzsteuer ist auch nach dem Systemwechsel die aufkommenstärkste Einzelsteuer. In der Zeit, in der die Steuern vom Umsatz reine Bundessteuern waren (bis einschl. 1969), lag ihr Anteil an den Steuereinnahmen des Bundes bei rund 40 vH. Seit dem Inkrafttreten des Finanzreformgesetzes[36] am 1. 1. 1970 sind Bund und Länder gemeinsam an den Steuern vom Umsatz beteiligt. Man kann annehmen, daß nunmehr von den gesamten Steuereinnahmen des Bundes und der Länder mindestens 25 vH[37] auf die Steuern vom Umsatz entfallen werden.

Dem besonderen Gewicht der Steuern vom Umsatz entsprechend wird für die Prognose des Aufkommens dieser Steuern ein recht detailliertes Schätzmodell entwickelt.

---

[36] Einundzwanzigstes Gesetz zur Änderung des Grundgesetzes (Finanzreformgesetz) vom 12. Mai 1969 (im folgenden zitiert: Finanzreformgesetz). BGBl, Teil I, Jg. 1969, S. 359 ff.
[37] Vgl. hierzu Finanzbericht 1970, a.a.O., S. 43 f.

1. Steuerrechtliche und methodische Grundlagen der Schätzung

An dem Gesamtaufkommen der Steuern vom Umsatz sind die reine MWST und die Selbstverbrauch- oder sog. Investitionssteuer beteiligt. Die Einfuhrumsatzsteuer stellt einen Teil der reinen MWST dar.

a) Der reinen MWST unterliegen
   - die Lieferungen und Leistungen, die ein Unternehmer im Inland gegen Entgelt im Rahmen seines Unternehmens ausführt,
   - der Eigenverbrauch eines Unternehmers und
   - die Einfuhr von Gegenständen in das Zollgebiet (§ 1, Abs. 1 UStG)[38].

Von der Steuerpflicht sind alle Wirtschaftssubjekte befreit, die nicht Unternehmen im Sinne des Umsatzsteuergesetzes (UStG 1967) sind. Dies trifft für die privaten Haushalte, die privaten Organisationen ohne Erwerbscharakter und den Staat zu. Darüber hinaus bleiben Unternehmensumsätze mehrwertsteuerfrei, soweit sie unter § 4 UStG fallen. Hierzu zählen insbesondere die Exporte, die Umsätze der Nachrichtenübermittlung, Wohnungsvermietung und einiger weiterer Dienstleistungsbranchen.

Kennzeichnend für das MWST-System ist, daß die normal zu den Sätzen von 11 bzw. 5,5 vH[39] besteuerten Unternehmen letztlich nur den Nettoumsatz, d. h. die Differenz zwischen ihrem Umsatz und den an sie durch andere Unternehmen bewirkten Vorumsätzen, zu versteuern haben. Die in der Praxis vorkommenden, aber von ihrer Bedeutung her gesehen zu vernachlässigenden Abweichungen von der systemgerechten Ausgestaltung des deutschen MWST-Systems bleiben hier außer Betracht[40]. Im Normalfall bemißt sich die zu zahlende MWST eines Unternehmers gegenüber dem Fiskus nach der Umsatzsteuer für seine eigenen Umsätze abzüglich der ihm offen in Rechnung gestellten Vorsteuern. Die Umsatzsteuer ergibt sich hierbei aus dem Produkt „steuerpflichtige Verkaufsmenge mal Nettoverkaufspreis mal Steuersatz". Die Höhe der Vorsteuern einschließlich der gezahlten Einfuhrumsatzsteuer richtet sich nach dem Volumen der für laufende Produktionszwecke und für Investitionen getätigten Vorumsätze.

Infolge dieses Vorsteuerabzuges bleiben die normalbesteuerten Umsätze im Unternehmens- oder sog. intermediären Bereich praktisch ohne Steuerbe-

---

38 Umsatzsteuergesetz (Mehrwertsteuer) vom 29. 5. 1967. BGBl, Teil I, Jg. 1967, S. 545 ff., mit den aus folgenden Gesetzen und Verordnungen sich ergebenden Änderungen: (1) Gesetz zur Änderung des UStG vom 18. 10. 1967. BGBl, Teil I, Jg. 1967, S. 991 f.; (2) Verordnung zur Anpassung des UStG an den Zolltarif vom 19. 12. 1968. BGBl, Teil I, Jg. 1968, S. 1374 f.; (3) Aufwertungsausgleichgesetz vom 23. 12. 1969. BGBl, Teil I, Jg. 1969, S. 2381 ff.

39 Vom 1. 1. 1968 bis 30. 6. 1968 betrugen die Steuersätze 10 bzw. 5 vH. In der Land- und Forstwirtschaft gelten besondere Steuersätze (§ 24 UStG). Kleinunternehmen, deren Gesamtumsatz 60 000 DM nicht übersteigt, können – wie im alten USt-System – zu 4 vH des Bruttoumsatzes versteuern (§ 19 UStG). Sie verlieren aber dadurch das Recht auf Vorsteuerabzug.

40 Modifizierungen ergeben sich dann, wenn auf den einzelnen Stufen differenzierte Steuersätze angewandt werden, wenn Käufe steuerpflichtiger Unternehmen bei Steuerbefreiten getätigt werden, wenn es sich bei dem liefernden Unternehmen um einen Kleinunternehmer handelt, der seinen Bruttoumsatz wie im alten Recht versteuern darf (vgl. § 19 UStG); vgl. hierzu auch A. Roth, a.a.O., S. 334 ff.

lastung. Eine effektive Belastung der Umsätze mit MWST ergibt sich erst dann, wenn der Abnehmer keinen Vorsteuerabzug geltend machen kann[41]. Dies tritt ein bei der am Ende einer Umsatzkette stehenden Endnachfrage, also insbesondere dem Privaten Verbrauch[42] und der Staatsnachfrage, aber auch bei Lieferungen an selbst nicht steuerpflichtige Unternehmen (z. B. der Wohnungsvermietung) und an Betriebe, die § 19 UStG unterliegen.

Die reine MWST wirkt sich somit als Belastung der steuerlichen Endnachfrage[43] aus, woraus letztlich auch das Aufkommen beim Fiskus resultiert. Die Summe der auf den einzelnen Wirtschaftsstufen nach Maßgabe des Nettoumsatzes anfallenden Steuerzahlungen ist betragsmäßig mit der Steuer identisch, die sich bei Anwendung eines durchschnittlichen Belastungssatzes[44] auf die mehrwertsteuerliche Endnachfrage ergibt.

b) Aus der Absicht heraus, wegen konjunktur- und fiskalpolitischer Gründe in der Einführungszeit den vollen Vorsteuerabzug bei Wirtschaftsgütern des Anlagevermögens nur stufenweise zuzulassen, wird vom 1. 1. 1968 bis zum 31. 12. 1972 neben den Umsätzen, die der reinen MWST unterliegen, auch der sog. Selbstverbrauch der Umsatzbesteuerung unterworfen. Die im Rahmen des Vorsteuerabzugs zunächst realisierte volle Steuerentlastung der Anlageinvestitionen wird somit teilweise rückgängig gemacht, und zwar im Zeitablauf in abnehmendem Umfang.

Der Legaldefinition zufolge liegt Selbstverbrauch dann vor, „wenn ein Unternehmer körperliche Wirtschaftsgüter, die der Abnutzung unterliegen und deren Anschaffungs- oder Herstellungskosten nach den einkommensteuerrechtlichen Vorschriften im Jahr der Anschaffung oder Herstellung nicht in voller Höhe als Betriebsausgaben abgesetzt werden können, im Inland der Verwendung oder Nutzung als Anlagevermögen zuführt" (§ 30, Abs. 2 UStG).

Aus dieser Definition des Begriffes „Selbstverbrauch" geht hervor, daß die Steuerpflicht aus der Vornahme von Anlageinvestitionen resultiert. Von der Besteuerung werden jedoch durch den Verweis auf Vorschriften des Einkommensteuerrechts von vornherein geringwertige Anlagegüter[45] ausgeschlossen. Weiterhin hat sich in der Praxis herausgestellt, daß nicht unerhebliche Teile der Anlageinvestitionen wegen der Zugrundelegung des einkommensteuerrechtlichen Begriffs des „körperlichen Wirtschaftsgutes" auf legale Weise steuerfrei

---

[41] Nur für den Fall, daß es sich beim Lieferanten um einen Kleinunternehmer gemäß § 19 UStG handelt, kommt es auch im Unternehmensbereich zu einer effektiven Steuerbelastung der Umsätze, weil dann der Vorsteuerabzug beim Käufer ausgeschlossen ist.

[42] In der Abgrenzung der Volkswirtschaftlichen Gesamtrechnung ist im Privaten Verbrauch auch der sog. Eigenverbrauch der Unternehmer enthalten (vgl. z. B. Statistisches Bundesamt, Statistisches Jahrbuch für die Bundesrepublik Deutschland 1969. Stuttgart - Mainz 1969, S. 485).

[43] Die steuerliche Endnachfrage des Inlandes unterscheidet sich von der in der Volkswirtschaftlichen Gesamtrechnung bekannten „Letzten inländischen Verwendung" vor allem dadurch, daß in der steuerlichen Endnachfrage — von Ausnahmen abgesehen — die privatwirtschaftliche Investitionsnachfrage nicht enthalten ist.

[44] Zu verstehen als gewogener Durchschnitt aus den verschiedenen Steuersätzen und den Befreiungen.

[45] Das sind Anlagen, deren Anschaffungs- oder Herstellungskosten vermindert um einen darin enthaltenen Umsatz-Vorsteuerbetrag 800 DM nicht übersteigen.

bleiben. Von den insgesamt aktivierungspflichtigen Anlageinvestitionen werden nur jene als körperliche Wirtschaftsgüter i. S. des Einkommensteuerrechts angesehen, die selbständige Gegenstände darstellen[46]. Sofern vorhandene Anlagen lediglich erweitert oder verbessert werden, entstehen danach z. B. keine selbständigen Wirtschaftsgüter[47], und es liegt auch nicht der umsatzsteuerrechtliche Tatbestand des Selbstverbrauchs vor.

Generell sind von der Selbstverbrauch- oder Investitionsbesteuerung alle jene Bereiche ausgenommen, die nicht zum Vorsteuerabzug berechtigt sind. Infolgedessen bleiben insbesondere die Anlageinvestitionen des Staates, der Nachrichtenübermittlung, der Wohnungsvermietung und einiger weiterer Dienstleistungsbereiche sowie der Kleinunternehmer gemäß § 19 UStG von der Investitionssteuer frei. Ferner unterliegen die land- und forstwirtschaftlichen Betriebe nicht der Selbstverbrauchsteuer (§ 30, Abs. 3 UStG).

Im Anschluß an den steuerrechtlichen Tatbestand des sog. Selbstverbrauchs sind bei der Ermittlung der Bemessungsgrundlage für das Investitionssteueraufkommen die Anlageinvestitionen der Unternehmen um die nicht investitionssteuerpflichtigen Teile zu vermindern.

Auf diese bereinigte Bemessungsgrundlage wird sodann der im Zeitablauf degressiv gestaffelte Investitionssteuersatz (unter Berücksichtigung der Satzhalbierung für steuerermäßigte Gegenstände) angewendet. Der normale Steuertarif beträgt für den Selbstverbrauch des Jahres

1968	8 vH,
1969	7 vH,
1970	6 vH,
1971	4 vH,
1972	2 vH.

2. Die Steuerschuld aus der reinen Mehrwertsteuer

a) Ableitung der Bemessungsgrundlage

Es ist bereits dargelegt worden, daß sich aus der Umsatzbesteuerung erst dann ein effektives Aufkommen beim Fiskus ergibt, wenn steuerpflichtige Lieferungen und Leistungen aus dem Unternehmenssektor[48] an Abnehmer erfolgen, die nicht zum Vorsteuerabzug berechtigt sind. Dies trifft besonders für die besteuerten Verkäufe der Unternehmen an die am Ende des Umsatzprozesses stehenden privaten und öffentlichen Haushalte des Inlandes zu. Aus der Zusammenfassung dieser Umsätze resultiert die für das reine MWST-Aufkom-

---

46 Vgl. Hartmann/Metzenmacher, Umsatzsteuergesetz (Mehrwertsteuer). Kommentar, hrsg. von G. Wauer. 6. Aufl. Berlin 1967, 2. Bd., Erläuterungen § 30, S. 5.

47 Vgl. hierzu: Zur Anwendung der Ersten Verordnung über steuerliche Konjunkturmaßnahmen. „Der Betrieb", Düsseldorf, Jg. 20 (1967), S. 1197; ebenso den Erlaß vom 30. 1. 1968 des Bundesfinanzministeriums. Abgedr. in: Hartmann/Metzenmacher, a.a.O., unter A. 436.

48 Von den quantitativ unbedeutenden Lieferungen der Kleinunternehmer gemäß § 19 UStG wird hierbei abgesehen.

men relevante Bemessungsgrundlage, nämlich die steuerliche Endnachfrage. Die steuerliche Endnachfrage steht hiernach in engem Zusammenhang mit den Verwendungskomponenten des Sozialprodukts „Privater Verbrauch" und „Staatsverbrauch". Es liegt deshalb nahe, die gesuchte Bemessungsgrundlage im wesentlichen aus diesen gesamtwirtschaftlichen Verwendungsaggregaten heraus zu bestimmen.

Als Ausgangspunkt der Ableitung der steuerlichen Endnachfrage wird der Private Verbauch (Inländerkonzept) der Volkswirtschaftlichen Gesamtrechnung gewählt. Der unterstellte kurz- und mittelfristige Entwicklungsverlauf dieser Verwendungsgröße ist bereits in Tabelle A 2 dargestellt worden. Im Privaten Verbrauch sind erfaßt (a) die tatsächlichen und fiktiven[49] Käufe der inländischen privaten Haushalte für den Privaten Verbrauch von inländischen Unternehmen, dem Ausland[50], dem Staat, den privaten Organisationen ohne Erwerbscharakter sowie den privaten Haushalten (häusliche Dienste) und (b) der Eigenverbrauch der privaten Organisationen ohne Erwerbscharakter.

Für das Mehrwertsteueraufkommen ist aber der Private Verbrauch des Inlandes und nicht der Inländer entscheidend. Folglich muß der Private Verbrauch einerseits um die Reiseausgaben der Inländer im Ausland gekürzt und andererseits um die Reiseausgaben der Ausländer im Inland erhöht werden, um den Privaten Verbrauch (Inland) zu erhalten. Hierbei wird angenommen, daß auch in der Zukunft der negative Saldo der Reiseausgaben[51] sich überproportional zum Privaten Verbrauch (Inländer) entwickelt (Tabelle A 28, Spalten 1 bis 5).

Daran anschließend werden aus dem Privaten Verbrauch (Inland) die Lieferungen und Leistungen ausgeschieden, die aus nicht mehrwertsteuerpflichtigen Bereichen stammen, allerdings nur insoweit als die amtliche statistische Aufgliederung des Privaten Verbrauchs nach Lieferbereichen eine solche Differenzierung zuläßt. Aus dem Privaten Verbrauch müssen auf diese Weise herausgenommen werden:

- Die Käufe der privaten Haushalte im Inland von den Bereichen Wohnungsvermietung, Staat, private Organisationen ohne Erwerbscharakter und private Haushalte und
- der Eigenverbrauch der privaten Organisationen ohne Erwerbscharakter[52].

Weitere steuerbefreite Umsätze im Rahmen des Privaten Verbrauchs lassen sich nur durch einen entsprechend niedrigeren Ansatz der durchschnittlichen Belastung der Endnachfrage mit MWST berücksichtigen.

Die für die einzelnen Abzugsposten unterstellten kurz- und mittelfristigen Entwicklungsverläufe sind in Tabelle A 28, Spalten 6 bis 11, enthalten. Die Absetzung dieser Einzelpositionen von dem Privaten Verbrauch (Inland) führt zu dem korrigierten privaten Inlandsverbrauch (Spalten 12 und 13).

---

49 Hierzu zählt insbesondere der sog. Eigenverbrauch der Unternehmer.

50 Reiseausgaben der Inländer im Ausland.

51 Überschuß der Reiseausgaben der Inländer im Ausland über die Reiseausgaben der Ausländer im Inland.

52 Es handelt sich hierbei vorwiegend um Lohn- und Gehaltszahlungen für eigene Beschäftigte.

Neben dem Privaten Verbrauch gibt es eine Reihe von Umsätzen, die wegen mangelnder Vorsteuerabzugsmöglichkeit der Abnehmer effektiv mit Umsatzsteuer belastet bleiben und somit auch ein endgültiges fiskalisches Steueraufkommen erbringen. Hierzu zählen:

– Die Lieferungen der Unternehmen an private Organisationen ohne Erwerbscharakter,
– die Investitionsgüterkäufe[53] der Unternehmer, die keinen Vorsteuererstattungsanspruch haben.
– Besondere Bedeutung kommt in diesem Zusammenhang aber den Käufen des Staates von Unternehmen für laufenden Aufwand und für Investitionen zu.

Die angenommenen Entwicklungsverläufe dieser einzelnen Komponenten der steuerlichen Endnachfrage sind der Tabelle A 28, Spalten 14 bis 26, zu entnehmen.

Die Wohnungsbauinvestitionen, die die Investitionsgüternachfrage des vorsteuerabzugslosen Bereiches Wohnungsvermietung darstellen, sind hierbei separat geschätzt worden (Tabelle A 29). Die Ableitung der künftigen Wohnungsbauinvestitionen erfolgt auf dem Wege einer Elastizitätsbeziehung zwischen der jährlichen Veränderung der Wohnungsbauinvestitionen und der Veränderung der veranschlagten reinen Baukosten der pro Jahr fertiggestellten Wohnungen. Der Weg über die veranschlagten reinen Baukosten wird gewählt, weil sich auf diese Weise die verschiedenen Beeinflussungsfaktoren der Wohnungsbauinvestitionen besser erfassen lassen. Der im Projektionszeitraum konstant gehaltene Elastizitätskoeffizient ist aus empirischen Werten der Jahre nach 1960 gewonnen worden. Die Ermittlung der künftig zu veranschlagenden reinen Baukosten eines Jahres (= Bruttowohnfläche je Wohnung mal Baukosten je qm mal Zahl der fertiggestellten Wohnungen) geht von der Erwartung aus, daß trotz des unterstellten sinkenden Bauvolumens an jährlich fertiggestellten Wohnungen die veranschlagten reinen Baukosten ansteigen, und zwar hervorgerufen durch eine vergrößerte Bruttowohnfläche je Wohnung auf der einen und durch Preissteigerungen und durch erhöhte qualitative Ansprüche wachsende Baukosten je qm auf der anderen Seite.

Die Investitionsgüterkäufe der sonstigen steuerbefreiten inländischen Wirtschaftsbereiche (außer Wohnungsvermietung und Staat) sind für den empirischen Zeitraum anhand grob angelegter eigener Schätzungen unter Zuhilfenahme von Input-Output-Untersuchungen des Deutschen Instituts für Wirtschaftsforschung ermittelt worden[54]. Bei der Prognose wird für diese Investitio-

---

53 Hierbei wird unterstellt, daß die MWST, die bei Käufen für die laufende Produktion gezahlt wird, verdeckt kalkuliert weitergewälzt wird und insofern letztlich ebenfalls im Privaten Verbrauch enthalten sein muß.

54 R. Stäglin, H. Wessels, Input-Output-Tabellen und Input-Output-Analysen für die Bundesrepublik Deutschland. (DIW-Beiträge zur Strukturforschung, Heft 6.) Berlin 1969. – W. Kirner, Ermittlung von Investitionsgrößenordnungen für Wirtschaftsbereiche. (Sonderhefte des Deutschen Instituts für Wirtschaftsforschung, Nr. 71.) Berlin 1965.

nen eine unterproportionale Entwicklung im Verhältnis zu den gesamtwirtschaftlichen Investitionen (vgl. Tabelle A 2) angenommen.

Für die Entwicklung der Gesamtnachfrage des Staates bei Unternehmen (Tabelle A 28, Spalten 21 und 22) ist ein proportionales Wachstum zur Veränderung des Staatsverbrauches (vgl. Tabelle 2) unterstellt worden. Die Käufe des Staates für laufenden Aufwand entwickeln sich dabei unterproportional und diejenigen für Investitionen überproportional zum Wachstum des Staatsverbrauchs.

Aus der Zusammenfassung des korrigierten Privaten Verbrauchs mit den Käufen der privaten Organisationen ohne Erwerbscharakter bzw. des Staates von Unternehmen sowie mit den Investitionsgüterbezügen der Unternehmen ohne Recht auf Vorsteuerabzug resultiert als Bemessungsgrundlage die für das MWST-Aufkommen relevante Endnachfrage (Tabelle A 28, Spalten 27 und 28). Bei einem Vergleich der Zuwachsraten der steuerlichen Endnachfrage mit denen des Privaten Verbrauchs (Inländer) fällt auf, daß die Endnachfrage sich im allgemeinen nur unterproportional zum Privaten Verbrauch entwickelt. Hierfür dürfte vor allem der Austausch der nur mäßig wachsenden Wohnungsbauinvestitionen gegen die rasch ansteigenden Wohnungsmieten verantwortlich sein.

b) Die Belastung der Endnachfrage mit Mehrwertsteuer

In den Werten der vorstehend ermittelten Endnachfrage ist die MWST bereits enthalten. Die aus der Volkswirtschaftlichen Gesamtrechnung des Statistischen Bundesamtes entnommenen Wertansätze für die einzelnen Verwendungskomponenten des Sozialprodukts verstehen sich nämlich brutto, d. h. einschließlich MWST, soweit die Käufer kein Recht auf Vorsteuerabzug besitzen, netto hingegen, wenn es zum Vorsteuerabzug kommt, und schließlich zu tatsächlichen Preisen, wenn ein steuerbefreiter Umsatz vorliegt[55]. Der Private Verbrauch und die Staatsnachfrage sind deshalb brutto oder zu tatsächlichen Preisen bewertet, während die Investitionen der Unternehmen überwiegend zu Nettopreisen (jedoch einschließlich Investitionssteuer) ausgewiesen sind.

Die in der steuerlichen Endnachfrage enthaltene MWST läßt sich aus der Bemessungsgrundlage durch Anwendung eines durchschnittlichen Belastungssatzes ermitteln. Mangels näherer statistischer Unterlagen darüber, welche Teile der Endnachfrage dem Normalsatz von 11 vH, dem ermäßigten Satz von 5,5 vH, den für land- und forstwirtschaftliche Produkte gültigen Sätzen von 3 vH, 5 vH und von 8 vH sowie dem Satz 4 vH unterliegen bzw. als steuerbefreit anzusehen sind, kann die Höhe der Durchschnittsbelastung der Endnachfrage allerdings nur durch Schätzung ungefähr angegeben werden. Ohne Zweifel

---

[55] Vgl. G. Hamer, Die Behandlung der Umsatz-(Mehrwert-)steuer in den Volkswirtschaftlichen Gesamtrechnungen. „Wirtschaft und Statistik", Jg. 1968, S. 442. Mit der Bezeichnung „tatsächliche Preise" soll ausgedrückt werden, daß an sich steuerfreie Lieferungen nicht zu reinen Nettopreisen bewertet werden, sondern zu Preisen, die verdeckt kalkuliert Vorsteuerbeträge enthalten.

wird den zum allgemeinen Satz von 11 vH besteuerten Endumsätzen wohl das größte Gewicht einzuräumen sein[56]. Ferner ist zu berücksichtigen, daß aus der Bemessungsgrundlage bereits einige quantitativ bedeutende Positionen steuerbefreiter Endumsätze ausgeschieden worden sind. Der Durchschnittsbelastungssatz der steuerlichen Endnachfrage muß demnach in der Nähe des Normalsatzes zu suchen sein. Für 1968, in dessen Verlauf (ab 1. 7. 1968) die Sätze um 10 vH erhöht wurden, wird der durchchnittliche Mehrwertsteuersatz auf 8,7 vH des Nettowertes (ohne MWST) bzw. 8,0 vH des Bruttowertes geschätzt. Ab 1969 wird mit einem Durchschnittssatz von 9,65 vH des Nettowertes bzw. 8,8 vH des Bruttowertes gerechnet, und zwar sowohl für die kurz- und mittelfristige wie auch für die Alternativbetrachtung.

Diese Schätzergebnisse sind anhand einer internen Berechnung von gewogenen Durchschnittswerten überprüft worden. Für diesen Zweck war es erforderlich, die durchschnittliche MWST-Belastung der einzelnen Komponenten der Endnachfrage zu ermitteln. Im Vordergrund stand dabei die Untersuchung des Niveaus und der Entwicklung der MWST-Belastung des Privaten Verbrauchs. Hierzu wurde der Private Verbrauch nach Warengruppen auf liefernde Wirtschaftsbereiche aufgeteilt[57] und die einzelnen Verbrauchsgüterlieferungen aus den Gesamtumsätzen eines Wirtschaftszweiges, speziell aus dessen Beitrag zum Bruttoinlandsprodukt, abgeleitet. Die Belastungswerte der übrigen Komponenten der steuerlichen Endnachfrage sind grob geschätzt und werden im Zeitablauf als konstant angenommen.

Die Anwendung des unterstellten durchschnittlichen Belastungssatzes auf die steuerliche Endnachfrage führt zu dem in ihr enthaltenen absoluten MWST-Betrag (Tabelle A 31, Spalte 3). Diese abgeleitete MWST-Schuld müßte jetzt noch um einige Korrekturposten wie z. B. den Kürzungsanspruch aus dem Berlin-Hilfe-Gesetz modifiziert werden, um die effektive Steuerschuld eines Jahres zu ermitteln. Aus teils methodischen und teils vereinfachenden Gründen wird diese Korrektur jedoch erst im Zusammenhang mit der Ableitung des kassenmäßigen Aufkommens der Steuern vom Umsatz vorgenommen (vgl. Tabelle A 31, Spalten 8 bis 15).

3. Die Steuerschuld aus der Selbstverbauch-(Investitions-)steuer

a) Ableitung der Bemessungsgrundlage

Wie bereits festgestellt worden ist, handelt es sich bei der sog. Selbstverbrauch- oder Investitionssteuer um eine zeitlich befristete (bis einschließlich

---

56 Nach den ersten veröffentlichten Ergebnissen der Umsatzsteuerstatistik 1968 wurden annähernd vier Fünftel der steuerbelasteten Umsätze zum normalen Steuersaz von 10 bzw. 11 vH versteuert. (Die Umsätze und ihre Besteuerung. „Wirtschaft und Statistik", Jg. 1970, Heft 3, S. 129.)

57 Vgl. hierzu H. Schaefer, Der Private Verbrauch nach Herkunft und Verwendung (1950 - 1964). (Schriftenreihe des Rheinisch-Westfälischen Instituts für Wirtschaftsforschung, N. F., Heft 24.) Essen 1966.

1972) Besteuerung von Teilen der inländischen Brutto-Anlageinvestitionen der Unternehmen. Aus diesem Grunde wird die kurz- und mittelfristige Bemessungsgrundlage ‚Selbstverbrauch' aus den volkswirtschaftlichen Brutto-Anlageinvestitionen abgeleitet (Tabellen A 2 und A 30).

Die gesamtwirtschaftlichen Brutto-Anlageinvestitionen sind zunächst um jene Teile zu kürzen, die nicht der Investitionssteuerpflicht unterliegen. Den steuerrechtlichen Vorschriften zufolge (§ 30 USTG) sind dies neben geringwertigen Wirtschaftsgütern hauptsächlich die Anlageinvestitionen der Bereiche, die kein Recht auf Vorsteuerabzug haben[58]. Von den gesamten Anlageinvestitionen der Volkswirtschaftlichen Gesamtrechnung, worin geringwertige Wirtschaftsgüter nicht erfaßt sind[59], werden deshalb die Wohnungsbauinvestitionen (vgl. Tabelle A 29) und die bereits ermittelten Anlagenkäufe der übrigen vom Vorsteuerabzug ausgeschlossenen Sektoren einschließlich derjenigen des Staates abgezogen. Es verbleiben die korrigierten Brutto-Anlageinvestitionen der Unternehmen (Tabelle A 30, Spalten 6 und 7). Diese korrigierten Brutto-Anlageinvestitionen der Unternehmen bedürfen jedoch noch der weiteren Bereinigung, um aus ihnen die Bemessungsgrundlage ‚Selbstverbrauch' ableiten zu können. So wären z. B. für die Bereiche, die kein Recht zum Vorsteuerabzug haben, neben den Anlagenkäufen auch noch die selbsterstellten Anlagen auszuscheiden. Ferner wären die Anlageinvestitionen der land- und forstwirtschaftlichen Betriebe und die Investitionen an Seeschiffen herauszunehmen. Der bedeutungsvollste Unterschied zwischen der Gesamtsumme der korrigierten Brutto-Anlageinvestitionen der Unternehmen und dem Selbstverbrauch ergibt sich aber dadurch, daß ein nicht unbeträchtlicher Teil der Investitionen an dauerhaften Produktionsmitteln wegen der engen Definition dessen, was als Selbstverbrauch anzusehen ist, steuerfrei bleibt[60].

Bei der Abschätzung der Quote, um die die korrigierten Brutto-Anlageinvestitionen der Unternehmen gekürzt werden müssen, stößt man auf erhebliche Schwierigkeiten. Aus der Tatsache, daß die bisherigen Einnahmen aus der Investitionssteuer beträchtlich hinter dem geschätzten Aufkommen zurückgeblieben sind[61], wird geschlossen, daß von den korrigierten Brutto-Anlageinvestitionen nur etwa 45 vH als Selbstverbrauch angesehen werden können, wenn nicht — entgegen bisheriger Information[62] — das Zurückbleiben des Aufkommens auf eine andere Ursache zurückzuführen ist. Die über diesen pauschalen Abschlag für die kurz- und mittelfristige Schätzung gewonnene Bemessungsgrundlage ‚Selbstverbrauch' ist in Tabelle A 30, Spalte 9, wiedergegeben.

---

58 Hierzu kommen noch die Anlageinvestitionen der land- und forstwirtschaftlichen Betriebe sowie der Erwerb von Seeschiffen.

59 Vgl. z. B. Statistisches Bundesamt, Statistisches Jahrbuch für die Bundesrepublik Deutschland 1969. Stuttgart und Mainz 1969, S. 487.

60 Vgl. hierzu die Ausführungen auf S. 74 f.

61 Vgl. hierzu: „Finanznachrichten", Nr. 173 vom 19. 12. 1969.

62 Vgl. z. B. „Finanznachrichten", Nr. 170 vom 18. 2. 1969, S. 5.

b) Die Belastung des Selbstverbrauchs mit Investitionssteuer

Aus der Bemessungsgrundlage ‚Selbstverbrauch' lassen sich die darin enthaltene Investitionssteuer bzw. die Investitionssteuersollbeträge der einzelnen Jahre durch Anwendung eines durchschnittlichen Steuersatzes ermitteln.

Die gesetzlich vorgegebenen Selbstverbrauchsteuersätze sind degressiv gestaffelt und fallen von 8 vH des Nettopreises einer Anlage im Jahre 1968 bis auf 2 vH im Endjahr 1972. In der Realität wird die Satzhalbierung für einzelne im Gesetz näher bestimmte Güter[63] zu einer Durchschnittsbelastung führen, die unter der der allgemeinen Sätze liegt. Nähere Anhaltspunkte über das Ausmaß des ermäßigt besteuerten Selbstverbrauchs gibt es nicht. Es darf jedoch vermutet werden, daß angesichts der wahrscheinlich nur geringen Bedeutung der steuerermäßigten Gegenstände der Durchschnittsbelastungssatz nur minimal hinter den Normalsätzen der einzelnen Jahre 8 vH, 7 vH usw. zurückbleibt. Vereinfachend werden daher hier die allgemeinen Sätze als Durchschnittsbelastungssätze interpretiert.

Die zugrunde gelegten Anlageinvestitionen der Volkswirtschaftlichen Gesamtrechnung verstehen sich einschließlich Investitionssteuer[64]. Die gesetzlichen Selbstverbrauchsteuersätze beziehen sich hingegen auf Nettowerte (ohne Investitionssteuer). Die Durchschnittsbelastungswerte müssen deshalb vor ihrer Anwendung auf Bruttobasis umgerechnet werden[65].

Aus der Bemessungsgrundlage Selbstverbrauch läßt sich sodann das Investitionssteuersoll durch Anwendung des jeweiligen Durchschnittssatzes errechnen (Tabelle A 30, Spalte 11). Nur die kurzfristige, konjunkturelle Investitionssteuerschuld steigt von 1968 bis 1970, und zwar trotz der Satzreduktion von 8 vH im Jahre 1968 auf 6 vH im Jahre 1970. Die Ursache hierfür ist in der exzessiven Investitionssteigerung in den Boomjahren 1969/1970 zu suchen. Mittelfristig gesehen fallen in beiden Alternativen hingegen die Investtionssteuersollbeträge von 1968 bis 1972, und zwar hervorgerufen durch die Steuertarifsenkung bei kontinuierlichem Investitionswachstum.

4. Das kassenmäßige Steueraufkommen

Das jährliche kassenmäßige Aufkommen der Steuern vom Umsatz ist aus der Umrechnung der Steuerschuldbeträge der einzelnen Jahre auf die entsprechenden Zahlungszeiträume abzuleiten.

Für die reine MWST und die Selbstverbrauchsteuer gelten hinsichtlich der Veranlagung, Voranmeldung und Entrichtung der Steuer die gleichen Vorschriften (§ 30, Abs. 8 UStG in Verbindung mit § 18 UStG). In der Regel haben die Unternehmer binnen 10 Tagen nach Ablauf jedes Kalendermonats (Vor-

---

63 Vgl. Anlage 1 des UStG (1967).

64 Vgl. G. Hamer, a.a.O., S. 442.

65 z. B. 8 vH des Nettowertes = 7,41 vH des Bruttowertes.

anmeldungszeitraum) eine Voranmeldung und auf der Basis dieser Voranmeldung eine Vorauszahlung zu leisten. Man kann deshalb annehmen, daß die Steuerschuld eines Jahres aus reiner Mehrwertsteuer und Investitionssteuer sich im allgemeinen zu 11/12 oder zu rund 90 vH im gleichen Jahr und zu 1/12 oder zu rund 10 vH im folgenden Jahr als kassenmäßige Einnahme niederschlägt.

Das jährliche Aufkommen der Steuern vom Umsatz (Z_U) läßt sich insofern über folgende Lag-Beziehung aus der Steuerschuld (T_U) ableiten:

(45) $$Z_{U,t} = 0{,}1 \cdot T_{U,t-1} + 0{,}9 \cdot T_{U,t}.$$

Vor der Anwendung dieser Formel müssen die kurz- bzw. mittelfristigen Steuerschuldbeträge eines Jahres aus der reinen MWST und der Selbstverbrauchsteuer aufsummiert werden (Tabelle A 31, Spalten 3 bis 5). Die formelmäßig errechneten entsprechenden kassenmäßigen Einnahmen sind in Spalte 6 wiedergegeben.

Die dergestalt ermittelten Aufkommenszahlen der Steuern vom Umsatz sind aber insofern hypothetischer Natur, als bei der Ermittlung der Steuerschuldbeträge von Einflüssen abstrahiert wurde, die in der Realität gegeben sind und sich somit auf die Steuerschuld und die Kasseneinnahmen positiv oder negativ auswirken. In dem vorgelegten Schätzverfahren werden diese Sondereinflüsse durch Zu- bzw. Abschläge auf das hypothetisch gewonnene kassenmäßige Aufkommen berücksichtigt (Tabelle A 31, Spalten 8 bis 15).

So wird z. B. für das Jahr 1968, dem Einführungsjahr des MWST-Systems, ein einmaliges Mehraufkommen von grob geschätzt 1 Mrd. DM in Ansatz gebracht. Dieses Einnahmeplus wird auf den mit dem Systemwechsel verbundenen Übergang von der Ist- (Besteuerung nach vereinnahmten Entgelten) zur Sollbesteuerung (Besteuerung nach vereinbarten Entgelten) zurückgeführt.

Weiterhin werden die kassenmäßigen Einnahmen der Jahre 1968 und 1969 durch die Entlastung der am 31. 12. 1967 vorhandenen Altvorräte von kumulativer Umsatzsteuer gedrückt. Die gesamte Altvorräteentlastung soll nach einer Geschäftsstatistik des Bundesministeriums der Finanzen rund 5200 Mill. DM kosten[66]. Nach vorliegender Schätzung entfallen hiervon auf 1968 4400 Mill. DM und auf 1969 800 Mill. DM als Mindereinnahmen.

Ferner sind für alle Jahre des Untersuchungszeitraumes die Einnahmeausfälle durch die Umsatzsteuerpräferenzen des Berlin-Hilfe-Gesetzes[67] zu berücksichtigen. Für 1968 wird den Ergebnissen der Umsatzsteuerstatistik 1968[68] zufolge ein Minusposten von rund 650 Mill. DM angesetzt. Der konjunkturelle Entwicklungsverlauf der Berlin-Hilfe-Kürzung ist in Anlehnung an den Subventionsbericht[69] der Bundesregierung geschätzt worden. Bei der mittelfristigen Schätzung werden geringere Steigerungsraten dieser Steuerausfälle unterstellt.

66 Vgl. hierzu: Die Umsätze und ihre Besteuerung, a.a.O., S. 125.
67 Berlinhilfegesetz i. d. F. vom 1. 10. 1968. BGBl, Teil I, Jg. 1968, S. 1049 ff.
68 Die Umsätze und ihre Besteuerung, a.a.O., S. 125.
69 Bericht der Bundesregierung über die Entwicklung der Finanzhilfen, a.a.O., S. 4.

Für die Jahre 1968 bis 1975 sind sodann Abschläge vorzunehmen, die sich als Saldo aus den Mindereinnahmen durch Erlaß, Stundung, Aussetzung auf der einen und den Mehreinnahmen aus Betriebsprüfungsergebnissen auf der anderen Seite ergeben.

Im Jahre 1969 wird darüber hinaus ein grob geschätzter Minusbetrag in Höhe von 400 Mill. DM als Auswirkung der einmonatigen Fristverlängerung für die Abgabe der Umsatzsteuer-Voranmeldung und die Entrichtung der Umsatzsteuer-Vorauszahlungen berücksichtigt[70].

Schließlich sind in den Rechnungsjahren ab 1970 Steuerausfälle zu berücksichtigen, die als Folge des Aufwertungsausgleichgesetzes[71] durch den höheren Vorsteuerabzug der Landwirtschaft zur teilweisen Abgeltung der Aufwertungsverluste entstehen[72]. Nach offiziellen Schätzungen beträgt die Minderung für 1970 780 Mill. DM[73]. In den folgenden Jahren wird für beide Alternativen eine kontinuierliche Steigerung dieser Steuerausfälle angenommen.

Das Aufkommen der Steuern vom Umsatz wird in den Jahren 1968 und 1969 außerdem noch durch Einnahmereste aus der alten Umsatzsteuer und Umsatzausgleichsteuer erhöht[74].

Nach der Bereinigung des hypothetischen Aufkommens (Spalte 7) um die vorstehend genannten Hinzurechnungs- und Abzugsposten verbleibt als Restgröße das Gesamtaufkommen der Steuern vom Umsatz (Tabelle A 31, Spalte 16).

Danach ist für das laufende Jahr 1970 mit einem Steueraufkommen in Höhe von rund 37,9 Mrd. DM zu rechnen.

Der mittelfristigen Schätzung zufolge steigt das Aufkommen der Steuern vom Umsatz bis 1975 in der unteren Alternative (I) auf 43,3 Mrd. DM, das sind gegenüber dem Istaufkommen von 1969 + 30,2 vH[75], in der oberen Alternative (II) auf rund 51,5 Mrd. DM, was gegenüber 1969 eine Steigerung um 52,7 vH bedeutet. Im Jahresdurchschnitt wachsen die Steuereinnahmen von 1969 bis 1975 somit um 4,5 vH bzw. 7,3 vH.

5. Berechnung von Aufkommenselastizitäten

Um den Rechenaufwand für zukünftige Schätzungen der Steuern vom Umsatz auf der Basis anderer als hier getroffener Annahmen zu beschränken, soll auch an dieser Stelle untersucht werden, wie sich das vorgelegte Schätzverfahren abkürzen läßt.

---

70 Vgl. hierzu die Erlasse vom 20. 12. 1968. „Bundessteuerblatt", Teil I, Jg. 1969, S. 30, bzw. vom 2. 6. 1969. Ebenda, S. 338.

71 Aufwertungsausgleichgesetz vom 23. 12. 1969. BGBl, Teil I, Jg. 1969, S. 2381 ff.

72 Vgl. hierzu § 24 UStG i. V. m. Artikel 4 des Aufwertungsausgleichgesetzes.

73 Vgl. Begründung zum Aufwertungsausgleichgesetz. BT-Drucksache VI/56, S. 3 f.

74 Die Schätzung der unmittelbaren Auswirkungen aus der Ausfuhr-Sonderumsatzsteuer und aus der Ermäßigung der Einfuhrumsatzsteuer wird im Anschluß an eine Veröffentlichung des Bundesfinanzministeriums vorgenommen (vgl. Finanzbericht 1970, a.a.O., S. 61).

75 Das Istaufkommen des Jahres 1968 kann in diesem Fall nicht als Vergleichsbasis herangezogen werden.

Eine erste Möglichkeit besteht wiederum darin, das kassenmäßige Umsatzsteuer-Aufkommen mit dem Entwicklungsverlauf der großen Aggregate der Volkswirtschaftlichen Gesamtrechnung, z. B. dem Privaten Verbrauch und dem Sozialprodukt, in Verbindung zu bringen. Dies geschieht durch die Herstellung einer Elastizitätsbeziehung zwischen der Veränderungsrate des Steueraufkommens und der Veränderungsrate des gesamtwirtschaftlichen Aggregats, das jeweils als entscheidende Verursachungsvariable gewählt wird. Bei den Steuern vom Umsatz können zweifellos der Private Verbrauch und das Sozialprodukt als wesentliche Bestimmungsfaktoren für das Steueraufkommen angesehen werden.

Auf diese Weise sind in Texttabelle 13 Elastizitätskoeffizienten ermittelt worden, die über die Reaktion des Umsatzsteuer-Aufkommens auf Veränderungen des Privaten Verbrauchs bzw. des Sozialprodukts Aufschluß geben. Die Koeffizientenwerte für die Jahre 1960 bis 1967 gelten für die alte Umsatzsteuer einschließlich der Umsatzausgleichsteuer. Diese Angaben sind nachrichtlich zu verstehen. Die folgende Kommentierung der Ergebnisse bezieht sich nur auf den Zeitraum nach dem Systemwechsel im Jahre 1968.

Ein Blick auf die Textabelle 13 zeigt, daß in den Jahren 1968 - 1970 alle Koeffizienten — sowohl auf der Basis des Privaten Verbrauchs als auch des Sozialprodukts — über 1,0 liegen. Darin kommt ein durchweg überproportionales Wachstum des Aufkommens der MWST einschließlich der Einfuhrumsatzsteuer im Vergleich zur Veränderungsrate der Bezugsbasen zum Ausdruck. Die Ursache ist darin zu sehen, daß die Zuwachsraten der Steuereinnahmen in 1969 und 1970 durch Sondereinflüsse verzerrt sind, die teils auf die Auswirkungen der Altvorräteentlastung in 1968 und 1969 zurückgehen und teils eine Folge des geringeren Satzes im Jahre 1968 sind. Ferner steigt vorliegenden Schätzungen zufolge in den Jahren 1969 und 1970 das Aufkommen aus der Investitionsbesteuerung wegen des Investitionsbooms, und zwar trotz der Reduktion des Selbstverbrauchsteuersatzes.

Bei der mittelfristigen Schätzung der MWST liegen in beiden Alternativen mit Ausnahme des Jahres 1969 die Elastiztätswerte des Steueraufkommens für die beiden Bezugsbasen unter bzw. nahe bei 1,0. Das allgemeine Abfallen der Koeffizenten bis einschließlich 1973 ist auf den Abbau der Investitionssteuer zurückzuführen. In den beiden Endjahren des Projektionszeitraumes, in denen das Umsatzsteuer-Aufkommen nur noch aus reiner MWST besteht, steigen alle Elastizitätswerte wieder an. Die Elastizitätskoeffizienten dieser Jahre weisen tendenziell auf eine fast proportionale Entwicklung des MWST-Aufkommens sowohl im Verhältnis zum Wachstum des Privaten Verbrauchs wie auch des Sozialprodukts hin.

Abschließend sei aber nicht versäumt, nochmals auf das hohe Maß der Bedingtheit der ermittelten Koeffizienten hinzuweisen. Die Höhe der Elastizitätswerte ist — wie ein Vergleich der beiden Alternativen zeigt — von den zugrunde liegenden Annahmen über die gesamtwirtschaftliche Entwicklung abhängig.

Tabelle 13: Belastungsquote und Aufkommenselastizitäten der Umsatzsteuer[1]) 1960—1975

	Sozialprodukt (nominal)	Steueraufkommen	Belastungsquote	Sozialprodukt (nominal)	Privater Verbrauch (Inländer) nominal	Steueraufkommen	Elastizität zum Sozialprodukt	Elastizität zum Privaten Verbrauch
	in Mill. DM		in vH	Veränderung in vH			—	
	1	2	3 (2 : 1)	4	5	6	7 (6 : 4)	8 (6 : 5)
1960	296 800	16 148	5,44	.	.	.	.	.
1961	326 200	17 866	5,48	+ 9,9	+ 9,8	+ 10,6	1,07	1,08
1962	354 500	19 209	5,42	+ 8,7	+ 9,2	+ 7,5	0,86	0,82
1963	377 600	20 044	5,31	+ 6,5	+ 5,8	+ 4,3	0,66	0,74
1964	413 800	21 928	5,30	+ 9,6	+ 7,9	+ 9,4	0,98	1,19
1965	452 700	24 219	5,35	+ 9,4	+ 9,8	+ 10,4	1,11	1,06
1966	480 800	25 063	5,21	+ 6,2	+ 7,5	+ 3,5	0,57	0,47
1967	485 100	24 723	5,10	+ 0,9	+ 2,4	— 1,4	.	.
1968	529 800	25 580	4,83	+ 9,2	+ 5,7	.	.	.
1969	592 100	33 710	5,69	+ 11,8	+ 10,4	+ 31,8	2,70	3,06
1970	663 150	37 940	5,72	+ 12,0	+ 11,4	+ 12,6	1,05	1,11
Alternative I								
1969	561 590	32 500	5,79	+ 6,0	+ 6,4	+ 27,1	4,52	4,23
1970	595 280	34 290	5,76	+ 6,0	+ 6,4	+ 5,5	0,92	0,86
1971	631 000	35 900	5,69	+ 6,0	+ 6,4	+ 4,7	0,78	0,73
1972	668 860	37 420	5,60	+ 6,0	+ 6,5	+ 4,2	0,70	0,65
1973	708 990	38 960	5,50	+ 6,0	+ 6,5	+ 4,1	0,68	0,63
1974	751 530	41 340	5,50	+ 6,0	+ 6,5	+ 6,1	1,02	0,94
1975	796 620	43 900	5,51	+ 6,0	+ 6,5	+ 6,2	1,03	0,95
Alternative II								
1969	576 950	33 170	5,75	+ 8,9	+ 8,9	+ 29,7	3,34	3,34
1970	628 300	35 990	5,73	+ 8,9	+ 8,9	+ 8,5	0,96	0,96
1971	684 220	38 560	5,64	+ 8,9	+ 8,9	+ 7,1	0,80	0,80
1972	745 110	41 080	5,51	+ 8,9	+ 8,9	+ 6,5	0,73	0,73
1973	811 430	43 660	5,38	+ 8,9	+ 8,9	+ 6,3	0,71	0,71
1974	883 640	47 370	5,36	+ 8,9	+ 8,9	+ 8,5	0,96	0,96
1975	962 290	51 490	5,35	+ 8,9	+ 8,9	+ 8,7	0,98	0,98

Nach Angaben des Statistischen Bundesamts, des Bundesministers der Finanzen. — Eigene Berechnungen. — 1) Von 1960—1967 alte Umsatzsteuer einschl. Umsatzausgleichsteuer; ab 1968 MWST einschl. Einfuhrumsatzsteuer. Zu Vergleichszwecken wurden hier die buchmäßigen Mehreinnahmen aus Regierungskäufen im Ausland einheitlich eingerechnet.

Die Verwendbarkeit der Koeffizienten für eine kurzgeschlossene Steuerschätzung hängt somit von dem Grad der Realitätsbezogenheit der getroffenen Annahmen ab. Je länger der Projektionszeitraum ist, desto größer ist das Schätzrisiko für die gesamtwirtschaftlichen Grundlagen, und desto mehr Bedenken muß man bei der Verwendung von Aufkommenselastizitäten haben.

Ferner ist zu beachten, daß die Elastizitätskoeffizienten nur unter der Voraussetzung Gültigkeit besitzen, daß der bei der Ermittlung des Steueraufkommens eines Jahres berücksichtigte Rechtsrahmen sich nicht ändert.

Darüber hinaus können Schätzungen auf der Basis von Elastizitäten hinfällig werden, wenn die bei der Aufkommensschätzung unterstellte Zahlungstechnik unrealistisch geworden ist.

Eine Grobschätzung des Aufkommens der Steuern vom Umsatz auf der Basis von anderen als hier unterstellten Annahmen über die gesamtwirtschaftliche Entwicklung kann auch auf der Grundlage einer Untersuchung der Belastung des Sozialprodukts mit Umsatzsteuer erfolgen. Die in den einzelnen Jahren aufkommenden Umsatzsteuern werden als Quoten der entsprechenden Sozialproduktswerte festgestellt. Nachrichtlich werden hierbei für die Jahre 1960 bis 1967 Angaben über die Belastung des Sozialprodukts mit kumulativer Umsatzsteuer gemacht. Die Kommentierung der Rechenergebnisse bezieht sich wiederum nur auf den Zeitraum ab 1968.

Die kurz- und mittelfristigen Belastungsquoten des Sozialprodukts mit Umsatzsteuer sind in Texttabelle 13 wiedergegeben. Im kurzfristigen Untersuchungszeitraum 1968 - 1970 wächst die Belastungsquote von 4,83 vH des Sozialprodukts auf 5,70 vH an. Diese Erscheinung kann auf die gleichen Ursachen zurückgeführt werden, die auch zur Erklärung der Entwicklung der Elastizitätskoeffizienten in dem betrachteten Zeitintervall herangezogen worden sind. Die mittelfristige Belastungsquote steigt in beiden Alternativen nur von 1968 auf 1969 an. In den Folgejahren fällt sie wegen des Abbaus der Investitionssteuer; der Wendepunkt wird in der unteren Alternative 1973 erreicht, in der oberen Alternative sinkt sie hingegen bis 1975, allerdings mit abnehmender Tendenz. Die Entwicklung der Belastungswerte von 1973 bis 1975 in der unteren (von 5,50 vH auf 5,51 vH) und in der oberen Variante (von 5,38 vH auf 5,35 vH) lassen tendenziell erkennen, daß das MWST-Aufkommen sich im großen und ganzen proportional zum Sozialprodukt entwickeln wird.

Für die Verwendbarkeit steuerlicher Belastungsquoten zur groben Schätzung des Aufkommens der Steuern vom Umsatz gelten die gleichen Einschränkungen wie bei der Anwendung von Elastizitätskoeffizienten.

F. Ergänzungsabgabe

Die Ergänzungsabgabe zur Einkommen- und Körperschaftsteuer wurde durch das Zweite Steueränderungsgesetz 1967[76] zur Verwirklichung der mehrjährigen

[76] Gesetz zur Verwirklichung der mehrjährigen Finanzplanung des Bundes BGBl, Teil I, Jg. 1967, S. 1254.

Finanzplanung des Bundes und zur Überwindung der durch die Rezession bedingten vorübergehenden Haushaltsschwierigkeiten eingeführt. Sie wurde erstmals für das Kalenderjahr 1968 erhoben, d. h. auf Bezüge, die dem Steuerpflichtigen nach dem 31. 12. 1967 zugeflossen sind, und zwar

- im Fall der Lohn- und Einkommensteuer dann, wenn der zu versteuernde Einkommensbetrag 16 020 DM bei Alleinstehenden und 32 040 bei Verheirateten im Jahr übersteigt,
- im Fall der Körperschaft- und Kapitalertragsteuer ohne Rücksicht auf Einkommensgrenzen.

Der Steuersatz beträgt 3 vH der Steuerschuld, ist jedoch zur Vermeidung von Härten zu Beginn der Steuerpflicht progressiv gestaffelt. Auf die Veranlagung, Festsetzung und Entrichtung der Ergänzungsabgabe finden die für die Einkommen- und Körperschaftsteuer geltenden Vorschriften entsprechende Anwendung (§ 6 ErgAbgG). Da wegen der Unsicherheiten bei den Vorauszahlungen das Aufkommen des Jahres 1968 im Wege einer ex post-Prognose kaum abzuschätzen ist, beginnen alle Berechnungen mit dem Jahr 1969. Das Steueränderungsgesetz 1970 sieht einen stufenweisen Abbau der Ergänzungsabgabe vor, seine Verabschiedung wurde jedoch, wie bereits ausgeführt, durch Kabinettsbeschluß vom 7. Juli 1970 aus konjunkturpolitischen Rücksichten zunächst zurückgestellt[77]. Da aus diesem Grunde weder der Zeitpunkt noch die näheren Umstände des Abbaus abzuschätzen sind, wird in der vorliegenden Arbeit davon ausgegangen, daß die Ergänzungsabgabe bis zum Ende des Projektionszeitraums unverändert erhoben wird. Angesichts der damit verbundenen Unsicherheitsmomente wurde jedoch darauf verzichtet, für alle Jahre eine detaillierte Schätzung auszuarbeiten; außer für 1969 wurde lediglich für 1970 und 1975 das voraussichtliche Aufkommen bestimmt. Die Werte für die Zwischenjahre sind durch Interpolation ermittelt. Eine Trennung von Konjunktur- und Trendwerten wurde dabei nicht vorgenommen, die Zuwachsraten für den Zeitraum 1970 bis 1975 sind daher konjunkturell verzerrt.

1. Ergänzungsabgabe zur Lohnsteuer

Zentrale Größe bei der Vorausschätzung der Ergänzungsabgabe zur Lohnsteuer sind die zukünftigen Einkommenspyramiden, d.h. die Schichtung der Lohnsteuerpflichtigen nach Bruttolohngruppen. Diese Einkommenspyramiden fallen für alle 17 Steuerklassen bei der Bestimmung der Tarifelastizitäten der Lohnsteuer als Nebenprodukt an, wobei zur Verminderung des Rechenaufwandes nur die auf der Basis der oberen Alternative erstellten Lohnschichtungen zur Berechnung der Ergänzungsabgabe herangezogen werden.

Der Durchschnittsbetrag an Ergänzungsabgabe je Steuerpflichtigen wird mit Hilfe der Lohnsteuertabelle aus der Lohnsteuerstatistik 1965 bestimmt: aus-

---

77 Vgl. „Bulletin des Presse- und Informationsamtes der Bundesregierung", Nr. 93 vom 9. 7. 1970, S. 919.

gehend von der durchschnittlichen Lohnsteuer läßt sich — gewissermaßen rückwärtsschreitend — der Bruttolohn je Pflichtigen in den Steuerklassen und Lohngruppen bestimmen, aus der Ergänzungsabgabetabelle dann hierzu der durchschnittliche Abgabebetrag. Damit wird gleichzeitig der Übergangsregelung in den ersten Bruttolohngruppen über der 16 000-DM-Grenze Rechnung getragen. In den höheren Lohngruppen ist die Ergänzungsabgabe aus dem Satz von 3 vH der Lohnsteuer berechnet worden.

Unterstellt man — wie bereits bei den Elastizitätsberechnungen mit einiger Berechtigung praktiziert —, daß der Durchschnittsbetrag je Lohnsteuerklasse und Lohngruppe im Zeitablauf annähernd konstant bleibt, eine Einkommenserhöhung also allein die Besetzung der Lohngruppen verändert, dann ergibt die Produktsumme

Ergänzungsabgabe je Steuerpflichtigen
multipliziert mit der
Besetzung der Bruttolohngruppe je Steuerklasse

für jedes Jahr die voraussichtliche Ergänzungsabgabe zur Lohnsteuer. Für 1969 wurde eine Steuerschuld in Höhe von 79,0 Mill. DM und für 1970 in Höhe von 133,1 Mill. DM errechnet. Im mittelfristigen Verlauf steigt die Lohnsteuer-Ergänzungsabgabe sehr stark an, 1975 wird je nach der zugrundeliegenden gesamtwirtschaftlichen Entwicklung ein Niveau von etwa 402 Mill. DM (untere Alternative) bis 419 Mill. DM erreicht werden.

2. Ergänzungsabgabe zur Einkommensteuer

In analoger Weise läßt sich die Ergänzungsabgabe zur Einkommensteuer berechnen. Hier ergeben sich, wie aus Texttabelle 14 ersichtlich, Steuerschuldbeträge von 662,3 Mill. DM (1969) bzw. 829,9 Mill. DM (1970) und von etwa 1464 Mill. DM bis 1884 Mill. DM in 1975. Der im Vergleich zur Lohnsteuer-Ergänzungsabgabe geringere Anstieg erklärt sich aus der Tatsache, daß bereits 1970 ein viel größerer Teil der Steuerpflichtigen eine Ergänzungsabgabe zu seiner Einkommensteuer zu entrichten hat.

3. Ergänzungsabgabe zur Körperschaft- und Kapitalertragsteuer

Relativ einfach läßt sich die Ergänzungsabgabe in den Fällen bestimmen, in denen keine Einkommensgrenzen gesetzt sind: Körperschaft- und Kapitalertragsteuerschuld bilden die Bemessungsgrundlage für die dreiprozentige Abgabe; Befreiungen und Freistellungen (vgl. § 3 ErgAbg. Erl. v. 4. 1. 1968) sind hierin bereits berücksichtigt. Danach ist für 1969 mit einer Ergänzungsabgabeschuld der Körperschaften von etwa 327 Mill. DM zu rechnen, die bis 1975 auf etwa 480 bis 525 Mill. DM ansteigen wird. Die Ergänzungsabgabe zur Kapitalertragsteuer dürfte im gleichen Zeitraum und je nach realisierter gesamtwirtschaftlicher Entwicklung von 52 Mill. DM auf 81 bzw. 107 Mill. DM steigen.

4. Das kassenmäßige Steueraufkommen

Da sich die Entrichtung der Ergänzungsabgabe nach der für die maßgebliche Einkommensteuer vorgesehenen Zahlungstechnik richtet, ist das Steueraufkommen getrennt für die Abzugs- und die Veranlagungssteuer zu bestimmen.

a) Steuerschuld bei Abzugssteuern

Lohn- und Kapitalertragsteuer werden, wie erwähnt, im Quellenabzug erhoben. Daher ist die Steuerschuld gleichzusetzen mit dem kassenmäßigen Steueraufkommen. Die Bestimmung einer Aufkommensrelation ist nicht möglich, da naturgemäß keinerlei ex post-Werte vorliegen.

b) Steuerschuld bei Veranlagungssteuern

Der Veranlagungs-Lag der Ergänzungsabgabe zur Einkommen- und Körperschaftsteuer wird als gewogener Durchschnitt aus den für die Einzelsteuern ermittelten Lag-Beziehungen bestimmt. Vor der Ableitung des Steueraufkommens ist jedoch die Steuerschuld noch um die einbehaltene Lohn- und Kapitalertragsteuer-Ergänzungsabgabe zu kürzen. Es wurde angenommen, daß etwa 50 vH der Ergänzungsabgabe zur Kapitalertragsteuer und die aus Bruttolöhnen über 24 000 DM resultierende Ergänzungsabgabe zur Lohnsteuer[78] im Veranlagungsverfahren als anzurechnende Beträge geltend gemacht werden. Für die verbleibende Abgabeschuld wurde folgender Veranlagungs-Lag angenommen:

$$Z_{EA,t} = V_{EA,t} + N_{EA,t} + S_{EA,t}, \tag{46}$$

$$V_{EA,t} = 0{,}95\,(0{,}4\,T_{EA,t-2} + 0{,}4\,T_{EA,t-1} + 0{,}2\,T_{EA,t}), \tag{47}$$

$$N_{EA,t} = f(t), \tag{48}$$

d. h. das kassenmäßige Steueraufkommen aus der Ergänzungsabgabe im Zeitpunkt t ($Z_{EA,t}$) ergibt sich aus Vorauszahlungen ($V_{EA,t}$), Nachzahlungen ($N_{EA,t}$) und sonstigen Zahlungen ($S_{EA,t}$). Die Vorauszahlungen bestimmen sich zu je 40 vH nach der Steuerschuld des vorhergehenden und des zwei Perioden zurückliegenden Jahres sowie zu 20 vH nach der Steuerschuld des laufenden Jahres. Das Ergebnis wird wiederum um einen pauschalen Abschlag von 5 vH gekürzt. Die Nachzahlungen werden relativ grob zeitabhängig geschätzt, die sonstigen Zahlungen $S_{EA,t}$ sind mit Null angenommen.

Als Summe ergibt sich das Steueraufkommen aus den Veranlagungssteuern und, zusammen mit der Steuerschuld aus den Abzugssteuern, das kassenmäßige Steueraufkommen von insgesamt 813,9 Mill. DM in 1969, 951,0 Mill. DM in 1970 und von 2,0 bis 2,3 Mrd. DM in 1975, je nachdem, ob die „pessimistische" oder die „optimistische" Annahme über die wirtschaftliche Entwicklung realisiert wird. Von der Berechnung von Aufkommenselastizitäten wird abgesehen.

---

78 Zugunsten der Lohnsteuer-Ergänzungsabgabe werden praktisch nur die Zahlungen der Steuerklassen I und II/O für Bruttolöhne zwischen 16 000 und 24 000 DM kassenwirksam.

Tabelle 14: Entwicklung des Aufkommens aus der Ergänzungsabgabe in den Jahren 1969, 1970 und 1975

		1968	1969	1970	1975	
					Altern. I	Altern. II
Ergänzungsabgabe zur Lohnsteuer	Mill. DM	—	79,0	133,1	401,7	418,9
	Veränd. in vH	—	—	+68,4	.	.
Ergänzungsabgabe zur Kapitalertragsteuer	Mill. DM	—	51,5	58,5	80,7	106,5
	Veränd. in vH	—	—	+13,8	.	.
Steuerschuld bei Abzugssteuern	Mill. DM	—	130,5	191,6	482,4	525,4
	Veränd. in vH	—	—	+46,8	.	.
Ergänzungsabgabe zur Einkommensteuer	Mill. DM	—	662,3	829,9	1 463,9	1 883,9
	Veränd. in vH	—	—	+25,3	.	.
Ergänzungsabgabe zur Körperschaftsteuer	Mill. DM	—	326,9	346,5	435,0	585,6
	Veränd. in vH	—	—	+ 6,0	.	.
Steuerschuld bei Veranlagungssteuern	Mill. DM	—	989,2	1176,4	1 898,9	2 469,5
davon ab: einbeh. Lohnsteuer-EA	Mill. DM	—	66,0	109,1	330,9	345,1
einbeh. Kapitalertragsteuer-EA	Mill. DM	—	25,8	29,3	40,4	53,3
Verbleibende Steuerschuld bei Veranlagungssteuern	Mill. DM	—	897,4	1038,0	1 527,6	2 071,1
Vorauszahlungen	Mill. DM	—	610,0	728,2	1 393,6	1 676,4
Nachzahlungen	Mill. DM	—	73,4	31,0	133,0	133,0
Steueraufkommen bei Veranlagungssteuern	Mill. DM	—	683,4	759,2	1 526,6	1 809,4
Kassenmäßiges Steueraufkommen insgesamt	Mill. DM	625,3	813,9	950,8	2 009,0	2 334,8
	Veränd. in vH	—	+30,2	+17,2	.	.

Eigene Berechnungen.

G. Zölle

Die Entwicklung der Zolleinnahmen war in der Vergangenheit in starkem Maße geprägt durch den stufenweisen Übergang zum Gemeinsamen Markt, der seit dem 1. Juli 1968 vollzogen ist. Eine Vorausschätzung der verbleibenden Zölle setzt damit die Prognose der auf lange Sicht zu erwartenden handelsumlenkenden Effekte des Gemeinsamen Marktes voraus, deren Kenntnis aus der Vergangenheitsanalyse gewonnen werden muß. Gerade diese Notwendigkeit begegnet aber besonderen Schwierigkeiten, da

– „reine“, von Binnenzollsenkungen nicht berührte Zollentwicklungen über einen längeren Zeitraum hinweg nicht gegeben sind,
– die Ausgangsbasis für die Prognose, nämlich das Jahr 1969, eine andere „Niveaulage“ (Differenz zwischen Binnen- und Außenzoll bezogen auf gesamtwirtschaftliche Größen) aufweist als alle Vergangenheitswerte (z. B. 1963).

Aus diesen Gründen ist eine Vorausschätzung aller Zölle auf der Basis eines zu verifizierenden Modells nicht möglich: Es fehlen für die Prüfung des Modells elementare Voraussetzungen, die ex post-Prognose ist ausgeschlossen.

Es versteht sich, daß im Hinblick auf das verfügbare Datenmaterial auch anpruchsvollere Methoden (Zeitreihenzerlegung, Regressionsanalyse) versagen müssen.

Die für die Zukunft zu erwartenden Veränderungen lassen sich daher nur in ihren Größenordnungen abschätzen, wobei auch die Entwicklung der jüngeren Vergangenheit zu analysieren ist.

Tabelle 15: Entwicklung der Zolleinnahmen

	in Mill. DM	Veränderung in vH
1968	2 399	– 4,3
1969	2 889	+ 20,4
1970	2 990	+ 3,5
Alternative I		
1969	2 550	+ 6,5
1970	2 720	+ 6,5
1971	2 900	+ 6,5
1972	3 090	+ 6,5
1973	3 290	+ 6,5
1974	3 500	+ 6,5
1975	3 730	+ 6,5
Alternative II		
1969	2 600	+ 8,5
1970	2 820	+ 8,5
1971	3 060	+ 8,5
1972	3 320	+ 8,5
1973	3 600	+ 8,5
1974	3 910	+ 8,5
1975	4 240	+ 8,5

Eigene Berechnungen.

Für 1969 ist davon auszugehen, daß sich die Binnenzollsenkung und die Einführung eines gemeinsamen Zolltarifs in der EWG zum 1. Juli 1968 bei gleichzeitiger Zollsenkung im Rahmen der Kennedy-Runde erstmals voll ausgewirkt haben, außerdem wurden die Freimengen im Reiseverkehr erhöht. Andererseits wurden die Zahlungsfristen verkürzt, so daß sich insgesamt ein zur Einfuhrentwicklung leicht überproportionales Wachstum der Zolleinnahmen ergab. Wie weit dabei Strukturverschiebungen zugunsten der höher tarifierten Drittländer eine Rolle gespielt haben, ist nicht zu quantifizieren.

Im Jahre 1970 sind weitere Auswirkungen der Kennedy-Runde (dritte Runde der Zollzugeständnisse) zu erwarten, zusammen mit der Abschwächung der Einfuhrentwicklung und den unveränderten Zahlungsfristen ergeben sich die Zolleinnahmen stark dämpfende Einflüsse, soweit für 1970 eine konjunkturell beeinflußte Wachstumsrate abzuleiten ist. Auch im mittelfristigen Verlauf wird eine zur Entwicklung der Einfuhren unterproportionale Entwicklung angenommen, die Ergebnissen können der Texttabelle 15 entnommen werden.

H. Tabaksteuer

Gegenstand der Tabaksteuer sind folgende, im Erhebungsgebiet hergestellte oder eingeführte Tabakwaren:

Zigarren, Zigaretten und Rauchtabak,
tabakähnliche Waren,
Zigarettenpapier.

Die Steuersätze sind je nach der Preisklasse der Erzeugnisse gestaffelt. Steuerschuldner ist der Inhaber des Herstellungsbetriebes, der bei der Entfernung der Waren aus dem Herstellungsbetrieb die Tabaksteuer durch Verwendung von Steuerzeichen zu entrichten hat, und zwar bis 1966 einschließlich bis zum 12. oder 27. Tag des Folgemonats; seit 1967 ist für die in der ersten Hälfte des Monats Dezember entnommenen Steuerzeichen die Steuer bis zum 27. desselben Monats zu entrichten (StÄndG 1967). Es ist geplant, diese auf drei Jahre begrenzte Verkürzung der Zahlungsfristen über das Jahr 1969 hinaus zu verlängern[79].

Die Entwicklung des Tabaksteueraufkommens ist in den zurückliegenden Jahren in immer stärkerem Maße vom Zigarettenabsatz beeinflußt worden: im Jahre 1968 machten die Zigaretten-Kleinverkaufswerte mehr als 96 vH der gesamten Kleinverkaufswerte aus, in die restlichen 4 vH teilen sich Zigarren, Feinschnitt, Pfeifentabak, Kautabak und Zigarettenhülsen. Die zeitliche Entwicklung dieser Besteuerungsgrundlagen wird daher vernachlässigt, die Vorausschätzung konzentriert sich auf die Prognose des Zigarettenabsatzes. Der dadurch möglicherweise entstehende Fehler wird sich in sehr engen Grenzen halten: selbst bei einer fünfzigprozentigen Fehlschätzung der übrigen Klein-

[79] Vgl. Finanzbericht 1970, a.a.O., S. 41.

verkaufswerte beträgt der Fehler für das Steueraufkommen maximal zwei Prozent. Bei der Vorausschätzung des Zigarettenabsatzes tritt allerdings ein für Verbrauchsteuern typisches Problem auf: Durch die Änderung des Einzelverkaufspreises des besteuerten Gutes, wie z. B. 1967 durch eine Erhöhung der Steuersätze, ändern sich auch die Nachfragepräferenzen und Einkommenselastizitäten. Eine Abdiskontierung der Steuermehreinnahmen einer solchen Maßnahme in die Vergangenheit[80] stellt nur scheinbar die gewünschten langen Zeitreihen wieder her, denn die Absatzelastizität für ein Verbrauchsgut ist zu jedem Zeitpunkt eine wohlspezifizierte Kombination aus Preis, Steuerbelastung, Einkommensniveau und „autonomer Präferenz"; die Elastizitäten haben 1967 in bezug auf die Steuererhöhung einen ganz anderen Wert als den, der sich ergeben hätte, wenn die gleiche Steueränderung etwa 1954 wirksam geworden wäre.

Damit wird die Verwendbarkeit aller bisher bekannt gewordenen Schätzverfahren, die auf nominalen Größen aufbauen (Anteile am Privaten Verbrauch, Korrelationskoeffizienten, Absatzelastizitäten usw.) stark eingeschränkt.

Unabhängig davon läßt sich noch eine Reihe weiterer Einwände gegenüber einer solch isolierten Betrachtung des Zusammenhanges von makroökonomischen Größen und Zigarettenkonsum erheben. Zur Vorausschätzung der versteuerten Mengen wurde daher ein der Sättigungsfunktion ähnlicher Ansatz gewählt.

1. Versteuerte Zigaretten

Bei einer Analyse der Vergangenheitsentwicklung des Zigarettenabsatzes wird eine leichte Abflachung der Veränderungsraten erkennbar, insbesondere dann, wenn die versteuerten Mengen nicht absolut betrachtet werden, sondern je potentiellen Verbraucher, d. h. je über 15 Jahre alten Einwohner[81]. Eine Sättigungsfunktion dürfte hier zweifellos die beste Anpassung liefern, d. h. es wäre anzunehmen, daß sich der Zigarettenverbrauch je potentiellen Verbraucher immer mehr einem bestimmten Sättigungswert nähert, ohne diesen – streng genommen – zu erreichen. Die Festlegung eines Sättigungsniveaus bereitet jedoch zur Zeit noch erhebliche Schwierigkeiten, da die Zahl der Beobachtungswerte zu klein ist. Aus diesem Grunde basiert die Schätzung auf einem einfachen halblogarithmischen Ansatz:

(49) $$C_{T,t} = a + b \log t.$$

* Verbrauch je potentiellen Verbraucher

80 Die Methode, Steuerausfälle oder -mehreinnahmen eines Jahres durch Fort- oder Rückschreibung aus allen vorliegenden Zeitreihen zu eliminieren, findet sich auch bei J. Körner, Methoden zur Vorausschätzung des Tabaksteueraufkommens. (Studien zur Finanzpolitik, Heft 4. Hrsg. vom Ifo-Institut für Wirtschaftsforschung.) München 1967.

81 Statistisches Bundesamt, Tabaksteuer. (Fachserie L, Reihe 8: Verbrauchsteuern, Teil I.) Stuttgart und Mainz 1960 und folgende Jahre.

Der Verbrauch je potentiellen Verbraucher und Jahr ($C_{T,t}$) im Zeitpunkt t wird als abhängig vom Logarithmus der Zeit angesehen. Durch Multiplikation der entsprechend Gleichung (49) vorausgeschätzten durchschnittlichen Verbrauchszahlen mit der über 15 Jahre alten Wohnbevölkerung gemäß der zugrundegelegten Bevölkerungsentwicklung ergibt sich die Summe der versteuerten Zigaretten im Prognosezeitraum (Tabelle A 32, Spalte 3).

2. Kleinverkaufswerte der Zigaretten

Aus den versteuerten Mengen und dem Kleinverkaufspreis je Stück ergibt sich die Summe der Kleinverkaufswerte, die die Besteuerungsgrundlage bilden. Die ex post-Analyse dieses zweiten, für die Schätzung wesentlichen Faktors ergab, daß von 1960 bis 1966 einschließlich der durchschnittliche Kleinverkaufspreis je Stück kontinuierlich und in etwa gleichen Beträgen zurückgegangen ist. Durch die Erhöhung der Steuersätze zum 1. März 1967 unter gleichzeitiger Änderung der Preisklassen einerseits wie durch die Senkung des Steuersatzes zum 1. Juli 1968 zum Ausgleich der Erhöhung des Mehrwertsteuersatzes andererseits ergibt sich ein Entwicklungsbruch. Es wird jedoch angenommen, daß der Durchschnittspreis sich in Zukunft auf das Niveau der heute schon gebräuchlichsten Preisklasse, nämlich der 9 1/11 Pfg.-Zigrette, hin bewegt.

Die aus diesen Annahmen abgeleitete Entwicklung der Kleinverkaufswerte kann in Tabelle A 32, Spalten 3 bis 5, nachvollzogen werden.

3. Steuerwerte der Zigaretten

Die Anwendung der Steuersätze je Preisklasse auf die entsprechenden Kleinverkaufswerte führt zu den Steuerwerten. In der vorliegenden Schätzung wird ein durchschnittlicher Steuersatz bestimmt, auf der Basis der jährlichen Nachweisungen des Statistischen Bundesamtes über die Struktur des Zigarettenabsatzes. Dieser Durchschnittssatz ist wegen der stärkeren Bevorzugung der höheren Preisklassen in der Vergangenheit ständig leicht angestiegen. Da für die Prognose ein weiteres Vordringen der mit dem Höchstsatz besteuerten 9 1/11-Pfg.-Zigarette angenommen wird, ergibt sich ein Anhalten dieses Trends: für 1975 wird der durchschnittliche Steuersatz voraussichtlich 59,2 vH betragen.

Die Steuerwerte im Analyse- und Prognosezeitraum können der Tabelle A 32, Spalten 7 und 8, entnommen werden.

4. Das kassenmäßige Steueraufkommen

In Spalte 9 der Tabelle A 32 wird das tatsächliche kassenmäßige Steueraufkommen den Steuerwerten der Zigaretten gegenübergestellt. Die sich ergebende Aufkommensrelation ist durch die Vernachlässigung der Zigarren, Pfeifentabake und sonstigen Tabakwaren zu erklären; ihre Schwankungen und auch die Abweichungen in den Zuwachsraten von Steuerwerten und Aufkommen deuten auf eine insgesamt befriedigende Anpassung hin. Dabei ist zu berücksichtigen, daß das Aufkommen – relativ zu den Steuerwerten – seit 1967 durch die Vorverlegung der Zahlungsfristen höher liegt als bisher. Im mittelfristigen Verlauf fallen wegen der Sättigungserscheinungen beim Verbrauch die Zuwachsraten des Steueraufkommens allmählich ab. Im Endjahr des Prognosezeitraums dürfte das Steueraufkommen bei etwa 7,3 Mrd. DM liegen. Aufkommenselastizitäten können bei dieser zeitabhängigen Schätzung nicht berechnet werden.

I. Branntweinmonopol

Das Aufkommen aus dem Branntweinmonopol setzt sich zusammen aus

- der Branntweinsteuer,
- dem Branntweinaufschlag,
- dem Monopolausgleich für Einfuhren,
- dem Reingewinn der Bundesmonopolverwaltung für Branntwein.

Trotz der relativ heterogenen Komponenten und unterschiedlicher Zahlungsmodalitäten wird das kassenmäßige Aufkommen in einer Summe über Elastizitäten mit dem Privaten Verbrauch vorausgeschätzt. In Tabelle A 33 werden zu diesem Zweck die entsprechenden Zuwachsraten gegenübergestellt. Der für das Jahr 1966 sich ergebende Elastizitätskoeffizient ist jedoch wegen der Erhöhung der Branntweinsteuer um 20 vH[82] ab 1. Januar 1966 für die Prognose wenig aussagefähig und die Relationen für 1967 und 1968 sind wegen der Verkürzung der Zahlungsfristen ab 1967 nur mit Einschränkungen verwendbar. Im Unterschied zur Tabaksteuer ist diese Verkürzung der Zahlungsfristen bereits bei der Einführung ohne zeitliche Begrenzung vorgenommen worden. Unter der Annahme, daß der zu jeweiligen Preisen bewertete Private Verbrauch im Zeitraum von 1969 bis 1975 jahresdurchschnittlich um + 6,5 vH in der unteren und + 8,9 vH in der oberen Alternative wachsen wird, ist mit Einnahmen aus dem Branntweinmonopol zwischen 2,60 Mrd. DM und 2,87 Mrd. DM in 1975 zu rechnen (vgl. Tabelle A 33).

K. Mineralölsteuer

Der Mineralölsteuer unterliegt das im Inland hergestellte und das eingeführte Mineralöl, soweit es als Treib-, Heiz- oder Schmierstoff verwendet wird. Von den zahlreichen zoll- und steuerrechtlich definierten Mineralölen sind für das Steueraufkommen nur drei Arten von ausschlaggebender Bedeutung:

---

[82] Gleichzeitig wurden die niedrigeren Steuersätze für Berlin und der Monopolausgleich für Weine erhöht.

– Rohes Leichtöl und Benzolerzeugnisse sowie andere Leichtöle (= Vergaserkraftstoff),
– Gasöl (Dieselkraftstoff),
– Heizöl.

Alle übrigen Mineralöle – derzeit werden noch die mittelschweren Öle, Schweröle und Reinigungsextrakte, das Flüssiggas und die Mineralölanteile in Additiven und Schmiermitteln besteuert – sind von untergeordneter Bedeutung.

Damit wird deutlich, daß für die Vorausschätzung des Steueraufkommens der Motorisierungsgrad und die Nutzung der Fahrzeuge von entscheidender Bedeutung sind. Über den durchschnittlichen Verbrauch der Kraftfahrzeuge kann auf den steuerbaren Absatz geschlossen werden, aus dem – bei Gleichsetzen von Absatz und steuerpflichtiger Entnahme aus dem Herstellerlager – mit Hilfe des jeweils gültigen Steuersatzes die Steuersollbeträge berechnet werden können. Die Steuersollbeträge unterscheiden sich nur unwesentlich vom Steueraufkommen, d. h. von den Steuereingängen bei den Finanzkassen. Wegen des bei globaler Betrachtung nur losen Zusammenhangs mit der wirtschaftlichen Entwicklung, definiert etwa als Veränderungsrate des Bruttosozialprodukts, wird auf eine getrennte Schätzung für die einzelnen Alternativen und die konjunkturelle Entwicklung verzichtet.

1. Steuersollbeträge für Vergaserkraftstoff

Aus den jährlichen Nachweisungen des Statistischen Bundesamtes über die Versteuerung von Mineralöl[83] läßt sich der steuerpflichtige Verbrauch an Vergaserkraftstoff als Summe ermitteln aus dem

– steuerbaren Absatz an rohem Leichtöl und Benzolerzeugnissen, nachweislich aus Kohle hergestellt (bis 1964: leichtes Steinkohlenteeröl),
– steuerbaren Absatz an anderem Leichtöl.

Beide Mineralölarten werden mit unterschiedlichen Produktionsverfahren hergestellt und zu unterschiedlichen Sätzen versteuert. Die Zusammenfassung als Vergaserkraftstoff wird erforderlich, da beide Öle gegenseitig substituierbar sind und aus Kohle hergestellte Leichtöle häufig mit nach § 36 Abs. 7 MinöStDV versteuerten Leichtölen gemischt werden. Die gegenseitige Abhängigkeit der beiden Öle zeigte sich besonders nach der Änderung des Mineralölsteuergesetzes 1964, als die steuerliche Begünstigung der Benzolerzeugnisse eingeschränkt wurde. Im Zusammenhang damit wurde auch die Bemessung der Steuer von Doppelzentner auf Hektoliter umgestellt. Um für den Zeitraum vor 1964 vergleichbare Angaben zu erhalten, wurden nach Gewicht versteuerte Mengen mit Hilfe des spezifischen Gewichts von 0,73 im Fall der „anderen" Leichtöle und von 0,87 im Fall der Benzolerzeugnisse ebenfalls in Hektoliter umgerechnet. Als Ergebnis dieser Umrechnungen ergibt sich der versteuerte Vergaserkraftstoff-Verbrauch gemäß Tabelle A 34, Zeile 6.

---

83 Statistisches Bundesamt, Mineralölsteuer. (Fachserie L, Reihe 8, Teil III.) Stuttgart und Mainz 1960 und folgende Jahre.

Diese versteuerten Mengen werden in Abhängigkeit von den Fahrleistungen der Personenkraftwagen gesehen, und zwar über einen Durchschnittsverbrauch je Personenkraftwagen und 100 km. Die Fahrleistungen werden ihrerseits aus PKW-Bestand und durchschnittlicher Fahrleistung je PKW bestimmt.

a) Bestand an Personenkraftwagen

Der Bestand an PKW wird jährlich zum 1. Januar und zum 1. Juli vom Kraftfahrtbundesamt ermittelt[84], wobei die Bestände zum 1. 7. in der Regel etwas höher sind, da

- die Stillegungsquote, d. h. der Anteil der zum Stichtag nicht zugelassenen und daher auch nicht im Verkehr befindlichen PKW, am 1. 1. höher ist als am 1. 7.,
- die Bestände dem allgemeinen Wachstum entsprechend zunehmen.

In der vorliegenden Schätzung werden aus statistischen Gründen die Bestände zum 1. 7. herangezogen, obwohl diese die für die Schätzung erforderliche Größe, nämlich die Zahl der im Jahresdurchschnitt im Verkehr befindlichen PKW, nicht genau repräsentieren. Der sich ergebende Fehler dürfte jedoch gering sein. Der Vorausschätzung wurden die Werte der Kraftfahrzeugsteuerschätzung zugrunde gelegt (vgl. Tabelle A 38, Zeilen 1 und 2).

b) Fahrleistungen je PKW

Erheblich größere Fehlerquellen als beim PKW-Bestand liegen jedoch in der pauschal vorgenommenen Fortschreibung der durchschnittlichen Fahrleistung je PKW. Empirische Angaben stehen nur für zwei Zeiträume, nämlich 1959 und 1966 zur Verfügung[85], aus denen hervorgeht, daß die durchschnittliche Fahrleistung der PKW absinkt. Dieses Absinken resultiert aus dem 1966 höheren Anteil der PKW-Bestände im Besitz von Arbeitnehmern, denn die Fahrleistungen je PKW der Unselbständigen liegen erheblich unter denen der Unternehmer und Selbständigen. Die Vorausschätzung der durchschnittlichen Fahrleistung je PKW ist also wie die Tarifelastizität bei der Lohn- und Einkommensteuer ein unechter Durchschnitt, auch hier wäre eine exakte Vorausschätzung über Strukturuntersuchungen dringend geboten. Derzeit muß jedoch zur Vorausschätzung der Fahrleistungen global angenommen werden, daß der Durchschnittswert weiter sinkt, wenn auch mit abnehmender Intensität (Tabelle A 34, Zeile 3).

Aus PKW-Bestand und durchschnittlicher Fahrleistung ergibt sich die voraussichtliche Gesamtfahrleistung im Analyse- und Prognosezeitraum.

---

[84] Kraftfahrt-Bundesamt, Bestand an Kraftfahrzeugen und Kraftfahrzeuganhängern, Bonn - Bad Godesberg 1950 und folgende Jahre.

[85] Vgl. Statistisches Bundesamt, Statistisches Jahrbuch für die Bundesrepublik Deutschland 1962. Stuttgart und Mainz 1962, S. 360. – W. Legat, Die Fahrleistungen der Kraftfahrzeuge. „Wirtschaft und Statistik", Jg. 1967, S. 679 ff.

c) Durchschnittsverbrauch

Der durchschnittlich je PKW und 100 km verbrauchte Vergaserkraftstoff wird bestimmt durch Gegenüberstellung von versteuertem Verbrauch und Gesamtfahrleistung der PKW. Entsprechend der für die Vergangenheit im mittelfristigen Trend (Veränderung der gleitenden 5-Jahresdurchschnitte des Durchschnittsverbrauchs) erkennbaren Entwicklung wird eine weitere leichte Erhöhung im Prognosezeitraum angenommen (vgl. Zeile 5). Hierbei wird vernachlässigt,

- daß der Durchschnittsverbrauch eine primär technisch bestimmte Konstante unter Berücksichtigung der Hubraumstruktur ist,
- daß ein nicht unerheblicher Teil der PKW nicht mit Vergaser(Otto-)motoren, sondern mit Dieselmotoren ausgerüstet ist,
- daß andererseits auch Kombinationskraftfahrzeuge und ein großer Teil der Lastkraftwagen Vergaserkraftstoff verbrauchen.

Diese Faktoren dürften für die in der Vergangenheit zu beobachtende uneinheitliche Entwicklung des Durchschnittsverbrauchs verantwortlich sein.

Aus den gesamten Fahrleistungen gemäß Zeile 4 und dem angenommenen Durchschnittsverbrauch gemäß Zeile 5 resultiert der versteuerte Vergaserkraftstoffverbrauch im Untersuchungszeitraum.

d) Durchschnittlicher Steuersatz

Die steuerliche Belastung des Vergaserkraftstoffs ergibt sich — ebenfalls als Durchschnitt — aus der Belastung der rohen Leichtöle und Benzolerzeugnisse (1968: 26,75 DM/hl, ab 1969: 35,00 DM/hl) und der bisher höheren Belastung der anderen Leichtöle (derzeit 35,00 DM/hl). Für die Prognose wurde keine weitere Veränderung dieser Sätze unterstellt. Durch Anwendung des Steuersatzes auf die versteuerten Mengen ergibt sich der Steuersollbetrag für den Vergaserkraftstoff. Die Ergebnisse sind in Tabelle A 34, Zeilen 9 und 10, enthalten und spiegeln die Sättigungserscheinungen in der Entwicklung der PKW-Bestände deutlich wider.

2. Steuersollbeträge für Dieselkraftstoff

Analyse und Prognose der Steuersollbeträge für Dieselkraftstoff sind formal identisch der für Vergaserkraftstoffe. Es erübrigt sich, die einzelnen Schritte zu beschreiben, die Ableitung kann der Tabelle A 34, Zeilen 11 bis 20, entnommen werden. Im Unterschied zur Vorausschätzung der LKW-Bestände bei der Kraftfahrzeugsteuer sind in den in Zeile 11 wiedergegebenen Zahlen auch die landwirtschaftlichen Zugmaschinen und Sonderkraftfahrzeuge zur Lastenbeförderung enthalten.

Im übrigen können gegen die Verwendung der durchschnittlichen Bestände, Fahrleistungen und Verbrauchsziffern die gleichen Einwände erhoben werden wie im Fall der Vorausschätzung des Vergaserkraftstoffverbrauchs. Eine tiefere Detaillierung ist jedoch derzeit nicht möglich[86].

3. Steuersollbetrag für Heizöl

Die Vorausschätzung der aus der Heizölbesteuerung resultierenden Steuersollbeträge wurde mittels einer linearen Regression mit dem Bruttosozialprodukt vorgenommen. Die Ergebnisse können als relativ gesichert angesehen werden, jedoch ist durch die Verwendung absoluter Beträge die Möglichkeit der Autokorrelation nicht ganz auszuschließen.

4. Das kassenmäßige Steueraufkommen

Aus der Summe der Steuersollbeträge wird unter Verwendung einer Aufkommensrelation das kassenmäßige Steueraufkommen bestimmt. In dieser Aufkommensrelation schlagen sich nieder

- irreguläre Einflüsse,
- die nicht berücksichtigten Steuersollbeträge für Flüssiggas (1968 etwa 0,2 Mrd. DM), mittelschweres Öl (0,3 Mrd. DM) und andere Schweröle (0,2 Mrd. DM),
- die Verkürzung der Zahlungsfristen im Jahre 1967, die z. T. noch in 1968 spürbar ist.

Für die Prognose wird angenommen, daß die Aufkommensrelation auf 104,0 zurückgeht; unter dieser Voraussetzung und der vorausgeschätzten Entwicklung der Steuersollbeträge dürfte das Mineralölsteueraufkommen bis 1975 auf 14,2 Mrd. DM wachsen. Dabei ist angenommen, daß die Heizölsteuer auch über den 1. 5. 1971 hinaus erhoben wird. Die Zuwachsraten des Mineralölsteueraufkommens — die in diesem Fall wieder die Aufkommenselastizitäten ersetzen — sind dann in den einzelnen Jahren wie folgt anzunehmen:

1969	+ 7,3
1970	+ 5,7
1971	+ 5,5
1972	+ 4,9
1973	+ 4,7
1974	+ 4,5
1975	+ 4,4.

Die Ergebnisse sind in Tabelle A 34, Zeilen 25 und 26, enthalten.

---

86 Auch gegen die vom Ifo-Institut vorgelegte Schätzmethode lassen sich diese Einwände ohne wesentliche Einschränkungen erheben. Vgl. J. Körner, Methoden zur mehrjährigen Vorausschätzung des Mineralölsteueraufkommens. (Studien zur Finanzpolitik, Heft 11.) München 1969.

L. Kapitalverkehr-, Versicherung- und Wechselsteuer

Durch das Finanzreformgesetz[87], das eine Neuverteilung sowohl der Ausgaben wie der Einnahmen zwischen den Gebietskörperschaften vorsieht, sind einige bisher ländereigene Verkehrsteuern, nämlich die Gesellschaft-, Wertpapier-, Börsenumsatz-, Wechsel- und Versicherungsteuer ab 1. 1. 1970 Bundessteuern. Es empfiehlt sich daher, diese Steuern zu einer eigenen Gruppe zusammenzufassen und getrennt vorauszuschätzen. Im Jahre 1968 hatten die Länder hieraus ein Aufkommen von knapp 1 Mrd. DM erzielt, 1969 lagen die Einnahmen — offensichtlich nicht unbeeinflußt durch den Systemwechsel — nennenswert höher.

Als Kapitalverkehrsteuer werden die Gesellschaft- und Börsenumsatzsteuer bezeichnet, diese werden erhoben

— insbesondere beim Erwerb von Gesellschaftsrechten, bei Leistungen der Gesellschafter wie Nachschüssen und Zuzahlungen (§ 2, Abs. 1 KVStG) und bei Gesellschafterdarlehen (§ 3 KVStG) im Fall der Gesellschaftsteuer,
— bei allen Wertpapierumsätzen — also nicht nur beim Ersterwerb, bei Neugründung oder Kapitalerhöhung — im Fall der Börsenumsatzsteuer.

Bis 31. 12. 1964 unterlag auch die Kapitalzuführung zu Unternehmen durch Ersterwerb von Schuldverschreibungen der sog. Wertpapiersteuer.

Der Wechselsteuer unterliegt jeder im Inland umlaufende Wechsel (§ 1 WStG), der Versicherungsteuer die Zahlung des Versicherungsentgelts auf Grund eines Versicherungsvertrages (§ 1 VersStG).

Wegen der unterschiedlichen Bemessungsgrundlagen und Einflußfaktoren einerseits (Kapitalmarktlage, Wechselkreditvolumen, Bestand an Lebensversicherungen und Kfz-Versicherungsverträgen, u. ä.) und der im Endergebnis relativ geringen Fehlermöglichkeiten andererseits (die genannten Steuern machen insgesamt weniger als 1 vH des Steueraufkommens von Bund, Ländern und Gemeinden aus) wird die Entwicklung der Kapitalverkehr-, Versicherung- und Wechselsteuer über eine Aufkommenselastizität zum Wachstum des nominalen Bruttosozialprodukts vorausgeschätzt.

In den letzten Jahren lag diese Aufkommenselastizität im Mittel bei etwa 1,25; störende Einflüsse machen sich besonders 1965 (Aufhebung der Wertpapiersteuer) und 1969/70 (Finanzreform) bemerkbar. In den Jahren 1960 bis 1963 dürften Nachwirkungen der Rechtsänderungen 1959 und 1960 zu einer Verzerrung der Elastizitäten geführt haben, sie werden daher nicht berücksichtigt. Für die Prognose wurde daher ein Elastizitätskoeffizient von 1,24 für die Trendprognose und von 0,28 für die Konjunkturprognose (letzterer abgestimmt mit dem tatsächlichen Aufkommen in den ersten Monaten 1970) angenommen. Das kassenmäßige Ergebnis dieser Steuern im Jahre 1975 dürfte damit zwischen 1,6 und 2,0 Mrd. DM liegen, je nach der realisierten gesamtwirtschaftlichen Entwicklung (vgl. Tabelle A 35).

---

[87] Finanzreformgesetz. BGBl, Teil I, Jg. 1969, S. 359.

M. Sonstige Verbrauchsteuern

Neben der Tabak- und der Mineralölsteuer gehören zu den reinen Bundessteuern noch eine Reihe kleinerer Verbrauchsteuern, nämlich im wesentlichen

- Kaffeesteuer (Aufkommen 1969: 1,1 Mrd. DM)
- Zuckersteuer (Aufkommen 1969: 0,1 Mrd. DM)
- Sonstige (Tee-, Salz-, Schaumwein-, Essigsäure-, Zündwaren-, Leuchtmittel-, Spielkarten-, Süßstoffsteuer und Zündwarenmonopol; Aufkommen 1969 insgesamt 0,5 Mrd. DM).

Im Unterschied zum Branntweinmonopol und zur Tabak- und Mineralölsteuer, für die sowohl wegen des Steuergegenstandes wie auch wegen der kassenmäßigen Bedeutung eigene Vorausschätzungsmethoden zu entwickeln waren, lassen sich alle sonstigen Verbrauchsteuern direkt mit dem Privaten Verbrauch gemäß der Volkswirtschaftlichen Gesamtrechnung in Zusammenhang bringen. Durch die Zusammenfassung werden die ausgeprägten irregulären Schwankungen ausgeglichen, die Gemeinsamkeiten dieser Aufwandsteuern treten desto deutlicher hervor. Allerdings ist auch hier die für einige Steuerarten ab 1. 4. 1967 wirksame Abkürzung der Zahlungsfristen zu berücksichtigen.

In allen anderen Jahren – ausgenommen 1963 – liegen die Zuwachsraten des Verbrauchsteueraufkommens unter den jährlichen Veränderungsraten des Privaten Verbrauchs, d. h. die Aufkommenselastizitäten liegen unter Eins.

Entsprechend wurde auch für die Prognose eine leichte Abnahme dieser Steuerbelastung des Privaten Verbrauchs angenommen; die jährlichen Veränderungsraten des Verbrauchsteueraufkommens belaufen sich danach (konjunkturell) in 1969 auf + 7,6 vH, in 1970 auf + 7,1 vH und (im mittelfristigen Verlauf) auf + 3,8 vH im Fall der unteren und + 5,3 vH im Fall der oberen Alternative. Entsprechend wird sich der Steuerbetrag von 1,5 Mrd. DM in 1968 bis zum Jahre 1975 je nach gewählter gesamtwirtschaftlicher Entwicklung auf 2,0 bis 2,2 Mrd. DM erhöhen (Tabelle A 36).

N. Vermögensteuer[88]

Vermögensteuerpflichtig sind diejenigen natürlichen und nichtnatürlichen Personen, die entweder

- im Inland ihren Wohnsitz haben (unbeschränkt Steuerpflichtige) oder
- als Ausländer im Inland Vermögen besitzen (beschränkt Steuerpflichtige),

---

88 Die Schätzung der Vermögensteuer wird nach der Methode durchgeführt, die von vier Wirtschaftsforschungsinstituten, darunter dem RWI, in einem Gutachten entwickelt worden ist. Vgl. Gutachterausschuß Vermögensteuerschätzung, Das künftige Vermögensteueraufkommen in der Bundesrepublik Deutschland. Gutachten im Auftrag der Bundesregierung. Bonn 1966. Es ist allerdings zu berücksichtigen, daß einzelne Annahmen des Gutachterausschusses nach den jetzt vorliegenden Ergebnissen der Einheitswertstatistik 1966 überprüfungsbedürftig erscheinen. Das Verfahren und die Daten wurden im RWI von H. Ellrott weiterentwickelt und aktualisiert.

und zwar mit ihrem Gesamtvermögen (§ 1 VStG). Als Gesamtvermögen gilt gem. § 18 des Bewertungsgesetzes die Summe der vier Vermögensarten

- Land- und forstwirtschaftliches Vermögen,
- Grundvermögen,
- Betriebsvermögen,
- Sonstiges Vermögen,

vermindert um die Schulden.

Neben einer Reihe persönlicher Befreiungen, z. B. für Bundespost, Bundesbahn, Bundesbank, Sparkassen (bis 1967), Staatsbanken, gemeinnützige Körperschaften und Stiftungen usw., besteht für alle natürlichen Personen ein Freibetrag von je 20 000 DM für alle Steuerpflichtigen, ihre Ehefrauen und ihre Kinder, soweit diese das 18. Lebensjahr noch nicht vollendet haben, sowie ein Altersfreibetrag von 5000 DM bzw. 25 000 DM (§ 5 VStG). Durch Abzug der Freibeträge vom Gesamtvermögen errechnet sich das steuerpflichtige Vermögen.

Der allgemeine Steuersatz beträgt 1 vH des steuerpflichtigen Vermögens, nur für den der Lastenausgleichsabgabe unterliegenden Teil beträgt der Satz 7,5 von Tausend.

Abweichend von der Regelung bei den anderen Veranlagungssteuern wird die Vermögensteuer nicht jährlich veranlagt. Vielmehr wird zu Beginn eines regelmäßig drei Jahre umfassenden Hauptveranlagungszeitraumes das Vermögen festgestellt und die Jahresschuld ermittelt, die sich — von der Neuveranlagung in den Fällen des § 13 VStG abgesehen — bis zum nächsten Hauptveranlagungszeitpunkt nicht ändert. Dadurch ergab sich in der Vergangenheit eine Aufkommensentwicklung, bei der alle drei Jahre ein sprunghaftes Ansteigen der Einnahmen im Vergleich zum Vorjahr zu beobachten ist, während sich die Einnahmen in den Zwischenjahren nicht wesentlich veränderten.

1. Gesamtvermögen

a) Land- und forstwirtschaftliches Vermögen

Das zur Vermögensteuer veranlagte land- und forstwirtschaftliche Vermögen ist in den letzten Jahren ständig kleiner geworden. Diese Entwicklung beruht darauf, daß der Bewertung ein fiktiver Reinertrag, der zu Wertansätzen des Jahres 1935 ermittelt wird, zugrunde liegt, während andererseits die Schulden zum jeweiligen Wert vom Bruttovermögen abgesetzt werden. Die erheblich gestiegene Verschuldung der Land- und Forstwirtschaft führte zu einer wachsenden Zahl fiktiv überschuldeter Betriebe, die nicht mehr zur Vermögensteuer veranlagt werden. Wegen dieses Ausscheidens aus der Steuerpflicht dürfte sich der Rückgang des land- und forstwirtschaftlichen Vermögens in Zukunft verlangsamen.

b) Grundvermögen

Da die Bewertung des vermögensteuerpflichtigen Grundvermögens ebenfalls auf den Einheitswerten von 1935 basiert und außerdem nur ein sehr geringer Teil des Grundvermögens — wegen der relativ hohen Freibeträge — überhaupt zur Vermögensteuer veranlagt wird, ist der Einfluß der Grundvermögen auf das Wachstum der Gesamtvermögen trotz der starken Bautätigkeit in den vergangenen 15 Jahren von untergeordneter Bedeutung. Die Vorausschätzung geht wie im Fall der Gewerbekapitalsteuer und der Wohnungsbauinvestitionen von der Gesamtzahl der jährlich fertiggestellten Wohnungen, der durchschnittlichen Bruttowohnfläche, den Baukosten je qm Wohnfläche und einer angenommenen Preisentwicklung (1935 = 100) aus.

c) Betriebsvermögen

Das Betriebsvermögen ist in der Vermögensteuerstatistik, abweichend vom Verfahren bei den anderen Vermögensarten, bereits netto als Reinvermögen, d. h. nach Abzug der Betriebsschulden, ausgewiesen. Da nicht anzunehmen ist, daß sich Vermögen und Schulden parallel entwickeln, wird das Reinvermögen nicht direkt, sondern durch Ableitung der benötigten Daten aus der Statistik der Einheitswerte der gewerblichen Betriebe geschätzt, wobei die wichtigste Komponente der Aktivseite der Einheitswertbilanzen, die Sachanlagen, mit gesamtwirtschaftlichen Größen verknüpft wird. Über die Bilanzsumme kann schließlich auf die Entwicklung des Reinvermögens im Sinne der Vermögensteuer geschlossen werden.

c_1) Bei den beweglichen Sachanlagen besteht eine enge Beziehung zu den Ausrüstungsinvestitionen des Unternehmenssektors nach der Volkswirtschaftlichen Gesamtrechnung. Die dort ausgewiesenen Ausrüstungsinvestitionen werden um die Investitionen derjenigen Bereiche gekürzt, die nach den steuerrechtlichen Vorschriften nicht zum Betriebsvermögen zählen. Da für die Schätzung nicht der Brutto-, sondern der Nettozugang an beweglichen Sachanlagen benötigt wird, sind zusätzliche Annahmen über die Abschreibungen zu treffen. Die unter den beschriebenen Annahmen errechneten Modellwerte weichen nicht wesentlich von den in der Einheitswertstatistik ausgewiesenen Werten zu den Hauptfeststellungszeitpunkten 1957, 1960 und 1963 ab. Die Ergebnisse der Einheitswertstatistik 1966 legen jedoch eine Überprüfung des Schätzverfahrens nahe.

c_2) Um die Veränderungen des Wertes der Betriebsgrundstücke zu erklären, wird von den in der Volkswirtschaftlichen Gesamtrechnung ausgewiesenen Bauinvestitionen der Unternehmen ausgegangen. Von diesen Investitionen werden die Zugänge an Bauten derjenigen Bereiche — insbesondere der Wohnungsvermietung — abgesetzt, die nach den steuerlichen Vorschriften nicht zum Betriebsvermögen zählen. Da die Betriebsgrundstücke zu Preisen von 1935 bewertet werden, sind die Bauinvestitionen der erfaßten Wirtschaftsbereiche auf die Wertverhältnisse von 1935 umzurechnen. Auch diese Berechnungen sind nach den Ergebnissen der Einheitswertstatistik 1966 mit Vorsicht zu beurteilen.

c_3) Zur Schätzung des Betriebsvermögens insgesamt aus Sachanlagen und Betriebsgrundstücken werden folgende Annahmen getroffen:

- der Anteil der Sachanlagen an der Bilanzsumme der gewerblichen Unternehmen nimmt in den kommenden Jahren geringfügig ab. Diese Abnahme wird begründet mit dem weiteren Vordringen der Dienstleistungsbereiche, die weniger anlageintensiv sind als die warenproduzierenden Bereiche;
- der Anteil des Einheitswertes an der Bilanzsumme der gewerblichen Betriebe geht, wie schon in der Vergangenheit, weiterhin zurück. Dafür spricht die abgeschwächte Gewinnentwicklung, durch die sich die Tendenz zur Aufnahme von Fremdkapital verstärkt, daneben das Vordringen der Banken, Versicherungen und Beteiligungsgesellschaften mit ihrem hohen Fremdkapitalanteil;
- das Verhältnis zwischen dem Einheitswert und dem Betriebsvermögen in der Abgrenzung des Vermögensteuergesetzes bleibt konstant.

d) Sonstiges Vermögen

Bei dem Sonstigen Vermögen im Sinne der Vermögensteuer handelt es sich um Geldvermögen, das sich fast ausschließlich im Besitz der privaten Haushalte befindet; das Geldvermögen der gewerblichen Unternehmen — Finanzanlagen, Zahlungsmittel usw. — ist Teil des Betriebsvermögens. Bei der Vorausschätzung des Sonstigen Vermögens der veranlagten Vermögensteuerpflichtigen wird daher von der Geldvermögensbildung der privaten Haushalte ausgegangen, wobei neben den Daten der Volkswirtschaftlichen Gesamtrechnung primärstatistische Angaben über einige Anlagesparten herangezogen werden. Schließlich werden, soweit möglich, die von der Bundesbank durchgeführten Erhebungen über die Depotbestände der Privaten an Wertpapieren ausgewertet.

Für die zukünftige Bestandsentwicklung des Geldvermögens wird von der Zunahme des Volkseinkommens über das Wachstum des verfügbaren Einkommens der privaten Haushalte auf die Geldvermögensbildung geschlossen. Seit 1960 ist das verfügbare Einkommen der privaten Haushalte ständig etwas langsamer gewachsen als das Volkseinkommen. Daher wird auch für die kommenden Jahre davon ausgegangen, daß das verfügbare Einkommen leicht unterdurchschnittlich zunehmen wird. Andererseits hat sich der Teil des verfügbaren Einkommens, den die privaten Haushalte der Geldvermögensbildung zugeführt haben, fast durchweg erheblich stärker erhöht als das verfügbare Einkommen, so daß auch in Zukunft von einer überdurchschnittlichen Zunahme der Geldvermögensbildung ausgegangen werden kann. 1963 wies das Sonstige Vermögen mehr als das Fünffache des Bestandes von 1953 auf.

Die Geldvermögensbildung der privaten Haushalte hat sich in den verschiedenen Anlagesparten unterschiedlich entwickelt. Überdurchschnittlich war das Wachstum des Konten- und Bausparens. Auch für die kommenden Jahre wurde angenommen, daß sich diese Form der Geldvermögensbildung überproportional entwickeln wird, wenn auch mit verlangsamtem Zuwachs, und zwar wegen der seit Ende 1966 wirksamen Einschränkung der Prämienzahlung gleichzeitig für beide Sparformen.

Die Käufe festverzinslicher Wertpapiere haben ebenfalls in den Jahren nach 1960 überdurchschnittlich zugenommen. Daher wird auch für die Zukunft mit einem überproportionalen Zuwachs der Aufwendungen für festverzinsliche Wertpapiere gerechnet. Demgegenüber haben die privaten Haushalte zwischen 1960 und 1966 relativ wenig für den Kauf von Aktien aufgewendet. Ursächlich dafür dürfte der Rückgang der Kurse gewesen sein, der bis Ende 1966 angehalten hat. Das Problem der Kursschwankungen, das für die weitere Entwicklung des Aktienbestandes eine erhebliche Rolle spielt, wird dadurch umgangen, daß ein aus dem verfügbaren Einkommen voraussichtlich verwendeter Betrag für Neukäufe von Aktien angesetzt wird, während die vorhandenen Bestände an Aktien mit dem gegenwärtigen Kursniveau bewertet werden.

Die übrige Geldvermögensbildung — hierbei handelt es sich insbesondere um Anlagen bei Versicherungen und Sichteinlagen bei Kreditinstituten — hat sich in der Vergangenheit unterdurchschnittlich entwickelt. Auch für die Zukunft wird ein unterproportionales Wachstum bei diesen Anlageformen unterstellt.

Angaben darüber, wieviel vom gesamten Geldvermögen in den einzelnen Anlagesparten steuerpflichtig war, können den Vermögensteuerstatistiken für 1960 und 1963 entnommen werden. In jeder Anlagesparte ist 1963 ein Rückgang des vermögensteuerpflichtigen Teils des Geldvermögens gegenüber 1960 zu verzeichnen. Auch ein Zeitvergleich der Struktur des Sonstigen Vermögens nach Anlagesparten läßt darauf schließen, daß in Zukunft mit einem weiterhin sinkenden Anteil des steuerpflichtigen am gesamten Geldvermögen zu rechnen ist: Während im Vergleich zu 1960 in den unteren Vermögensklassen die Zahl der Steuerpflichtigen stark abnahm, wuchs sie in den oberen Klassen überproportional. Dies läßt darauf schließen, daß bei weiterhin steigendem gesamten Geldvermögen nur ein relativ geringer Anteil die Freibeträge, die das Vermögensteuergesetz einräumt, überschreitet und so in die Steuerpflicht „hineinwächst".

e) Schulden

Bei der Entwicklung der Schulden, die vom Rohvermögen — der Summe der vier Vermögensarten — abgezogen werden, wird mit einer etwa parallel verlaufenden Entwicklung gerechnet, als Saldo ergibt sich das Gesamtvermögen (vgl. Tabelle A 37, Spalte 2).

2. Steuerpflichtiges Vermögen

Nach Abzug der persönlichen Freibeträge vom Gesamtvermögen ergibt sich das steuerpflichtige Vermögen der Steuerbelasteten. Die Entwicklung der Freibeträge ist in der Vergangenheit jedoch wesentlich mitbestimmt worden durch Rechtsänderungen. Daher wird die Zunahme der Freibeträge für die Prognose etwas geringer eingeschätzt.

3. Das kassenmäßige Steueraufkommen

Die Vermögensteuer beträgt im Regelfall 1 vH des steuerpflichtigen Vermögens. Bis zur Höhe der nach § 31 LAG festgesetzten Vermögensabgabeschuld beträgt der Steuersatz, abweichend vom regulären Satz von 1 vH, nur 0,75 vH. Für die Zukunft wird mit einem weiteren leichten Absinken des mit 0,75 vH besteuerten Vermögens gerechnet. Die Steuerschuld für das Jahr der Hauptveranlagung ergibt sich dann durch Anwendung der beiden Steuersätze auf die entsprechenden Teile des steuerpflichtigen Vermögens. Die kassenmäßigen Steuereinnahmen weichen von diesem Sollbetrag jedoch zum Teil beträchtlich ab. Das liegt teilweise daran, daß die Statistik keine Ergebnisse aus Neu- und Nachveranlagungen, Berichtigungsveranlagungen und Betriebsprüfungen erfaßt, zum überwiegenden Teil jedoch an der Existenz eines Veranlagungs-Lag. Für das kassenmäßige Vermögensteueraufkommen $Z_{V,t}$ zum Zeitpunkt t wird folgende Lag-Beziehung zwischen der Steuerschuld $T_{V,t}$, den Vorauszahlungen $V_{V,t}$ und den Abschlußzahlungen $N_{V,t}$ aufgestellt:

$$Z_{V,t} = V_{V,t} + N_{V,t}, \tag{50}$$

$$V_{V,t} = 0{,}5\,(T_{V,t-1} + T_{V,t-2}), \tag{51}$$

$$N_{V,t} = (T_{V,t-2} - V_{V,t-2}), \tag{52}$$

d. h. der Veranlagungs-Lag beträgt für die Vorauszahlungen eineinhalb und für die Abschlußzahlungen ein weiteres halbes Jahr. Ferner wird damit gerechnet, daß die absoluten Beträge aus gezahlten Vermögensteuer-Rückständen und Betriebsprüfungsergebnissen in etwa gleich hoch bleiben. Unter diesen Annahmen wird sich das Vermögensteueraufkommen in den Jahren 1969 bis 1975 etwa wie folgt entwickeln (Veränderung gegen Vorjahr in vH):

1969	+ 8,7
1970	+ 13,9
1971	− 5,5
1972	+ 5,7
1973	+ 21,4
1974	− 6,0
1975	+ 6,0.

Bei dieser Entwicklung, die die Veranlagungstätigkeit (jeweils zum 1. Januar der Jahre 1969, 1972 und 1975) widerspiegelt, dürfte das kassenmäßige Aufkommen bis zum Jahre 1975 auf etwa 3,4 Mrd. DM anwachsen. Auf die Wiedergabe von Alternativrechnungen wird wiederum verzichtet; es wird angenommen, daß die Auswirkungen veränderter gesamtwirtschaftlicher Entwicklungen auf das Steueraufkommen gering sind.

O. Kraftfahrzeugsteuer[89]

Der Kraftfahrzeugsteuer unterliegt im wesentlichen das Halten eines Personen- oder Lastkraftfahrzeuges (PKW oder LKW) oder eines Kraftfahrzeuganhängers, die zum Verkehr auf öffentlichen Straßen angemeldet und zugelassen sind (§§ 1 und 4 KraftStG). Besteuerungsgrundlage sind bei PKW der Hubraum, bei LKW und Anhängern das höchstzulässige Gesamtgewicht (§ 10 KraftStG), d. h. für das Steueraufkommen (Z) eines Jahres (t) sind folgende Komponenten maßgebend:

F = durchschnittlicher Fahrzeugbestand,

q = Stillegungsquote, d. h. Anteil der Fahrzeuge F, die im Jahresdurchschnitt vorübergehend abgemeldet sind,

g = Besteuerungseinheit (durchschnittlicher Hubraum je PKW, bzw. Gesamtgewicht je LKW oder Anhänger),

t_F = Steuerbetrag pro g laut Kraftfahrzeugsteuergesetz.

Das gesamte Aufkommen ergibt sich im wesentlichen aus den Zahlungen für die Bestände an PKW (F_1), LKW (F_2) und Anhängern (F_3). Die gesamte Steuerschuld für alle Fahrzeugarten läßt sich tautologisch zerlegen in:

$$T_{F,i} = F_i\,(100 - q_i) \cdot g_i \cdot t_i \quad (i = 1,2,3), \tag{53}$$

wobei $F_i \cdot (100 - q_i)$ die Anzahl der Fahrzeuge darstellt, die im Jahresdurchschnitt des Jahres t zum Verkehr angemeldet, also steuerpflichtig waren, während $g_i \cdot t_i$ ein Ausdruck für den durchschnittlichen Steuerbetrag pro Fahrzeug im Jahre t ist. Jede dieser Komponenten ist für jede Fahrzeugart möglichst gesondert zu prognostizieren – bis auf die Größe t_i, die für die Zukunft durch das Steuergesetz in der bisherigen Höhe vorgegeben sein soll. Die zentrale Größe der Gleichung (53) ist der Fahrzeugbestand (F_i). Um eine reine Trendextrapolation des Fahrzeugbestandes zu vermeiden, ist dieser Faktor mit Hilfe exogener Einflußfaktoren zu schätzen. Diese Determinanten haben in dem hier angewandten Verfahren den Charakter von Nachfragegrößen.

Das gesamte Aufkommen aus der Kraftfahrzeugsteuer (Z_F) im Jahre t ergibt sich schließlich als Summe der Steuerschulden für die einzelnen Fahrzeugarten unter Berücksichtigung einer Aufkommensrelation φ_1 aus:

$$Z_F = \varphi_1\,(T_{F,1} + T_{F,2} + T_{F,3}). \tag{54}$$

---

89 Gekürzte und leicht geänderte Fassung des Aufsatzes von J. Fischer, Die mittelfristige Vorausschätzung des Kraftfahrzeugsteuer-Aufkommens. „Mitteilungen des Rheinisch-Westfälischen Instituts für Wirtschaftsforschung", Jg. 19 (1968), S. 175 ff.

1. Die Steuerzahlungen für Personenkraftwagen[90]

a) Die Bevölkerungsentwicklung

Die Bevölkerungsprognose, die zur Bestimmung der zukünftigen PKW-Bestände benötigt wird, geht noch auf eine inzwischen revidierte Berechnung des Statistischen Bundesamtes zur künftigen Bevölkerungsentwicklung im Bundesgebiet[91] zurück; die Angaben über die natürliche Entwicklung der mittleren Jahresbevölkerung wurden als arithmetisches Mittel der dort angegebenen Jahresanfangswerte errechnet. Dazu wurde noch jährlich ein positiver Außenwanderungssaldo von 100 000 Personen addiert.

b) Die PKW-Dichte

In der Entwicklung der PKW-Dichte (PKW pro 1000 Einwohner) spiegeln sich weitere wichtige Nachfragekomponenten für die Entwicklung des PKW-Bestandes wider (z. B. Einkommensentwicklung, Präferenzstruktur). In der Vergangenheit zeigte diese Größe zunächst einen schwachen, dann einen immer stärker werdenden Anstieg, der sich erst in den letzten Jahren etwas verlangsamt hat.

Der Einbruch in den Jahren 1967/68 ist überwiegend konjunkturell bedingt. Es wird unterstellt, daß sich künftig die PKW-Dichte mit abnehmender Zuwachsrate einem Sättigungsniveau φ^*_2 nähert, ohne es — streng genommen — jemals zu erreichen. Die Entwicklung der PKW-Dichte $\varphi_2(t)$ auf dieses Sättigungsniveau (φ^*_2) hin soll dabei im Zeitablauf einer Sättigungsfunktion[92] vom Typ

$$(55) \qquad \varphi_2(t) = \frac{\overset{*}{\varphi}_2}{1 + e^{-(a + bt)}}$$

also einer logistischen Funktion, folgen, deren graphisches Bild ein gestrecktes S zeigt.

Schwierigkeiten bereitet die Festlegung des Sättigungsniveaus (φ^*_2), das nicht regressionsanalytisch ermittelt wird, sondern vor Beginn der Regressionsanalyse vorgegeben werden muß. Hier wird ein Sättigungsniveau von etwa 260 PKW je 1000 für realistisch gehalten, d. h. ein Wert, der in der unteren Hälfte der Prognose der Deutschen Shell AG[93] liegt.

---

90 Ohne Kombinationskraftwagen.

91 Statistisches Bundesamt, Vorausschätzung der Bevölkerung für die Jahre 1966 bis 2000. (Fachserie A: Bevölkerung und Kultur, Reihe 1, Sonderbeitrag.) Stuttgart und Mainz 1967, S. 18.

92 Es bedeutet: e = Basis der natürlichen Logarithmen = 2,71828 . . . ; t = Zeit = jeweiliges Jahr minus 1957.

93 Die Motorisierung in Bund und Ländern bis 1985. (Aktuelle Wirtschaftsanalysen, 2. Hrsg. von der Deutschen Shell AG.) Hamburg 1969. Die Shell-Ergebnisse beziehen sich auf PKW-Bestände einschl. Kombinationskraftwagen. Letztere machen etwa 7 vH der gesamten PKW-Bestände aus und sind von den Shell-Ergebnissen abzuziehen, um auf die reinen PKW-Bestände (ohne Kombinationskraftwagen) zu kommen, die hier betrachtet werden.

Auch nach den Ergebnissen der Einkommens- und Verbrauchsstichprobe 1969[94] dürfte es sich hier um eine recht vorsichtige Schätzung handeln; denn 1969 hatten 72 vH aller Haushalte mit einem Monatseinkommen von 1200 DM und mehr bereits einen PKW. Unterstellt man, daß langfristig alle Haushalte über 1200 DM verdienen, ferner, daß der Anteil der PKW-Halter in dieser Einkommensgruppe ungefähr konstant bleibt[95] und daß die Haushaltsgröße als Folge der Überalterung unserer Bevölkerung von gegenwärtig rund 2,7 Personen auf 2,6 Personen absinkt, so entfallen langfristig auf 1000 Einwohner im Bundesgebiet

$$\frac{1\,000}{2{,}6} \cdot 0{,}72 = 276{,}9 \text{ PKW}. \qquad (56)$$

Dennoch wird für die vorliegende Schätzung ein Wert von 260 PKW angenommen, da

– aus der Symetrieeigenschaft der logistischen Funktion anfangs noch recht hohe, später stark sinkende Zuwachsraten folgen, spiegelbildlich zu dem durch die Nachkriegsentwicklung 1949 - 1955 zu beobachtenden Verlauf. Durch die Wahl des niedrigeren Sättigungsniveaus verläuft die Entwicklung – was für realistisch gehalten wird – flacher;
– die durch die Einkommensentwicklung induzierte Substitution von Krafträdern durch PKW weitgehend abgeschlossen ist und aus diesem Substitutionsprozeß daher keine Nachfrageimpulse mehr zu erwarten sind[96].

c) Der PKW-Bestand und die Stillegungsquote

Aus der mittleren Jahresbevölkerung und der PKW-Dichte kann der durchschnittliche PKW-Bestand (F_1) in jedem Jahr errechnet werden[97]. Dieser Bestand ist noch um die Quote der vorübergehend abgemeldeten und somit nicht steuerpflichtigen PKW (q_1) zu vermindern. Da diese Stillegungsquote im Sommer und im Winter ein unterschiedliches Niveau zeigt, wird aus den Sommer- und Winterwerten für jedes Jahr eine durchschnittliche Stillegungsquote errechnet. Für die Zukunft wird aufgrund der vergangenen Entwicklung eine Stillegungsquote von rund 7 vH mit steigender Tendenz angesetzt. Das Produkt $F_1 \cdot (100 - q_1)$ gibt also für jedes Jahr die Anzahl der zum Verkehr angemeldeten und somit steuerpflichtigen PKW an.

---

94 Ausstattung privater Haushalte mit ausgewählten langlebigen Gebrauchsgütern. „Wirtschaft und Statistik", Jg. 1969, S. 533 ff. – Vgl. auch W. Lamberts und H. Schaefer, Der Einfluß der Konjunkturentwicklung auf die PKW-Nachfrage in der Bundesrepublik. „Mitteilungen des Rheinisch-Westfälischen Instituts für Wirtschaftsforschung", Jg. 18 (1967), S. 48 f. Dort bleibt allerdings die sinkende Haushaltsgröße unberücksichtigt.

95 Diese Annahme kann in den folgenden Jahren durch das Vordringen der Zweitwagen fragwürdig werden.

96 H. Bonus und H. v. Schweinitz, Automobile und Motorisierung in der Bundesrepublik. „Zeitschrift für die gesamte Staatswissenschaft", Tübingen, Band 124 (1968), S. 553 ff.

97 Für die Vergangenheit wurde der PKW-Bestand zum 1. 7. als Jahresdurchschnitt gewählt, dieser durch die mittlere Jahresbevölkerung in 1000 dividiert und so die PKW-Dichte berechnet.

Aus den sinkenden Wachstumsraten der PKW-Dichte und der Bevölkerung folgt, daß der PKW-Bestand nicht mehr mit so hohen Raten wachsen wird wie in der Vergangenheit (Tabelle A 38, Zeilen 1 bis 4).

d) Der besteuerte Hubraum je PKW

Auch die nun zu behandelnde Größe spiegelt Nachfragefaktoren wider. Als Berechnungsgrundlage für die PKW-Besteuerung dient der Hubraum, und zwar werden „je 100 ccm Hubraum oder einem Teil davon" 14,40 DM erhoben (§ 11 Abs. 1 KraftStG). Das Kraftfahrt-Bundesamt weist jährlich zum 1. 7. die PKW-Bestände nach Typen mit Hubraumangabe aus. Die angegebenen Hubraumgrößen wurden auf volle 100 aufgerundet (besteuerter Hubraum). Aus der Anzahl der PKW und ihrem besteuerten Hubraum läßt sich dann als gewogener Durchschnitt der durchschnittliche, besteuerte Hubraum je PKW (ein „Durchschnitts-PKW") errechnen. Für die Zukunft wird angenommen, daß der durchschnittliche besteuerte Hubraum pro Jahr um 25 ccm steigt (Tabelle A 38, Zeile 5).

e) Der durchschnittliche Steuerbetrag je 100 ccm

Nach § 11 Abs. 1 KraftStG ist zwar pro 100 ccm Hubraum ein Betrag von 14,40 DM zu entrichten, jedoch bestimmt § 13 Abs. 2 und 4 KraftStG, daß bei halb- und vierteljährlicher Zahlung ein Aufgeld von 3 bzw. 6 vH erhoben wird. Da der größte Teil der PKW-Fahrer die kürzeren Zahlrungsräume vorzieht, ist im Durchschnitt mit einem Aufgeld von etwa 5 vH zu rechnen. Daraus folgt:

$$t_1 = 14{,}40 \text{ DM} \cdot 1{,}05 = 15{,}12 \text{ DM}.$$

Es wird angenommen, daß dieser Betrag auch für die kommenden Jahre gilt.

f) Die Entwicklung der PKW-Steuern

In den vergangenen Jahren stiegen wegen des wachsenden Hubraums die PKW-Steuern stets stärker als die PKW-Bestände. Diese Entwicklung wird sich auch weiterhin fortsetzen. Wegen des langsamer wachsenden PKW-Bestandes ist jedoch damit zu rechnen, daß die PKW-Steuern im Zeitablauf nicht mehr so stark zunehmen wie in der Vergangenheit, vielmehr wird ihre Zuwachsrate sinken (Tabelle A 38, Zeilen 6 und 7).

2. Die Steuerzahlungen für Lastkraftwagen

a) Bestand an Lastkraftwagen

Die Vorausschätzung der LKW-Bestände knüpft an eine Untersuchung über die Zulassungen bis 1975 an, die vom RWI jüngst veröffentlicht wurde[98] und

---

98 H. Rohde, Perspektiven des LKW-Marktes der Bundesrepublik bis 1975. „Mitteilungen des Rheinisch-Westfälischen Instituts für Wirtschaftsforschung", Jg. 20 (1969), S. 41 ff.

in der die Neu- und Ersatzzulassungen mittels der erforderlichen Ladekapazität und der nach den Sterbetafeln zu erwartenden Abgänge geschätzt wurden. Die entsprechend der jahresdurchschnittlichen Veränderung interpolierten Werte sind in Tabelle A 38, Zeilen 8 und 9, wiedergegeben.

b) Die Stillegungsquote bei Lastkraftwagen

Auch für LKW war aus den Sommer- und Winterwerten für jedes Jahr eine durchschnittliche Stillegungsquote (q_2) zu errechnen, die aufgrund der vergangenen Entwicklung für die Zukunft mit leicht sinkender Tendenz angesetzt wird. Nach Abzug der vorübergehend stillgelegten Fahrzeuge von den LKW-Beständen am 1. 7. ergeben sich die im Jahresdurchschnitt zum Verkehr angemeldeten, also steuerpflichtigen LKW (Tabelle A 38, Zeile 11).

c) Der durchschnittliche Steuerbetrag pro LKW

Bemessungsgrundlage für die Besteuerung der Lastkraftwagen bildet das Gesamtgewicht (§ 11 Abs. 1 KraftStG). Wegen des progressiven Tarifs der LKW-Steuer ist es nicht sinnvoll, ähnlich wie bei den PKW zunächst aus allen LKW-Typen das durchschnittliche Gesamtgewicht (g_2) pro LKW zu berechnen und darauf nach der Steuertabelle den entsprechenden Steuertarif (t_2) anzuwenden, vielmehr wurde das Produkt $g_2 \cdot t_2$ insgesamt geschätzt.

Diese Größe zeigte in der Vergangenheit eine ansteigende Tendenz, die eine Folge der Umstellung auf immer größere Lastkraftwagen ist und die z. B. beim Fernverkehr in der Ausschöpfung der gesetzlich zulässigen Höchstmaße zum Ausdruck kommt. Für die Zukunft wird, wie aus Zeile 12 der Tabelle A 38 ersichtlich, angenommen, daß der pro LKW gezahlte Steuerbetrag jährlich um 5,– DM steigt.

d) Die Entwicklung der LKW-Steuern

Die Kraftfahrzeugsteuerzahlungen für LKW ergeben sich in jedem Jahr als Produkt aus dem durchschnittlichen Steuerbetrag je LKW und dem zum Verkehr angemeldeten LKW-Bestand. Die Einnahmen werden in den kommenden Jahren wegen des langsamer wachsenden durchschnittlichen Steuerbetrages nicht mehr so stark steigen wie bisher.

3. Die Steuerzahlungen für Kraftfahrzeug-Anhänger

a) Der Anhänger-Bestand

Die Entwicklung des Anhänger-Bestandes (F_3) wird mit der Entwicklung des LKW-Bestandes (F_2) in Zusammenhang gebracht; aus der Vergangenheitsanalyse ergibt sich eine leicht unterpoportionale Entwicklung.

b) Die Stillegungsquote bei Anhängern

Wie bei den PKW und LKW wird wiederum aus den Sommer- und Winterwerten für jedes Jahr eine durchschnittliche Stillegungsquote (q_3) errechnet. Sie wird aufgrund der vergangenen Entwicklung für die Zukunft mit 10,0 vH angesetzt. Nach Abzug der vorübergehend angemeldeten Anhänger von den Anhängerbeständen zum 1. 7. erhält man die im Jahresdurchschnitt zum Verkehr angemeldeten, steuerpflichtigen Anhänger.

c) Der durchschnittliche Steuerbetrag je Anhänger

Die Berechnung dieser Größe ($g_3 \cdot t_3$) erfolgt in derselben Weise wie bei den LKW. Es wird jedoch zusätzlich berücksichtigt, daß Sattelanhängern eine Steuerermäßigung von 25 vH gewährt wird (§ 11 Abs. 2 KraftStG) und daß sie nicht mit dem vollen Gesamtgewicht besteuert werden (§ 10 Abs. 3 KraftStG).

Die Strukturveränderungen im LKW-Bestand übertragen sich in einem gewissen Maße auf den Anhängerbestand. Daher zeigt der durchschnittliche Steuerbetrag je Anhänger in den vergangenen Jahren einen ansteigenden Verlauf.

d) Die Entwicklung der Anhänger-Steuer

Aus dem Produkt von durchschnittlichem Steuerbetrag je Anhänger und dem zum Verkehr angemeldeten Anhänger-Bestand ergeben sich für jedes Jahr die Kraftfahrzeugsteuerzahlungen für Anhänger. Diese Größe wächst in Zukunft langsamer als in der Vergangenheit, da die Bestandsgrößen langsamer steigen und die durchschnittlichen Steuerbeträge stagnieren. Die Ergebnisse sind in Tabelle A 38, Zeilen 15 bis 20, wiedergegeben.

4. Das kassenmäßige Steueraufkommen

Aus der Summe der Kraftfahrzeugsteuer-Beträge für PKW, LKW und Anhänger ergibt sich die gesamte Steuerschuld, die wiederum dem kassenmäßigen Steueraufkommen gegenübergestellt wird. Es ergibt sich die Aufkommensrelation φ_1 (Tabelle A 38, Zeile 23), in der sich folgende Faktoren niederschlagen:

- die Steuerzahlungen der übrigen Kraftfahrzeuge (Krafträder, Kombinations-Kfz, Omnibusse, Sonderkraftfahrzeuge und Zugmaschinen),
- die zufälligen und konjunkturellen Abweichungen, soweit diese nicht durch den durchschnittlichen Hubraum bzw. den durchschnittlichen Steuerbetrag wiedergegeben werden.

Diese Aufkommensrelation zeigt jedoch im gleitenden 5-Jahres-Durchschnitt auch einen deutlich abwärts gerichteten Trend, der für die Prognose entsprechend extrapoliert wird.

Da für 1969 noch der – konjunkturell beeinflußte – tatsächliche Wert angesetzt wird, ist die Zuwachsrate für 1970, dem ersten Trendjahr, leicht verzerrt. Die Abweichung wird jedoch für nicht so gravierend gehalten, daß eine Trennung von kurz- und mittelfristiger Entwicklung erforderlich wäre.

Für das Jahr 1975 werden Kraftfahrzeugsteuern in Höhe von 4,9 Mrd. DM erwartet; die Entwicklung der jährlichen Zuwachsraten zeigt entsprechend den abnehmenden Bestandsausweitungen der PKW-Bestände fallende Tendenz:

1969	+ 8,1 vH
1970	+ 9,5 vH
1971	+ 6,0 vH
1972	+ 5,6 vH
1973	+ 4,9 vH
1974	+ 4,6 vH
1975	+ 4,2 vH

(Vgl. Tabelle A 38, Zeilen 24 und 25).

Da Alternativen nicht vorgegeben wurden, erübrigt sich die Berechnung von Aufkommenselastizitäten.

P. Biersteuer[99]

Die Biersteuer, die einzige Verbrauchsteuer der Länder, wird bei den Brauereien je Hektoliter erzeugten bzw. abgesetzten Bieres nach gestaffelten Sätzen erhoben, wobei sich diese Staffelung richtet nach

– einer Mengenstaffel: der Steuerbetrag je hl Bier ist um so höher, je größer der Jahresausstoß des Brauereibetriebes ist (§ 3 Abs. 1 BierStG);
– einer Qualitätsstaffel: der Steuerbetrag je hl Bier ist um so höher, je mehr Stammwürze (in vH) das betreffende Bier enthält.

Neben der inländischen Produktion wird auch das Importbier zur Versteuerung herangezogen, und zwar nach den höchsten Sätzen der Mengenstaffel innerhalb der zutreffenden Qualitätsstaffel (§§ 1 und 6 a BStG). Von der Steuer befreit sind der Haustrunk der Brauereien, der Bierexport und das an ausländische Streitkräfte gelieferte Bier (§ 7 BStG).

Die Steuerschuld entsteht dadurch, daß das Bier aus den Brauereien entfernt oder innerhalb der Brauerei getrunken wird, sie ist zu entrichten

– für Steuerschulden, die vor Juni 1968 entstanden sind:
  bis zum 15. Tag des zweiten Monats nach Entstehung der Steuerschuld,
– für Steuerschulden, die nach dem Juni 1968 entstehen:
  bis zum 20. des Monats, der auf den Monat folgt, in dem die Steuerschuld entstanden ist[100].

---

[99] Leicht veränderte und verkürzte Fassung eines Schätzverfahrens, das von J. Fischer im Rahmen eines bisher unveröffentlichten Gutachtens des Rheinisch-Westfälischen Instituts für Wirtschaftsforschung entwickelt wurde.

[100] 2. Biersteueränderungsgesetz vom 10. 5. 1968. BGBl, Teil I, Jg. 1968, S. 349.

1. Bierverbrauch der Inländer

Aufgrund dieser steuerrechtlichen Grundlagen sind für die Höhe des Biersteuer-Aufkommens folgende Komponenten wesentlich:

C_B = Verbrauch an Inland- und Importbier im Jahre t in hl;
h = Anteil des steuerfreien Bierabsatzes am Bierverbrauch im Jahre t in vH;
t_B = durchschnittlicher Steuerbetrag je hl versteuerten Inland- und Importbiers im Jahre t in DM/hl.

Aus diesen Komponenten läßt sich die Biersteuerschuld $T_{B,t}$ im Jahre t folgendermaßen errechnen:

$$T_{B,t} = C_{B,t}\,(100-h_t)\cdot t_{B,t}, \tag{57}$$

wobei $C_{B,t}\,(100-h_t)$ den gesamten versteuerten Bierverbrauch darstellt.

Jeder der in der Gleichung (57) enthaltenen Faktoren ist gesondert zu prognostizieren. Dabei sind die Zusammenhänge und Entwicklungstendenzen in der Vergangenheit zu untersuchen und zu berücksichtigen.

Der gesamte Bierverbrauch C_B ergibt sich aus der Summe von versteuertem Inlandbier (Tabelle A 39, Spalte 6) und Importbier (Spalte 7 der gleichen Tabelle); als Haupteinflußgröße für diesen Bierverbrauch (Spalte 4) wird die Entwicklung der Ausgaben für den Privaten Verbrauch angesehen. Dazu wurden die realen Größen einer Regressionsanalyse unterworfen, die zeigt, daß in den Jahren 1952 - 1966 zwischen dem realen Privaten Verbrauch (in Preisen von 1954) und dem Bierverbrauch im Durchschnitt eine Elastizität von 1,23 bestand. Stiegen also die Ausgaben für den Privaten Verbrauch real um 10 vH, so betrug die Zuwachsrate des mengenmäßigen Bierverbrauchs im Durchschnitt 12,3 vH. Diese Verbrauchsausgabenelastizität des Bierverbrauchs stimmt in ihrer Größenordnung mit Einkommenselastizitäten des Bierverbrauchs überein, die von anderen Stellen berechnet wurden[101]. In den vergangenen Jahren wies die für jedes Jahr berechnete Elastizität jedoch starke Schwankungen bei insgesamt sinkender Tendenz auf; offensichtlich zeigen sich hier gewisse Sättigungserscheinungen. Der Prognose wurden daher mittelfristige Werte zwischen 0,95 (1969) und 0,83 (1975) zugrundegelegt, die konjunkturell bedingten Elastizitäten liegen mit 0,79 bzw. 0,80 noch darunter (vgl. Tabelle A 39, Spalte 3).

Die Entwicklung des realen Privaten Verbrauchs wurde durch Reduktion der nominalen Zuwachsraten um die Preissteigerungsrate abgeschätzt.

2. Versteuerter Bierverbrauch

Der gesamte Bierverbrauch C_B enthält noch den steuerfreien Haustrunk, den Bierexport und das an ausländische Streitkräfte gelieferte Bier. Der Anteil

[101] Vgl. 7. Statistischer Bericht des Deutschen Brauer-Bundes e. V., Bad Godesberg 1966, S. 13.

dieses steuerfreien Bierabsatzes betrug in der Vergangenheit zwischen $h=3{,}2$ und $h = 3{,}8$ (in vH). Für die Prognose wurde dieser Wert mit $h = 3{,}2$ angenommen; in Tabelle A 39, Spalte 9, ist bereits der für die Rechnung benötigte Faktor $(100 - h_t)$ angegeben. Aus der Formel $C_{B,t} (100 - h_t)$ ergibt sich dann der in jedem Jahr versteuerte Bierverbrauch der Inländer (Spalte 10 der Tabelle A 39).

3. Biersteuer je hl

Der durchschnittliche Biersteuersatz ($t_{B,t}$) je hl versteuerten Biers wurde aus dem kassenmäßigen Aufkommen aus Bier und bierähnlichen Getränken und dem versteuerten Bierverbrauch errechnet; in Spalte 11 der Tabelle A 39 ist der Trendwert wiedergegeben. Aus der Anwendung der Gleichung (57) ergibt sich dann die Biersteuerschuld, die sich vom kassenmäßigen Steueraufkommen definitionsmäßig unterscheidet.

Für die Prognose wurde ein weiterhin leicht steigender Steuersatz und eine konstante Aufkommensrelation von 102,0 vH angenommen. Der steigende Steuersatz ergibt sich aus der Erwartung, daß ein immer größerer Teil des Biers von den mit dem Höchsttarif besteuerten Brauereien erzeugt wird, die Entwicklung der Aufkommensrelation dürfte sich nach der durch die Verkürzung der Zahlungsfristen hervorgerufenen Erhöhung in 1968 und 1969 kaum noch verändern.

4. Berechnung von Aufkommenselastizitäten

Das kassenmäßige Biersteueraufkommen wird nach der vorliegenden Schätzung von 1971 bis 1975 durchschnittlich jährlich um rund 4,3 vH nach der unteren Alternative und um etwa 5,4 vH im Fall der oberen Alternative wachsen, der absolute Betrag dürfte 1975 zwischen 1,48 und 1,58 Mrd. DM liegen. Die Aufkommenselastizitäten des kassenmäßigen Steueraufkommens, bezogen auf die Entwicklung des realen Privaten Verbrauchs, sinken im Prognosezeitraum von 0,96 in 1969 auf 0,85 im Fall der unteren und 0,78 im Fall der oberen Alternative ab.

Q. Sonstige Ländersteuern

Außer den drei großen Ländersteuern (Vermögen-, Kraftfahrzeug- und Biersteuer) sowie dem Länderanteil an den gemeinschaftlichen Steuern fließen den Ländern noch eine Reihe kleinerer Abgaben zu, so

- die Erbschaftsteuer (Aufkommen 1969: 0,5 Mrd. DM),
- der Länderanteil der Grunderwerbsteuer (0,4 Mrd. DM),
- die Rennwett- und Lotteriesteuer (0,5 Mrd. DM),
- die Feuerschutzsteuer (0,1 Mrd. DM).

Die jeweiligen speziellen Bemessungsgrundlagen (vererbtes Vermögen, Grundbesitzfluktuation, usw.) sind einer Prognose kaum zugänglich. Auch würde der im Hinblick auf die kassenmäßige Bedeutung vertretbare Rechenaufwand rasch überschritten: Die Summe der genannten Steuern macht 1968 nur etwa 1 vH der gesamten Steuereinnahmen von Bund, Ländern und Gemeinden aus.

Die Vorausschätzung basiert daher auf einer einfachen Elastizitätsbetrachtung zwischen der Veränderung des Steueraufkommens und dem Bruttosozialprodukt in jeweiligen Preisen (vgl. Tabelle A 40, Spalten 1, 3 und 5). Aus der Entwicklung in der Vergangenheit ist kein eindeutiger Trend feststellbar, da die Elastizitätskoeffizienten stark von Zufälligkeiten (z. B. bei der Erbschaftsteuer) abhängen. Im mittelfristigen Verlauf scheint eine Elastizität von knapp 1,3 angemessen, d. h. einer zehnprozentigen Erhöhung des Sozialprodukts folgt im allgemeinen eine Aufkommenssteigerung dieser Steuern von 13 vH. In der Tabelle A 40 wurde daher im mittelfristigen Verlauf in beiden Alternativen ein Wert von 1,28 und für die kurzfristige Schätzung ein Wert von 0,9 unterstellt. Entsprechend dürfte sich das Aufkommen im Jahre 1975 auf 2,2 bis 2,8 Mrd. DM belaufen, wenn die angegebenen Zuwachsraten des Bruttosozialprodukts von jährlich + 6,0 vH bzw. + 8,9 vH für den Zeitraum 1969 bis 1975 realisiert werden.

R. Gewerbesteuer ($E + K$)

Bei der bundeseinheitlich geregelten Gewerbesteuer handelt es sich um die bedeutendste Gemeindesteuer. Die besondere Wichtigkeit dieser Steuer für die Kommunalfinanzen wird daraus ersichtlich, daß der Anteil der Gewerbesteuer (ohne Lohnsummensteuer) an den gesamten Steuereinnahmen der Gemeinden im Durchschnitt der 60er Jahre bei rund 72 vH lag.

Bis einschließlich 1969 stand das Aufkommen der Gewerbesteuer den Gemeinden allein zu. Seit dem 1. 1. 1970 sind Bund und Länder in Form einer Gewerbesteuerumlage[102] in Höhe von 40 vH an den Gesamteinnahmen aus dieser Steuer beteiligt.

Der Gewerbesteuer unterliegen die inländischen Gewerbebetriebe. Unter Gewerbebetrieb wird hierbei ein gewerbliches Unternehmen im Sinne des Einkommensteuergesetzes verstanden (§ 2 GewStG)[103]. Organgesellschaften gelten als Betriebsstätten des herrschenden Unternehmens. Soweit die wirtschaftliche Betätigung als Ausübung eines land- und forstwirtschaftlichen Betriebes bzw. eines freien Berufes anzusehen ist, entfällt überwiegend die Gewerbesteuerpflicht[104]. Darüber hinaus sind u. a. bestimmte Betriebe der Öffentlichen

---

102 Vgl. Artikel 106, Abs. 6, des Grundgesetzes in Verbindung mit dem § 6 des Gemeindefinanzreformgesetzes vom 8. 9. 1969. BGBl, Teil I, Jg. 1969, S. 1587 ff.

103 Gewerbesteuergesetz in der Fassung vom 20. 10. 1969. BGBl, Teil I, Jg. 1969, S. 2022 ff.

104 Die Tätigkeit der freien Berufe ist nur für den Fall gewerbesteuerpflichtig, daß ein Berufsangehöriger sich der Mithilfe fachlich vorgebildeter Arbeitskräfte bedient, ohne auf Grund eigener Fachkenntnisse leitend und eigenverantwortlich tätig zu sein.

Hand (z. B. Bundespost, Bundesbahn, staatliche Lotterieunternehmen, die Monopolverwaltungen, die Staatsbanken, soweit sie staatswirtschaftliche Aufgaben erfüllen) steuerbefreit. Unternehmen, die ausschließlich gemeinnützigen (z. B. gemeinnützige Wohnungs- und Siedlungsunternehmen) oder mildtätigen Zwecken dienen, sind ebenfalls aus der Steuerpflicht herausgenommen.

Obligatorische Besteuerungsgrundlagen sind der Gewerbeertrag (Gewerbeertragsteuer) und das Gewerbekapital (Gewerbekapitalsteuer)[105]. Der Gewerbeertrag und das Gewerbekapital werden jeweils anhand von Meßzahlen in sog. Meßbeträge umgerechnet. Die Bemessungsgrundlage für die Gewerbesteuer ist der vom Finanzamt festgestellte einheitliche Steuermeßbetrag. Dieser resultiert aus der Zusammenfassung der beiden Einzelmeßbeträge. Die Steuerschuld ergibt sich sodann aus der Multiplikation des gemeinsamen Steuermeßbetrages mit den von den Gemeinden individuell festgesetzten Hebesätzen[106].

Das anschließend dargestellte Verfahren zur Schätzung des Gewerbesteueraufkommens versucht den vom Steuerrecht festgelegten Weg zur Ermittlung der Steuerschuld methodisch nachzuvollziehen.

1. Ableitung der Besteuerungsgrundlagen

a) Meßbetrag nach Gewerbeertrag

Der Meßbetrag nach Gewerbeertrag ergibt sich aus der Anwendung der im einzelnen nach der Höhe des Gewerbeertrages und der Rechtsform des Gewerbebetriebes gestaffelten Steuermeßzahlen (0–5 vH) auf den Gewerbeertrag.

Gewerbeertrag (Q_{GE}) ist gemäß § 7 GewStG im wesentlichen der nach den Vorschriften des Einkommen- bzw. Körperschaftsteuerrechts ermittelte Gewinn aus Gewerbebetrieb. Dieser Gewinn ist allerdings noch um gewisse Hinzurechnungen (insbesondere Zinsen für Dauerschulden) und Kürzungen (u. a. 3 vH des Einheitswertes der Betriebsgrundstücke und Gewinnanteile aus Beteiligungen an anderen Unternehmen) zu variieren.

Die modellmäßige Ableitung des Gewerbeertrages geht aus von der Summe der einkommensteuerpflichtigen Einkünfte aus Gewerbebetrieb $Q_{E,t}$ und den insgesamt zur Körperschaftsteuer veranlagten Einkommen aus Gewerbebetrieb K_t (Tabelle A 41, Spalten 1 bis 3 in Verbindung mit den Tabellen A 21 und A 27).

Diese Gewinngröße $(Q_E + K)_t$ ist in zweifacher Hinsicht zu modifizieren, um zum Gewerbeertrag zu gelangen. Einerseits wird der dergestalt ermittelte Gewinn aus Gewerbebetrieb in allen Jahren zum Ausgleich einer anhand der

---

105 Daneben kann auch noch die Lohnsumme als fakultative Besteuerungsgrundlage gewählt werden (vgl. Abschnitt S).

106 Hebesätze sind die von den einzelnen Gemeinden jährlich festgesetzten vH-Sätze, die auf den Steuermeßbetrag zur Ermittlung der Steuerschuld angewandt werden.

Gewerbesteuerstatistik von 1958[107] festgestellten Mindererfassung pauschal um 2 vH erhöht. Andererseits ist dem Einfluß der Hinzurechnungen und Kürzungen Rechnung zu tragen. Dies geschieht durch die Relation c im Rahmen folgender Beziehung:

$$Q_{GE,t} = c_t \cdot 1{,}02\,(Q_E + K)_t \quad . \tag{58}$$

Wie sich die Relation c in der Vergangenheit tatsächlich entwickelt hat, kann mangels statistischer Unterlagen nicht angegeben werden. Es wird vermutet, daß die Größe c, die laut Gewerbesteuerstatistik von 1958 1,07 betrug, im empirischen und im Prognosezeitraum eine leicht ansteigende Tendenz aufweist, und zwar im Ausmaß der in Tabelle A 41, Spalte 6, angegebenen jährlichen Steigerungsbeträge. Diese Annahme stützt sich auf die Feststellung, daß in den Einheitswertstatistiken der gewerblichen Betriebe von 1957, 1960 und 1963[108] sich der Anteil des Postens „Schulden und sonstige Abzüge" am Rohvermögen jeweils erhöht hat. Für die getroffene Annahme spricht nicht zuletzt auch das zunehmende Gewicht der Banken, Versicherungen und Beteiligungsgesellschaften mit ihren hohen Fremdkapitalanteilen und relativ hohen Zinsverpflichtungen für Dauerschulden.

Aus dem Gewerbeertrag (Spalte 7) wird der Meßbetrag (MB_E) durch Anwendung einer konstant angenommenen durchschnittlichen Steuermeßzahl in Höhe von 4,0 vH[109] ermittelt:

$$MB_{E,t} = 0{,}04 \cdot Q_{GE,t}. \tag{59}$$

Die Unterstellung einer gleichbleibenden durchschnittlichen Steuermeßzahl erfolgt aus Gründen der Vereinfachung. In der Realität ist wahrscheinlich mit einem Ansteigen der Durchschnittsmeßzahl zu rechnen, da im Zeitablauf eine Konzentration auf die mit höheren Steuermeßzahlen belegten oberen Gewerbeertragsklassen angenommen werden kann.

Unter Beachtung der Beziehung (58) läßt sich der Meßbetrag nach dem Gewerbeertrag aufgrund folgender Gleichung bestimmen:

$$MB_{E,t} = 0{,}04 \cdot 1{,}02 \cdot c_t \cdot (Q_E + K)_t \tag{60}$$

(Tabelle A 41, Spalte 8).

b) Meßbetrag nach Gewerbekapital

Die zweite Besteuerungsgrundlage der Gewerbesteuer ist das Gewerbekapital (GK). Dieses ergibt sich aus der Korrektur des Einheitswertes der gewerblichen Betriebe (EW) um gewisse Hinzurechnungen (insbesondere Dauer-

107 Statistisches Bundesamt, Gewerbesteuern. (Fachserie L, Reihe 9: Realsteuern, II.) Stuttgart und Mainz 1965.

108 Statistisches Bundesamt, Einheitswerte der gewerblichen Betriebe, 1957, 1960, 1963. (Fachserie L, Reihe 6, IV.) Stuttgart und Mainz 1961, 1965, 1968.

109 Aus der Gewerbesteuerstatistik läßt sich für 1958 eine durchschnittliche Steuermeßzahl in Höhe von 3,9 vH ermitteln.

schulden) und Kürzungen (u. a. um die Einheitswerte der Betriebsgrundstücke einerseits und um diejenigen bestimmter Beteiligungen andererseits).

Die Auswirkung der Hinzurechnungen und Kürzungen auf den Einheitswert der gewerblichen Betriebe soll mit Hilfe der Relation d geschätzt werden:

(61) $$GK_t = d_t \cdot EW_t.$$

Analog der erwarteten Entwicklung der Relation c wird angenommen, daß d ebenfalls eine steigende Tendenz aufweist, und zwar wie folgt[110]:

1958	1960	1963	1966	1969	1972	1975
1,18	1,20	1,22	1,24	1,26	1,28	1,30

Aus dem Gewerbekapital wird sodann durch Anwendung der allgemeinen[111] Steuermeßzahl in Höhe von 2 vT der Steuermeßbetrag gewonnen:

(62) $$MB_{K,t} = 0{,}002 \cdot d_t \cdot EW_t.$$

Das Hauptproblem der Ermittlung des Gewerbekapitals stellt die Schätzung der Einheitswerte der gewerblichen Betriebe dar. Diese Einheitswerte sind analog zu dem im Rahmen der Vermögensteuerschätzung dargestellten Verfahren gewonnen worden[112]. Im Hauptfeststellungszeitraum 1966 - 1969 wird mit einer jahresdurchschnittlichen Veränderung des gesamten Einheitswertes der gewerblichen Betriebe von + 6,0 vH gerechnet. In der unteren Alternative werden die jahresdurchschnittlichen Zuwachsraten ab 1968 bis 1975 auf + 5,0 vH und in der oberen auf + 6,0 vH geschätzt.

Die prognostizierte Entwicklung der Einheitswerte der gewerblichen Betriebe sowie die daraus errechneten Meßbeträge nach dem Gewerbekapital geben die Spalten 9 und 10 der Tabelle A 41 wieder.

2. Steuerschuld

Die um Rechtsänderungen unbereinigte Gewerbesteuerschuld eines Jahres ($T_{G,t}$) resultiert aus der Anwendung des gewogenen durchschnittlichen Hebesatzes (H) auf den sog. einheitlichen Steuermeßbetrag ($MB_{GE,t}$), der sich aus der Addition der Steuermeßbeträge nach dem Gewerbeertrag und dem Gewerbekapital ergibt. Hierbei wird unterstellt, daß sich der gewogene Durchschnittshebesatz ab 1968 pro Jahr um einen Punkt erhöht:

(63) $$T_{GE,t} = H_{GE,t} \cdot MB_{GE,t}.$$

---

110 Die Zahl für 1958 wurde gewonnen aus der Gewerbesteuerstatistik von 1958 (Statistisches Bundesamt, Gewerbesteuer, a.a.O.).

111 Beträgt das Gewerbekapital weniger als 6000 DM, so wird ein Meßbetrag vom Gewerbekapital nicht festgesetzt.

112 Vgl. Abschnitt N.

Daran anschließend muß die unbereinigte Steuerschuld noch um die wichtigsten Rechtsänderungen (R) korrigiert werden, um die tatsächliche Gewerbesteuerschuld eines Jahres (T_G) zu erhalten

(64) $$T_{GE,t} = H_{GE,t} \cdot MB_{GE,t} - R_{GE,t}.$$

An bedeutenden Rechtsänderungen und damit Steuerminder- bzw. -mehreinnahmen sind zu berücksichtigen:

1961: Erhöhung des Freibetrages von 2400 DM auf 7200 DM; geschätzter Steuerausfall[113]: 630 Mill. DM;

1965: Aufhebung der Zweigstellensteuer von Wareneinzelhandelsunternehmen; Steuerausfall ca. 400 Mill. DM[114];

1967: Aufhebung der Zweigstellensteuer von Kreditunternehmen; geschätzter Steuerausfall 200 Mill. DM[115];

1968: Wegfall des Sparkassenprivilegs; Steuermehreinnahmen von ca. 130 Mill. DM[116]

(Tabelle A 41, Spalten 11 bis 16).

3. Das kassenmäßige Steueraufkommen

Analog zur Ableitung der kassenmäßigen Einnahmen an Einkommen- und Körperschaftsteuer wird dem Veranlagungslag durch explizite Bestimmung von Voraus-, Nach- und sonstigen Zahlungen Rechnung getragen. Das Steueraufkommen eines Jahres ($Z_{GE,t}$), das sich aus Voraus- ($V_{GE,t}$), Nach- ($N_{GE,t}$) und sonstigen Zahlungen ($S_{GE,t}$) zusammensetzt, wird gemäß den Gleichungen (65) bis (68) berechnet (Tabelle A 41, Spalten 18 bis 22).

(65) $$Z_{GE,t} = V_{GE,t} + N_{GE,t} + S_{GE,t}$$

(66) $$V_{GE,t} = 0{,}3 \cdot T_{GE,t-2} + 0{,}5 \cdot T_{GE,t-1} + 0{,}2 \cdot T_{GE,t}$$

(67) $$N_{GE,t} = 0{,}5\,(T_{GE,t-2} - V_{GE,t-2}) + 0{,}5\,(T_{GE,t-1} - V_{GE,t-1})$$

(68) $$S_{GE,t} = f(t).$$

Die Vorauszahlungen bestimmen sich zu 30 vH nach der um zwei Jahre zurückliegenden Steuerschuld, zu 50 vH nach der des Vorjahres und zu 20 vH nach der Steuerschuld des laufenden Jahres. Die Nachzahlungen errechnen sich jeweils aus der Hälfte der Über- bzw. Unterzahlungen der beiden Vorjahre. Die sonstigen Zahlungen, hinter denen sich Betriebsprüfungsergebnisse und gestundete Beträge usw. verbergen, sollen sich rein zeitabhängig, und zwar in der Zukunft leicht ansteigend entwickeln.

---

113 Finanzbericht 1962, a.a.O., S. 154.

114 Eigene Schätzung.

115 Deutscher Städtetag, Geschäftsbericht 1966/67. Köln 1967, S. 62.

116 Eigene Schätzung.

Der außergewöhnliche Anstieg der sonstigen Zahlungen im Jahre 1969 ist als besondere Auswirkung der Finanzreform anzusehen. Ab 1. 1. 1970 haben die Gemeinden aufgrund des Gemeindefinanzreformgesetzes von ihren Isteinnahmen aus der Gewerbesteuer ($E + K$) eine Gewerbesteuerumlage an Bund und Länder abzuführen. Es ist deshalb zu vermuten, daß die Kommunen versucht haben, ausstehende Steuerforderungen soweit wie möglich noch vor 1970 einzubringen. Betragsmäßig wird das darauf zurückzuführende Mehraufkommen im Jahre 1969 auf rund 2,2 Mrd. DM geschätzt, und zwar als Summe derjenigen Nachzahlungen für die Jahre 1968 und 1969, die sich normalerweise erst 1970 bzw. 1971 kassenmäßig ausgewirkt hätten. Konsequenterweise werden für das Jahr 1970 in der konjunkturellen Schätzung auch keine Nachzahlungen berücksichtigt. In der mittelfristigen Schätzung wird von diesen Sondereinflüssen ganz abstrahiert.

Der vorgelegten Prognose zufolge verringert sich das voraussichtliche kassenmäßige Aufkommen aus der Gewerbesteuer ($E + K$) im Jahre 1970 gegenüber dem Istaufkommen von 1969 um –13,3 vH auf rund 12,3 Mrd. DM.

Mittelfristig gesehen erreicht das geschätzte Steueraufkommen im Jahre 1975 in der unteren Alternative eine Höhe von 18,1 Mrd. DM und in der oberen Alternative einen Wert von 23,6 Mrd. DM. Gegenüber dem Aufkommen von 1968 bedeutet das eine Steigerungsrate von rund 71,6 vH in der unteren und von 124,2 vH in der oberen Alternative. Die entsprechenden jahresdurchschnittlichen Veränderungsraten liegen bei 8,0 vH bzw. 12,2 vH. Hierbei darf nicht übersehen werden, daß der kräftige Zuwachs der Gewerbesteuereinnahmen in der oberen Alternative im wesentlichen eine Folge der dort unterstellten besonders günstigen Gewinnentwicklung ist.

4. Berechnung von Aufkommenselastizitäten

Um eine kurzgeschlossene und damit grobe Schätzung des Gewerbesteueraufkommens auf der Basis anderer als der hier unterstellten Annahmen über den gesamtwirtschaftlichen Bezugsrahmen zu ermöglichen, werden wiederum Angaben über die Belastung der Einkommen aus Unternehmertätigkeit und Vermögen mit Gewerbesteuer und über die Aufkommenselastizitäten auf der Grundlage der angenommenen Entwicklung des Unternehmereinkommens gemacht (Texttabelle 16).

Für den empirischen Zeitraum ist mit Ausnahme des Jahres 1968 ein Ansteigen der Belastung des Einkommens aus Unternehmertätigkeit und Vermögen mit Gewerbesteuer festzustellen. Dieser Trend setzt sich auch – von einzelnen Ausnahmen abgesehen – im Prognosezeitraum fort. Der Verlauf der Elastizitätskoeffizienten bringt die überwiegend überproportionale Entwicklung des Gewerbesteueraufkommens im Verhältnis zur Veränderung des Unternehmereinkommens ebenfalls zum Ausdruck.

Tabelle 16: Belastungsquote und Aufkommenselastizität der Gewerbesteuer (E + K) 1960—1975

	Einkommen aus Unternehmertätigkeit und Vermögen	Kassenmäßiges Aufkommen an Gewerbesteuer (E + K)	Belastungsquote	Einkommen aus Unternehmertätigkeit und Vermögen	Kassenmäßiges Aufkommen an Gewerbesteuer (E + K)	Aufkommenselastizität
	in Mill. DM		in vH	Veränderung in vH		—
	1	2	3 (= 2 : 1)	4	5	6 (= 5 : 4)
1960	90 930	6 780	7,46	+ 10,5	+ 14,4	1,37
1961	95 800	7 430	7,76	+ 5,4	+ 9,6	1,78
1962	99 490	7 990	8,03	+ 3,9	+ 7,5	1,92
1963	103 910	8 460	8,14	+ 4,4	+ 6,0	1,36
1964	113 920	9 100	7,99	+ 9,6	+ 7,6	0,79
1965	121 650	9 350	7,69	+ 6,8	+ 2,8	0,41
1966	123 420	10 090	8,18	+ 1,5	+ 7,9	5,27
1967	122 420	10 010	8,18	— 0,8	— 0,8	1,00
1968	144 730	10 540	7,29	+ 18,2	+ 5,3	0,29
1969	154 970	14 220	9,18	+ 7,1	+ 34,9	4,92
1970	166 230	12 670 a)	7,62 a)	+ 7,3 a)	— 13,3 a)	. a)
Alternative I						
1969	152 920	11 630	7,85	+ 5,7	+ 10,3	1,81
1970	161 550	13 630	8,76	+ 5,6	+ 17,2	3,07
1971	170 680	14 170	8,61	+ 5,7	+ 4,0	0,70
1972	180 310	14 940	8,59	+ 5,6	+ 5,4	0,96
1973	190 490	16 000	8,71	+ 5,6	+ 7,1	1,25
1974	201 220	17 040	8,79	+ 5,7	+ 6,5	1,16
1975	212 560	18 090	8,84	+ 5,6	+ 6,2	1,11
Alternative II						
1969	159 770	11 820	7,58	+ 10,4	+ 12,1	1,16
1970	176 320	14 360	8,42	+ 10,3	+ 21,5	2,09
1971	194 530	15 810	8,43	+ 10,3	+ 10,1	0,98
1972	214 540	17 430	8,44	+ 10,3	+ 10,3	1,00
1973	236 560	19 350	8,53	+ 10,3	+ 11,0	1,07
1974	260 760	21 440	8,59	+ 10,2	+ 10,8	1,06
1975	287 370	23 630	8,62	+ 10,2	+ 10,2	1,00

Nach Angaben des Statistischen Bundesamtes, des Bundesministers der Finanzen und eigenen Berechnungen. — a) Wegen der außergewöhnlichen Entwicklung des Aufkommens an Gewerbesteuer weichen die Werte für 1970 beträchtlich von der tatsächlichen Entwicklung ab. Vgl. dazu S. 134.

S. Lohnsummensteuer

Bei der Lohnsummensteuer handelt es sich um eine Sonderform der Gewerbesteuer (§ 6 GewStG). Im Gegensatz zur Gewerbesteuer nach dem Ertrag und dem Kapital ist die Erhebung der Lohnsummensteuer für die Gemeinden jedoch nicht obligatorisch. Ihre Einführung bedarf der Zustimmung der jeweiligen Landesregierung.

Die Lohnsummensteuer ist besonders in den Ländern Nordrhein-Westfalen, Hessen und Rheinland-Pfalz verbreitet. Die Gemeinden, die die Lohnsummensteuer erheben, sind überwiegend in den oberen Gemeindegrößenklassen vertreten. In den Jahren 1960 bis 1966 nahm die Zahl der Lohnsummensteuer erhebenden Gemeinden fast ausnahmslos ab, seit 1966 ist hingegen wieder ein mäßiger Anstieg zu erkennen[117].

1. Ableitung der Bemessungsgrundlage

Besteuerungsgrundlage der Lohnsummensteuer ist die Lohnsumme, die von den gewerblichen Unternehmen an die Arbeitnehmer der in der Gemeinde gelegenen Betriebsstätten gezahlt wird (§ 23 GewStG).

Die Entwicklung der Bemessungsgrundlage wird aus der für die Lohnsteuerberechnung bestimmten Bruttolohn- und Gehaltsumme (ohne Arbeitgeberbeiträge und ohne Beamtenpensionen, Inlandskonzept) mittels einer Besteuerungsquote γ abgeleitet. Die Besteuerungsquote gibt hierbei den Anteil der steuerlichen Lohnsumme (L_{GL}) an der Bruttolohn- und Gehaltsumme (L) wieder. Es gilt demnach die Beziehung

$$L_{GL,t} = \gamma_t \cdot L_t \,. \tag{69}$$

Die Besteuerungsquote γ wies in der Vergangenheit sinkende Tendenz auf. Diese Erscheinung deutet in erster Linie auf den tendenziellen Rückgang der Lohnsummenbesteuerung hin. Weiterhin können sich hier Verschiebungen in der Beschäftigtenstruktur zwischen gewerblichen und nicht-gewerblichen Arbeitsstätten ausdrücken. Ferner kann eine Rolle gespielt haben, daß in Nordrhein-Westfalen, wo mehr als die Hälfte des gesamten Lohnsummensteueraufkommens des Bundesgebietes anfällt, die Bruttolohn- und Gehaltsumme in den 60er Jahren im Vergleich zum Bundesdurchschnitt nur unterproportional gewachsen ist.

Für den Prognosezeitraum wird unterstellt, daß die bisher erkennbare tendenzielle Entwicklung der Besteuerungsquote γ sich auch in der Zukunft fortsetzt, allerdings in abgeschwächtem Maße. Aus der Anwendung der prognostizierten Besteuerungsquote γ auf die gesamtwirtschaftliche Bruttolohn- und

---

117 Statistisches Bundesamt, Realsteuervergleich 1966. (Fachserie L, Reihe 9: Realsteuern, I.) Stuttgart und Mainz 1967, S. 14.

Gehaltsumme resultiert die Lohnsumme, die als Besteuerungsgrundlage für die Lohnsummensteuer heranzuziehen ist (Tabelle A 42, Spalte 4).

2. Das kassenmäßige Steueraufkommen

Aus der steuerlichen Lohnsumme L_{GL} läßt sich durch Anwendung der konstanten Steuermeßzahl in Höhe von 2 vT der Steuermeßbetrag MB_L ermitteln (Tabelle A 42, Spalte 5).

Die Multiplikation des Steuermeßbetrages eines Jahres mit dem entsprechenden gewogenen durchschnittlichen Hebesatz (H_{GL}) ergibt die Jahressteuerschuld ($Z_{GL,t}$), die in diesem Falle mit dem kassenmäßigen Aufkommen identisch ist. Hierbei wird angenommen, daß der durchschnittliche Hebesatz ab 1968 kontinuierlich pro Jahr um einen Prozentpunkt fällt. Die Kasseneinnahmen aus der Lohnsummensteuer lassen sich dann über folgende Beziehung ableiten:

$$Z_{GL,t} = H_{GL,t} \cdot MB_{GL,t} = 0{,}002 \cdot H_{GL,t} \cdot L_t. \tag{70}$$

Auf diese Weise ergibt sich für das Jahr 1975 in der unteren Alternative ein Lohnsummensteueraufkommen in Höhe von rund 1,5 Mrd. DM und in der oberen Alternative von 1,8 Mrd. DM gegenüber 1,05 Mrd. DM im Jahre 1968. Jahresdurchschnittlich wächst unter den getroffenen Annahmen das Aufkommen der Lohnsummensteuer in der unteren Variante um 5,4 vH und in der oberen Variante um 8,1 vH (Tabelle A 42, Spalten 4 bis 8).

3. Berechnung von Aufkommenselastizitäten

Auf der Basis des empirischen und des prognostizierten kassenmäßigen Aufkommens werden in Texttabelle 17 Aufkommenselastizitäten für die Lohnsummensteuer berechnet. Als gesamtwirtschaftliche Bezugsgröße ist die Bruttolohn- und Gehaltsumme herangezogen worden.

Im allgemeinen zeigen die Ergebnisse dieser Berechnungen einen unterproportionalen Verlauf des Aufkommens der Lohnsummensteuer im Verhältnis zur Entwicklung der Bruttolohn- und Gehaltsumme. Die starke Abweichung der Elastizitätskoeffizienten für die Jahre 1963/1964 und besonders 1967 von dem Mittelwert der Aufkommenselastizitäten, der etwa bei 0,93 liegt, muß auf Sondereinflüsse zurückgeführt werden, auf die hier nicht eingegangen werden soll.

Die Berechnung von Belastungswerten ist für die Lohnsummensteuer nicht vorgenommen worden, da die Bruttolohn- und Gehaltsumme selbst nicht mit Lohnsummensteuer belastet wird; die Bruttolohn- und Gehaltsumme dient lediglich als Besteuerungsgrundlage.

Tabelle 17: Aufkommenselastizität der Lohnsummensteuer 1961—1975

	Bruttolohn- und Gehalt-summe	Aufkommen der Lohn-summen-steuer	Auf-kommens-elastizität
	Veränderung in vH		—
	1	2	3 (= 2 : 1)
1961	+ 12,9	.	.
1962	+ 10,8	+ 9,2	0,85
1963	+ 7,4	+ 3,3	0,45
1964	+ 10,3	+ 4,8	0,47
1965	+ 10,6	+ 10,0	0,94
1966	+ 7,3	+ 7,6	1,04
1967	— 0,1	— 1,9	19,00
1968	+ 6,8	+ 6,2	0,91
1969	+ 12,1	+ 11,8	0,98
1970	+ 15,5	+ 14,6	0,94
Alternative I			
1969	+ 5,9	+ 5,2	0,88
1970	+ 5,9	+ 5,5	0,93
1971	+ 5,9	+ 6,0	1,02
1972	+ 5,9	+ 4,9	0,83
1973	+ 5,9	+ 5,4	0,92
1974	+ 5,9	+ 5,9	1,00
1975	+ 5,9	+ 4,9	0,83
Alternative II			
1969	+ 8,6	+ 8,0	0,93
1970	+ 8,6	+ 8,0	0,93
1971	+ 8,6	+ 8,2	0,95
1972	+ 8,6	+ 8,3	0,97
1973	+ 8,6	+ 7,7	0,90
1974	+ 8,6	+ 8,4	0,98
1975	+ 8,6	+ 7,8	0,91

Nach Angaben des Statistischen Bundesamtes, des Bundesministers der Finanzen und eigenen Berechnungen.

T. Grundsteuer und sonstige Gemeindesteuern

1. Grundsteuer[118]

Die Grundsteuer ist eine Realsteuer, deren Aufkommen den Gemeinden zusteht. Die Kommunen erheben diese Steuer von dem in ihrem Gebiet gelegenen Grundbesitz. Von der Besteuerung sind u. a. Grundstücke ausgenommen, die unmittelbar öffentlichen, gemeinnützigen, religiösen, wissenschaftlichen und sportlichen Zwecken dienen.

Im Anschluß an die steuerrechtliche Unterscheidung des Grundbesitzes in land- und forstwirtschaftliches Vermögen auf der einen Seite und Betriebsgrundstücke und sonstiges Grundvermögen auf der anderen Seite wird zwischen der Grundsteuer A und der Grundsteuer B differenziert.

Bemessungsgrundlage für die Grundsteuern ist der nach den Vorschriften des Bewertungsgesetzes festgestellte Einheitswert des jeweiligen Grundstücks, wobei von den „eingefrorenen“ Wertansätzen des Jahres 1935 ausgegangen wird. Der auf den 1. 1. 1964 neu festgestellte Einheitswert gilt bis auf weiteres nicht für die Grundsteuer und andere einheitswertabhängige Steuern. Aus dem Einheitswert wird durch Anwendung von Steuermeßzahlen[119] der Steuermeßbetrag ermittelt. Der Jahresbetrag der Grundsteuer bestimmt sich nach den von den Gemeinden festgesetzten Hebesätzen.

Zur Ermittlung des kassenmäßigen Aufkommens wird ein Verfahren gewählt, das sowohl für die Grundsteuer A als auch für die Grundsteuer B zur Anwendung gebracht werden kann.

Im Mittelpunkt dieser Methode steht die Ableitung des sog. Grundbetrages. Dieser ergibt sich ganz allgemein aus der Division des Istaufkommens der Grundsteuer A bzw. B durch den jeweiligen gewogenen durchschnittlichen Hebesatz. Bei der Grundsteuer B werden aus methodischen Gründen dem kassenmäßigen Aufkommen noch die Steuerausfälle hinzugerechnet, die sich aus der zehnjährigen Grundsteuerbegünstigung für neugeschaffene Wohnungen ergeben[120]. Ferner sind in den Jahren 1962 bis 1964 dem Istaufkommen noch geringe Beträge hinzuzuzählen, die aus der 1964 rückwirkend zum 1. 1. 1963 aufgehobenen Grundsteuer C (Baulandsteuer)[121] resultieren.

Die Grundbeträge aus Grundsteuer A (Tabelle A 43, Spalte 6) und aus Grundsteuer B (Tabelle A 44, Spalte 3) werden sodann in Beziehung gesetzt zu den

---

118 Grundsteuergesetz vom 1. 12. 1936 in der Fassung der Bek. vom 10. 8. 1951. BGBl, Teil I, Jg. 1951, S. 519 ff., sowie die verschiedenen Änderungen.

119 Die Steuermeßzahl beträgt im allgemeinen 10 vT. Hiervon wird in Abhängigkeit von der Art, dem Wert und der Lage der Grundstücke nach unten abgewichen. Bei bebauten Grundstücken spielt außerdem noch das Alter der Bauten eine Rolle.

120 Vgl. hierzu § 7 des Ersten Wohnungsbaugesetzes in der Fassung vom 25. 8. 1953. BGBl, Teil I, Jg. 1953, S. 1047 ff.; und § 82, §§ 92 - 94 des Zweiten Wohnungsbaugesetzes in der Fassung vom 1. 9. 1965. BGBl, Teil I, Jg. 1965, S. 1618 ff. Die sich hieraus ergebenden Steuerausfälle bei der Grundsteuer B sind dem „Bericht der Bundesregierung über die Entwicklung der Finanzhilfen des Bundes . . .“, a.a.O., S. 110 ff., entnommen worden.

121 Die Grundsteuer C wurde nur vorübergehend ab 1961 erhoben. Die Ausfälle bei der Grundsteuer B durch die rückwirkende Aufhebung der Grundsteuer C wurden von G. Hagemann (G. Hagemann, a.a.O., S. 196) übernommen.

mit dem Preisindex für Wohngebäude (1935 = 100) deflationierten jährlichen Bauinvestitionen der Volkswirtschaftlichen Gesamtrechnung.

Bei der Grundsteuer A zeigt die Relation „Grundbetrag zu deflationierten Bauinvestitionen" (Tabelle A 43, Spalte 7) im empirischen Zeitraum abnehmende Tendenz. Die Ursache hierfür ist einmal darin zu sehen, daß aufgrund der für die Land- und Forstwirtschaft typischen Besteuerungsvorschriften das land- und forstwirtschaftliche Vermögen sich weitgehend aus der Wirtschaftsfläche bestimmt[122]. Die Wirtschaftsfläche bleibt aber im großen und ganzen konstant. Zum anderen schlagen sich in dieser Relation auch die Verschiebungen in der Wirtschaftsstruktur nieder. Für die Zukunft wird angenommen, daß der Anteil des Grundbetrages an den deflationierten Bauinvestitionen weiter abnimmt. Bei der oberen Alternative, die ein kräftiges Wachstum der volkswirtschaftlichen Bauinvestitionen unterstellt, soll diese Relation schneller absinken als in der unteren Alternative.

Bei der Grundsteuer B schwankt das Verhältnis ‚Grundbetrag zu deflationierten Bauinvestitionen' von 1960 bis 1966 um den Wert 6,5 vH. Eine Trendbetrachtung offenbart jedoch eine leicht zunehmende Tendenz dieser Relation. Das kann daran gelegen haben, daß die grundsteuerpflichtigen Bauinvestitionen etwas schneller gewachsen sind als die gesamten (deflationierten) Bauinvestitionen. Eine weitere Erklärung ist wahrscheinlich in dem verstärkten Hineinwachsen des zehn Jahre steuerbefreiten Neuhausbesitzes in die Grundsteuerpflicht zu suchen. Unter der Annahme, daß sich diese Erscheinungen auch im mittelfristigen Prognosezeitraum bemerkbar machen, wird die Relation ansteigend angenommen, und zwar unterschiedlich für die beiden Alternativen (Tabelle A 44, Spalte 4).

Auf diese Weise ergeben sich die prognostizierten Grundbeträge der Grundsteuer A und B (Tabelle A 43, Spalte 6, und A 44, Spalte 3).

Aus der Anwendung der gewogenen durchschnittlichen Hebesätze auf die Grundbeträge resultieren die Steueraufkommen. Sowohl bei der Grundsteuer A als auch B sollen die Durchschnittshebesätze ab 1968 pro Jahr um 2 Punkte steigen. Im Falle der Grundsteuer A wird das errechnete Steueraufkommen mit den kassenmäßigen Einnahmen gleichgesetzt (Tabelle A 43, Spalte 9). Bei der Grundsteuer B sind hingegen von dem ermittelten Aufkommenssoll noch die Ausfälle durch die Begünstigung des Wohnungsbaus abzuziehen, um das voraussichtliche kassenmäßige Aufkommen zu erhalten (Tabelle A 44, Spalte 10).

Dem vorgelegten Schätzverfahren zufolge steigt das Aufkommen der Grundsteuer A von 441 Mill. DM im Jahre 1968 in der unteren Alternative auf 475 Mill. DM, in der oberen Alternative auf 510 Mill. DM an. Jahresdurchschnittlich liegen die Veränderungsraten bei rund + 1,1 vH bzw. + 2,1 vH.

Die kassenmäßigen Einnahmen aus der Grundsteuer B wachsen von 2,03 Mrd. DM im Jahr 1968 bis 1975 in der unteren Variante auf 2,60 Mrd. DM

122 Näheres hierzu in: Das künftige Vermögensteueraufkommen in der Bundesrepublik Deutschland, a.a.O., S. 7.

und in der oberen Variante auf rund 3,0 Mrd. DM an. Im Jahresdurchschnitt betragen hier die Steigerungsraten etwa 3,4 vH bzw. 5,9 vH.

Die Höhe der Belastung des Sozialprodukts mit Grundsteuer A und B ist in Texttabelle 18 festgehalten. Gleichfalls werden darin Elastizitätswerte des Grundsteueraufkommens in bezug auf das Sozialprodukt angegeben.

2. Sonstige Gemeindesteuern

Unter dem Sammelbegriff „Sonstige Gemeindesteuern“ werden hier folgende Steuern zusammengefaßt:

- Zuschlag zur Grunderwerbsteuer,
- Schankerlaubnissteuer,
- Gemeindegetränkesteuer,
- Vergnügungssteuer,
- Hundesteuer und sonstige kommunale Aufwandsteuern.

Das kassenmäßige Aufkommen der sonstigen Gemeindesteuern (ohne Gemeindegetränkesteuer) zeigt im empirischen Untersuchungszeitraum durchweg ein im Verhältnis zur Entwicklung des Bruttosozialprodukts unterproportionales Wachstum. Die ohnehin niedrige Belastung des Sozialprodukts mit diesen Steuern nimmt dementsprechend ab, wenn auch nur geringfügig von 0,15 vH im Jahre 1960 auf 0,13 vH in 1969. Es wird angenommen, daß diese Entwicklungstendenz auch für den Prognosezeitraum gilt. Mit Hilfe eines unterstellten mittelfristigen Belastungswertes von 0,12 vH wird das zukünftige kassenmäßige Aufkommen dieser Steuern bestimmt (Tabelle A 45, Spalte 5).

Die kassenmäßigen Einnahmen aus der Gemeindegetränkesteuer werden separat geschätzt. Dies wird mit der seit 1960 unregelmäßigen Aufkommensentwicklung dieser Steuer begründet. Von 1960 bis 1964 war das Aufkommen im allgemeinen rückläufig. Ab 1965 ist ein leicht ansteigender Aufkommensverlauf festzustellen. Für die Zukunft wird angenommen, daß die kassenmäßigen Einnahmen aus der Getränkesteuer wegen deren Abbau in vielen Gemeinden[123] mittelfristig gesehen zunächst zurückgehen und ab 1970 ein konstantes Aufkommensniveau erreichen.

Die Schätzung des Gesamtaufkommens der sonstigen Gemeindesteuern gibt Tabelle A 45, Spalte 7, wieder. Im Vergleich zum Jahresaufkommen von 1968 in Höhe von rund 740 Mill. DM werden in der unteren Alternative 1975 insgesamt 1035 Mill. DM und in der oberen Alternative 1240 Mill. DM erwartet. Im Jahresdurchschnitt betragen hiernach die Zuwachsraten etwa 5,0 vH bzw. 7,7 vH.

Abschließend werden auch für die sonstigen Gemeindesteuern die Belastung des Sozialprodukts mit diesen Steuern und die Aufkommenselastizitäten in bezug auf das Sozialprodukt berechnet. Die hierbei ermittelten Belastungswerte bzw. Elastizitätskoeffizienten für die einzelnen Jahre gibt Tabelle 19 wieder.

[123] Vgl. hierzu Finanzbericht 1964, a.a.O., S. 64.

Tabelle 18: Belastungsquote und Aufkommenselastizität der Grundsteuer A und B 1960–1975

	Sozialprodukt (nominal)	Kassenmäßiges Aufkommen an Grundsteuer A und B	Belastungsquote	Sozialprodukt (nominal)	Kassenmäßiges Aufkommen an Grundsteuern	Aufkommenselastizität
	in Mill. DM		in vH	Veränderung in vH		—
	1	2	3 (= 2 : 1)	4	5	6 (= 5 : 4)
1960	296 800	1 631	0,55	.	.	.
1961	326 200	1 714	0,53	+ 9,9	+ 5,1	0,52
1962	354 500	1 817	0,51	+ 8,7	+ 6,0	0,69
1963	377 600	1 909	0,51	+ 6,5	+ 5,1	0,79
1964	413 800	1 995	0,48	+ 9,6	+ 4,5	0,47
1965	452 700	2 110	0,47	+ 9,4	+ 5,8	0,62
1966	480 800	2 231	0,46	+ 6,2	+ 5,7	0,92
1967	485 100	2 362	0,49	+ 0,9	+ 5,9	6,56
1968	529 800	2 473	0,47	+ 9,2	+ 4,7	0,51
1969	592 100	2 591	0,44	+ 11,8	+ 4,8	0,41
1970	663 150	2 750	0,41	+ 12,0	+ 6,1	0,51
Alternative I						
1969	561 590	2 535	0,45	+ 6,0	+ 2,5	0,42
1970	595 280	2 620	0,44	+ 6,0	+ 3,4	0,57
1971	631 000	2 705	0,43	+ 6,0	+ 3,2	0,53
1972	668 860	2 780	0,42	+ 6,0	+ 2,8	0,47
1973	708 990	2 865	0,40	+ 6,0	+ 3,1	0,52
1974	751 530	2 950	0,39	+ 6,0	+ 3,0	0,50
1975	796 620	3 045	0,38	+ 6,0	+ 3,2	0,53
Alternative II						
1969	569 950	2 600	0,45	+ 8,9	+ 5,1	0,57
1970	628 300	2 730	0,43	+ 8,9	+ 5,0	0,56
1971	684 220	2 880	0,42	+ 8,9	+ 5,5	0,62
1972	745 110	3 040	0,41	+ 8,9	+ 5,6	0,63
1973	811 430	3 190	0,39	+ 8,9	+ 4,9	0,55
1974	883 640	3 350	0,38	+ 8,9	+ 5,0	0,56
1975	962 290	3 540	0,37	+ 8,9	+ 5,7	0,64

Nach Angaben des Statistischen Bundesamtes, des Bundesministers der Finanzen und eigenen Berechnungen.

Tabelle 19: Belastungsquote und Aufkommenselastizität der sonstigen Gemeindesteuern 1960–1975

	Sozialprodukt (nominal)	Kassenmäßiges Aufkommen an sonstigen Gemeindesteuern	Belastungsquote	Sozialprodukt (nominal)	Kassenmäßiges Aufkommen an sonstigen Gemeindesteuern	Aufkommenselastizität
	in Mill. DM		in vH	Veränderung in vH		–
	1	2	3 (= 2 : 1)	4	5	6 (= 5 : 4)
1960	296 800	573	0,19	·	·	
1961	326 200	605	0,19	+ 9,9	+ 5,6	0,57
1962	354 500	588	0,17	+ 8,7	– 2,8	·
1963	377 600	560	0,15	+ 6,5	– 4,8	·
1964	413 800	622	0,15	+ 9,6	+ 11,1	1,16
1965	452 700	670	0,15	+ 9,4	+ 7,7	0,82
1966	480 800	707	0,15	+ 6,2	+ 5,5	0,89
1967	485 100	703	0,15	+ 0,9	– 0,6	·
1968	529 800	737	0,14	+ 9,2	+ 4,8	0,53
1969	592 100	853	0,14	+ 11,8	+ 15,7	1,33
1970	663 150	880	0,13	+ 12,0	+ 3,2	0,27
Alternative I						
1969	561 590	750	0,13	+ 6,0	+ 1,8	0,30
1970	595 280	785	0,13	+ 6,0	+ 4,7	0,78
1971	631 000	835	0,13	+ 6,0	+ 6,4	1,07
1972	668 860	875	0,13	+ 6,0	+ 4,8	0,80
1973	708 990	925	0,13	+ 6,0	+ 5,7	0,95
1974	751 530	975	0,13	+ 6,0	+ 5,4	0,90
1975	796 620	1 035	0,13	+ 6,0	+ 6,2	1,03
Alternative II						
1969	569 950	770	0,14	+ 8,9	+ 4,5	0,51
1970	628 300	830	0,13	+ 8,9	+ 7,8	0,88
1971	684 220	900	0,13	+ 8,9	+ 8,4	0,94
1972	745 110	970	0,13	+ 8,9	+ 7,8	0,88
1973	811 430	1 050	0,13	+ 8,9	+ 8,3	0,93
1974	883 640	1 140	0,13	+ 8,9	+ 8,6	0,97
1975	962 290	1 240	0,13	+ 8,9	+ 8,8	0,99

Nach Angaben des Statistischen Bundesamtes, des Bundesministers der Finanzen und eigenen Berechnungen.

Drittes Kapitel

Das gesamte Steueraufkommen von Bund, Ländern und Gemeinden

Obwohl das Ziel der vorliegenden Untersuchung in erster Linie darin besteht, aus dem volkswirtschaftlichen Datenkranz mittels geeigneter Schätzmethoden das zukünftige Aufkommen aus den einzelnen Steuerarten abzuleiten, dürfte es nicht uninteressant sein, die Einzelergebnisse zusammenzufassen und daraus die totale Aufkommenselastizität des deutschen Steuersystems und die volkswirtschaftliche Steuerquote („Steuerbelastungsquote") zu bestimmen. Die Ergebnisse sind in den Tabellen 20 und A 46 wiedergegeben; danach werden die kassenmäßigen Steuereinnahmen von Bund, Ländern und Gemeinden im Siebenjahreszeitraum von 1968 bis 1975 im Fall der unteren Alternative um mehr als 65 vH zunehmen, bei Realisierung der „optimistischeren" Sozialproduktsannahme werden sie sich verdoppeln. Dieser Anstieg entspricht einer Jahreszuwachsrate von + 7,5 vH bzw. etwa + 10,6 vH, d. h. die totale Aufkommenselastizität aller Steuerarten in der Bundesrepublik für den Zeitraum 1968 bis 1975 liegt etwa bei 1,2. Bezugsgröße ist dabei die Zuwachsrate des nominalen Bruttosozialprodukts.

Wie aus der Texttabelle 20 ersichtlich, ist dieser Wert aber ein unechter Durchschnitt mit anfangs sehr hohen Jahreswerten.

Die Aufkommenselastizitäten für 1969 liegen infolge der Nachzahlungen für 1968 bei den Veranlagungsteuern, besonders aber auch durch nicht-konjunkturelle Sondereinflüsse bei den Steuern vom Umsatz (Wegfall der Altvorräteentlastung, Satzerhöhung, vgl. S. 82) weit über dem Durchschnitt, während die Werte für 1970/1971 – rein rechnerisch bedingt – eine unterdurchschnittliche Entwicklung des Steueraufkommens anzeigen. Der mittelfristige Verlauf der Aufkommenselastizitäten scheint erst nach 1972 klar hervorzutreten; die Werte liegen hier bei 1,00 bis 1,06 mit steigender Tendenz.

Die logische Folge dieser zum Sozialprodukt überproportionalen Entwicklung des Steueraufkommens ist ein Anstieg der in der politischen Diskussion stets stark beachteten Steuerquote, definiert als Verhältnis von kassenmäßigem Steueraufkommen zu nominalem Bruttosozialprodukt. Bei einem Vergleich der in der Texttabelle 20 ausgewiesenen Werte mit dem in der Öffentlichkeit häufig genannten Wert von 24 vH für 1969/70 ist allerdings zu beachten, daß dabei

Tabelle 20: Volkswirtschaftliche Steuerquote und Aufkommenselastizität

	Bruttosozialprodukt (nominal)	Kassenmäßiges Steueraufkommen insges.	Steuerlastquote	Bruttosozialprodukt (nominal)	Kassenmäßiges Steueraufkommen insges.	Aufkommenselastizität
	in Mill. DM		in vH	Veränderung in vH		–
	1	2	3 (= 2 : 1)	4	5	6 (= 5 : 4)
1960	296 800	68 450	23,06	·	·	·
1961	326 200	78 530	24,08	+ 9,9	+ 14,7	1,49
1962	354 500	86 390	24,37	+ 8,7	+ 10,0	1,15
1963	377 600	91 080	24,12	+ 6,5	+ 5,4	0,83
1964	413 800	99 390	24,01	+ 9,6	+ 9,1	0,95
1965	452 700	105 470	23,30	+ 9,4	+ 6,1	0,65
1966	480 800	112 460	23,29	+ 6,2	+ 6,6	1,07
1967	485 100	114 640	23,63	+ 0,9	+ 1,9	2,11
1968	529 800	121 810	22,99	+ 9,2	+ 6,3	0,69
1969	592 100	145 290	24,54	+ 11,8	+ 19,3	1,64
1970	663 150	161 160 a)	24,30 a)	+ 12,0 a)	+ 10,9 a)	0,91 a)
Alternative I						
1969	561 590	138 210	24,61	+ 6,0	+ 13,5	2,25
1970	595 280	151 410	25,44	+ 6,0	+ 9,6	1,60
1971	631 000	159 530	25,27	+ 6,0	+ 5,4	0,90
1972	668 860	168 320	25,17	+ 6,0	+ 5,5	0,92
1973	708 990	178 460	25,17	+ 6,0	+ 6,0	1,00
1974	751 530	189 280	25,19	+ 6,0	+ 6,1	1,02
1975	796 620	201 310	25,27	+ 6,0	+ 6,4	1,07
Alternative II						
1969	576 950	140 760	24,40	+ 8,9	+ 15,6	1,75
1970	628 300	158 710	25,26	+ 8,9	+ 12,7	1,43
1971	684 220	173 270	25,32	+ 8,9	+ 8,9	1,00
1972	745 110	188 970	25,36	+ 8,9	+ 8,7	0,98
1973	811 430	206 330	25,43	+ 8,9	+ 9,0	1,01
1974	883 640	225 440	25,51	+ 8,9	+ 9,2	1,03
1975	962 290	246 760	25,64	+ 8,9	+ 9,4	1,06

Nach Angaben des Statistischen Bundesamtes, des Bundesministers der Finanzen und eigenen Berechnungen. — a) Wegen der außergewöhnlichen Entwicklung des Aufkommens an veranlagter Einkommen- und Körperschaftsteuer weichen die Werte für 1970 beträchtlich von der tatsächlichen Entwicklung ab. Vgl. dazu S. 134.

der höhere Sozialproduktswert des Statistischen Bundesamtes nach der Revision der Volkswirtschaftlichen Gesamtrechnung für 1960 bis 1969 zugrunde gelegt wird, während in der Tabelle 20 noch die unrevidierten Sozialproduktsangaben (Stand: Januar 1970) die Bezugsgröße bilden. Unabhängig davon kann festgestellt werden, daß sich die volkswirtschaftliche Steuerquote von 1968 bis 1975 um 2,3 Punkte in der unteren und um 2,6 Punkte in der oberen Alternative erhöhen wird. Im Trendverlauf 1969 - 1975 steigt die Steuerquote um 0,6 bis 1,2 Punkte an; die Abweichungen sind auf die erwähnten Sondereinflüsse zurückzuführen, durch die das Aufkommen des Jahres 1968 nach unten und das des Jahres 1969 nach oben verzerrt ist. Werden die für die beiden Referenzperioden berechneten Veränderungen der Steuerquote gemittelt, dann ergibt sich eine „durchschnittliche" Erhöhung der Steuerquote von etwa 1,5 bis 1,8 vH im Siebenjahreszeitraum, d. h. ein Wert, der auch nach der Entwicklung in der Vergangenheit als realistisch gelten kann, da der systembedingte Anstieg der volkswirtschaftlichen Steuerquote hier immer wieder durch Steuersenkungen gemildert wurde.

Für den Anstieg der Steuerquote sind naturgemäß die progressiv wirkenden Lohn- und Einkommensteuern verantwortlich; ihr Anteil am gesamten Steueraufkommen steigt je nach der wirtschaftlichen Entwicklung im Prognosezeitraum von 31,5 vH (1968) bzw. 30,3 vH (1969) auf etwa 35 bis 38 vH in 1975. Entsprechend sinkt der Anteil der derzeit noch stärksten Einzelsteuer, der Mehrwertsteuer (einschl. Selbstverbrauch- und Einfuhrumsatzsteuer), tendenziell ab (vgl. Tabelle A 46). Wahrscheinlich wird gegen Ende des Projektionszeitraumes das Aufkommen aus der Lohnsteuer, die die höchsten Zuwachsraten aller Steuerarten aufweist[1], das der Steuern vom Umsatz übertreffen.

Bemerkenswert scheint bei einer solchen Strukturbetrachtung auch, daß der Anteil der gemeinschaftlichen Steuern in der Definition der Finanzreform von derzeit etwas mehr als 60 vH auf 65 bis 70 vH ansteigen wird. Dieser Entwicklung steht ein relativer Rückgang der bundes- und ländereigenen Steuern gegenüber. Bei diesen Einnahmen handelt es sich meist um Verbrauchsteuern oder mit diesen verbundene Abgaben (z. B. Mineralölsteuer), bei denen sich im Prognosezeitraum deutliche Sättigungserscheinungen zeigen dürften.

Als Gesamtergebnis bleibt festzuhalten, daß der Unsicherheitsbereich der Steuerschätzung in jedem Fall höher zu veranschlagen ist als der der Sozialproduktsschätzung; es ist nicht anzunehmen, daß aus der Summe der Steuerarten ein gegenseitiger Fehlerausgleich wirksam werden wird: einem angenommenen Streubereich des Sozialprodukts von knapp 21 vH im Endjahr (796,6 bzw. 962,3 Mrd. DM) steht eine Bandbreite des Steueraufkommens von knapp 23 vH gegenüber.

Aus dieser relativ größeren Spanne folgt aber auch, daß die Realisierung einer um 3 vH höheren Wachstumsrate des Sozialprodukts zu Steuermehreinnahmen

[1] Die Gründe hierfür sollten nicht verteilungspolitisch fehlinterpretiert werden, sie rühren z. T. aus zahlungstechnischen Ursachen her.

im Jahre 1975 von 45 Mrd. DM und im Gesamtzeitraum von 1969 bis 1975 von mehr als 150 Mrd. DM führen wird. Sicherlich ist diese Rechnung zu formal, um daraus ein potentielles Ausgabevolumen des Staates ableiten zu können; denn immerhin liegt das gesamtwirtschaftliche Wachstum in der oberen Alternative (+ 9,0 vH pro Jahr) um knapp 50 vH höher als in der unteren (+ 6,0 vH pro Jahr), sie macht aber die außerordentliche Abhängigkeit der Haushaltswirtschaft von Bund, Ländern und Gemeinden von der Entwicklung der Gesamtwirtschaft deutlich. Die vorliegende Studie sollte daher nur als Versuch gewertet werden, Methoden zur Vorausschätzung der Steuereinnahmen zu entwickeln und anzuregen, die Berechnungen selbst haben mehr die Aufgabe, den Rechengang zu illustrieren als die wahrscheinliche Entwicklung des Steueraufkommens in der Bundesrepublik zu prognostizieren. Der Grad der Übereinstimmung zwischen Prognose und Realität ist aber zumindest einer der möglichen Indikatoren für die Qualität des Schätzverfahrens; systematische Abweichungen über mehrere Jahre hinweg legen den Schluß nahe, daß eine wesentliche Einflußgröße für das Steueraufkommen nicht berücksichtigt wurde. Aus diesem Grunde sind die vorgeführten Schätzverfahren immer wieder auf Vollständigkeit und Verläßlichkeit zu prüfen[2], um brauchbare Ausgangsdaten für die staatliche Finanzplanung zu gewährleisten.

---

2 Das RWI wird die auffallende Fehlschätzung des Konjunkturwertes für 1970 als Anlaß zu einer ersten Überprüfung nehmen. Die Ergebnisse werden zusammen mit den aktualisierten Vorausschätzungen veröffentlicht. Vgl. K. Löbbe, Zur mittelfristigen Steuervorausschätzung bis 1975. „Mitteilungen des Rheinisch-Westfälischen Instituts für Wirtschaftsforschung", Jg. 21 (1970), Hef 4.

Gliederung der Wirtschaftszweige und Verzeichnis der Einkommensgruppen nach überwiegenden Einkunftsarten

Nr.	Kurzbezeichnung	Kennziffer[1]	Bezeichnung der Wirtschaftsgruppen bzw. Einkommensgruppen
1	LFF	0	Land- und Forstwirtschaft
2	BGB	11	Bergbau
3	ERG	10	Energiewirtschaft und Wasserversorgung
4	CHM	20, 210, 215	Chemie, Mineralöl-, Kunststoff-, Gummi- und Asbestverarbeitung
5	SEF	220, 224, 227	Steine und Erden, Feinkeramik, Glas
6	ENE	230, 4, 8, 9, 232, 6	Eisen- u. NE-Metallerzeugung, Gießereien, Stahlverformung
7	SMF	240, 242, 244, 248, 246	Stahl-, Maschinen- und Fahrzeugbau
8	EFE	250, 252, 4, 256, 258	Elektrotechnik, Feinmechanik, Optik, Musikinstrumentenbau
9	HPD	260, 1, 264/8	Holz-, Papier- und Druckgewerbe
10	TLB	270/2, 275, 276/9	Textil-, Leder- u. Bekleidungsgewerbe
11	NUG	28/9	Nahrungs- und Genußmittelgewerbe
12	BAU	3	Baugewerbe
13	HAN	40, 1, 2, 43	Handel
14	VER	5 000, 5 005/10 502/3, 507, 504/5, 9	Verkehr und Nachrichtenübermittlung
15	GEV	60, 61	Kreditinstitute und Versicherungsgewerbe
16	DIE	7 / 8 ·/· 85	Dienstleistungen
17	–	–	Einkünfte überwiegend aus selbständiger Tätigkeit
18	–	–	Einkünfte überwiegend aus nicht-selbständiger Tätigkeit
19	–	–	Einkünfte überwiegend aus Land- und Forstwirtschaft
20	–	–	Einkünfte überwiegend aus Kapitalvermögen
21	–	–	Einkünfte überwiegend aus Vermietung und Verpachtung
22	–	–	Einkünfte überwiegend aus sonstigen Einkunftsarten
23	–	–	Einkommen der beschränkt Steuerpflichtigen
24	–	–	Einkommen der Organschaften
25	SGS	9	Staat
26	POE	85	Private Haushalte und Private Organisationen ohne Erwerbscharakter

1) Auf der Grundlage der Systematik der Wirtschaftszweige 1961.

Literaturverzeichnis

Bücher und Zeitschriftenaufsätze

Albers, Willi: Die automatische Stabilisierungswirkung der Steuern. „Jahrbücher für Nationalökonomie und Statistik", Stuttgart, Bd. 180 (1967), Heft 2 bis 5, S. 99.

Albers, Willi u. a.: Sozialprodukt, öffentliche Haushalte und Bildungsausgaben in der Bundesrepublik. Eine Projektion bis 1975. (Gutachten und Studien der Bildungskommission, Nr. 5. Hrsg. vom Deutschen Bildungsrat.) Stuttgart 1968

Bonus, Holger und H. v. Schweinitz: Automobile und Motorisierung in der Bundesrepublik. „Zeitschrift für die gesamte Staatswissenschaft", Tübingen, Band 124 (1968), S. 553

Bürgin, Gerhard und K. Löbbe: Die Schichtung der steuerlichen Einkommen in der Bundesrepublik 1954 - 1965. „Mitteilungen des Rheinisch-Westfälischen Instituts für Wirtschaftsforschung", Berlin, Jg. 20 (1969), S. 269.

Der Bundesminister für Wirtschaft: Projektion der mittelfristigen Wirtschaftsentwicklung — Methode und Verfahren —. (BMWi-Texte.) Bonn 1969

— Die wirtschaftliche Lage in der Bundesrepublik Deutschland, Vierteljahresberichte, Bonn

Deutscher Brauer-Bund e. V., 7. Statistischer Bericht. Bad Godesberg 1966

Deutscher Städtetag, Geschäftsbericht 1966/67. Köln 1967

Die Auswirkungen des Veranlagungsrhythmus auf die Steuereinnahmen. In: Finanzbericht 1965. Hrsg. vom Bundesministerium der Finanzen, Bonn

Die Lage der Weltwirtschaft und der Westdeutschen Wirtschaft im Frühjahr 1970, abgeschlossen in Berlin am 24. April 1970. Hrsg. von der Arbeitsgemeinschaft deutscher wirtschaftswissenschaftlicher Forschungsinstitute. Bonn 1970

Die Motorisierung in Bund und Ländern bis 1985. (Aktuelle Wirtschaftsanalysen, 2. Hrsg. von der Deutschen Shell AG.) Hamburg 1969

Fischer, Jürgen: Die Ableitung der regionalen Branchenentwicklung aus gesamtwirtschaftlichen Vorausschätzungen. „Mitteilungen des Rheinisch-Westfälischen Instituts für Wirtschaftsforschung", Jg. 19 (1968), S. 101

— Die mittelfristige Vorausschätzung des Kraftfahrzeugsteuer-Aufkommens. „Mitteilungen des Rheinisch-Westfälischen Instituts für Wirtschaftsforschung", Jg. 19 (1968), S. 175

— Der trendmäßige Einfluß der gesamtwirtschaftlichen Nachfrageaggregate auf die sektorale und regionale Produktion. „Mitteilungen des Rheinisch-Westfälischen Instituts für Wirtschaftsforschung", Jg. 20 (1969), S. 249

Görgens, Hartmut: Die Ermittlung der Lohnsteuer und ihrer Aufkommenselastizität durch Schichtungsgeraden. „Mitteilungen des Rheinisch-Westfälischen Instituts für Wirtschaftsforschung", Jg. 19 (1968), S. 161

Gutachterausschuß Vermögensteuerschätzung: Das künftige Vermögensteueraufkommen in der Bundesrepublik Deutschland. Gutachten im Auftrag der Bundesregierung. Ms. Bonn 1966

Hagemann, Günter: Aufkommenselastizitäten ausgewählter Steuern in der Bundesrepublik Deutschland 1950 - 1963. (Kieler Studien, Forschungsberichte des Instituts für Weltwirtschaft an der Universität Kiel. Hrsg. v. E. Schneider. Nr. 85.) Tübingen 1968

Hamer, Günter: Die Behandlung der Umsatz- (Mehrwert-)steuer in den Volkswirtschaftlichen Gesamtrechnungen. „Wirtschaft und Statistik", Stuttgart und Mainz, Jg. 1968, S. 439

— und H. W. Richter: Einkommen aus unselbständiger Arbeit und Einkommen aus Unternehmertätigkeit und Vermögen nach Wirtschaftsbereichen. „Wirtschaft und Statistik", Jg. 1966, S. 537

Höherer Wachstumsspielraum für die deutsche Wirtschaft. „Wochenbericht" (hrsg. vom Deutschen Institut für Wirtschaftsforschung), Berlin, Jg. 37 (1970), S. 155

Ifo-Institut für Wirtschaftsforschung (Hrsg.): Input-Output-Tabellen für die Westdeutsche Volkswirtschaft mit vorläufigen Ergebnissen für 1961, Teil I: 1. Aufteilung der Produktion; Teil II: 1. Aufteilung der Bruttoanlageinvestitionen. München 1964

Kirner, Wolfgang: Ermittlung von Investitionsgrößenordnungen für Wirtschaftsbereiche. (Sonderhefte des Deutschen Instituts für Wirtschaftsforschung, N. F., Nr. 71.) Berlin 1965

Klauder, Wolfgang und G. Kühlewind: Projektion des Angebots an inländischen Arbeitskräften in der Bundesrepublik für die Jahre 1973, 1975 und 1980. „Mitteilungen aus der Arbeits- und Berufsforschung", Stuttgart, Jg. 3 (1970), S. 10

Körner, Josef: Methoden zur Vorausschätzung des Tabaksteueraufkommens. (Studien zur Finanzpolitik, Heft 4. Hrsg. vom Ifo-Institut für Wirtschaftsforschung.) München 1967

— Methoden zur mehrjährigen Vorausschätzung des Biersteueraufkommens. (Ebenda, Heft 7.) München 1968

— Methoden zur mehrjährigen Vorausschätzung des Mineralölsteueraufkommens. (Ebenda, Heft 11.) München 1969

— Voraussichtlich 25 vH Anstieg der Lohnsteuerbelastungsquote bis 1974. „Ifo-Schnelldienst", München, Jg. 23 (1970), Heft 5, S. 7

Krelle, Wilhelm u. a.: Ein Prognosesystem für die wirtschaftliche Entwicklung der Bundesrepublik Deutschland. Meisenheim a. Gl. 1969

Krengel, Rolf, R. Stäglin und H. Wessels: Jährliche Input-Output-Tabellen für die Bundesrepublik Deutschland für den Zeitraum 1954 - 1960. „Vierteljahreshefte zur Wirtschaftsforschung", Berlin, Jg. 3 (1968), S. 350

Lamberts, Willi und H. Schaefer: Der Einfluß der Konjunkturentwicklung auf die PKW-Nachfrage in der Bundesrepublik. „Mitteilungen des Rheinisch-Westfälischen Instituts für Wirtschaftsforschung", Jg. 18 (1967), S. 39

Legat, Wilfried: Die Fahrleistungen der Kraftfahrzeuge. „Wirtschaft und Statistik", Jg. 1967, S. 679

Löbbe, Klaus: Die steuerlichen und ökonomischen Einkommen in der Bundesrepublik 1954 bis 1966 — Versuch einer Berechnung und Auswertung. „Mitteilungen des Rheinisch-Westfälischen Instituts für Wirtschaftsforschung", Jg. 19 (1968), S. 29

Möller, Alex (Hrsg.): Kommentar zum Gesetz zur Förderung der Stabilität und des Wachstums der Wirtschaft. Hannover 1968

Musgrave, Richard A.: Finanztheorie. (Deutsche Übersetzung von Lore Kullmer.) Tübingen 1966

Oehlert, Hans Günter: Überlegungen zum Geburtenrückgang. „Wirtschaft und Statistik", Jg. 1970, S. 232

Petersen, Jens-Peter und G. Spanakis: Nettoumsatzsteuer und Steuersatz. (Studien zur Finanzpolitik, Heft 6. Hrsg. vom Ifo-Institut für Wirtschaftsforschung.) München 1970

Rohde, Horst: Perspektiven des LKW-Marktes der Bundesrepublik bis 1975. „Mitteilungen des Rheinisch-Westfälischen Instituts für Wirtschaftsforschung", Jg. 20 (1969), S. 41

Roth, Albert: Die Ermittlung des sektoralen Bruttoinlandsprodukts im System der Mehrwertbesteuerung .„Mitteilungen des Rheinisch-Westfälischen Instituts für Wirtschaftsforschung", Jg. 20 (1969), S. 325

Sachverständigenrat zur Begutachtung der gesamtwirtschaftlichen Entwicklung: Stabilität im Wachstum. Jahresgutachten 1967/68. Stuttgart und Mainz 1967

— Im Sog des Booms. Jahresgutachten 1969/70. Stuttgart und Mainz 1969

Schaefer, Heinz: Der Private Verbrauch nach Herkunft und Verwendung (1950 - 1964). (Schriftenreihe des Rheinisch-Westfälischen Instituts für Wirtschaftsforschung, N. F., Heft 24.) Essen 1966

Sozialbericht 1970. Deutscher Bundestag, Drucksache (im folgenden zitiert: BT-Drucksache) VI 643, Bonn 1970

Sozialbudget 1968. Hrsg. vom Bundesminister für Arbeit und Sozialordnung. Bonn 1969

Spahn, Paul Bernd: Modell zur Vorausschätzung des Lohnsteueraufkommens in der BRD. (Forschungsbericht. Hrsg. vom Deutschen Institut für Wirtschaftsforschung.) Berlin 1970

Stäglin, Reiner und H. Wessels: Input-Output-Tabellen und Input-Output-Analysen für die Bundesrepublik Deutschland. (DIW-Beiträge zur Strukturforschung, Heft 6.) Berlin 1969

Stobbe, Alfred: Untersuchungen zur makroökonomischen Theorie der Einkommensverteilung. (Kieler Studien, Nr. 59.) Tübingen 1962

Thoben, Christa: Eine Kapitalbestandsrechnung für 30 Industriezweige der Bundesrepublik. „Mitteilungen des Rheinisch-Westfälischen Instituts für Wirtschaftsforschung", Jg. 19 (1968), S. 85

Wolkersdorf, Lorenz: Beziehungen zwischen Haushaltsplan und Finanzplanung unter besonderer Berücksichtigung politischer und administrativer Aspekte. In: Mittelfristige Finanzplanung. (Beihefte der Konjunkturpolitik, Zeitschrift für angewandte Konjunkturforschung.) Berlin 1968, S. 31

— Diskussionsbeitrag in: Mittelfristige Finanzplanung, a.a.O., S. 105

Zur Anwendung der Ersten Verordnung über steuerliche Konjunkturmaßnahmen. „Der Betrieb", Düsseldorf, Jg. 20 (1967), S. 1197

Sonstiges

Grundsteuergesetz vom 1. 12. 1936 in der Fassung der Bek. vom 10. 8. 1951. „Bundesgesetzblatt", Köln (im folgenden zitiert: BGBl.), Teil I, Jg. 1951, S. 519

Erstes Wohnungsbaugesetz (WoBauG) in der Fassung vom 25. 8. 1953. BGBl., Teil I, Jg. 1953, S. 1047

Zweites Wohnungsbaugesetz (Wohnungsbau- und Familienheimgesetz) — II. WobauG — in der Fassung vom 1. 9. 1965, § 82, §§ 92 - 94. BGBl., Teil I, Jg. 1965, S. 1618

Umsatzsteuergesetz (Mehrwertsteuer) vom 29. 5. 1967. BGBl., Teil I, Jg. 1967, S. 545

Gesetz zur Änderung des Umsatzsteuergesetzes (Mehrwertsteuer) vom 18. 10. 1967. BGBl., Teil I, Jg. 1967, S. 991

Gesetz zur Verwirklichung der mehrjährigen Finanzplanung des Bundes, I. Teil: Zweites Steueränderungsgesetz 1967 vom 21. 12. 1967. BGBl., Teil I, Jg. 1967, S. 1254

Zweites Gesetz zur Änderung des Biersteuergesetzes vom 10. 5. 1968. BGBl., Teil I, Jg. 1968, S. 349

Berlinhilfegesetz i. d. F. vom 1. 10. 1968. BGBl., Teil I, Jg. 1968, S. 1049

Verordnung zur Anpassung des Umsatzsteuergesetzes (Mehrwertsteuer) an den Zolltarif vom 19. 12. 1968. BGBl., Teil I, Jg. 1968, S. 1374

Einundzwanzigstes Gesetz zur Änderung des Grundgesetzes (Finanzreformgesetz) vom 12. 5. 1969. BGBl., Teil I, Jg. 1969, S. 359

Gesetz zur Neuordnung der Gemeindefinanzen (Gemeindefinanzreformgesetz) vom 8. 9. 1969. BGBl., Teil I, Jg. 1969, S. 1587

Gewerbesteuergesetz (GewStG 1968) in der Fassung vom 20. 10. 1969. BGBl., Teil I, Jg. 1969, S. 2022

Gesetz über einen Ausgleich für Folgen der Aufwertung der Deutschen Mark auf dem Gebiet der Landwirtschaft (Aufwertungsausgleichgesetz – AufwAG) vom 23. 12. 1969. BGBl., Teil I, Jg. 1969, S. 2380

Erlaß betr. Umsatzsteuergesetz 1967 (Mehrwertsteuer); hier: Durchschnittsätze für land- und forstwirtschaftliche Betriebe (§ 24 UStG) vom 20. 12. 1968. „Bundessteuerblatt", Bonn, Teil I, Jg. 1969, S. 6

– hier: Fristen für die Abgabe der Umsatzsteuer-Voranmeldung und für die Entrichtung der Umsatzsteuer-Vorauszahlung vom 2. 6. 1969. Ebenda, S. 338

Hartmann/Metzenmacher: Umsatzsteuergesetz (Mehrwertsteuer). Kommentar, hrsg. von G. Wauer. 6. Aufl. Berlin 1967, 2. Band, Erläuterungen § 30

Erlaß des Bundesfinanzministeriums vom 30. 1. 1968. Abgedr. in: Hartmann/Metzenmacher, a.a.O., unter A 436

Begründung zum Aufwertungsausgleichgesetz. BT-Drucksache VI/56

Finanzplan des Bundes 1969 bis 1973. BT-Drucksache VI/301

Bericht der Bundesregierung über die Entwicklung der Finanzhilfen des Bundes und der Steuervergünstigungen für die Jahre 1967 bis 1970 gemäß § 12 Stabilitätsgesetz. BT-Drucksache VI/391

Jahreswirtschaftsberichte der Bundesregierung. Div. BT-Drucksachen

Der Bundesminister für Wirtschaft, Die wirtschaftliche Lage in der Bundesrepublik Deutschland, 1. Vierteljahr 1968. Bonn 1968

„Bulletin des Presse- und Informationsamtes der Bundesregierung", Bonn, Nr. 93 vom 9. 7. 1970

„Finanznachrichten" (hrsg. vom Bundesministerium der Finanzen), Bonn

Statistische Quellenwerke

Finanzbericht 1961 und folgende Jahre. Hrsg. vom Bundesministerium der Finanzen. Bonn 1961 und folgende Jahre

Kraftfahrt-Bundesamt, Bestand an Kraftfahrzeugen und Kraftfahrzeuganhängern, Bonn - Bad Godesberg 1950 und folgende Jahre

Statistisches Bundesamt, Einheitswerte der gewerblichen Betriebe, 1957, 1960, 1963. (Fachserie L: Finanzen und Steuern, Reihe 6: Einkommen- und Vermögensteuern, IV.) Stuttgart und Mainz 1961, 1965, 1968

Statistisches Bundesamt: Einkommen- und Körperschaftsteuer 1954 und 1957, bzw. 1961. (Fachserie L, Reihe 6, I.) Stuttgart und Mainz 1962 bzw. 1966

– Gewerbesteuern 1958. (Fachserie L, Reihe 9: Realsteuern, II.) Stuttgart und Mainz 1965

– Lohnsteuer. (Fachserie L, Reihe 6, II.) Stuttgart und Mainz 1961 und 1965

– Mineralölsteuer. (Fachserie L, Reihe 8: Verbrauchsteuern, III.) Stuttgart und Mainz 1960 und folgende Jahre

– Realsteuervergleich 1966. (Fachserie L, Reihe 9, I.) Stuttgart und Mainz 1967

– Tabaksteuer. (Fachserie L, Reihe 8, I.) Stuttgart und Mainz 1960 und folgende Jahre

– Vorausschätzung der Bevölkerung für die Jahre 1966 bis 2000. (Fachserie A: Bevölkerung und Kultur, Reihe 1, Sonderbeitrag.) Stuttgart und Mainz 1967

– Statistisches Jahrbuch für die Bundesrepublik Deutschland, 1962 und 1969. Stuttgart und Mainz 1962 und 1969

– „Wirtschaft und Statistik", Stuttgart und Mainz

– „Statistischer Wochendienst", Stuttgart und Mainz

Tabellenanhang

Inhalt des Tabellenanhanges *

* Alle Angaben beziehen sich – soweit nicht anders vermerkt – auf das Bundesgebiet einschließlich Saarland und Berlin (West).

Tabelle 1: Entstehung des Sozialprodukts

	Erwerbstätige Inländer[1]		Beschäftigte Arbeitnehmer Inländer		Pendlersaldo[2]	Beschäftigte Arbeitnehmer Inland		Produktivität je Erwerbstätigen	Produktivität je besch. Arbeitnehmer	Bruttosozialprodukt in Preisen von 1954		Deflator	Bruttosozialprodukt in jeweiligen Preisen	
	JD in 1000	vH	JD in 1000	vH	in 1000	JD in 1000	vH	vH	vH	Mill.DM	vH	vH	Mill.DM	vH
	1	2	3	4	5	6	7	8	9	10	11	12	13	14
1960	26 250	.	20 330	.	- 156	20 180	.	.	.	254 900	.	.	296 800	.
1961	26 590	+ 1,3	20 730	+ 2,0	- 139	20 590	+ 2,1	.	+ 3,4	268 600	+ 5,4	+ 4,5	326 200	+ 9,9
1962	26 780	+ 0,7	21 050	+ 1,5	- 146	20 910	+ 1,5	.	+ 2,5	279 600	+ 4,1	+ 4,6	354 500	+ 8,7
1963	26 880	+ 0,4	21 300	+ 1,2	- 137	21 170	+ 1,2	.	+ 2,2	289 300	+ 3,5	+ 3,0	377 600	+ 6,5
1964	26 980	+ 0,4	21 550	+ 1,2	- 124	21 420	+ 1,4	.	+ 5,5	308 500	+ 6,6	+ 3,0	413 800	+ 9,6
1965	27 150	+ 0,6	21 480	- 0,3	- 109	21 730	+ 1,4	+ 4,9	+ 4,1	325 700	+ 5,6	+ 3,8	452 700	+ 9,4
1966	27 080	- 0,3	21 870	+ 1,9	- 105	21 770	+ 0,2	+ 2,5	+ 2,1	333 300	+ 2,3	+ 3,9	480 800	+ 6,2
1967	26 290	- 2,9	21 180	- 3,2	- 123	21 060	- 3,3	+ 3,4	+ 3,6	334 100	+ 0,2	+ 0,7	485 100	+ 0,9
1968	26 340	+ 0,2	21 330	+ 0,7	- 120	21 210	+ 0,7	+ 7,1	+ 6,8	359 500	+ 7,6	+ 1,6	529 800	+ 9,2
1969	26 820	+ 1,8	21 890	+ 2,6	- 110	21 780	+ 2,6	+ 6,4	+ 5,6	389 800	+ 8,3	+ 3,1	592 100	+ 11,8
1970	27 100	+ 1,0	22 220	+ 1,5	- 100	22 120	+ 1,6	+ 3,5	+ 2,9	409 300	+ 5,0	+ 7,0	663 200	+ 12,0
Alternative I (untere)														
1969	26 400	+ 0,2	21 480	+ 0,7	- 120	21 360	+ 0,7	+ 4,0	+ 3,5	374 600	+ 4,2	+ 1,8	561 600	+ 6,0
1970	26 450	+ 0,2	21 630	+ 0,7	- 120	21 510	+ 0,7	+ 4,0	+ 3,5	390 300	+ 4,2	+ 1,8	595 300	+ 6,0
1971	26 500	+ 0,2	21 780	+ 0,7	- 120	21 660	+ 0,7	+ 4,0	+ 3,5	406 700	+ 4,2	+ 1,8	631 000	+ 6,0
1972	26 560	+ 0,2	21 930	+ 0,7	- 120	21 810	+ 0,7	+ 4,0	+ 3,5	423 800	+ 4,2	+ 1,8	668 900	+ 6,0
1973	26 610	+ 0,2	22 090	+ 0,7	- 120	21 970	+ 0,7	+ 4,0	+ 3,5	441 600	+ 4,2	+ 1,8	709 000	+ 6,0
1974	26 660	+ 0,2	22 240	+ 0,7	- 120	22 120	+ 0,7	+ 4,0	+ 3,5	460 200	+ 4,2	+ 1,8	751 500	+ 6,0
1975	26 720	+ 0,2	22 400	+ 0,7	- 120	22 280	+ 0,7	+ 4,0	+ 3,5	479 500	+ 4,2	+ 1,8	796 600	+ 6,0
Alternative II (obere)														
1969	26 480	+ 0,5	21 590	+ 1,2	- 130	21 460	+ 1,2	+ 5,4	+ 4,6	380 600	+ 5,9	+ 3,0	577 000	+ 8,9
1970	26 610	+ 0,5	21 850	+ 1,2	- 130	21 720	+ 1,2	+ 5,4	+ 4,6	403 000	+ 5,9	+ 3,0	628 300	+ 8,9
1971	26 740	+ 0,5	22 110	+ 1,2	- 130	21 980	+ 1,2	+ 5,4	+ 4,6	426 700	+ 5,9	+ 3,0	684 200	+ 8,9
1972	26 880	+ 0,5	22 370	+ 1,2	- 130	22 240	+ 1,2	+ 5,4	+ 4,6	451 800	+ 5,9	+ 3,0	745 100	+ 8,9
1973	27 010	+ 0,5	22 640	+ 1,2	- 130	22 510	+ 1,2	+ 5,4	+ 4,6	478 400	+ 5,9	+ 3,0	811 400	+ 8,9
1974	27 140	+ 0,5	22 910	+ 1,2	- 130	22 780	+ 1,2	+ 5,4	+ 4,6	506 500	+ 5,9	+ 3,0	883 600	+ 8,9
1975	27 280	+ 0,5	23 180	+ 1,2	- 130	23 050	+ 1,2	+ 5,4	+ 4,6	536 300	+ 5,9	+ 3,0	962 300	+ 8,9

1 Einschließlich der im Bundesgebiet wohnenden ausländischen Arbeitnehmer. – 2 Im Inland erwerbstätige Ausländer abzüglich im Ausland erwerbstätige Inländer.

noch Tabelle 1

	Brutto-sozialprodukt in jeweiligen Preisen		Abschreibungen in jeweiligen Preisen		Indirekte Steuern in jeweiligen Preisen		Subventionen in jeweiligen Preisen		Netto-sozialprodukt zu Faktorkosten	
	Mill.DM	vH	Mill.DM	vH	Mill.DM	vH	Mill.DM	vH	Mill.DM	vH
	13	14	15	16	17	18	19	2o	21	22
196o	296 8oo		26 24o		42 83o		2 o7o		229 8oo	
1961	326 2oo	+ 9,9	29 65o	+ 13,o	47 46o	+ 1o,8	2 51o		251 6oo	+ 9,5
1962	354 5oo	+ 8,7	33 83o	+ 14,1	51 47o	+ 8,4	2 7oo		271 9oo	+ 8,1
1963	377 6oo	+ 6,5	37 8oo	+ 11,7	54 o4o	+ 5,o	3 28o		289 o4o	+ 6,3
1964	413 8oo	+ 9,6	41 96o	+ 11,o	58 95o	+ 9,1	3 61o		316 5oo	+ 9,5
1965	452 7oo	+ 9,4	47 o8o	+ 12,2	64 o7o	+ 8,7	3 88o		345 4oo	+ 9,1
1966	48o 8oo	+ 6,2	52 2oo	+ 1o,9	67 98o	+ 6,1	4 13o		364 8oo	+ 5,6
1967	485 1oo	+ o,9	55 o2o	+ 5,4	7o 42o	+ 3,6	4 o2o		363 7oo	- o,3
1968	529 8oo	+ 9,2	58 65o	+ 6,6	72 4oo	+ 2,8	5 82o		4o4 6oo	+ 11,2
1969	592 1oo	+ 11,8	64 4oo	+ 9,8	86 72o	+ 19,8	6 5oo	+11,7	447 5oo	+ 1o,6
197o	663 2oo	+ 12,o	74 38o	+ 15,5	9o 52o	+ 4,4	8 7oo	+33,9	5o7 ooo	+ 13,3
Alternative I (untere)										
1969	561 6oo	+ 6,o	62 46o	+ 6,5	76 96o	+ 6,3	6 17o	+ 6,o	428 3oo	+ 5,9
197o	595 3oo	+ 6,o	66 52o	+ 6,5	81 81o	+ 6,3	6 54o	+ 6,o	453 5oo	+ 5,9
1971	631 ooo	+ 6,o	7o 84o	+ 6,5	86 96o	+ 6,3	6 93o	+ 6,o	48o 1oo	+ 5,9
1972	668 9oo	+ 6,o	75 44o	+ 6,5	92 44o	+ 6,3	7 34o	+ 6,o	5o8 3oo	+ 5,9
1973	7o9 ooo	+ 6,o	8o 35o	+ 6,5	98 26o	+ 6,3	7 79o	+ 6,o	538 2oo	+ 5,9
1974	751 5oo	+ 6,o	85 57o	+ 6,5	1o4 5oo	+ 6,3	8 25o	+ 6,o	569 8oo	+ 5,9
1975	796 6oo	+ 6,o	91 13o	+ 6,5	111 ooo	+ 6,3	8 75o	+ 6,o	6o3 2oo	+ 5,9
Alternative II (obere)										
1969	577 ooo	+ 8,9	63 34o	+ 8,o	77 68o	+ 7,3	6 28o	+ 8,o	442 2oo	+ 9,3
197o	628 3oo	+ 8,9	68 41o	+ 8,o	83 35o	+ 7,3	6 78o	+ 8,o	483 32o	+ 9,3
1971	684 2oo	+ 8,9	73 88o	+ 8,o	89 43o	+ 7,3	7 32o	+ 8,o	528 2oo	+ 9,3
1972	745 1oo	+ 8,9	79 79o	+ 8,o	95 96o	+ 7,3	7 9oo	+ 8,o	577 3oo	+ 9,3
1973	811 4oo	+ 8,9	86 17o	+ 8,o	1o3 ooo	+ 7,3	8 53o	+ 8,o	63o 8oo	+ 9,3
1974	883 6oo	+ 8,9	93 o6o	+ 8,o	11o 5oo	+ 7,3	9 21o	+ 8,o	689 3oo	+ 9,3
1975	962 3oo	+ 8,9	1oo 5oo	+ 8,o	118 5oo	+ 7,3	9 95o	+ 8,o	753 2oo	+ 9,3

Tabelle 2: Verwendung des Sozialprodukts in jeweiligen Preisen

	Privater Verbrauch		Staatsverbrauch		Anlageinvestitionen		Ausrüstungen		Bauten		Vorratsveränderung		Ausfuhr		Einfuhr		Bruttosozialprodukt	
	Mill. DM	vH	Mill. DM	vH	Mill. DM	vH	Mill. DM	vH	Mill. DM	vH	Mill. DM	vH	Mill. DM	vH	Mill. DM	vH	Mill. DM	vH
	1	2	3	4	5	6	7	8	9	10	11	12	13	14	15	16	17	18
1954	101 796	-	.	-	34 515	-	18 126	-	16 384	-	.	-	27 753	-	23 189	-	.	-
1955	113 655	-	.	-	42 838	-	22 641	-	20 190	-	.	-	33 029	-	29 410	-	.	-
1956	126 028	-	.	-	47 231	-	24 605	-	22 621	-	.	-	39 803	-	33 747	-	.	-
1957	137 170	-	.	-	48 980	-	24 983	-	23 995	-	.	-	47 352	-	39 361	-	.	-
1958	147 391	-	.	-	53 131	-	26 915	-	26 215	-	.	-	48 867	-	40 819	-	.	-
1959	156 778	-	.	-	61 064	-	29 887	-	31 183	-	.	-	54 640	-	46 949	-	.	-
1960	170 030	-	40 040	-	70 620	-	35 600	-	35 020	-	+ 8 590	-	62 910	-	55 750	-	296 800	-
1961	186 760	+ 9.8	46 050	+ 14.0	80 710	+ 14,3	40 660	+ 14,2	40 050	+ 14,4	+ 5 900	-	65 810	+ 4,6	59 030	+ 5,9	326 200	+ 9,9
1962	204 030	+ 9.2	53 100	+ 15.3	90 200	+ 11,8	44 660	+ 9,8	45 540	+ 13,7	+ 3 500	-	68 950	+ 4,8	65 280	+ 10,6	354 500	+ 8,7
1963	215 940	+ 5.8	59 180	+ 11,5	95 340	+ 5,7	45 970	+ 2,9	49 370	+ 8,4	+ 2 100	-	74 990	+ 8,8	69 950	+ 7,2	377 660	+ 6,5
1964	232 900	+ 7,9	61 740	+ 4,3	109 150	+ 14,5	51 600	+ 12,2	57 550	+ 16,6	+ 4 700	-	83 530	+ 11,4	78 220	+ 11,8	413 800	+ 9,6
1965	255 710	+ 9.8	69 670	+ 12,8	118 920	+ 9,0	58 200	+ 12,8	60 720	+ 5,5	+ 9 000	-	91 420	+ 9,4	92 020	+ 17,6	452 700	+ 9,4
1966	274 890	+ 7,5	75 510	+ 8,4	121 900	+ 2,5	57 600	- 1,0	64 300	+ 5,9	+ 2 000	-	103 000	+ 12,7	96 500	+ 4,9	480 800	+ 6,2
1967	281 400	+ 2,4	80 600	+ 6,7	110 400	- 9,4	52 200	- 9,4	58 200	- 9,5	- 3 500	-	111 450	+ 8,2	95 250	- 1,3	485 100	+ 0,9
1968	297 300	+ 5,7	83 650	+ 3,8	120 280	+ 8,9	57 510	+ 10,2	62 770	+ 7,9	+10 200	-	126 170	+ 13,2	107 800	+ 13,2	529 800	+ 9,2
1969	328 240	+ 10.4	92 900	+ 11,1	143 060	+ 18,9	73 560	+ 27,9	69 500	+ 10,7	+12 300	-	144 000	+ 14,1	128 400	+ 19,1	592 100	+ 11,8
1970	365 720	+ 11,4	102 840	+ 10,7	172 520	+ 20,6	88 530	+ 20,4	83 990	+ 20,9	+ 9 000	-	156 240	+ 8,4	143 170	+ 11,5	663 150	+ 12,0
Alternative I (untere)																		
1969	316 300	+ 6.4	89 670	+ 7,2	127 400	+ 5,9	61 820	+ 7,5	65 560	+ 4,5	+10 330	-	136 500	+ 8,2	118 600	+ 10,0	561 600	+ 6,0
1970	336 500	+ 6,4	96 130	+ 7,2	134 900	+ 5,9	66 450	+ 7,5	68 440	+ 4,4	+10 470	-	147 700	+ 8,2	130 400	+ 10,0	595 300	+ 6,0
1971	358 200	+ 6,4	103 100	+ 7,2	142 900	+ 5,9	71 440	+ 7,5	71 410	+ 4,3	+10 600	-	159 800	+ 8,2	143 500	+ 10,0	631 000	+ 6,0
1972	381 300	+ 6,5	110 500	+ 7,2	151 300	+ 5,9	76 800	+ 7,5	74 480	+ 4,3	+10 740	-	172 900	+ 8,2	157 800	+ 10,0	668 900	+ 6,0
1973	406 000	+ 6,5	118 400	+ 7,2	160 200	+ 5,9	82 600	+ 7,5	77 640	+ 4,2	+10 880	-	187 100	+ 8,2	173 600	+ 10,0	709 000	+ 6,0
1974	432 400	+ 6,5	127 000	+ 7.2	169 700	+ 5,9	88 750	+ 7,5	80 910	+ 4,2	+11 020	-	202 500	+ 8,2	191 000	+ 10,0	751 500	+ 6,0
1975	460 100	+ 6.5	136 100	+ 7,2	179 700	+ 5,9	95 410	+ 7,5	84 260	+ 4,1	+11 170	-	219 100	+ 8,2	210 100	+ 10,0	796 600	+ 6,0
Alternative II (obere)																		
1969	323 700	+ 8.9	91 930	+ 9,9	132 600	+ 10,2	64 410	+ 12,0	68 140	+ 8,6	+10 500	-	137 900	+ 9,3	119 700	+ 11,0	577 000	+ 8,9
1970	352 500	+ 8,9	101 000	+ 9.9	146 100	+ 10.2	72 140	+ 12,0	73 930	+ 8,5	+10 800	-	150 700	+ 9,3	132 800	+ 11,0	628 300	+ 8,9
1971	383 800	+ 8,9	111 000	+ 9.9	161 000	+ 10.2	80 800	+ 12,0	80 170	+ 8,4	+11 110	-	164 800	+ 9,3	147 400	+ 11,0	684 200	+ 8,9
1972	417 800	+ 8.9	122 000	+ 9,9	177 400	+ 10.2	90 500	+ 12,0	86 900	+ 8,4	+11 440	-	180 100	+ 9,3	163 700	+ 11,0	745 100	+ 8,9
1973	454 900	+ 8,9	134 100	+ 9,9	195 500	+ 10.2	101 400	+ 12,0	94 130	+ 8,3	+11 770	-	196 800	+ 9,3	181 700	+ 11,0	811 400	+ 8,9
1974	495 200	+ 8,9	147 400	+ 9.9	215 400	+ 10.2	113 500	+ 12,0	101 900	+ 8,3	+12 110	-	215 100	+ 9,3	201 600	+ 11,0	883 600	+ 8,9
1975	539 100	+ 8.9	162 000	+ 9,9	237 400	+ 10.2	127 100	+ 12,0	110 300	+ 8,2	+12 460	-	235 100	+ 9,3	223 800	+ 11,0	962 300	+ 8,9

Tabelle 3: Verteilung des Sozialprodukts

	Netto-sozialprodukt zu FK		Brutto-einkommen aus uns.A.		Einkommen a.Untern.u.Verm.		Eink.-u.Ver-mögenstransfer
	Mill.DM	vH	Mill.DM	vH	Mill.DM	vH	Mill.DM
	1	2	3	4	5	6	7
1954	.	.	76 4oo	.	52 35o	.	.
1955	.	.	87 13o	+ 14,o	61 19o	+ 16,9	.
1956	.	.	97 58o	+ 12,o	66 33o	+ 8,4	.
1957	.	.	1o6 76o	+ 9,4	71 79o	+ 8,2	.
1958	.	.	115 14o	+ 7,9	75 59o	+ 5,3	.
1959	.	.	123 22o	+ 7,o	82 31o	+ 8,9	.
196o	229 8oo	.	138 71o	+ 12,6	9o 93o	+ 1o,5	+ 16o
1961	251 6oo	+ 9,5	156 2oo	+ 12,6	95 8oo	+ 5,4	- 4oo
1962	271 9oo	+ 8,1	172 79o	+ 1o,6	99 49o	+ 3,9	- 38o
1963	289 o4o	+ 6,3	185 49o	+ 7,3	1o3 91o	+ 4,4	- 36o
1964	316 5oo	+ 9,5	2o3 38o	+ 9,6	113 92o	+ 9,6	- 8oo
1965	345 43o	+ 9,1	224 91o	+ 1o,6	121 65o	+ 6,8	- 1 13o
1966	364 75o	+ 5,6	242 o4o	+ 7,6	123 52o	+ 1,5	- 81o
1967	363 68o	- o,3	242 16o	+ o,1	122 42o	- o,9	- 9oo
1968	4o4 57o	+ 11,2	259 72o	+ 7,3	144 73o	+ 18,2	+ 12o
1969	447 48o	+ 1o,6	292 17o	+ 12,5	154 97o	+ 7,1	+ 34o
197o	5o6 95o	+ 13,3	34o 38o	+ 16,5	166 23o	+ 7,3	+ 34o
Alternative I (untere)							
1969	428 34o	+ 5,9	275 3oo	+ 6,o	152 92o	+ 5,7	+ 12o
197o	453 49o	+ 5,9	291 82o	+ 6,o	161 55o	+ 5,6	+ 12o
1971	48o 13o	+ 5,9	3o9 33o	+ 6,o	17o 68o	+ 5,7	+ 12o
1972	5o8 32o	+ 5,9	327 89o	+ 6,o	18o 31o	+ 5,6	+ 12o
1973	538 17o	+ 5,9	347 56o	+ 6,o	19o 49o	+ 5,7	+ 12o
1974	569 75o	+ 5,9	368 41o	+ 6,o	2o1 22o	+ 5,6	+ 12o
1975	6o3 2oo	+ 5,9	39o 52o	+ 6,o	212 56o	+ 5,6	+ 12o
Alternative II (obere)							
1969	442 21o	+ 9,3	282 32o	+ 8,7	159 77o	+ 1o,4	+ 12o
197o	483 32o	+ 9,3	3o6 88o	+ 8,7	176 32o	+ 1o,4	+ 12o
1971	528 23o	+ 9,3	333 58o	+ 8,7	194 53o	+ 1o,3	+ 12o
1972	577 26o	+ 9,3	362 6oo	+ 8,7	214 54o	+ 1o,3	+ 12o
1973	63o 83o	+ 9,3	394 15o	+ 8,7	236 56o	+ 1o,3	+ 12o
1974	689 31o	+ 9,3	428 44o	+ 8,7	26o 75o	+ 1o,2	+ 12o
1975	753 2oo	+ 9,3	465 71o	+ 8,7	287 37o	+ 1o,2	+ 12o

Tabelle 4: Beschäftigte Arbeitnehmer
Veränderung gegenüber dem Vorjahr in vH

	LFF	BGB	ERG	CHM	SEF	ENE	SMF	EFE	HPD	TLB	NUG	BAU	HAN	VER	GEV	DIE	SGS	POE	Insgesamt
	1	2	3	4	5	6	7	8	9	1o	11	12	13	14	15	16	25	26	
1955	- 6,o	- o,6	+ 1.9	+ 8.7	+ 7.3	+ 1o.8	+ 11,6	+ 13,o	+ 4,4	+ 3,o	+ 3,7	+ 1o,2	+ 7,8	+ 2,o	+ 8,6	+ 7,5	+ 1,4	- o,4	+ 5,5
1956	- 6,7	- o.3	+ 2,9	+ 6,o	+ 3,4	+ 6,7	+ 8,6	+ 8,3	+ 3,5	+ 3,o	+ 3,9	+ 1,4	+ 6,4	+ 3,6	+ 6,5	+ 8,2	+ 1,2	- 1,1	+ 3,8
1957	- 4.3	+ 1.1	+ 1.7	+ 5,1	- o.4	+ 4.4	+ 4.6	+ 4,8	+ 2,4	- o,5	+ 3,3	- o,9	+ 6,9	+ 3,3	+ 4,8	+ 6,4	+ 5,o	- 2,4	+ 2,9
1958	- 1o,9	- 2,8	+ 2.7	+ 4,4	- 2.4	+ o,6	+ 2.8	+ 1.9	+ o,7	- 3,6	+ 2,o	- o,4	+ 4,8	+ 1,9	+ 4,o	+ 5,2	- 1,5	- 2,9	+ o,5
1959	- 1o.1	- 7,7	+ 1,8	+ 4,9	+ 1,7	+ o,8	+ 1,9	+ 3,1	- o,o	- 3,5	+ o,8	+ 7,1	+ 4,1	+ 1,o	+ 5,3	+ 6,4	+ 4,o	- 3,4	+ 1,7
196o	- 11,6	- 1o,4	+ 1,6	+ 7,1	+ 1,4	+ 6,6	+ 6,8	+ 7,o	+ 2,o	+ 2,2	+ 1,8	+ 3,3	+ 4,2	+ o,6	+ 7,3	+ 4,o	+ 5,8	- 5,4	+ 3,o
1961	- 8,1	- 6.6	+ 2,1	+ 3,9	+ o,6	+ 2,9	+ 3.7	+ 5,1	+ 1,3	- 1,3	+ 1,o	+ 2,1	+ 3,3	+ o,8	+ 5,2	+ 3,7	+ 5,2	- 4,2	+ 2,1
1962	- 7,4	- 6,9	+ 3.6	+ 2,o	- o.5	- o,2	+ 4,1	- o,2	+ o,4	- 1,o	+ 1,8	+ 3,o	+ 3,7	+ o,7	+ 5,4	+ 1,1	+ 4,5	- 1,1	+ 1,5
1963	- 4.5	- 6,9	+ 2,4	+ 2,o	- 2,3	- 2,o	+ o,8	+ 1,o	- o,9	- 1,3	+ 1,2	+ 4,5	+ 3,6	+ o,4	+ 4,5	+ 1,7	+ 3,7	- o,3	+ 1,2
1964	- 4,7	- 5,5	+ 5,1	+ 3.o	+ 1,2	+ o,9	+ 2,1	+ 2,5	- o,8	- 1,5	- o,9	+ 2,1	+ 1,8	+ o,6	+ 4,3	+ o,6	+ 3,5	- 1,5	+ 1,4
1965	- 6,8	- 5,5	- 1,7	+ 4,3	+ o,4	+ 1,5	+ 3,2	+ 3,9	+ o,6	- o,4	+ o,6	+ 2,o	- o,4	+ 1,5	+ 9,2	- o,1	+ 3,3	- 2,1	+ 1,4
1966	- 5,6	- 9,o	- 4,2	+ 3.6	- 1,3	- 4,2	+ 2,o	- 1,o	- 1,6	- 1,1	+ 1,1	- 1,5	+ 2,o	- 1,4	+ 2,1	+ 2,7	+ 2,9	- 2,o	+ o,2
1967	- 4,1	- 13,5	- o,3	- 2,6	- 6,9	- 6,7	- 4,8	- 5,8	- 3,3	- 8,1	- 1,o	- 9,2	- 1,4	- 2,2	+ 4,8	+ o,7	+ 2,6	- o,9	- 3,3
1968	- 2,2	- 13,2	± o,o	+ 3,7	- 1,6	- o,2	+ 1,5	+ 2,2	+ o,o	- 2,1	- o,4	+ 2,4	+ 1,1	- o,7	+ 1,1	+ 4,2	+ 1,o	- o,7	+ o,7
1969	.	.	.	.	.	.	.	.	.	.	.	.	.	.	.	.	.	.	+ 2,6
197o	.	.	.	.	.	.	.	.	.	.	.	.	.	.	.	.	.	.	+ 1,6
Alternative I (untere)																			
1969	- 6,7	- 7,7	+ 1,o	+ 2,5	- 1,8	- o,8	+ 1,4	+ o,9	- o,7	- 2,8	+ o,4	- o,3	+ 2,o	- o,1	+ 4,5	+ 2,4	+ 2,5	- 2,4	+ o,7
197o	- 6.7	- 7.6	+ 1,o	+ 2,5	- 1,7	- o,8	+ 1,4	+ o,9	- o,7	- 2,7	+ o,4	- o,3	+ 2,o	- o,1	+ 4,5	+ 2,5	+ 2,5	- 2,3	+ o,7
1971	- 6,7	- 7,9	+ 1,o	+ 2,4	- 1,8	- o,9	+ 1,4	+ o,9	- o,7	- 2,8	+ o,3	- o,4	+ 2,o	- o,1	+ 4,4	+ 2,4	+ 2,5	- 2,4	+ o,7
1972	- 6,8	- 7.8	+ o.9	+ 2,4	- 1.8	- o,9	+ 1,3	+ o,8	- o,8	- 2,8	+ o,3	- o,4	+ 1,9	- o,2	+ 4,4	+ 2,4	+ 2,4	- 2,4	+ o,7
1973	- 6.8	- 7,8	+ o,9	+ 2,4	- 1,8	- o,9	+ 1.3	+ o,8	- o,8	- 2,8	+ o,3	- o,4	+ 1,9	- o,2	+ 4,4	+ 2,4	+ 2,4	- 2,4	+ o,7
1974	- 6.9	- 7,9	+ o.8	+ 2,3	- 1.9	- 1,o	+ 1,2	+ o,7	- o,8	- 2,9	+ o,2	- o,5	+ 1,8	- o,3	+ 4,3	+ 2,3	+ 2,3	- 2,5	+ o,7
1975	- 6,9	- 7.9	+ o,8	+ 2,3	- 1.9	- 1,o	+ 1,2	+ o,7	- o,8	- 2,9	+ o,2	- o,5	+ 1,8	- o,3	+ 4,3	+ 2,3	+ 2,3	- 2,5	+ o,7
Alternative II (obere)																			
1969	- 7,o	- 7,1	+ 1,1	+ 3.o	- 1,1	+ o,2	+ 2,2	+ 1,9	- o,3	- 2,2	+ o,6	+ o,5	+ 2,5	+ o,1	+ 4,6	+ 2,8	+ 2,5	- 2,5	+ 1,2
197o	- 6,9	- 7,o	+ 1,1	+ 3,o	- 1.o	+ o,2	+ 2,3	+ 1,9	- o,2	- 2,1	+ o,6	+ o,5	+ 2,5	+ o,2	+ 4,7	+ 2,9	+ 2,5	- 2,4	+ 1,2
1971	- 7.o	- 7,1	+ 1.1	+ 3.o	- 1.1	+ o,2	+ 2.2	+ 1,9	- o,3	- 2,2	+ o,6	+ o,5	+ 2,5	+ o,1	+ 4,6	+ 2,8	+ 2,5	- 2,5	+ 1,2
1972	- 7.o	- 7,1	+ 1.o	+ 3,o	- 1,1	+ o,1	+ 2,2	+ 1,8	- o,3	- 2,3	+ o,5	+ o,4	+ 2,4	+ o,1	+ 4,6	+ 2,7	+ 2,4	- 2,5	+ 1,2
1973	- 7,1	- 7,1	+ 1.o	+ 2,9	- 1,2	+ o,1	+ 2,2	+ 1,8	- o,4	- 2,3	+ o,5	+ o,4	+ 2,4	+ o,1	+ 4,6	+ 2,7	+ 2,4	- 2,6	+ 1,2
1974	- 7,1	- 7,1	+ 1,o	+ 2,9	- 1,2	o,o	+ 2,1	+ 1,7	- o,4	- 2,3	+ o,5	+ o,4	+ 2,3	o,o	+ 4,5	+ 2,7	+ 2,4	- 2,6	+ 1,2
1975	- 7,1	- 7,1	+ o,9	+ 2,8	- 1.3	o,o	+ 2,1	+ 1,7	- o,5	- 2,4	+ o,4	+ o,3	+ 2,3	o,o	+ 4,5	+ 2,6	+ 2,3	- 2,7	+ 1,2

Tabelle 5: Produktivität (Bruttoinlandsprodukt in Preisen von 1954 je beschäftigten Arbeitnehmer)

Veränderung gegenüber dem Vorjahr in vH

	LFF	BGB	ERG	CHM	SEF	ENE	SMF	EFE	HPD	TLB	NUG	BAU	HAN	VER	GEV	DIE	SGS	POE	Insgesamt
	1	2	3	4	5	6	7	8	9	1o	11	12	13	14	15	16	25	26	
1955	+ 5,6	+ 1o,8	+ 9,1	+ 7,1	+ 8,1	+ 1o,9	+ 11,4	+ 12,2	- 1,1	+ 6,1	+ 7,3	+ 6,6	+ 3,o	+ 13,o	- o,6	+ 1,4	+ 4,1	+ 3,5	+ 6,3
1956	+ 6,3	+ 7.o	+ 7,5	+ 3,2	+ 2,2	+ 3,5	- 2,9	+ o,9	+ o,4	+ 2,1	+ 4,5	+ 4,7	+ 3,7	+ 5,2	- o,7	+ o,3	+ 2,2	+ 2,8	+ 3,o
1957	+ 8.o	- 1.3	+ 4,5	+ 7,6	+ 2,2	- 1,1	+ o,7	+ 3,o	- 1,2	+ 12,4	+ 5,9	- o,8	+ o,7	+ 1,4	- 1,6	+ 3,4	+ 1,5	+ 5,6	+ 2,8
1958	+ 18,9	- 3,3	- 1.1	+ 9,2	+ 8,4	- 6,8	+ 3,2	+ 6,7	- 1,4	- 3,5	+ 2,8	+ 3,4	- 1,6	- 3,2	- 1,5	- o,9	+ 5,1	+ 3,9	+ 2,6
1959	+ 14,9	+ 8,6	+ 3,5	+ 1o,5	+ 1o,4	+ 6,7	+ 7,3	+ 8,o	+ 6,5	+ 7,7	+ 1,3	+ 3,9	+ 3,9	+ 5,8	+ 2,1	± o,o	- 1,3	+ 3,6	+ 5,2
196o	+ 17.3	+ 19,7	+ 5.7	+ 7,1	+ 9,o	+ 11,9	+ 8,1	+ 6,5	+ 6,7	+ 4,3	+ 1,7	+ 1,o	+ 5,o	+ 7,o	+ o,2	+ 2,1	- o,9	+ 2,3	+ 5,5
1961	+ 1o,6	+ 7,2	+ 2.2	+ 4,2	+ 7.8	- 2,3	+ 5,8	+ 3,7	+ 2,3	+ 6,3	+ 5,o	+ 5,o	+ 2,3	+ 1,1	+ 2,7	+ 2,6	+ o,7	+ 2,4	+ 3,4
1962	+ 3.7	+ 1o,o	+ 3,8	+ 7,8	+ 4,5	- 3.3	+ 2,3	+ 2,1	+ 3,7	+ 5,6	+ 3,6	+ o,6	+ 1,6	+ 1,9	+ o,5	+ 4,2	+ 1,5	+ 2,4	+ 2,5
1963	+ 13,2	+ 9,3	+ 4,4	+ 6,6	+ 2,4	- o,7	+ 2,5	+ 1,7	+ 2,1	+ 1,o	+ 2,3	- 1,7	- o,6	+ 1,7	+ o,7	+ 2,6	+ 1,4	+ 1,9	+ 2,2
1964	+ 1o,6	+ 6,9	+ 1,2	+ 7,5	+ 9,9	+ 7,7	+ 6,8	+ 9,5	+ 8,9	+ 6,7	+ 6,3	+ 7,9	+ 3,8	+ 2,4	+ 1,4	+ 3,3	+ o,7	+ 2,5	+ 5,5
1965	+ o,6	+ 2,o	+ 7,o	+ 6,7	+ 4,3	+ 5,8	+ 3,4	+ 6,o	+ 7,o	+ 7,7	+ 5,4	+ o,7	+ 7,5	+ 2,8	- 2,5	+ 5,6	+ 1,8	+ 2,8	+ 4,1
1966	+ 5,6	+ 5,2	+ 1o,1	+ 4,6	+ 3,1	- o.1	+ 1,5	+ 1,9	+ o,6	+ o,7	+ o,4	+ 4,1	- o,6	+ 3,9	+ 4,8	+ 1,3	+ 1,2	+ 3,6	+ 2,1
1967	+ 14,5	+ 9,3	+ 3,7	+ 6,1	+ 4,o	+ 8,1	- 1,3	+ 4,4	+ 1,3	- o,2	+ 4,o	+ 4,8	+ 2,4	+ 2,o	- 1,1	+ 2,3	+ 1,8	+ 2,1	+ 3,6
1968	+ 6,4	+ 19,8	+ 7,9	+ 13,5	+ 9,6	+ 11,3	+ 1o,7	+ 8,6	+ 11,7	+ 17,1	+ 1,3	+ o,1	+ 3,9	+ 9,5	+ 4,7	- 2,8	+ 1,6	+ 3,1	+ 6,8
1969	.	.	.	.	.	.	.	.	.	.	.	.	.	.	.	.	.	.	+ 5,6
197o	.	.	.	.	.	.	.	.	.	.	.	.	.	.	.	.	.	.	+ 2,9
Alternative I (untere)																			
1969	+ 9,5	+ 6,4	+ 4,6	+ 6,7	+ 5,3	+ 2,o	+ 3,1	+ 4,3	+ 2,5	+ 4,2	+ 3,4	+ 2,5	+ 1,8	+ 2,8	+ o,3	+ 3,5	+ 1,5	+ 2,9	+ 3,4
197o	+ 9,5	+ 6,5	+ 4,6	+ 6,7	+ 5,3	+ 2,o	+ 3,1	+ 4,4	+ 2,5	+ 4,3	+ 3,4	+ 2,5	+ 1,9	+ 2,9	+ o,3	+ 3,5	+ 1,5	+ 2,9	+ 3,5
1971	+ 9,5	+ 6,5	+ 4,6	+ 6,7	+ 5,3	+ 2,o	+ 3,1	+ 4,4	+ 2,5	+ 4,3	+ 3,4	+ 2,5	+ 1,9	+ 2,9	+ o,3	+ 3,5	+ 1,5	+ 2,9	+ 3,5
1972	+ 9,5	+ 6,5	+ 4,6	+ 6,7	+ 5,3	+ 2.o	+ 3,1	+ 4.4	+ 2,5	+ 4,3	+ 3,4	+ 2,5	+ 1,9	+ 2,9	+ o,3	+ 3,5	+ 1,5	+ 2,9	+ 3,5
1973	+ 9,4	+ 6,4	+ 4,6	+ 6,7	+ 5,2	+ 2,o	+ 3,o	+ 4,3	+ 2,5	+ 4,3	+ 3,4	+ 2,5	+ 1,8	+ 2,8	+ o,3	+ 3,5	+ 1,5	+ 2,8	+ 3,4
1974	+ 9,5	+ 6,5	+ 4,6	+ 6,7	+ 5,3	+ 2,o	+ 3,1	+ 4,3	+ 2,5	+ 4,3	+ 3,4	+ 2,5	+ 1,8	+ 2,8	+ o,3	+ 3,5	+ 1,5	+ 2,9	+ 3,5
1975	+ 9,4	+ 6.4	+ 4,6	+ 6,6	+ 5,2	+ 2,o	+ 3,o	+ 4,3	+ 2,4	+ 4,2	+ 3,4	+ 2,5	+ 1,8	+ 2,8	+ o,3	+ 3,5	+ 1,5	+ 2,8	+ 3,5
Alternative II (obere)																			
1969	+ 9,3	+ 8,8	+ 6,o	+ 7,5	+ 7.o	+ 6,o	+ 5,7	+ 6,5	+ 4.3	+ 6,3	+ 3,5	+ 3,2	+ 2,9	+ 5,o	+ o,3	+ 3,7	+ 1,3	+ 2,6	+ 4,6
197o	+ 9,3	+ 8,8	+ 6,o	+ 7,5	+ 7,o	+ 6,o	+ 5,6	+ 6,5	+ 4,3	+ 6,3	+ 3,5	+ 3,2	+ 2,9	+ 4,9	+ o,3	+ 3,6	+ 1,3	+ 2,6	+ 4,6
1971	+ 9,3	+ 8,8	+ 5,9	+ 7,5	+ 7,o	+ 6,o	+ 5,6	+ 6,5	+ 4.3	+ 6,3	+ 3,5	+ 3,2	+ 2,9	+ 5,o	+ o,3	+ 3,6	+ 1,3	+ 2,6	+ 4,6
1972	+ 9,3	+ 8.8	+ 5,9	+ 7,5	+ 7,o	+ 6,o	+ 5,6	+ 6,5	+ 4,3	+ 6,3	+ 3,5	+ 3,2	+ 2,9	+ 5,o	+ o,3	+ 3,6	+ 1,3	+ 2,6	+ 4,6
1973	+ 9,3	+ 8,8	+ 5,8	+ 7,5	+ 6.9	+ 5,9	+ 5,6	+ 6,5	+ 4,2	+ 6,3	+ 3,5	+ 3,2	+ 2,9	+ 4,9	+ o,2	+ 3,6	+ 1,2	+ 2,6	+ 4,6
1974	+ 9,3	+ 8,8	+ 5,8	+ 7,5	+ 6,9	+ 5.9	+ 5,6	+ 6,4	+ 4,2	+ 6,3	+ 3,5	+ 3,2	+ 2,9	+ 4,9	+ o,2	+ 3,6	+ 1,2	+ 2,6	+ 4,6
1975	+ 9,3	+ 8,8	+ 5.8	+ 7,5	+ 6,9	+ 5.9	+ 5,6	+ 6,4	+ 4,2	+ 6,3	+ 3,4	+ 3,2	+ 2,9	+ 4,9	+ o,2	+ 3,6	+ 1,2	+ 2,5	+ 4,6

Tabelle 6: Beitrag der Wirtschaftsbereiche zum Bruttoinlandsprodukt, in Preisen von 1954

Veränderung gegenüber dem Vorjahr in vH

	LFF	BGB	ERG	CHM	SEF	ENE	SMF	EFE	HPD	TLB	NUG	BAU	HAN	VER	GEV	DIE	SGS	POE	Insgesamt
	1	2	3	4	5	6	7	8	9	1o	11	12	13	14	15	16	25	26	
1955	- o,7	+ lo,o	+ 11,2	+ 16,5	+ 16,o	+ 22,8	+ 24,3	+ 26,7	+ 3,2	+ 9,3	+ 11,4	+ 17,4	+ 11,1	+ 15,3	+ 7,9	+ 9,o	+ 5,6	+ 3,1	+ 12,1
1956	- o,9	+ 6,7	+ lo,6	+ 9,4	+ 5,7	+ lo,5	+ 5,5	+ 9,2	+ 3,9	+ 5,2	+ 8,6	+ 6,2	+ lo,3	+ 9,o	+ 5,8	+ 8,6	+ 3,4	+ 1,7	+ 6,9
1957	+ 3,3	- o,1	+ 6,3	+ 13,1	+ 1,8	+ 3,2	+ 5,4	+ 7,9	+ 1,2	+ 11,8	+ 9,5	- 1,7	+ 7,6	+ 4,8	+ 3,1	+ lo,o	+ 6,5	+ 3,o	+ 5,7
1958	+ 6,o	- 6,o	+ 1,6	+ 14,o	+ 5,8	- 6,3	+ 6,1	+ 8,7	- o,7	- 6,9	+ 4,8	+ 3,o	+ 3,o	- 1,3	+ 2,4	+ 4,2	+ 3,5	+ 1,o	+ 3,2
1959	+ 3,3	+ o,3	+ 5,3	+ 15,8	+ 12,3	+ 7,5	+ 9,4	+ 11,3	+ 6,4	+ 4,o	+ 2,2	+ 11,3	+ 8,1	+ 6,8	+ 7,5	+ 6,4	+ 2,7	± o,o	+ 7,o
196o	+ 3,8	+ 7,2	+ 7,4	+ 14,7	+ lo,6	+ 19,3	+ 15,4	+ 14,o	+ 8,7	+ 6,6	+ 3,6	+ 4,3	+ 9,4	+ 7,6	+ 7,6	+ 6,2	+ 4,8	- 3,2	+ 8,7
1961	+ 1,7	+ o,1	+ 4,4	+ 8,3	+ 8,5	+ o,5	+ 9,7	+ 8,9	+ 3,7	+ 5,o	+ 6,o	+ 7,2	+ 5,7	+ 1,9	+ 8,o	+ 6,4	+ 5,9	- 1,9	+ 5,6
1962	- 4,o	+ 2,5	+ 7,5	+ 9,9	+ 4,o	- 3,5	+ 6,6	+ 1,9	+ 4,1	+ 4,6	+ 5,4	+ 3,6	+ 5,3	+ 2,6	+ 5,9	+ 5,3	+ 6,o	+ 1,3	+ 4,1
1963	+ 8,1	+ 1,7	+ 6,8	+ 8,7	+ o,1	- 2,6	+ 3,3	+ 2,8	+ 1,2	- o,3	+ 3,5	+ 2,7	+ 3,o	+ 2,2	+ 5,2	+ 4,3	+ 5,2	+ 1,6	+ 3,5
1964	+ 5,4	+ 1,1	+ 6,4	+ lo,7	+ 11,3	+ 8,6	+ 9,o	+ 12,3	+ 8,o	+ 5,1	+ 5,3	+ lo,2	+ 5,7	+ 3,o	+ 5,7	+ 3,9	+ 4,2	+ o,9	+ 6,7
1965	- 6,2	- 3,6	+ 5,2	+ 11,3	+ 4,7	+ 7,4	+ 6,8	+ lo,2	+ 7,6	+ 7,2	+ 6,1	+ 2,8	+ 7,o	+ 4,3	+ 6,4	+ 5,5	+ 5,2	+ o,6	+ 5,6
1966	- o,3	- 4,3	+ 5,4	+ 8,4	+ 1,7	- 4,3	+ 3,5	+ o,8	- o,9	- o,4	+ 1,6	+ 2,5	+ 1,4	+ 2,5	+ 7,o	+ 4,o	+ 4,2	+ 1,5	+ 2,2
1967	+ 9,8	- 5,5	+ 3,4	+ 3,3	- 3,1	+ o,9	- 6,1	- 1,7	- 2,o	- 8,3	+ 2,9	- 4,8	+ 1,o	+ o,8	+ 3,6	+ 3,o	+ 4,4	+ 1,2	+ o,3
1968	+ 4,1	+ 4,o	+ 7,9	+ 17,7	+ 7,8	+ 11,1	+ 12,4	+ 11,o	+ 11,7	+ 14,7	+ o,9	+ 2,5	+ 5,1	+ 8,7	+ 5,9	+ 1,3	+ 2,7	+ 2,3	+ 7,4
1969	.	.	.	.	.	.	.	.	.	.	.	.	.	.	.	.	.	.	+ 8,3
197o	.	.	.	.	.	.	.	.	.	.	.	.	.	.	.	.	.	.	+ 5,o
Alternative I (untere)																			
1969	+ 2,1	- 1,8	+ 5,7	+ 9,3	+ 3,4	+ 1,2	+ 4,5	+ 5,3	+ 1,8	+ 1,4	+ 3,8	+ 2,2	+ 3,9	+ 2,7	+ 4,8	+ 6,o	+ 4,1	+ o,4	+ 4,1
197o	+ 2,2	- 1,6	+ 5,7	+ 9,4	+ 3,4	+ 1,2	+ 4,5	+ 5,3	+ 1,9	+ 1,5	+ 3,8	+ 2,2	+ 3,9	+ 2,8	+ 4,8	+ 6,1	+ 4,1	+ o,5	+ 4,2
1971	+ 2,1	- 1,9	+ 5,6	+ 9,3	+ 3,4	+ 1,2	+ 4,5	+ 5,2	+ 1,8	+ 1,4	+ 3,8	+ 2,2	+ 3,9	+ 2,7	+ 4,8	+ 6,o	+ 4,1	+ o,4	+ 4,2
1972	+ 2,1	- 1,8	+ 5,6	+ 9,3	+ 3,4	+ 1,1	+ 4,4	+ 5,2	+ 1,8	+ 1,4	+ 3,7	+ 2,1	+ 3,8	+ 2,7	+ 4,7	+ 6,o	+ 4,o	+ o,4	+ 4,2
1973	+ 2,o	- 1,9	+ 5,5	+ 9,2	+ 3,3	+ 1,1	+ 4,4	+ 5,1	+ 1,7	+ 1,3	+ 3,7	+ 2,1	+ 3,8	+ 2,6	+ 4,7	+ 5,9	+ 3,9	+ o,3	+ 4,2
1974	+ 2,o	- 1,9	+ 5,5	+ 9,2	+ 3,3	+ 1,o	+ 4,3	+ 5,1	+ 1,7	+ 1,3	+ 3,6	+ 2,o	+ 3,7	+ 2,6	+ 4,6	+ 5,9	+ 3,9	+ o,3	+ 4,2
1975	+ 1,9	- 2,o	+ 5,4	+ 9,1	+ 3,2	+ 1,o	+ 4,3	+ 5,o	+ 1,6	+ 1,2	+ 3,6	+ 2,o	+ 3,7	+ 2,5	+ 4,6	+ 5,8	+ 3,8	+ o,2	+ 4,2
Alternative II (obere)																			
1969	+ 1,7	+ 1,1	+ 6,o	+ lo,7	+ 5,8	+ 6,2	+ 8,o	+ 8,5	+ 4,o	+ 4,o	+ 4,1	+ 3,7	+ 5,4	+ 5,1	+ 4,9	+ 6,6	+ 3,8	+ o,1	+ 5,8
197o	+ 1,8	+ 1,2	+ 6,o	+ lo,8	+ 5,9	+ 6,2	+ 8,1	+ 8,5	+ 4,o	+ 4,o	+ 4,2	+ 3,7	+ 5,5	+ 5,1	+ 5,o	+ 6,6	+ 3,8	+ o,1	+ 5,9
1971	+ 1,7	+ 1,1	+ 6,o	+ lo,7	+ 5,8	+ 6,1	+ 8,o	+ 8,5	+ 4,o	+ 4,o	+ 4,1	+ 3,7	+ 5,4	+ 5,1	+ 4,9	+ 6,5	+ 3,8	+ o,1	+ 5,9
1972	+ 1,7	+ 1,1	+ 5,9	+ lo,7	+ 5,7	+ 6,1	+ 7,9	+ 8,4	+ 3,9	+ 3,9	+ 4,o	+ 3,6	+ 5,4	+ 5,o	+ 4,8	+ 6,5	+ 3,7	± o,o	+ 5,9
1973	+ 1,6	+ 1,o	+ 5,9	+ lo,6	+ 5,7	+ 6,o	+ 7,9	+ 8,4	+ 3,9	+ 3,9	+ 4,o	+ 3,6	+ 5,3	+ 5,o	+ 4,8	+ 6,4	+ 3,7	± o,o	+ 5,9
1974	+ 1,5	+ o,9	+ 5,8	+ lo,5	+ 5,6	+ 6,o	+ 7,8	+ 8,3	+ 3,8	+ 3,8	+ 3,9	+ 3,6	+ 5,3	+ 4,9	+ 4,7	+ 6,4	+ 3,6	- o,1	+ 5,9
1975	+ 1,5	+ o,9	+ 5,8	+ lo,5	+ 5,6	+ 5,9	+ 7,8	+ 8,2	+ 3,7	+ 3,8	+ 3,9	+ 3,5	+ 5,2	+ 4,9	+ 4,7	+ 6,3	+ 3,6	- o,2	+ 5,9

Tabelle 7: Beitrag der Wirtschaftsbereiche zum Bruttoinlandsprodukt, in jeweiligen Preisen[1]

Veränderung gegenüber dem Vorjahr in vH

	LFF	BGB	ERG	CHM	SEF	ENE	SMF	EFE	HPD	TLB	NUG	BAU	HAN	VER	GEV	DIE	SGS	POE	Insgesamt
	1	2	3	4	5	6	7	8	9	1o	11	12	13	14	15	16	25	26	
1955	+ 5,7	+ 6,3	+ 11,5	+ 15,5	+ 17,4	+ 22,2	+ 2o,5	+ 21,1	+ 9,7	+ 11,1	+ 11,5	+ 24,2	+ 15,9	+ 17,6	+ 13,9	+ 12,8	+ 9,8	+ 8,o	+ 14,3
1956	+ 3,o	+ 13,7	+ 13,o	+ 9,4	+ 8,o	+ 12,7	+ 1o,2	+ 1o,8	+ 8,3	+ 6,3	+ 7,1	+ 1o,9	+ 11,6	+ 9,8	+ 13,7	+ 13,8	+ 11,8	+ 9,4	+ 1o,o
1957	+ 4,3	+ 7,4	+ 1o,1	+ 11,3	+ 3,1	+ 5,6	+ 9,8	+ 13,2	+ 6,2	+ 1o,2	+ 3,4	+ 4,1	+ 13,1	+ 7,9	+ 9,6	+ 11,9	+ 1o,6	+ 7,7	+ 8,7
1958	+ 5,8	+ 1,o	+ 7,2	+ 7,o	+ 7,6	- 1,8	+ 1o,5	+ 1o,3	+ 7,3	+ 2,3	+ 6,4	+ 8,7	+ 6,2	+ 6,6	+ 7,6	+ 1o,1	+ 8,9	+ 7,6	+ 6,8
1959	+ 2,2	- o,6	+ 7,o	+ 14,1	+ 13,9	+ 6,5	+ 1o,6	+ 8,7	+ 1o,5	- o,1	+ 9,1	+ 19,o	+ 8,6	+ 9,2	+ 15,4	+ 1o,2	+ 3,2	+ 4,8	+ 8,5
196o	+ 3,8	+ 5,1	+ 8,6	+ 15,1	+ 12,8	+ 2o,8	+ 16,9	+ 15,7	+ 11,3	+ 13,9	+ 2,9	+ 13,o	+ 9,8	+ 1o,6	+ 14,4	+ 12,6	+ 11,6	+ 6,8	+ 11,4
1961	+ 1,2	+ o,1	+ 4,8	+ 12,o	+ 12,6	+ 3,1	+ 14,4	+ 13,5	+ 8,8	+ 1o,2	+ 11,o	+ 14,5	+ 9,4	+ 6,3	+ 9,6	+ 14,o	+ 15,o	+ 6,7	+ 1o,1
1962	+ o,2	+ 2,8	+ 7,9	+ 8,6	+ 1o,4	+ o,3	+ 13,5	+ 5,6	+ 11,3	+ 9,8	+ 6,o	+ 13,6	+ 12,2	+ 5,o	+ 11,7	+ 9,4	+ 9,7	+ 6,3	+ 8,7
1963	+ 7,3	+ 4,o	+ 6,3	+ 7,9	+ 3,9	- 1,7	+ 5,7	+ 3,3	+ 6,1	+ 3,8	+ 2,5	+ 8,5	+ 5,7	+ 7,o	+ 1o,9	+ 1o,9	+ 11,3	+ 8,9	+ 6,5
1964	+ 6,4	- 4,6	+ 6,2	+ 8,o	+ 15,3	+ 16,o	+ 1o,o	+ 9,8	+ 12,6	+ 7,1	+ 7,8	+ 15,1	+ 9,2	+ 8,8	+ 9,9	+ 11,1	+ 9,9	+ 8,o	+ 9,7
1965	- 1,9	+ o,3	+ 7,4	+ 12,9	+ 6,8	+ 12,5	+ 9,2	+ 11,9	+ 13,o	+ 1o,5	+ 8,4	+ 4,7	+ 11,8	+ 4,9	+ 12,4	+ 12,1	+ 7,9	+ 9,4	+ 9,5
1966	+ o,7	- 4,2	+ 8,1	+ 7,7	+ 4,7	- o,3	+ 6,8	+ 1,2	+ 5,1	+ 3,4	+ 2,2	+ 4,5	+ 5,5	+ 8,1	+ 14,3	+ 12,1	+ 17,7	+ 7,4	+ 6,1
1967	+ 3,1	- 4,9	+ 6,5	+ 3,5	- 3,7	- 5,5	- 4,7	- 1,8	- o,9	- 6,3	+ 3,9	- 7,7	+ 1,2	+ 1,3	+ 8,6	+ 7,5	+ 7,1	+ 4,3	+ o,9
1968	+ 1,o	+ 9,3	+ 19,7	+ 22,5	+ 1o,8	+ 18,2	+ 7,4	+ 8,5	+ 8,1	+ 15,o	+ 5,2	+ 6,5	+ 5,6	+ 8,4	+ 12,o	+ 1o,2	+ 6,1	+ 5,8	+ 9,o
1969	.	.	.	.	.	.	.	.	.	.	.	.	.	.	.	.	.	.	+ 11,8
197o	.	.	.	.	.	.	.	.	.	.	.	.	.	.	.	.	.	.	+ 12,o
Alternative I (untere)																			
1969	+ 1,8	- o,7	+ 5,2	+ 7,3	+ 5,5	+ 5,5	+ 7,8	+ 6,4	+ 6,2	+ 5,1	+ 5,2	+ 4,3	+ 5,9	+ 4,6	+ 7,7	+ 7,9	+ 7,1	+ 4,9	+ 6,o
197o	+ 1,7	- o,9	+ 5,2	+ 7,3	+ 5,4	+ 5,3	+ 7,7	+ 6,2	+ 6,3	+ 5,1	+ 5,1	+ 4,2	+ 5,8	+ 4,6	+ 8,o	+ 8,o	+ 7,1	+ 4,9	+ 6,o
1971	+ 1,7	- o,9	+ 5,2	+ 7,3	+ 5,5	+ 5,2	+ 7,6	+ 6,1	+ 6,3	+ 5,1	+ 5,o	+ 4,1	+ 5,8	+ 4,5	+ 8,3	+ 8,1	+ 7,o	+ 4,9	+ 6,o
1972	+ 1,6	- o,9	+ 5,2	+ 7,3	+ 5,5	+ 5,2	+ 7,5	+ 6,o	+ 6,4	+ 5,o	+ 4,9	+ 4,o	+ 5,8	+ 4,5	+ 8,5	+ 8,2	+ 7,o	+ 4,8	+ 6,o
1973	+ 1,5	- 1,o	+ 5,1	+ 7,2	+ 5,4	+ 5,o	+ 7,4	+ 5,8	+ 6,5	+ 5,o	+ 4,8	+ 3,9	+ 5,7	+ 4,5	+ 8,7	+ 8,2	+ 6,9	+ 4,7	+ 6,o
1974	+ 1,4	- 1,o	+ 5,1	+ 7,2	+ 5,4	+ 4,9	+ 7,3	+ 5,7	+ 6,5	+ 4,9	+ 4,8	+ 3,8	+ 5,7	+ 4,4	+ 8,9	+ 8,3	+ 6,9	+ 4,7	+ 6,o
1975	+ 1,3	- 1,1	+ 5,2	+ 7,3	+ 5,5	+ 4,8	+ 7,2	+ 5,7	+ 6,5	+ 4,9	+ 4,7	+ 3,7	+ 5,6	+ 4,4	+ 9,1	+ 8,3	+ 6,8	+ 4,5	+ 6,o
Alternative II (obere)																			
1969	+ 2,6	- 1,o	+ 7,9	+ 1o,9	+ 9,6	+ 7,1	+ 1o,7	+ 9,6	+ 9,3	+ 7,2	+ 7,4	+ 8,5	+ 8,7	+ 6,9	+ 11,6	+ 11,2	+ 1o,7	+ 7,4	+ 8,9
197o	+ 2,5	- 1,1	+ 7,7	+ 1o,9	+ 9,4	+ 7,o	+ 1o,6	+ 9,4	+ 9,4	+ 7,1	+ 7,2	+ 8,3	+ 8,6	+ 6,8	+ 12,o	+ 11,3	+ 1o,6	+ 7,3	+ 8,9
1971	+ 2,4	- 1,2	+ 7,9	+ 1o,9	+ 9,6	+ 6,8	+ 1o,5	+ 9,2	+ 9,6	+ 7,o	+ 7,1	+ 8,2	+ 8,5	+ 6,7	+ 12,4	+ 11,3	+ 1o,5	+ 7,2	+ 8,9
1972	+ 2,3	- 1,2	+ 7,8	+ 1o,9	+ 9,5	+ 6,7	+ 1o,4	+ 9,o	+ 9,6	+ 7,o	+ 6,9	+ 8,o	+ 8,5	+ 6,7	+ 12,7	+ 11,3	+ 1o,5	+ 7,3	+ 8,9
1973	+ 2,2	- 1,3	+ 7,7	+ 1o,9	+ 9,5	+ 6,5	+ 1o,3	+ 8,8	+ 9,7	+ 6,9	+ 6,7	+ 7,8	+ 8,4	+ 6,6	+ 13,1	+ 11,4	+ 1o,4	+ 7,1	+ 8,9
1974	+ 2,o	- 1,5	+ 7,7	+ 1o,9	+ 9,5	+ 6,5	+ 1o,1	+ 8,7	+ 9,8	+ 6,9	+ 6,6	+ 7,6	+ 8,3	+ 6,5	+ 13,4	+ 11,4	+ 1o,3	+ 7,o	+ 8,9
1975	+ 1,9	- 1,4	+ 7,7	+ 1o,9	+ 9,4	+ 6,3	+ 1o,1	+ 8,5	+ 9,8	+ 6,8	+ 6,4	+ 7,4	+ 8,2	+ 6,5	+ 13,6	+ 11,4	+ 1o,2	+ 7,o	+ 8,9

[1]Bereinigt um Vorsteuerabzug auf Investitionen und Selbstverbrauchsteuer

Tabelle 8: Beitrag der Wirtschaftsbereiche zum Bruttoinlandsprodukt, in jeweiligen Preisen[1]
in Mill.DM

	LFF	BGB	ERG	CHM	SEF	ENE	SMF	EFE	HPD	TLB	NUG	BAU	HAN	VER	GEV	DIE	SGS	POE	Insge-samt
	1	2	3	4	5	6	7	8	9	10	11	12	13	14	15	16	25	26	
1954	13.920	6 866	3 629	7 421	3 780	7 882	11 680	8 528	6 762	8 759	13 120	9 651	21 190	10 730	4 374	13 690	12 930	3 033	167 900
1955	14 710	7 300	4 048	8 575	4 438	9 628	14 070	10 320	7 419	9 728	14 640	11 990	24 560	12 620	4 980	15 440	14 200	3 276	191 900
1956	15 140	8 300	4 574	9 381	4 793	10 850	15 510	11 440	8 035	10 340	15 680	13 290	27 420	13 860	5 660	17 570	15 880	3 583	211 300
1957	15 800	8 914	5 035	10 440	4 940	11 450	17 030	12 950	8 536	11 390	16 220	13 840	31 000	14 950	6 205	19 650	17 570	3 857	229 800
1958	16 710	9 001	5 400	11 180	5 315	11 250	18 820	14 280	9 162	11 660	17 250	15 040	32 910	15 950	6 675	21 630	19 130	4 153	245 500
1959	17 070	8 947	5 776	12 750	6 057	11 980	20 820	15 520	10 120	11 650	18 820	17 900	35 730	17 420	7 701	23 840	19 750	4 354	266 200
1960	17 720	9 400	6 270	14 670	6 830	14 470	24 340	17 960	11 270	13 270	19 370	20 230	39 220	19 270	8 810	26 850	22 040	4 650	296 600
1961	17 940	9 410	6 570	16 340	7 690	14 920	27 840	20 380	12 260	14 620	21 500	23 170	42 910	20 490	9 660	30 600	25 340	4 960	326 600
1962	17 970	9 670	7 090	17 750	8 490	14 960	31 600	21 530	13 650	16 060	22 780	26 330	48 150	21 520	10 790	33 480	27 790	5 270	354 900
1963	19 280	10 060	7 540	19 160	8 820	14 710	33 410	22 240	14 480	16 670	23 340	28 570	50 900	23 020	11 970	37 130	30 920	5 740	378 000
1964	20 510	9 600	8 010	20 700	10 170	17 070	36 750	24 420	16 310	17 850	25 150	32 880	55 560	25 050	13 150	41 240	33 980	6 200	414 600
1965	20 130	9 630	8 600	23 370	10 860	19 210	40 130	27 330	18 340	19 730	27 260	34 410	62 100	26 270	14 780	46 220	38 680	6 780	453 800
1966	20 270	9 230	9 300	25 160	11 370	19 160	42 870	27 670	19 270	20 410	27 860	35 970	65 520	28 410	16 900	51 800	43 160	7 280	481 600
1967	20 890	8 690	9 700	25 890	10 730	16 720	41 760	27 710	19 250	19 020	29 610	33 080	66 460	28 610	18 070	56 000	46 220	7 590	486 000
1968	21 090	9 500	11 610	31 710	11 890	19 760	44 860	30 060	20 810	21 880	31 150	35 220	70 160	31 000	20 240	61 690	49 020	8 030	529 700
1969	.	.	.	.	.	.	.	.	.	.	.	.	.	.	.	.	.	.	591 800
1970	.	.	.	.	.	.	.	.	.	.	.	.	.	.	.	.	.	.	662 800
Alternative I (untere)																			
1969	21 460	9 430	12 210	34 020	12 540	20 840	48 340	31 970	22 100	22 990	32 780	36 750	74 280	32 430	21 800	66 580	52 510	8 420	561 500
1970	21 830	9 350	12 840	36 500	13 220	21 950	52 040	33 960	23 490	24 150	34 460	38 300	78 610	33 930	23 550	71 910	56 220	8 830	595 200
1971	22 190	9 270	13 510	39 150	13 940	23 100	55 970	36 030	24 980	25 370	36 190	39 870	83 170	35 470	25 500	77 730	60 160	9 260	630 900
1972	22 540	9 190	14 210	41 990	14 700	24 290	60 170	38 180	26 580	26 640	37 970	41 470	87 950	37 070	27 670	84 080	64 360	9 700	668 700
1973	22 880	9 100	14 940	45 030	15 500	25 510	64 620	40 410	28 300	27 970	39 800	43 080	92 970	38 720	30 080	90 990	68 820	10 160	708 900
1974	23 200	9 010	15 700	48 290	16 330	26 770	69 340	42 730	30 140	29 350	41 690	44 720	98 230	40 430	32 770	98 510	73 550	10 640	751 400
1975	23 500	8 910	16 510	51 790	17 220	28 060	74 360	45 150	32 100	30 790	43 630	46 380	103 800	42 210	35 750	106 700	78 580	11 120	796 500
Alternative II (obere)																			
1969	**21 640**	9 410	12 530	35 180	13 030	21 160	49 650	32 930	22 750	23 460	33 450	38 210	76 250	33 130	22 590	68 590	54 260	8 620	576 800
1970	**22 170**	9 310	13 500	39 030	14 260	22 630	54 910	36 010	24 890	25 130	35 870	41 380	82 810	35 390	25 300	76 310	60 020	9 250	628 200
1971	**22 700**	9 200	14 560	43 280	15 630	24 160	60 670	39 310	27 270	26 900	38 400	44 740	89 870	37 760	28 440	84 940	66 340	9 920	684 100
1972	**23 230**	9 090	15 690	47 980	17 110	25 780	66 950	42 830	29 890	28 780	41 030	48 300	97 480	40 280	32 060	94 570	73 290	10 640	745 000
1973	**23 740**	8 970	16 900	53 200	18 730	27 460	73 830	46 610	32 800	30 760	43 790	52 060	105 700	42 940	36 250	105 300	80 900	11 390	811 300
1974	**24 220**	8 840	18 200	58 980	20 510	29 230	81 320	50 640	36 000	32 870	46 680	56 020	114 400	45 740	41 090	117 300	89 260	12 190	883 500
1975	**24 680**	8 720	19 600	65 390	22 440	31 070	89 500	54 950	39 520	35 090	49 680	60 190	123 900	48 690	46 680	130 700	98 400	13 040	962 200

[1]Bereinigt um Vorsteuerabzug auf Investitionen und Selbstverbrauchsteuer

Tabelle 9: Abschreibungen

Veränderung gegenüber dem Vorjahr in vH

	LFF	BGB	ERG	CHM	SEF	ENE	SMF	EFE	HPD	TLB	NUG	BAU	HAN	VER	GEV	DIE	SGS	POE	Insge-samt
	1	2	3	4	5	6	7	8	9	1o	11	12	13	14	15	16	25	26	
1955	+ 12,5	± o,o	± o,o	+ 1,o	+ 11,o	+ 3,1	+ 14,1	+ 13,2	+ 18,5	+ 12,9	+ 15,5	+ 19,4	+ 8,9	+ 14,9	± o,o	+ 7,8	+ 8,2	-	+ 8,7
1956	+ 12,o	+ 12,9	+ 13,o	+ 1,8	+ 15,2	+ 2,2	+ 16,o	+ 18,o	+ 23,2	+ 19,o	+ 15,1	+ 16,3	+ 1o,9	+ 14,7	+ 18,8	+ 8,4	+ 9,1	-	+ 11,5
1957	+ 11,6	+ 1o,9	+ 1o,9	- 1,2	+ 16,6	+ 2,7	+ 19,7	+ 18,6	+ 21,8	+ 13,4	+ 13,3	+ 12,o	+ 14,8	+ 12,8	+ 5,3	+ 9,2	+ 9,7	-	+ 11,1
1958	+ 11,1	+ 1o,o	+ 9,8	- o,8	+ 14,3	+ 3,8	+ 17,4	+ 17,4	+ 17,5	+ 12,8	+ 11,2	+ 19,6	+ 15,o	+ 4,4	+ 1o,o	+ 8,8	+ 7,6	-	+ 9,9
1959	+ 1o,7	+ 3,1	+ 3,2	- 2,7	+ 13,5	+ 5,2	+ 13,5	+ 13,8	+ 13,3	+ 7,1	+ 8,3	+ 17,9	+ 12,4	+ 11,7	+ 18,2	+ 9,3	+ 1o,6	-	+ 9,3
196o	+ 1o,8	+ 6,6	+ 6,5	+ 6,8	+ 18,6	+ 15,2	+ 18,7	+ 2o,7	+ 19,3	+ 12,7	+ 12,o	+ 12,7	+ 9,4	+ 13,9	+ 11,5	+ 11,6	+ 1o,6	-	+ 12,4
1961	+ 11,9	+ 7,5	+ 7,5	+ 6,2	+ 15,2	+ 14,2	+ 14,6	+ 14,4	+ 13,o	+ 6,9	+ 9,4	+ 18,8	+ 25,1	+ 1o,1	+ 27,6	+ 12,7	+ 17,3	-	+ 13,o
1962	+ 1o,6	+ 7,7	+ 7,7	+ 12,3	+ 16,2	+ 17,2	+ 14,3	+ 14,9	+ 1o,7	+ 9,2	+ 9,1	+ 21,9	+ 17,3	+ 19,1	+ 1o,8	+ 14,5	+ 14,7	-	+ 14,1
1963	+ 8,7	+ 18,5	+ 18,5	+ 1o,8	+ 11,7	+ 15,3	+ 1o,5	+ 1o,o	+ 7,5	+ 7,3	+ 5,o	+ 13,7	+ 12,8	+ 12,o	+ 19,5	+ 11,o	+ 13,5	-	+ 11,7
1964	+ 7,6	+ 3,3	+ 3,3	+ 14,2	+ 14,o	+ 17,o	+ 12,5	+ 13,3	+ 9,9	+ 8,3	+ 8,2	+ 17,7	+ 8,9	+ 11,6	+ 16,3	+ 11,7	+ 12,5	-	+ 11,o
1965	+ 9,o	+ 8,3	+ 8,2	+ 19,o	+ 16,4	+ 17,6	+ 13,1	+ 14,o	+ 12,1	+ 13,3	+ 12,o	+ 8,1	+ 15,6	+ 6,5	+ 26,3	+ 11,8	+ 13,8	-	+ 12,2
1966	+ 8,9	+ 1o,o	+ 1o,1	+ 1o,9	+ 1o,9	+ 1o,9	+ 1o,9	+ 1o,9	+ 1o,9	+ 1o,9	+ 1o,9	+ 11,4	+ 1o,9	+ 11,2	+ 22,2	+ 1o,3	+ 11,6	-	+ 1o,9
1967	+ 4,1	+ 7,8	+ 7,8	+ 5,2	+ 5,2	+ 5,2	+ 5,2	+ 5,2	+ 5,2	+ 5,2	+ 5,2	+ 1,8	+ 7,5	+ 7,o	± o,o	+ 4,4	+ 5,4	-	+ 5,4
1968	+ 6,4	+ 7,7	+ 5,8	+ 6,o	+ 5,9	+ 7,2	+ 6,8	+ 5,8	+ 7,9	+ 7,7	+ 6,4	+ 5,4	+ 7,1	+ 6,6	+ 6,7	+ 6,5	+ 6,6	-	+ 6,6
1969	.	.	.	.	.	.	.	.	.	.	.	.	.	.	.	.	.	.	+ 9,8
197o	.	.	.	.	.	.	.	.	.	.	.	.	.	.	.	.	.	.	+ 15,5
Alternative I (untere)																			
1969	+ 7,2	+ 1,2	+ 5,7	+ 1,7	+ 7,3	+ 2,9	+ 8,9	+ 8,4	+ 1o,8	+ 8,5	+ 8,5	+ 8,1	+ 7,1	+ 4,4	+ 3,7	+ 8,3	+ 5,7	-	+ 6,5
197o	+ 7,2	+ 1,2	+ 5,6	+ 1,7	+ 7,3	+ 2,9	+ 8,9	+ 8,3	+ 1o,7	+ 8,4	+ 8,4	+ 8,1	+ 7,o	+ 4,3	+ 3,8	+ 8,3	+ 5,7	-	+ 6,5
1971	+ 7,1	+ 1,1	+ 5,6	+ 1,6	+ 7,1	+ 2,8	+ 8,8	+ 8,3	+ 1o,6	+ 8,3	+ 8,4	+ 8,o	+ 7,o	+ 4,3	+ 3,6	+ 8,2	+ 5,7	-	+ 6,5
1972	+ 7,1	+ 1,1	+ 5,5	+ 1,6	+ 7,2	+ 2,8	+ 8,8	+ 8,2	+ 1o,5	+ 8,4	+ 8,3	+ 7,9	+ 6,9	+ 4,2	+ 3,6	+ 8,2	+ 5,6	-	+ 6,5
1973	+ 7,o	+ 1,1	+ 5,5	+ 1,5	+ 7,o	+ 2,7	+ 8,7	+ 8,2	+ 1o,6	+ 8,2	+ 8,2	+ 8,o	+ 6,9	+ 4,2	+ 3,6	+ 8,1	+ 5,6	-	+ 6,5
1974	+ 7,o	+ 1,o	+ 5,4	+ 1,5	+ 7,o	+ 2,7	+ 8,7	+ 8,1	+ 1o,5	+ 8,2	+ 8,2	+ 7,8	+ 6,8	+ 4,1	+ 3,6	+ 8,1	+ 5,5	-	+ 6,5
1975	+ 6,9	+ 1,o	+ 5,4	+ 1,4	+ 7,o	+ 2,6	+ 8,6	+ 8,o	+ 1o,4	+ 8,2	+ 8,1	+ 7,8	+ 6,8	+ 4,1	+ 3,4	+ 8,o	+ 5,5	-	+ 6,5
Alternative II (obere)																			
1969	+ 8,1	+ 1,6	+ 6,4	+ 3,3	+ 9,4	+ 5,3	+ 1o,5	+ 1o,2	+ 11,7	+ 9,2	+ 9,o	+ 1o,2	+ 9,o	+ 5,4	+ 7,3	+ 1o,3	+ 7,5	-	+ 8,o
197o	+ 8,o	+ 1,5	+ 6,4	+ 3,3	+ 9,2	+ 5,3	+ 1o,4	+ 1o,1	+ 11,6	+ 9,1	+ 8,9	+ 1o,2	+ 9,o	+ 5,4	+ 7,3	+ 1o,2	+ 7,5	-	+ 8,o
1971	+ 7,9	+ 1,4	+ 6,3	+ 3,3	+ 9,3	+ 5,2	+ 1o,3	+ 1o,1	+ 11,6	+ 9,o	+ 8,9	+ 1o,o	+ 8,9	+ 5,3	+ 7,2	+ 1o,2	+ 7,4	-	+ 8,o
1972	+ 7,9	+ 1,4	+ 6,3	+ 3,2	+ 9,1	+ 5,2	+ 1o,3	+ 1o,o	+ 11,5	+ 9,o	+ 8,8	+ 1o,o	+ 8,8	+ 5,2	+ 7,2	+ 1o,1	+ 7,3	-	+ 8,o
1973	+ 7,8	+ 1,3	+ 6,2	+ 3,1	+ 9,1	+ 5,1	+ 1o,2	+ 1o,o	+ 11,5	+ 8,8	+ 8,7	+ 1o,o	+ 8,8	+ 5,2	+ 7,1	+ 1o,o	+ 7,3	-	+ 8,o
1974	+ 7,8	+ 1,3	+ 6,2	+ 3,1	+ 9,1	+ 5,o	+ 1o,2	+ 9,9	+ 11,4	+ 8,8	+ 8,7	+ 9,9	+ 8,7	+ 5,1	+ 7,o	+ 1o,o	+ 7,2	-	+ 8,o
1975	+ 7,7	+ 1,3	+ 6,1	+ 3,o	+ 9,o	+ 5,o	+ 1o,1	+ 9,8	+ 11,3	+ 8,8	+ 8,6	+ 9,8	+ 8,7	+ 5,1	+ 7,o	+ 9,9	+ 7,2	-	+ 8,o

Tabelle 1o: Indirekte Steuern vermindert um Subventionen

Veränderung gegenüber dem Vorjahr in vH

	LFF[1]	RGB	ERG	CHM	SEF	ENE	SMF	EFE	HPD	TLB	NUG	BAU	HAN	VER	GEV	DIE	SGS	POE	Insgesamt
	1	2	3	4	5	6	7	8	9	1o	11	12	13	14	15	16	25	26	
1955	-	+ 7,8	+ 7,8	+ 15,o	+ 14,9	+ 15,1	+ 15,o	+ 15,o	+ 15,o	+ 14,9	+ 15,o	+ 21,9	+ 8,8	+ 22,4	+ 8,9	+ 8,8	+ 28,6	-	+ 12,6
1956	-	- 4,3	- 4,3	+ 8,7	+ 8,8	+ 8,8	+ 8,8	+ 8,8	+ 8,7	+ 8,8	+ 8,7	+ 12,o	+ 1o,9	+ 1,7	+ 22,4	+ 8,6	± o,o	-	+ 6,9
1957	-	+ 2,3	+ 2,3	+ 6,6	+ 6,7	+ 6,5	+ 6,6	+ 6,6	+ 6,7	+ 6,6	+ 6,7	+ 4,6	+ 8,3	+ 8,2	+ 2o,o	+ 8,9	+ 11,1	-	+ 6,2
1958	-	+ 1o,3	+ 1o,3	+ 2,2	+ 2,1	+ 2,2	+ 2,2	+ 2,2	+ 2,2	+ 2,2	+ 2,2	+ 1o,2	+ 6,o	+ 56,1	+ 8,3	+ 4,3	+ 1o,o	-	+ 5,2
1959	-	+ 8,7	+ 8,7	+ 9,8	+ 9,8	+ 9,8	+ 9,8	+ 9,9	+ 9,7	+ 9,8	+ 9,8	+ 19,9	+ 16,4	+ 17,5	+ 14,1	+ 9,9	± o,o	-	+ 11,8
196o	-	+ 4,9	+ 4,9	+ 11,o	+ 11,o	+ 11,o	+ 11,o	+ 11,o	+ 11,o	+ 11,o	+ 11,o	+ 11,6	+ 8,1	+ 2,5	+ 9,o	+ 6,7	+ 9,1	-	+ 9,2
1961	-	+ 6,7	+ 6,7	+ 1o,6	+ 1o,7	+ 1o,6	+ 1o,6	+ 1o,6	+ 1o,6	+ 1o,6	+ 1o,6	+ 16,4	+ 13,3	- 6,4	+ 11,9	+ 9,2	+ 8,3	-	+ 1o,3
1962	-	+ 5,2	+ 5,2	+ 7,5	+ 7,5	+ 7,6	+ 7,5	+ 7,6	+ 7,6	+ 7,5	+ 7,5	+ 13,7	+ 13,6	+ 13,7	- 4,4	+ 6,3	+ 7,7	-	+ 8,5
1963	-	+ 5,o	+ 5,o	+ 4,5	+ 4,5	+ 4,4	+ 4,4	+ 4,5	+ 4,5	+ 4,4	+ 4,5	+ 8,2	+ 5,1	+ 3,8	+ 12,o	+ 5,9	+ 7,1	-	+ 4,1
1964	-	- 1o,4	- 1o,4	+ 1o,o	+ 1o,1	+ 1o,o	+ 1o,o	+ 1o,o	+ 1o,o	+ 1o,o	+ 1o,o	+ 17,o	+ 5,6	+ 16,7	+ 9,9	+ 6,4	+ 26,7	-	+ 9,o
1965	-	- o,5	- o,5	+ 1o,2	+ 1o,1	+ 1o,2	+ 1o,2	+ 1o,2	+ 1o,2	+ 1o,2	+ 1o,2	+ 5,9	+ 8,6	+ 1o,6	+ 3,8	+ 8,o	+ 5,3	-	+ 8,8
1966	-	+ 9,6	+ 9,3	+ 5,9	+ 6,o	+ 5,9	+ 5,9	+ 5,9	+ 5,9	+ 5,9	+ 5,9	+ 5,6	+ 5,8	+ 5,6	+ 13,o	+ 7,2	+ 15,o	-	+ 6,1
1967	-	- 5,5	- 6,5	+ 3,6	+ 3,3	+ 3,6	+ 3,5	+ 3,4	+ 3,4	+ 3,5	+ 3,5	- 4,8	+ 5,7	- 12,2	+ 7,7	+ 5,6	+ 4,3	-	+ 4,o
1968	-	+ 2,1	+ 2.2	+ 2,2	+ 2,4	+ 2,3	+ 2,2	+ 2,2	+ 2,3	+ 2,2	+ 2,2	+ 2,1	- 1,o	- 1,o	+ 3,9	+ 3,8	+ 4,2	-	+ 2,7
1969	-	.	.	.	.	.	.	.	.	.	.	.	.	.	.	.	.	-	+ 2o,5
197o	-	.	.	.	.	.	.	.	.	.	.	.	.	.	.	.	.	-	+ 2,o
Alternative I (untere)																			
1969	-	- o,9	+ 2,2	+ 6,1	+ 6,1	+ 6,1	+ 6,1	+ 6,1	+ 6,1	+ 6,1	+ 4,5	+ 7,8	+ 7,o	+ 4,o	+ 9,3	+ 9,2	+ 8,o	-	+ 6,3
197o	-	- 1,o	+ 2,o	+ 6,1	+ 6,1	+ 6,1	+ 6,1	+ 6,1	+ 6,1	+ 6,1	+ 4,5	+ 7,8	+ 6,9	+ 4,1	+ 9,4	+ 9,2	+ 8,5	-	+ 6,3
1971	-	- o,9	+ 2,1	+ 6,1	+ 6,1	+ 6,1	+ 6,1	+ 6,1	+ 6,1	+ 6,1	+ 4,4	+ 7,8	+ 6,9	+ 4,o	+ 9,2	+ 9,2	+ 8,2	-	+ 6,3
1972	-	- 1,o	+ 1,9	+ 6,1	+ 6,o	+ 6,1	+ 6,o	+ 6,1	+ 6,1	+ 6,o	+ 4,4	+ 7,8	+ 6,9	+ 4,o	+ 9,3	+ 9,1	+ 7,9	-	+ 6,3
1973	-	- 1,o	+ 2,2	+ 6,o	+ 6,1	+ 5,9	+ 6,o	+ 6,o	+ 6,o	+ 6,o	+ 4,4	+ 7,7	+ 6,9	+ 4,o	+ 9,2	+ 9,1	+ 8,2	-	+ 6,3
1974	-	- 1,1	+ 2,o	+ 6,o	+ 6,o	+ 6,1	+ 6,o	+ 6,o	+ 6,o	+ 6,o	+ 4,4	+ 7,7	+ 6,9	+ 4,o	+ 9,2	+ 9,1	+ 7,8	-	+ 6,3
1975	-	- 1,1	+ 1,9	+ 6,o	+ 6,1	+ 6,o	+ 6,o	+ 6,o	+ 6,o	+ 6,o	+ 4,3	+ 7,7	+ 6,8	+ 4,o	+ 9,2	+ 9,1	+ 8,3	-	+ 6,3
Alternative II (obere)																			
1969	-	- 1,o	+ 2,4	+ 7,1	+ 7,1	+ 7,1	+ 7,1	+ 7,1	+ 7,1	+ 7,1	+ 5,1	+ 9.5	+ 7,8	+ 5,6	+ 9,5	+ 1o,5	+ 9,2	-	+ 7,2
197o	-	- 1,o	+ 2,5	+ 7,o	+ 7,o	+ 7,o	+ 7,o	+ 7,o	+ 7,1	+ 7,o	+ 5,1	+ 9,5	+ 7,8	+ 5,6	+ 9,5	+ 1o,5	+ 8,8	-	+ 7,2
1971	-	- 1,1	+ 2,4	+ 7,o	+ 7,o	+ 7,o	+ 7,o	+ 7,o	+ 7,o	+ 7,o	+ 5,o	+ 9,4	+ 7,7	+ 5,5	+ 9,5	+ 1o,4	+ 9,4	-	+ 7,2
1972	-	- 1,o	+ 2,4	+ 7,o	+ 7,o	+ 7,o	+ 7,o	+ 7,o	+ 7,o	+ 7,o	+ 5,o	+ 9,4	+ 7,7	+ 5,5	+ 9,4	+ 1o,4	+ 8,9	-	+ 7,2
1973	-	- 1,1	+ 2,5	+ 7,o	+ 7,o	+ 7,o	+ 7,o	+ 6,9	+ 7,o	+ 7,o	+ 5,o	+ 9,4	+ 7,7	+ 5,5	+ 9,3	+ 1o,4	+ 9,o	-	+ 7,2
1974	-	- 1,2	+ 2,2	+ 6,9	+ 7,o	+ 7,o	+ 6,9	+ 7,o	+ 6,9	+ 6,9	+ 5,o	+ 9,4	+ 7,7	+ 5,4	+ 9,3	+ 1o,4	+ 9,1	-	+ 7,2
1975	-	- 1,1	+ 2,2	+ 6,9	+ 6,9	+ 6,9	+ 6,9	+ 6,9	+ 6,9	+ 6,9	+ 4,9	+ 9,3	+ 7,6	+ 5,4	+ 9,3	+ 1o,3	+ 8,8	-	+ 7,2

[1] Wegen des negativen Vorzeichens der absoluten Zahlen ist die Berechnung von Veränderungsraten sinnlos.

Tabelle 11: Nettoinlandsprodukt zu Faktorkosten ("Volkseinkommen")
Veränderung gegenüber dem Vorjahr in vH

	LFF	BGB	ERG	CHM	SEF	ENE	SMF	EFE	HPD	TLB	NUG	BAU	HAN	VER	GEV	DIE	SGS	POE	Insgesamt
	1	2	3	4	5	6	7	8	9	10	11	12	13	14	15	16	25	26	
1955	+ 5,5	+ 7,0	+ 17,1	+ 21,1	+ 18,4	+ 26,0	+ 22,2	+ 23,0	+ 8,4	+ 10,3	+ 9,3	+ 24,7	+ 18,8	+ 17,8	+ 15,1	+ 14,9	+ 9,8	+ 8,0	+ 15,2
1956	+ 5,6	+ 17,3	+ 15,9	+ 12,1	+ 7,2	+ 14,4	+ 10,0	+ 10,6	+ 7,3	+ 5,1	+ 5,4	+ 10,5	+ 11,9	+ 9,4	+ 12,4	+ 16,1	+ 12,0	+ 9,4	+ 10,5
1957	+ 5,6	+ 7,7	+ 10,9	+ 17,8	+ 1,2	+ 5,8	+ 9,6	+ 14,1	+ 5,1	+ 10,6	+ 0,5	+ 3,7	+ 14,4	+ 7,0	+ 8,4	+ 13,0	+ 10,7	+ 7,7	+ 8,9
1958	+ 5,5	- 1,7	+ 6,0	+ 11,7	+ 7,8	- 2,8	+ 11,4	+ 11,3	+ 7,4	+ 1,6	+ 8,4	+ 7,9	+ 5,7	+ 4,2	+ 7,4	+ 11,4	+ 9,0	+ 7,7	+ 6,8
1959	+ 1,6	- 2,7	+ 8,1	+ 19,8	+ 14,6	+ 6,4	+ 10,5	+ 8,1	+ 10,3	- 2,3	+ 8,8	+ 19,0	+ 6,0	+ 8,0	+ 15,4	+ 10,5	+ 2,9	+ 4,8	+ 7,8
1960	+ 3,4	+ 4,8	+ 9,8	+ 18,4	+ 12,4	+ 22,4	+ 17,7	+ 16,1	+ 10,7	+ 14,6	- 3,0	+ 13,2	+ 10,3	+ 10,7	+ 15,3	+ 13,8	+ 11,6	+ 6,8	+ 11,7
1961	+ 1,1	- 2,4	+ 3,6	+ 12,6	+ 12,6	+ 1,2	+ 15,0	+ 13,9	+ 8,1	+ 10,4	+ 11,5	+ 14,1	+ 7,0	+ 6,6	+ 8,7	+ 15,0	+ 14,9	+ 6,7	+ 9,7
1962	± 0,0	+ 1,3	+ 8,3	+ 8,6	+ 10,1	- 2,6	+ 14,4	+ 4,5	+ 12,0	+ 10,3	+ 4,5	+ 13,1	+ 11,3	+ 1,3	+ 14,0	+ 8,8	+ 9,4	+ 6,3	+ 8,0
1963	+ 10,2	+ 0,9	+ 2,2	+ 9,3	+ 2,7	- 4,9	+ 5,4	+ 2,4	+ 6,2	+ 3,4	+ 0,8	+ 8,2	+ 5,3	+ 5,9	+ 10,4	+ 11,6	+ 11,2	+ 8,9	+ 6,3
1964	+ 4,9	- 5,2	+ 9,6	+ 6,1	+ 16,3	+ 16,6	+ 9,7	+ 9,4	+ 13,3	+ 6,4	+ 6,2	+ 14,7	+ 10,4	+ 7,4	+ 9,5	+ 11,6	+ 9,7	+ 8,0	+ 9,6
1965	- 2,6	- 1,6	+ 7,9	+ 13,2	+ 4,9	+ 11,8	+ 8,6	+ 12,0	+ 12,8	+ 10,3	+ 6,6	+ 4,3	+ 12,4	+ 3,9	+ 12,7	+ 12,7	+ 13,9	+ 9,4	+ 9,2
1966	+ 0,2	- 11,0	+ 7,3	+ 7,9	+ 3,5	- 3,1	+ 6,5	- 0,6	+ 4,4	+ 2,3	- 1,8	+ 3,9	+ 4,9	+ 7,4	+ 14,0	+ 13,1	+ 11,6	+ 7,4	+ 5,5
1967	- 0,7	- 9,2	+ 7,2	+ 3,2	- 6,3	- 8,9	- 7,2	- 3,7	- 2,2	- 9,4	+ 4,1	- 8,8	- 0,9	+ 0,8	+ 9,3	+ 8,4	+ 7,2	+ 4,3	- 0,2
1968	+ 4,8	+ 10,0	+ 23,2	+ 34,1	+ 10,1	+ 10,5	+ 11,5	+ 13,0	+ 10,2	+ 18,0	+ 11,9	+ 6,7	+ 7,9	+ 8,8	+ 11,1	+ 12,4	+ 6,1	+ 5,8	+ 10,9
1969	.	.	.	.	.	.	.	.	.	.	.	.	.	.	.	.	.	.	+ 10,6
1970	.	.	.	.	.	.	.	.	.	.	.	.	.	.	.	.	.	.	+ 13,3
Alternative I (untere)																			
1969	+ 0,6	- 1,5	+ 5,2	+ 8,5	+ 5,0	+ 6,0	+ 7,9	+ 6,1	+ 5,7	+ 4,5	+ 5,3	+ 3,6	+ 5,4	+ 4,7	+ 7,8	+ 7,7	+ 7,2	+ 4,9	+ 5,9
1970	+ 0,5	- 1,7	+ 5,2	+ 8,5	+ 5,0	+ 5,8	+ 7,7	+ 6,0	+ 5,8	+ 4,5	+ 5,1	+ 3,4	+ 5,4	+ 4,8	+ 8,1	+ 7,8	+ 7,1	+ 4,9	+ 5,9
1971	+ 0,4	- 1,7	+ 5,3	+ 8,4	+ 5,0	+ 5,7	+ 7,6	+ 5,8	+ 5,9	+ 4,5	+ 4,9	+ 3,2	+ 5,3	+ 4,7	+ 8,4	+ 8,0	+ 7,1	+ 4,9	+ 5,9
1972	+ 0,2	- 1,7	+ 5,3	+ 8,4	+ 5,0	+ 5,6	+ 7,6	+ 5,6	+ 5,9	+ 4,4	+ 4,7	+ 3,1	+ 5,2	+ 4,6	+ 8,7	+ 8,1	+ 7,1	+ 4,8	+ 5,9
1973	+ 0,1	- 1,9	+ 5,2	+ 8,3	+ 5,0	+ 5,4	+ 7,4	+ 5,5	+ 6,0	+ 4,4	+ 4,5	+ 2,9	+ 5,2	+ 4,6	+ 8,9	+ 8,1	+ 7,0	+ 4,7	+ 5,9
1974	- 0,2	- 1,9	+ 5,2	+ 8,3	+ 4,9	+ 5,3	+ 7,3	+ 5,3	+ 6,0	+ 4,3	+ 4,3	+ 2,7	+ 5,1	+ 4,5	+ 9,1	+ 8,2	+ 6,9	+ 4,7	+ 5,9
1975	- 0,4	- 2,1	+ 5,3	+ 8,2	+ 5,0	+ 5,1	+ 7,2	+ 5,3	+ 6,0	+ 4,3	+ 4,5	+ 2,6	+ 5,1	+ 4,5	+ 9,3	+ 8,3	+ 6,9	+ 4,5	+ 5,9
Alternative II (obere)																			
1969	+ 1,4	- 2,0	+ 8,8	+ 13,5	+ 10,0	+ 7,5	+ 11,3	+ 9,9	+ 9,4	+ 7,1	+ 8,8	+ 8,2	+ 8,9	+ 7,4	+ 12,1	+ 11,4	+ 10,9	+ 7,3	+ 9,3
1970	+ 1,2	- 2,1	+ 8,6	+ 13,3	+ 9,9	+ 7,4	+ 11,2	+ 9,7	+ 9,5	+ 6,9	+ 8,5	+ 8,0	+ 8,8	+ 7,4	+ 12,5	+ 11,5	+ 10,8	+ 7,3	+ 9,3
1971	+ 1,0	- 2,3	+ 8,7	+ 13,1	+ 10,1	+ 7,1	+ 11,0	+ 9,4	+ 9,7	+ 6,8	+ 8,1	+ 7,8	+ 8,7	+ 7,2	+ 12,9	+ 11,6	+ 10,7	+ 7,2	+ 9,3
1972	+ 0,9	- 2,4	+ 8,6	+ 12,9	+ 9,9	+ 7,0	+ 10,8	+ 9,1	+ 9,7	+ 6,8	+ 7,7	+ 7,6	+ 8,7	+ 7,2	+ 13,3	+ 11,7	+ 10,7	+ 7,3	+ 9,3
1973	+ 0,7	- 2,6	+ 8,5	+ 12,8	+ 9,9	+ 6,8	+ 10,7	+ 9,0	+ 9,9	+ 6,6	+ 7,5	+ 7,4	+ 8,6	+ 7,1	+ 13,7	+ 11,7	+ 10,6	+ 7,1	+ 9,3
1974	+ 0,4	- 2,8	+ 8,5	+ 12,7	+ 9,9	+ 6,7	+ 10,6	+ 8,7	+ 9,9	+ 6,6	+ 7,3	+ 7,1	+ 8,5	+ 7,0	+ 14,0	+ 11,8	+ 10,5	+ 7,0	+ 9,3
1975	+ 0,1	- 2,7	+ 8,4	+ 12,6	+ 9,8	+ 6,5	+ 10,5	+ 8,6	+ 10,0	+ 6,5	+ 7,0	+ 6,9	+ 8,4	+ 6,9	+ 14,2	+ 11,7	+ 10,4	+ 7,0	+ 9,3

Tabelle 12: Einkommen je unselbständig Beschäftigten (Inlandskonzept)

Veränderung gegenüber dem Vorjahr in vH

	LFF	BGB	ERG	CHM	SEF	ENE	SMF	EFE	HPD	TLB	NUG	BAU	HAN	VER	GEV	DIE	SGS	POE	Insgesamt
	1	2	3	4	5	6	7	8	9	1o	11	12	13	14	15	16	25	26	
1955	+ 1o.3	+ 9.5	+ 8,3	+ 7.4	+ 9.2	+ 1o.2	+ 9.5	+ 7,6	+ 7,3	+ 8.3	+ 9,4	+ 9,2	+ 7,1	+ 5,7	+ 3,1	+ 7,3	+ 8,1	+ 8,4	+ 8,1
1956	+ 13,4	+ 9,9	+ 7,1	+ 7,5	+ 7,5	+ 7,o	+ 5.4	+ 6,7	+ 7,8	+ 7,6	+ 4,2	+ 7,4	+ 5,8	+ 9,4	+ 11,o	+ 8,5	+ 1o,2	+ 1o,5	+ 7,9
1957	+ 1o,6	+ 5,5	+ 6,7	+ 4,9	+ 6,2	+ 5,1	+ 3,8	+ 4,o	+ 8,o	+ 8,o	+ 12,5	+ 5,9	+ 5,o	+ 7,o	+ 3,1	+ 6,1	+ 5,4	+ 1o,3	+ 6,4
1958	+ 8,9	+ 4.3	+ 8,3	+ 6,2	+ 6,3	+ 4,6	+ 6.5	+ 6,9	+ 6,8	+ 6,7	+ 6,8	+ 8,6	+ 6,3	+ 5,8	+ 7,8	+ 6,7	+ 1o,5	+ 1o,8	+ 7,3
1959	+ 4,1	+ 1,9	+ 4,7	+ 8,1	+ 8,5	+ 6,7	+ 7,3	+ 6,7	+ 8,7	+ 8,8	+ 9,2	+ 7,4	+ 5,2	+ 2,2	+ 3,1	+ 5,5	- 1,4	+ 8,6	+ 5,2
196o	+ 5,8	+ 8,9	+ 8,8	+ 9,7	+ 11,1	+ 12,2	+ 12,o	+ 11,8	+ 11,2	+ 11,5	+ 1o,3	+ 7,o	+ 7,2	+ 8,o	+ 7,9	+ 9,7	+ 5,4	+ 12,9	+ 9,3
1961	+ 9,2	+ 15,2	+ 16,6	+ 1o,3	+ 1o,8	+ 9,1	+ 9,9	+ 8,5	+ 11,1	+ 1o,4	+ 11,2	+ 14,4	+ 8,1	+ 1o,4	+ 6,6	+ 7,3	+ 9,1	+ 11,4	+ 1o,3
1962	+ 14,1	+ 5,5	+ 5,6	+ 1o,9	+ 11,9	+ 8,1	+ 1o,7	+ 11,2	+ 1o,7	+ 8,9	+ 11,6	+ 9,4	+ 11,o	+ 5,9	+ 9,4	+ 8,4	+ 4,7	+ 7,4	+ 8,9
1963	+ 9,9	+ 6,1	+ 6,5	+ 7,9	+ 6,5	+ 4,o	+ 4,3	+ 4,4	+ 6,7	+ 5,5	+ 7,1	+ 3,8	+ 6.5	+ 6,8	+ 8,7	+ 5,o	+ 7,o	+ 9,2	+ 6,o
1964	+ 7,8	+ 5,6	+ 2.8	+ 8,8	+ 9,5	+ 9,1	+ 9,3	+ 8,4	+ 8,6	+ 7,7	+ 8,4	+ 15,8	+ 5,9	+ 5,4	+ 6,4	+ 7,o	+ 5,7	+ 9,7	+ 8,3
1965	+ 1o,7	+ 12,1	+ 12,8	+ 6,5	+ 8,1	+ 8,2	+ 9,9	+ 9,8	+ 9,6	+ 8,7	+ 8,4	+ 7,9	+ 1o,o	+ 6,6	+ 7,9	+ 1o,1	+ 8,o	+ 8,6	+ 9,o
1966	+ 1o.1	+ 3.6	+ 11,o	+ 9,4	+ 8,7	+ 5,7	+ 8,9	- 1,9	+ 8,6	+ 8,3	+ 9,6	+ 7,5	+ 1o,4	+ 7,5	+ 1o,1	+ 6,8	+ 7,4	+ 8,7	+ 7,5
1967	+ 2,5	+ 2,5	+ 3,6	+ 5,7	+ 2,8	+ 2,2	+ 2,5	+ 4,o	+ 3,7	+ 3,5	+ 5,3	- 1,6	+ 4,4	+ 3,5	+ 5,6	+ 2,8	+ 4,o	+ 4,4	+ 3,4
1968	+ 4,9	+ 12,9	+ 6,8	+ 9,9	+ 8,2	+ 9,8	+ 8,2	+ 8,o	+ 7,6	+ 8,3	+ 6,o	+ 3,7	+ 5,2	+ 4,2	+ 8,8	+ 7,o	+ 4,3	+ 4,8	+ 6,5
1969	.	.	.	.	.	.	.	.	.	.	.	.	.	.	.	.	.	.	+ 9,9
197o	.	.	.	.	.	.	.	.	.	.	.	.	.	.	.	.	.	.	+ 14,9
Alternative I (untere)																			
1969	+ 6,5	+ 4,1	+ 4,7	+ 6,3	+ 5,9	+ 5,o	+ 5,3	+ 4,7	+ 6,2	+ 6,1	+ 3,4	+ 4,7	+ 5,2	+ 4,3	+ 5,5	+ 8,1	+ 4,7	+ 7,1	+ 5,3
197o	+ 6,4	+ 6,6	+ 4.7	+ 5,1	+ 5,9	+ 8,4	+ 6,8	+ 4,6	+ 6,2	+ 6,o	+ 3,4	+ 3,o	+ 4,4	+ 4,3	+ 4,5	+ 6,6	+ 4,6	+ 7,o	+ 5,3
1971	+ 6,4	+ 6,7	+ 4,7	+ 5,2	+ 5,9	+ 8,o	+ 6,6	+ 4,6	+ 6,2	+ 6,o	+ 3,4	+ 3,1	+ 3,5	+ 4,2	+ 4,7	+ 6,9	+ 4,6	+ 7,o	+ 5,3
1972	+ 6,4	+ 6,9	+ 4,7	+ 5,4	+ 5,9	+ 7,7	+ 6,4	+ 4,6	+ 6,2	+ 6,o	+ 3,4	+ 3,2	+ 5,o	+ 4,2	+ 4,8	+ 7,1	+ 4,6	+ 7,o	+ 5,3
1973	+ 6,3	+ 7,o	+ 4.6	+ 5,5	+ 5.8	+ 7,4	+ 6,2	+ 4,5	+ 6,1	+ 6,o	+ 3,3	+ 3,2	+ 5,2	+ 4,2	+ 4,9	+ 7,2	+ 4,6	+ 7,o	+ 5,2
1974	+ 6.4	+ 7,1	+ 4,7	+ 5,6	+ 5,9	+ 7,1	+ 6,o	+ 4,6	+ 6,1	+ 6,o	+ 3,3	+ 3,3	+ 4,7	+ 4,2	+ 5,o	+ 7,4	+ 4,6	+ 7,o	+ 5,3
1975	+ 6,3	+ 7,3	+ 4,6	+ 5,7	+ 5,8	+ 6,9	+ 5,9	+ 4,5	+ 6,1	+ 5,9	+ 3,3	+ 3,4	+ 4,7	+ 4,2	+ 5,1	+ 7,6	+ 4,5	+ 6,9	+ 5,2
Alternative II (obere)																			
1969	+ 8,9	+ 7.9	+ 8,1	+ 7,6	+ 8,5	+ 7,6	+ 8,3	+ 7,1	+ 8,4	+ 8,o	+ 5,o	+ 6,8	+ 6,9	+ 6,3	+ 6,5	+ 11,8	+ 6,8	+ 8,9	+ 7,4
197o	+ 8,8	+ 7,8	+ 8,1	+ 7,5	+ 8,3	+ 7,4	+ 8,2	+ 6,9	+ 8,3	+ 7,9	+ 4,9	+ 6,7	+ 6,7	+ 6,2	+ 6,3	+ 11,7	+ 6,7	+ 8,8	+ 7,4
1971	+ 8,8	+ 7,8	+ 8,o	+ 7,6	+ 8,4	+ 7,3	+ 8,2	+ 7,o	+ 8,3	+ 7,9	+ 4,9	+ 6,7	+ 6,7	+ 6,2	+ 6,4	+ 11,7	+ 6,7	+ 8,8	+ 7,4
1972	+ 8,8	+ 7,8	+ 8.1	+ 7,6	+ 8,4	+ 7.3	+ 8,2	+ 7,o	+ 8,3	+ 7,9	+ 4,9	+ 6,7	+ 6,8	+ 6,2	+ 6,4	+ 11,7	+ 6,7	+ 8.7	+ 7,4
1973	+ 8,8	+ 7,7	+ 8,o	+ 8,o	+ 8,3	+ 7,o	+ 8,1	+ 6,9	+ 8,2	+ 7,8	+ 4,9	+ 6,7	+ 6,7	+ 6,1	+ 6,3	+ 11,6	+ 6,7	+ 8,7	+ 7,4
1974	+ 8.8	+ 7,8	+ 8.o	+ 7,6	+ 8,3	+ 7,2	+ 8,1	+ 6,9	+ 8,2	+ 7,8	+ 4,9	+ 6,7	+ 6,7	+ 6,1	+ 6,3	+ 11,6	+ 6,7	+ 8,7	+ 7,4
1975	+ 8.8	+ 7.7	+ 8,o	+ 7,7	+ 8,3	+ 7,o	+ 8,1	+ 6,9	+ 8,2	+ 7,8	+ 4,8	+ 6,7	+ 6,7	+ 6,1	+ 6,3	+ 11,6	+ 6,7	+ 8,7	+ 7,4

Tabelle 13: Einkommen aus unselbständiger Arbeit
Veränderung gegenüber dem Vorjahr in vH

	LFF	BGB	ERG	CHM	SEF	ENE	SMF	EFE	HPD	TLB	NUG	BAU	HAN	VER	GEV	DIE	SGS	POE	Ins-gesamt
	1	2	3	4	5	6	7	8	9	1o	11	12	13	14	15	16	25	26	
1955	+ 3,8	+ 8,8	+1o,3	+16,8	+17,2	+22,1	+22,2	+21,5	+12,o	+11,6	+13,5	+2o,4	+15,5	+ 7,9	+12,o	+15,3	+ 9,6	+ 8,o	+14,1
1956	+ 5,8	+ 9,5	+1o,3	+14,o	+11,2	+14,3	+14,4	+15,5	+11,5	+1o,8	+ 8,3	+ 8,9	+12,6	+13,4	+14,4	+17,3	+11,6	+ 9,4	+12,o
1957	+ 5,8	+ 6,6	+ 8,5	+1o,3	+ 5,8	+ 9,7	+ 8,6	+ 9,o	+1o,6	+ 7,5	+16,3	+ 4,9	+12,2	+1o,6	+11,7	+12,9	+1o,6	+ 7,7	+ 9,4
1958	- 2,9	+ 1,4	+11,2	+1o,9	+ 3,7	+ 5,2	+ 9,4	+ 9,o	+ 7,5	+ 2,8	+ 8,9	+ 8,2	+11,3	+ 7,9	+12,1	+12,3	+ 8,9	+ 7,7	+ 7,9
1959	- 6,3	- 5,9	+ 6,6	+13,3	+1o,4	+ 7,5	+ 9,4	+1o,o	+ 8,7	+ 5,o	+1o,1	+15,1	+ 9,6	+ 3,1	+ 8,6	+12,2	+ 2,5	+ 4,8	+ 7,o
196o	- 6,4	- 2,4	+1o,6	+17,5	+12,7	+19,5	+19,6	+19,6	+13,4	+14,o	+12,3	+1o,6	+11,7	+ 8,7	+15,8	+14,2	+11,6	+ 6,8	+12,6
1961	+ o,4	+ 7,6	+19,1	+14,7	+11,6	+12,2	+14,o	+14,o	+12,5	+ 9,o	+12,3	+16,8	+11,7	+11,3	+12,1	+11,3	+14,7	+ 6,7	+12,6
1962	+ 5,6	- 1,8	+ 9,4	+13,1	+11,4	+ 7,9	+15,3	+1o,9	+11,2	+ 7,8	+13,6	+12,7	+15,1	+ 6,6	+15,3	+ 9,5	+ 9,3	+ 6,3	+1o,6
1963	+ 5,o	- 1,2	+ 9,o	+1o,o	+ 4,1	+ 2,o	+ 5,1	+ 5,5	+ 5,8	+ 4,1	+ 8,5	+ 8,5	+1o,3	+ 7,3	+13,5	+ 6,8	+1o,9	+ 8,9	+ 7,3
1964	+ 2,7	- o,2	+ 8,o	+12,o	+1o,8	+1o,o	+11,6	+11,2	+ 7,7	+ 6,o	+ 7,4	+18,3	+ 7,8	+ 6,1	+1o,9	+ 7,7	+ 9,4	+ 8,o	+ 9,6
1965	+ 3,2	+ 5,9	+1o,8	+11,1	+ 8,5	+ 9,9	+13,4	+14,1	+1o,2	+ 8,3	+ 9,1	+1o,1	+ 9,6	+ 8,2	+17,8	+ 9,9	+11,6	+ 6,3	+1o,6
1966	+ 3,9	- 5,7	+ 6,3	+13,3	+ 7,3	+ 1,3	+11,1	- 2,9	+ 6,9	+ 7,1	+1o,6	+ 5,9	+12,7	+ 6,1	+12,4	+ 9,7	+1o,6	+ 6,5	+ 7,6
1967	- 1,7	-11,4	+ 3,3	+ 3,o	- 4,3	- 4,4	- 2,4	- 2,o	+ o,3	- 4,9	+ 4,2	-1o,7	+ 2,9	+ 1,2	+1o,6	+ 3,5	+ 6,7	+ 3,5	+ o,1
1968	+ 2,7	- 2,o	+ 6,8	+13,9	+ 6,4	+ 9,6	+ 9,9	+1o,3	+ 7,6	+ 6,1	+ 5,6	+ 6,2	+ 6,4	+ 3,4	+1o,o	+11,4	+ 5,3	+ 4,o	+ 7,3
1969	.	.	.	.	.	.	.	.	.	.	.	.	.	.	.	.	.	.	+12,5
197o	.	.	.	.	.	.	.	.	.	.	.	.	.	.	.	.	.	.	+16,5
Alternative I (untere)																			
1969	- o,7	- 4,o	+ 5,8	+ 8,9	+ 4,1	+ 4,1	+ 6,8	+ 5,6	+ 5,5	+ 3,2	+ 3,8	+ 4,4	+ 7,3	+ 4,2	+1o,2	+1o,8	+ 7,3	+ 4,6	+ 6,o
197o	- o,8	- 3,9	+ 5,7	+ 8,9	+ 4,1	+ 4,o	+ 6,7	+ 5,5	+ 5,5	+ 3,1	+ 3,8	+ 4,3	+ 7,2	+ 4,2	+1o,2	+1o,7	+ 7,3	+ 4,5	+ 6,o
1971	- o,8	- 4,2	+ 5,7	+ 8,8	+ 4,o	+ 4,o	+ 6,7	+ 5,5	+ 5,4	+ 3,o	+ 3,7	+ 4,2	+ 7,2	+ 4,1	+1o,1	+1o,7	+ 7,2	+ 4,4	+ 6,o
1972	- o,8	- 4,1	+ 5,6	+ 8,8	+ 3,9	+ 3,9	+ 6,6	+ 5,4	+ 5,4	+ 3,o	+ 3,7	+ 4,2	+ 7,1	+ 4,1	+1o,1	+1o,6	+ 7,1	+ 4,4	+ 6,o
1973	- o,9	- 4,1	+ 5,6	+ 8,7	+ 3,9	+ 3,9	+ 6,6	+ 5,4	+ 5,3	+ 2,9	+ 3,6	+ 4,1	+ 7,1	+ 4,o	+1o,o	+1o,6	+ 7,1	+ 4,3	+ 6,o
1974	- 1,o	- 4,3	+ 5,5	+ 8,7	+ 3,8	+ 3,8	+ 6,5	+ 5,3	+ 5,3	+ 2,9	+ 3,5	+ 4,1	+ 7,o	+ 4,o	+1o,o	+1o,5	+ 7,o	+ 4,3	+ 6,o
1975	- 1,o	- 4,2	+ 5,5	+ 8,6	+ 3,8	+ 3,8	+ 6,4	+ 5,3	+ 5,2	+ 2,8	+ 3,5	+ 4,o	+ 7,o	+ 3,9	+ 9,9	+1o,5	+ 7,o	+ 4,2	+ 6,o
Alternative II (obere)																			
1969	+ 1,4	+ o,3	+ 9,3	+1o,8	+ 7,3	+ 7,8	+1o,7	+ 9,1	+ 8,1	+ 5,6	+ 5,6	+ 7,3	+ 9,5	+ 6,4	+11,4	+14,9	+ 9,5	+ 6,1	+ 8,7
197o	+ 1,3	+ o,2	+ 9,3	+1o,7	+ 7,2	+ 7,7	+1o,6	+ 9,o	+ 8,o	+ 5,5	+ 5,5	+ 7,3	+ 9,4	+ 6,4	+11,3	+14,9	+ 9,4	+ 6,1	+ 8,7
1971	+ 1,3	+ o,2	+ 9,2	+1o,6	+ 7,2	+ 7,6	+1o,6	+ 8,9	+ 8,o	+ 5,5	+ 5,5	+ 7,2	+ 9,4	+ 6,3	+11,3	+14,8	+ 9,3	+ 6,1	+ 8,7
1972	+ 1,2	+ o,1	+ 9,2	+1o,6	+ 7,1	+ 7,6	+1o,5	+ 8,9	+ 7,9	+ 5,4	+ 5,4	+ 7,1	+ 9,3	+ 6,3	+11,2	+14,7	+ 9,3	+ 6,o	+ 8,7
1973	+ 1,1	+ o,1	+ 9,1	+1o,5	+ 7,1	+ 7,5	+1o,5	+ 8,8	+ 7,9	+ 5,4	+ 5,4	+ 7,1	+ 9,3	+ 6,2	+11,2	+14,7	+ 9,2	+ 5,9	+ 8,7
1974	+ 1,1	+ o,o	+ 9,1	+1o,5	+ 7,o	+ 7,5	+1o,4	+ 8,8	+ 7,8	+ 5,3	+ 5,3	+ 7,o	+ 9,2	+ 6,1	+11,1	+14,6	+ 9,2	+ 5,9	+ 8,7
1975	+ 1,o	- o,o	+ 9,o	+1o,4	+ 7,o	+ 7,4	+1o,4	+ 8,7	+ 7,7	+ 5,3	+ 5,3	+ 7,o	+ 9,2	+ 6,1	+11,1	+14,6	+ 9,1	+ 5,8	+ 8,7

Tabelle 14: Einkommen aus Unternehmertätigkeit und Vermögen
(Inlandskonzept)
Veränderung gegenüber dem Vorjahr in vH

	LFF	BGB	ERG	CHM	SEF	ENE	SMF	EFE	HPD	TLB	NUG	BAU	HAN	VER	GEV	DIE	SGS	POE	Insgesamt
	1	2	3	4	5	6	7	8	9	1o	11	12	13	14	15	16	25	26	
1955	+ 6,o	+ o,2	+21,5	+35,1	+2o,4	+31,9	+22,2	+26,7	+ 3,3	+ 8,6	+ 6,9	+41,o	+21,3	+46,3	+17,9	+14,8	+17,2	-	+16,9
1956	+ 5,6	+49,2	+2o,3	+ 6,o	+ 1,1	+14,6	- 2,o	- o,8	+ o,8	- 3,3	+ 3,7	+15,8	+11,5	+ 1,o	+1o,7	+15,7	+26,5	-	+ 8,4
1957	+ 5,6	+1o,9	+12,1	+4o,6	- 6,7	+ o,3	+12,7	+27,9	- 4,4	+15,8	- 9,5	± o	+16,o	- 1,6	+ 5,6	+13,1	+14,o	-	+ 8,2
1958	+ 7,9	-1o,7	+ 2,9	+14,1	+15,7	-15,3	+17,6	+16,6	+ 7,o	- o,3	+ 8,o	+ 7,o	+ 1,8	- 5,5	+ 3,1	+11,1	+12,2	-	+ 5,3
1959	+ 3,6	+ 7,8	+ 9,1	+34,1	+22,1	+ 4,2	+13,6	+ 3,9	+13,7	-14,o	+ 7,7	+31,4	+ 3,3	+22,8	+22,2	+ 9,8	+12,7	-	+ 8,9
196o	+ 5,7	+25,6	+ 9,2	+2o,2	+11,7	+28,1	+12,7	+ 7,9	+ 5,5	+15,8	-15,8	+2o,5	+ 9,2	+15,8	+14,8	+13,6	+14,5	-	+1o,5
1961	+ 1,3	-26,4	- 6,2	+ 8,2	+14,2	-19,5	+18,1	+13,5	- 1,7	+13,o	+1o,7	+ 7,o	+ 3,4	- 4,8	+ 5,6	+16,4	+19,7	-	+ 5,4
1962	- 1,1	+12,4	+ 7,5	- 1,7	+ 8,1	-3o,1	+11,8	-12,8	+14,2	+15,1	- 4,1	+14,4	+ 8,1	-13,8	+12,7	+ 8,6	+11,8	-	+ 3,9
1963	+11,3	+ 7,6	- 3,3	+ 7,2	+ o,5	-32,9	+ 6,4	- 8,1	+ 7,2	+ 2,2	- 7,9	+ 7,4	+ o,7	+ 1,1	+ 7,4	+13,5	+16,8	-	+ 4,4
1964	+ 5,3	-19,4	+11,o	- 9,9	+25,9	+56,7	+ 4,1	+ 2,6	+26,8	+ 7,2	+ 4,5	+ 4,3	+12,9	+12,5	+ 8,1	+13,o	+16,2	-	+ 9,6
1965	- 3,8	-27,8	+ 5,3	+2o,3	- o,6	+2o,5	- 6,9	+ 3,1	+18,1	+14,o	+ 3,1	-14,7	+15,2	-11,2	+ 7,4	+13,6	+67,9	-	+ 6,8
1966	- o,6	-38,1	+ 8,2	- 8,8	- 2,8	-2o,4	-11,6	+ 9,9	- o,5	- 5,7	-19,7	- 4,2	- 2,1	+13,6	+15,9	+14,2	+26,9	+37,7	+ 1,5
1967	- o,5	+ 8,o	+1o,9	+ 4,2	-1o,o	-3o,6	-3o,5	-1o,6	- 7,4	-18,o	+ 4,o	- o,5	- 4,8	- 1,o	+ 7,8	+1o,o	+14,6	+25,5	- o,9
1968	+ 5,3	+86,7	+37,4	+111,5	+17,5	+17,2	+22,8	+25,1	+15,8	+44,2	+24,6	+ 8,9	+ 9,7	+3o,8	+12,4	+12,7	+15,6	+44,5	+18,2
1969	.	.	.	.	.	.	.	.	.	.	.	.	.	.	.	.	.	.	.
197o	.	.	.	.	.	.	.	.	.	.	.	.	.	.	.	.	.	.	.
Alternative I (untere)																			
1969	+ o,9	+ 6,8	+ 4,8	+ 7,7	+ 6,7	+18,3	+14,6	+ 8,3	+ 6,o	+ 6,7	+ 7,7	+ o,4	+ 3,3	+ 6,3	+ 5,o	+ 6,8	+ 5,8	+ 9,6	+ 5,7
197o	+ o,8	- 2,1	+ 4,9	+1o,2	+ 6,6	- 3,7	+ 4,5	+ 7,6	+ 6,5	+ 6,6	+ 7,2	+ 6,5	+ 4,o	+ 6,6	+ 6,8	+ 7,4	+ 5,7	+1o,1	+ 5,6
1971	+ o,6	- 1,9	+ 5,o	+ 9,7	+ 6,8	- 3,1	+ 5,1	+ 7,o	+ 6,7	+ 6,7	+ 6,7	+ 5,2	+ 3,8	+ 6,3	+ 7,3	+ 7,5	+ 5,6	+1o,9	+ 5,7
1972	+ o,4	- 2,1	+ 5,1	+ 9,2	+ 6,8	- 2,3	+ 6,2	+ 6,4	+ 7,o	+ 6,5	+ 6,2	+ 4,3	+ 3,6	+ 6,4	+ 7,7	+ 7,6	+ 6,o	+ 9,4	+ 5,6
1973	+ o,2	- 3,5	+ 5,o	+ 8,9	+ 6,8	- 1.9	+ 6,5	+ 5,9	+ 7,3	+ 6,4	+ 5,8	+ 3,1	+ 3,4	+ 6,2	+ 8,1	+ 7,6	+ 5,9	+ 9,9	+ 5,6
1974	± o,o	- 3,7	+ 4,9	+ 8,6	+ 6,7	- 1,3	+ 7.o	+ 5,4	+ 7,5	+ 6,2	+ 5,5	+ 2,3	+ 3,2	+ 6,2	+ 8,6	+ 7,7	+ 5,8	+1o,o	+ 5,6
1975	- o,3	- 5,1	+ 5,1	+ 8,5	+ 6,9	- o,8	+ 7,6	+ 5,2	+ 7,5	+ 6,1	+ 5,2	+ 1,3	+ 3,o	+ 6,3	+ 9,o	+ 7,7	+ 5,9	+ 7,7	+ 5,6
Alternative II (obere)																			
1969	+ 1,o	- 9,5	+ 8,5	+19,1	+14,8	+ 6,1	+14,8	+13,2	+12,1	+ 9,4	+14,1	+11,8	+ 8,3	+1o,6	+12,8	+1o,4	+27,5	+26,2	+1o,4
197o	+ 1,o	-11,o	+ 8,o	+18,3	+14,2	+ 5,5	+14,2	+12,2	+12,4	+ 9,1	+13,o	+1o,8	+ 8,2	+1o,4	+13,8	+1o,5	+24,8	+23,3	+1o,4
1971	+ 1,o	-12,9	+ 8,4	+17,2	+14,5	+ 4,8	+13,5	+11,1	+13,o	+ 8,9	+11,9	+ 9,9	+ 8,o	+ 9,9	+14,8	+1o,6	+22,7	+2o,8	+1o,3
1972	+ o,8	-14,7	+ 8,2	+16,7	+13,9	+ 4,5	+12,5	+1o,o	+13,1	+ 8,7	+1o,9	+ 9,1	+ 7,9	+ 9,9	+15,5	+1o,6	+21,3	+2o,1	+1o,3
1973	+ o,6	-17,7	+ 8,1	+16,o	+13,7	+ 4,3	+12,2	+ 9,5	+13,4	+ 8,4	+1o,3	+ 8,3	+ 7,7	+ 9,6	+16,2	+1o,7	+19,9	+16,9	+1o,3
1974	+ o,2	-22,7	+ 8,o	+15,8	+13,7	+ 3,2	+11,3	+ 8,6	+13,4	+ 8,4	+ 9,7	+ 7,5	+ 7,6	+ 9,3	+16,7	+1o,7	+19,o	+16,1	+1o,2
1975	- o,1	-26,9	+ 8,1	+15,3	+13,3	+ 3,1	+1o,9	+ 8,o	+13,4	+ 8,1	+ 9,o	+ 6,8	+ 7,5	+ 9,o	+17,1	+1o,7	+17,9	+15,3	+1o,2

Tabelle 15: Einkommen aus Unternehmertätigkeit u. Vermögen (Inlandskonzept) in Mill.DM

	LFF	BGB	ERG	CHM	SEF	ENE	SMF	EFE	HPD	TLB	NUG	BAU	HAN	VER	GEV	DIE	SGS	POE	Insge-samt
	1	2	3	4	5	6	7	8	9	1o	11	12	13	14	15	16	25	26	
1954	9 43o	1 o2o	1 3oo	74o	1 12o	2 44o	2 32o	1 85o	2 2oo	2 94o	5 72o	1 71o	8 78o	2 22o	1 98o	6 75o	29o	.	52 35o
1955	1o ooo	1 o2o	1 58o	1 ooo	1 35o	3 23o	2 83o	2 34o	2 27o	3 19o	6 12o	2 41o	1o 65o	3 24o	2 34o	7 74o	34o	.	61 19o
1956	1o 56o	1 52o	1 9oo	1 o6o	1 36o	3 7oo	2 77o	2 32o	2 29o	3 o9o	6 35o	2 79o	11 87o	3 27o	2 59o	8 96o	43o	.	66 33o
1957	11 14o	1 69o	2 13o	1 49o	1 27o	3 71o	3 13o	2 97o	2 19o	3 57o	5 74o	2 79o	13 77o	3 22o	2 74o	1o 13o	49o	.	71 79o
1958	12 o3o	1 51o	2 19o	1 7oo	1 47o	3 14o	3 68o	3 47o	2 34o	3 56o	6 2oo	2 99o	14 o2o	3 o4o	2 82o	11 26o	55o	.	75 59o
1959	12 46o	1 62o	2 39o	2 28o	1 79o	3 27o	4 18o	3 6oo	2 66o	3 o6o	6 68o	3 93o	14 48o	3 74o	3 45o	12 36o	62o	.	82 31o
196o	13 17o	2 o4o	2 61o	2 75o	2 ooo	4 19o	4 71o	3 89o	2 81o	3 55o	5 62o	4 73o	15 82o	4 33o	3 96o	14 o5o	71o	.	9o 93o
1961	13 34o	1 5oo	2 45o	2 97o	2 29o	3 38o	5 56o	4 42o	2 76o	4 o1o	6 22o	5 o6o	16 35o	4 12o	4 18o	16 36o	85o	.	95 8oo
1962	13 19o	1 69o	2 63o	2 92o	2 47o	2 36o	6 21o	3 85o	3 15o	4 61o	5 96o	5 79o	17 68o	3 55o	4 71o	17 76o	95o	.	99 49o
1963	14 68o	1 81o	2 55o	3 13o	2 48o	1 58o	6 62o	3 54o	3 38o	4 71o	5 49o	6 22o	17 81o	3 59o	5 o6o	2o 15o	1 11o	.	1o3 91o
1964	15 46o	1 46o	2 83o	2 82o	3 13o	2 48o	6 88o	3 63o	4 28o	5 o5o	5 74o	6 49o	2o 11o	4 o4o	5 47o	22 76o	1 29o	.	113 92o
1965	14 87o	1 o6o	2 98o	3 4oo	3 11o	2 99o	6 41o	3 74o	5 o6o	5 76o	5 92o	5 54o	23 16o	3 59o	5 87o	25 85o	2 17o	19o	121 65o
1966	14 78o	65o	3 22o	3 1oo	3 o2o	2 38o	5 67o	4 11o	5 o3o	5 43o	4 75o	5 3oo	22 66o	4 o8o	6 81o	29 52o	2 75o	26o	123 42o
1967	14 71o	71o	3 57o	3 23o	2 72o	1 65o	3 94o	3 68o	4 66o	4 45o	4 94o	5 28o	21 58o	4 o4o	7 34o	32 47o	3 15o	33o	122 42o
1968	15 48o	1 32o	4 9oo	6 83o	3 19o	1 93o	4 84o	4 6oo	5 4oo	6 42o	6 16o	5 74o	23 69o	5 28o	8 25o	36 59o	3 64o	48o	144 73o
1969	.	.	.	.	.	.	.	.	.	.	.	.	.	.	.	.	.	.	154 97o
197o	.	.	.	.	.	.	.	.	.	.	.	.	.	.	.	.	.	.	166 23o
Alternative I (untere)																			
1969	15 61o	1 41o	5 14o	7 35o	3 4oo	2 29o	5 54o	4 98o	5 73o	6 85o	6 63o	5 77o	24 48o	5 61o	8 66o	39 o8o	3 85o	52o	152 92o
197o	15 74o	1 38o	5 39o	8 1oo	3 63o	2 2oo	5 79o	5 36o	6 1oo	7 3oo	7 11o	6 14o	25 45o	5 98o	9 25o	41 97o	4 o7o	58o	161 55o
1971	15 83o	1 35o	5 66o	8 88o	3 87o	2 13o	6 o9o	5 74o	6 51o	7 79o	7 58o	6 46o	26 43o	6 36o	9 92o	45 12o	4 3oo	64o	17o 68o
1972	15 9oo	1 32o	5 95o	9 7oo	4 13o	2 o8o	6 47o	6 11o	6 96o	8 29o	8 o5o	6 74o	27 38o	6 77o	1o 69o	48 53o	4 56o	7oo	18o 31o
1973	15 93o	1 28o	6 25o	1o 57o	4 42o	2 o5o	6 89o	6 46o	7 47o	8 83o	8 52o	6 95o	28 32o	7 19o	11 56o	52 23o	4 83o	77o	19o 49o
1974	15 93o	1 23o	6 55o	11 48o	4 71o	2 o2o	7 37o	6 81o	8 o3o	9 38o	8 99o	7 12o	29 23o	7 64o	12 55o	56 23o	5 11o	85o	2o1 22o
1975	15 89o	1 17o	6 89o	12 45o	5 o3o	2 ooo	7 93o	7 17o	8 64o	9 95o	9 46o	7 21o	3o 11o	8 12o	13 68o	6o 54o	5 41o	91o	212 56o
Alternative II (obere)																			
1969	15 7oo	1 19o	5 32o	8 13o	3 66o	2 o5o	5 55o	5 21o	6 o5o	7 o2o	7 o3o	6 42o	25 65o	5 84o	9 3oo	4o 4oo	4 64o	6oo	159 77o
197o	15 88o	1 o6o	5 75o	9 62o	4 19o	2 16o	6 34o	5 84o	6 8oo	7 66o	7 94o	7 16o	27 74o	6 45o	1o 58o	44 64o	5 8oo	74o	176 32o
1971	16 o3o	93o	6 23o	11 27o	4 79o	2 27o	7 19o	6 49o	7 69o	8 34o	8 89o	7 82o	29 97o	7 o9o	12 14o	49 37o	7 11o	9oo	194 53o
1972	16 17o	79o	6 74o	13 15o	5 46o	2 37o	8 o9o	7 14o	8 69o	9 o7o	9 86o	8 53o	32 34o	7 79o	14 o3o	54 62o	8 63o	1 o8o	214 54o
1973	16 26o	65o	7 28o	15 25o	6 21o	2 47o	9 o8o	7 82o	9 86o	9 83o	1o 87o	9 24o	34 84o	8 54o	16 3oo	6o 45o	1o 34o	1 26o	236 56o
1974	16 29o	5oo	7 87o	17 67o	7 o6o	2 55o	1o 11o	8 5oo	11 18o	1o 66o	11 92o	9 93o	37 47o	9 33o	19 o3o	66 94o	12 31o	1 46o	26o 76o
1975	16 29o	37o	8 5oo	2o 38o	8 ooo	2 63o	11 21o	9 18o	12 68o	11 52o	12 99o	1o 61o	4o 27o	1o 17o	22 29o	74 o9o	14 51o	1 68o	287 37o

Tabelle 16: Lohnsteuer, Teil 1
Ableitung des der Lohnsteuer unterliegenden Volkseinkommens der Unselbständigen

	Bruttoeinkommen Inland		Arbeitgeber-beiträge z. Soz.Vers.[1]	Bruttolohn- und Gehalt-summe		Beamtenpen-sion		Der Lohnsteuer unterlieg. VE	
	Mill.DM	vH	Mill.DM	Mill.DM	vH	Mill.DM	vH	Mill.DM	vH
	1	2	3	4	5	6	7	8	9
196o	138 71o	.	15 56o	123 15o	.	6 3oo	.	129 45o	.
1961	156 2oo	+ 12,6	17 11o	139 o9o	+ 12,9	7 o9o	+ 12,5	146 18o	+ 12,9
1962	172 79o	+ 1o,6	18 74o	154 o5o	+ 1o,8	7 83o	+ 1o,4	161 88o	+ 1o,7
1963	185 49o	+ 7,3	2o o7o	165 42o	+ 7,4	8 6oo	+ 9,8	174 o2o	+ 7,5
1964	2o3 38o	+ 9,6	21 o1o	182 42o	+ 1o,3	9 3oo	+ 8,1	191 72o	+ 1o,2
1965	224 91o	+ 1o,6	23 17o	2o1 74o	+ 1o,6	1o o9o	+ 8,5	211 83o	+ 1o,5
1966	242 o4o	+ 7,6	25 53o	216 51o	+ 7,3	1o 7oo	+ 6,o	227 21o	+ 7,3
1967	242 16o	+ o,1	25 92o	216 24o	- o,1	11 4oo	+ 6,5	227 64o	+ o,2
1968	259 72o	+ 7,3	28 84o	23o 88o	+ 6,8	11 88o	+ 4,2	242 76o	+ 6,6
1969	292 17o	+ 12,5	33 3oo	258 87o	+ 12,1	13 15o	+ 1o,7	272 o2o	+ 12,1
197o	34o 38o	+ 16,5	41 29o	299 o9o	+ 15,5	14 71o	+ 11,9	313 26o	+ 15,2
Alternative I (untere)									
1969	275 3oo	+ 6,o	3o 74o	244 56o	+ 5,9	12 56o	+ 5,7	257 12o	+ 5,9
197o	291 82o	+ 6,o	32 78o	259 o4o	+ 5,9	13 28o	+ 5,7	272 32o	+ 5,9
1971	3o9 33o	+ 6,o	34 93o	274 4oo	+ 5,9	14 o4o	+ 5,7	288 44o	+ 5,9
1972	327 89o	+ 6,o	37 25o	29o 64o	+ 5,9	14 84o	+ 5,7	3o5 48o	+ 5,9
1973	347 56o	+ 6,o	39 7oo	3o7 86o	+ 5,9	15 69o	+ 5,7	323 55o	+ 5,9
1974	368 41o	+ 6,o	42 32o	326 o9o	+ 5,9	16 59o	+ 5,7	342 68o	+ 5,9
1975	39o 52o	+ 6,o	45 11o	345 41o	+ 5,9	17 54o	+ 5,7	362 95o	+ 5,9
Alternative II (obere)									
1969	282 32o	+ 8,7	31 6oo	25o 72o	+ 8,6	12 86o	+ 8,3	263 58o	+ 8,6
197o	3o6 88o	+ 8,7	34 62o	272 26o	+ 8,6	13 93o	+ 8,3	286 19o	+ 8,6
1971	333 58o	+ 8,7	37 94o	295 64o	+ 8,6	15 o9o	+ 8,3	31o 73o	+ 8,6
1972	362 6oo	+ 8,7	41 57o	321 o3o	+ 8,6	16 34o	+ 8,3	337 37o	+ 8,6
1973	394 15o	+ 8,7	45 55o	348 6oo	+ 8,6	17 69o	+ 8,3	366 29o	+ 8,6
1974	428 44o	+ 8,7	49 91o	378 53o	+ 8,6	19 16o	+ 8,3	397 69o	+ 8,6
1975	465 71o	+ 8,7	54 68o	411 o3o	+ 8,6	2o 75o	+ 8,3	431 78o	+ 8,6

[1] Arbeitgeberbeiträge zu öffentlichen Einrichtungen der Sozialen Sicherung (einschl. Arbeitgeberbeiträge zu öffentl. Zusatzversorgungsanstalten, unterstellter Einzahlungen in fiktive Beamtenpensionsfonds und Aufwendungen der Arbeitgeber auf Grund des Kindergeldgesetzes zugunsten von Arbeitnehmern. Beiträge zur gesetzlichen Unfallversicherung sind nicht enthalten. Die Lohnfortzahlung und Krankenversich.reform zum 1.7.1969, bzw. zum 1.1.197o wurde berücksichtigt.

Tabelle 17: Lohnsteuer, Teil 2
Ableitung der Lohnsteuer

	Der Lohnst. unterlieg.VE		Besteue-rungs-quote	Steuerpfl. Bruttolohn		Steuerfr. Abzugs-beträge	zu versteu-erndes Ein-kommen		Tarif-elasti-zität	Steuerschuld bei konst. Belastung		Bela-stungs-veränd.	Steuerschuld bei jeweil. Belastung		Steuerschuld f.Lohnzahl. zeitraum		Aufkom-mensre-lation	Kassenmäßiges Aufkommen	
	Mill.DM	vH	Mill.DM	Mill.DM	vH	Mill.DM	Mill.DM	vH	vH	Mill.DM	vH	Mill.DM	Mill.DM	vH	Mill.DM	vH	vH	Mill.DM	vH
	1	2	3	4	5	6	7	8	9	1o	11	12	13	14	15	16	17	18	19
196o	129 45o																	8 1o2	
1961	146 18o	+12,9	88,25	129 o1o		9 4oo	119 61o			9 o28		-	9 o28					1o 45o	+ 12,9
1962	161 88o	+1o,7	88,62	143 46o	+ 11,2	11 44o	132 o2o	+1o,4	2,1457	11 o4o	+22,3	52o	1o 52o	+16,6	1o 4oo		118,44	12 32o	+17,8
1963	174 o2o	+ 7,5	88,95	154 79o	+ 7,9	12 56o	142 23o	+ 7,7	2,o276	12 17o	+15,6	31o	11 86o	+12,7	11 75o	+13,o	117,87	13 84o	+12,4
1964	191 72o	+1o,2	89,24	171 o9o	+ 1o,5	13 99o	157 1oo	+1o,4	1,983o	14 3oo	+2o,6	31o	13 99o	+18,o	13 81o	+17,6	116,5o	16 o9o	+16,2
1965	211 83o	+1o,5	89,49	189 56o	+ 1o,8	13 92o	175 64o	+11,8	1,9118	17 15o	+22,6	2 545	14 6oo	+ 4,4	14 55o	+ 5,3	115,o3	16 74o	+ 4,o
1966	227 21o	+ 7,3	89,7o	2o3 81o	+ 7,5	16 o7o	187 74o	+ 6,9	1,9917	16 61o	+13,7	6o	16 55o	+13,3	16 39o	+12,6	116,28	19 o6o	+13,8
1967	227 64o	+ o,2	89,88	2o4 6oo	+ o,4	15 72o	189 ooo	+ o,7	1,8728	16 77o	+ 1,3	1o	16 76o	+ 1,3	16 74o	+ 2,2	116,85	19 56o	+ 2,6
1968	242 76o	+ 6,6	9o,o3	218 56o	+ 6,8	16 99o	2o1 57o	+ 6,7	1,916o	18 89o	+12,7	-	18 89o	+12,7	18 71o	+11,8	118,oo	22 o8o	+12,9
1969	272 o2o	+12,1	9o,15	245 23o	+ 12,2	19 69o	225 57o	+11,9	1,84oo	23 o3o	+21,9	1o	23 o2o	+21,9	22 67o	+21,2	119,34	27 o6o	+22,5
197o	313 26o	+15,2	9o,24	282 69o	+ 15,3	22 81o	259 88o	+15,2	1,76oo	29 2oo	+26,8	23o	28 97o	+25,9	28 47o	+25,6	121,14	34 49o	+27,5
Alternative I (untere)																			
1969	257 12o	+ 5,9	9o,15	231 79o	+ 6,1	18 86o	212 93o	+ 5,6	1,845o	2o 86o	+1o,4	1o	2o 85o	+1o,4	2o 68o	+1o,5	119,64	24 75o	+12,1
197o	272 32o	+ 5,9	9o,24	245 74o	+ 6,o	2o 5oo	225 24o	+ 5,8	1,7585	22 96o	+1o,2	23o	22 73o	+ 9,1	22 58o	+ 9,2	121,28	27 38o	+1o,7
1971	288 44o	+ 5,9	9o,3o	26o 46o	+ 6,o	22 37o	238 o9o	+ 5,7	1,741o	24 99o	+ 9,9	65o	24 34o	+ 7,1	24 21o	+ 7,2	122,92	29 76o	+ 8,7
1972	3o5 48o	+ 5,9	9o,33	275 94o	+ 5,9	24 28o	251 67o	+ 5,7	1,7o9o	26 72o	+ 9,7	37o	26 35o	+ 8,2	26 18o	+ 8,1	124,56	32 61o	+ 9,6
1973	323 55o	+ 5,9	9o,35	292 33o	+ 5,9	26 21o	266 12o	+ 5,7	1,684o	28 89o	+ 9,7	14o	28 75o	+ 9,1	28 55o	+ 9,1	126,2o	36 o3o	+1o,5
1974	342 68o	+ 5,9	9o,36	3o9 65o	+ 5,9	28 19o	281 46o	+ 5,8	1,666o	31 51o	+ 9,6	16o	31 35o	+ 9,o	31 14o	+ 9,1	127,84	39 8oo	+1o,5
1975	362 95o	+ 5,9	9o,36	327 96o	+ 5,9	3o 21o	297 75o	+ 5,8	1,652o	34 35o	+ 9,6	13o	34 22o	+ 9,2	33 98o	+ 9,1	129,5o	44 o1o	+1o,6
Alternative II (obere)																			
1969	263 58o	+ 8,6	9o,15	237 62o	+ 8,7	19 21o	218 41o	+ 8,4	1,845o	21 8oo	+15,4	1o	21 79o	+15,4	21 55o	+15,2	119,5o	25 75o	+16,6
197o	286 19o	+ 8,6	9o,24	258 26o	+ 8,7	21 28o	236 98o	+ 8,5	1,7575	25 o5o	+14,9	23o	24 82o	+13,9	24 57o	+14,o	121,oo	29 73o	+15,4
1971	31o 73o	+ 8,6	9o,3o	28o 59o	+ 8,7	23 64o	256 95o	+ 8,4	1,75o5	28 48o	+14,8	65o	27 83o	+12,1	27 58o	+12,3	122,5o	33 79o	+13,7
1972	337 37o	+ 8,6	9o,33	3o4 75o	+ 8,6	26 11o	278 64o	+ 8,4	1,7o85	31 84o	+14,4	37o	31 47o	+13,1	31 17o	+13,o	124,oo	38 65o	+14,4
1973	366 29o	+ 8,6	9o,35	33o 94o	+ 8,6	28 71o	3o2 23o	+ 8,5	1,68o5	35 95o	+14,2	14o	35 81o	+13,8	35 45o	+13,7	125,5o	44 49o	+15,1
1974	397 69o	+ 8,6	9o,36	359 35o	+ 8,6	31 45o	327 9oo	+ 8,5	1,66o5	4o 86o	+14,1	16o	4o 7oo	+13,7	4o 3oo	+13,7	127,oo	51 18o	+15,o
1975	431 78o	+ 8,6	9o,36	39o 16o	+ 8,6	34 33o	355 83o	+ 8,5	1,644o	46 41o	+14,o	13o	46 28o	+13,7	45 81o	+13,7	128,5o	58 87o	+15,o

Tabelle 18: Lohnsteuer, Teil 3
Steuerfreie Abzugsbeträge
in Mill.DM

	Bereinigte Abzugsbeträge	Rechtsänderungen, betr.										Rechtsänderungen insgesamt	Abzugsbeträge		
		Außergewöhnl. Belast.	Altersfreibetrag	Versicherungsprämien	Sonderausgabenpauschale	Versorgungsbezüge	Altersfreibetrag	Kilometerpauschale	Sozialversicherungsbeiträge	Berufsausbildung	Krankenversicherung		einkommensabhängig	einkommensunabhängig	insgesamt
1961	9 400	-	-	-	-	-	-	-	-	-	-		7 050	2 350	9 400
1962	-	240	560	-	-	-	-	-	-	-	-	+ 800	7 840	2 795	11 435
1963	-	259	604	-	-	-	-	-	-	-	-	+ 863	8 459	3 241	12 563
1964	-	286	667	-	-	-	-	-	-	-	-	+ 953	9 347	3 687	13 987
1965	13 920	317	739	116	- 1 740	-	-	-	-	-	-	- 568	10 356	4 132	13 920
1966	-	341	794	125	- 1 900	700	300	-	-	-	-	+ 360	11 133	4 578	16 071
1967	-	342	797	125	- 1 909	1 000	500	- 1 330	-	-	-	- 475	11 171	5 023	15 719
1968	-	365	851	134	- 2 039	1 068	534	- 1 820	500	-	-	- 407	11 933	5 469	16 995
1969	-	410	955	150	- 2 288	1 198	599	- 2 042	1 350	50	-	+ 382	13 390	5 914	19 690
1970	-	473	1 101	173	- 2 637	1 381	690	- 2 354	2 330	58	- 200	+ 1 015	15 430	6 359	22 810
Alternative I (untere)															
1969	-	387	903	142	- 2 162	1 133	566	- 1 930	1 200	50	-	+ 289	12 660	5 914	18 860
1970	-	410	957	151	- 2 292	1 201	600	- 2 046	1 895	53	- 200	+ 729	13 420	6 359	20 510
1971	-	435	1 014	160	- 2 429	1 273	636	- 2 169	2 585	56	- 212	+ 1 349	14 220	6 804	22 370
1972	-	461	1 074	170	- 2 573	1 349	674	- 2 298	3 268	60	- 225	+ 1 960	15 070	7 249	24 280
1973	-	488	1 138	180	- 2 726	1 429	714	- 2 435	3 945	63	- 238	+ 2 558	15 960	7 694	26 210
1974	-	517	1 205	191	- 2 887	1 514	756	- 2 579	4 614	67	- 252	+ 3 146	16 910	8 139	28 190
1975	-	548	1 276	202	- 3 058	1 603	801	- 2 731	5 276	71	- 267	+ 3 721	17 910	8 584	30 210
Alternative II (obere)															
1969	-	397	925	146	- 2 217	1 161	581	- 1 979	1 260	50	-	+ 324	12 970	5 914	19 210
1970	-	432	1 005	159	- 2 410	1 262	632	- 2 151	2 040	54	- 200	+ 823	14 100	6 359	21 280
1971	-	469	1 092	173	- 2 619	1 371	687	- 2 337	2 840	59	- 217	+ 1 518	15 320	6 804	23 640
1972	-	509	1 186	188	- 2 845	1 489	746	- 2 538	3 661	64	- 236	+ 2 224	16 640	7 249	26 110
1973	-	553	1 288	204	- 3 089	1 617	810	- 2 756	4 506	70	- 256	+ 2 947	18 070	7 694	28 710
1974	-	601	1 399	222	- 3 354	1 756	880	- 2 993	5 379	76	- 278	+ 3 688	19 620	8 139	31 450
1975	-	653	1 519	241	- 3 641	1 907	955	- 3 250	6 278	83	- 302	+ 4 443	21 300	8 584	34 330

Tabelle 19: Lohnsteuer, Teil 4
Belastungsveränderungen
Mill.DM

	1962	1963	1964	1965	1966	1967	1968	1969	197o	1971	1972	1973	1974	1975
I. Struktureffekte														
1. Steuerklassen I,II/O,III/O,IV/O,V	2o	2o	2o	2o	1o	o	-							
2. Steuerklassen II/1-4, III/1-4, IV/1-4	9o	9o	9o	9o	5o	1o	-	1o	3o	5o	7o	9o	11o	13o
II.Rechtsänderungen														
1. Erhöhung der Kinderfreibeträge	2oo	-	-	-	-	-	-	-	-	-	-	-	-	-
2. Berlinpräferenz - Erhöhung	7o	6o	5o	2o	-	-	-	-	-	-	-	-	-	-
3. Berlin-Zulagen zu Lasten d.Aufk.	9o	9o	1oo	1o5	-	-	-	-	-	-	-	-	-	-
4. Tarifkorrektur	-	-	-	1 16o	-	-	-	-	-	-	-	-	-	-
5. Erhöhung d.Sonderausgabenpauschb.	-	-	-	21o	-	-	-	-	-	-	-	-	-	-
6. Einführung d.Arbeitnehmerfreibetrages	-	-	-	69o	-	-	-	-	-	-	-	-	-	-
7. II.Vermög.Bild G	-	-	-	18o	-	-	-	-	-	-	-	-	-	-
8. Steuerbefreiung best.Lohnzuschläge	-	-	-	2o	-	-	-	-	-	-	-	-	-	-
9. Sonstige Belastungsveränd.	5o	5o	5o	5o	-	-	-	-	-	-	-	-	-	-
1o. III. Vermög. Bild G	-	-	-	-	-	-	-	-	15o	5oo	3oo	5o	-	-
11. Neugestaltung der Berlinpräferenzen	-	-	-	-	-	-	-	-	5o	1oo	5o	-	-	-
Insgesamt	52o	31o	31o	2 545	6o	1o	-	1o	23o	65o	37o	14o	11o	13o

Quelle: Eigene Schätzungen auf der Basis der Angaben des BFM

Tabelle 2o: Einkommen, Teil 1
Einkünfte aus Gewerbebetrieb der unbeschränkt Steuerpflichtigen
mit überwiegend gewerblichen Einkünften
in Mill. DM

	LFF 1	EGB 2	ERG 3	CHM 4	SEF 5	ENE 6	SMF 7	EFE 8	HPD 9	TLB 1o
1954[1]	67	6	5	214	335	429	725	715	96o	979
1955	8o	7	6	276	41o	568	977	9o5	1 114	1 125
1956	89	9	7	325	459	667	1 15o	1 o43	1 25o	1 265
1957	99	11	7	387	492	72o	1 324	1 138	1 38o	1 4o4
1958	1o3	12	8	421	521	828	1 451	1 25o	1 442	1 368
1959	115	13	9	52o	612	88o	1 665	1 41o	1 573	1 468
196o	139	16	12	647	735	1 142	2 131	1 866	1 894	1 712
1961	154	19	13	73o	835	1 2o5	2 491	2 13o	2 177	1 895
1962	17o	19	13	774	856	1 1o8	2 724	2 111	2 186	1 996
1963	184	2o	12	82o	857	1 o46	2 768	2 126	2 231	1 996
1964	2o6	19	11	896	932	1 185	2 979	2 3o1	2 449	2 122
1965	265	17	1o	958	959	1 356	3 132	2 497	2 613	2 229
1966	26o	11	13	873	966	1 332	2 744	2 686	2 742	2 o51
1967	256	12	14	915	896	1 o73	1 926	2 468	2 681	1 646
1968	266	22	2o	1 945	1 o21	1 16o	2 384	3 16o	3 o29	2 342
1969	.	.	.	.	.	.	.	.	.	.
197o	.	.	.	.	.	.	.	.	.	.
Alternative I (untere)										
1969	281	24	21	2 1o6	1 o86	1 418	2 759	3 5o2	3 195	2 458
197o	294	25	22	2 333	1 153	1 4o5	2 9o7	3 838	3 383	2 578
1971	3o7	25	23	2 576	1 224	1 389	3 o8o	4 177	3 585	2 718
1972	321	26	24	2 834	1 298	1 392	3 298	4 5o5	3 816	2 861
1973	333	26	25	3 1o1	1 383	1 391	3 534	4 815	4 o73	3 o27
1974	346	26	26	3 386	1 468	1 393	3 8o2	5 111	4 353	3 197
1975	356	26	28	3 691	1 565	1 4o2	4 114	5 397	4 655	3 383
Alternative II (obere)										
1969	283	21	21	2 33o	1 169	1 272	2 764	3 663	3 378	2 52o
197o	297	19	23	2 769	1 331	1 381	3 182	4 184	3 776	2 7o3
1971	311	17	25	3 268	1 515	1 476	3 64o	4 727	4 234	2 91o
1972	327	15	27	3 839	1 714	1 583	4 127	5 272	4 762	3 128
1973	34o	13	29	4 476	1 943	1 682	4 657	5 829	5 372	3 372
1974	356	11	31	5 212	2 2o2	1 761	5 214	6 375	6 o61	3 634
1975	365	8	34	6 o43	2 487	1 84o	5 818	6 916	6 835	3 917

	NUG 11	BAU 12	HAN 13	VER 14	GEV 15	DIE 16	SGS 25	POE 26	Insgesamt
1954[1]	1 315	1 486	5 729	587	2o5	1 374	-	-	15 13o
1955	1 472	1 836	6 699	745	242	1 623	-	-	18 o8o
1956	1 639	2 o9o	7 722	852	295	1 845	-	-	2o 7oo
1957	1 8o8	2 225	8 55o	942	329	2 1o7	-	-	22 92o
1958	1 966	2 421	8 5o2	1 o16	377	2 279	-	-	23 96o
1959	2 123	2 95o	9 481	1 o99	451	2 546	-	-	26 91o
196o	2 395	3 597	11 56o	1 286	532	3 o1o	-	-	32 68o
1961	2 647	4 2oo	12 58o	1 4o4	546	3 336	-	-	36 36o
1962	2 651	4 462	13 45o	1 372	336	3 968	-	-	38 2oo
1963	2 79o	4 814	13 57o	1 458	388	4 27o	-	-	39 35o
1964	2 9o7	5 327	14 41o	1 512	453	4 499	-	-	42 21o
1965	3 oo8	5 54o	15 44o	1 55o	577	4 915	-	-	45 o7o
1966	2 614	5 o38	15 41o	1 757	647	5 83o	-	-	44 98o
1967	2 718	4 617	14 68o	1 788	66o	6 657	-	-	43 ooo
1968	3 45o	5 227	16 11o	2 397	676	7 392	-	-	5o 6oo
1969	.	.	.	.	.	.	-	-	54 19o
197o	.	.	.	.	.	.	-	-	58 15o
Alternative I (untere)									
1969	3 78o	5 263	16 65o	2 594	692	7 875	-	-	53 7oo
197o	4 116	5 617	17 31o	2 812	721	8 437	-	-	56 95o
1971	4 443	5 925	17 97o	3 o35	754	9 o46	-	-	6o 26o
1972	4 751	6 195	18 62o	3 275	796	9 731	-	-	63 74o
1973	5 o63	6 4o4	19 26o	3 522	843	1o 45o	-	-	67 24o
1974	5 369	6 568	19 87o	3 779	9o4	1o 96o	-	-	7o 57o
1975	5 674	6 669	2o 48o	4 o59	971	11 68o	-	-	74 15o
Alternative II (obere)									
1969	4 oo6	5 863	17 44o	2 699	744	8 14o	-	-	56 31o
197o	4 6oo	6 547	18 87o	3 o32	825	8 973	-	-	62 51o
1971	5 2o9	7 171	2o 38o	3 382	923	9 899	-	-	69 o8o
1972	5 814	7 84o	21 99o	3 77o	1 o45	1o 95o	-	-	76 21o
1973	6 455	8 51o	23 69o	4 182	1 19o	12 o9o	-	-	83 83o
1974	7 114	9 167	25 48o	4 617	1 37o	13 o5o	-	-	91 66o
1975	7 793	9 811	27 38o	5 o86	1 582	14 3oo	-	-	1oo 2oo

[1] Einkünfte aus Gewerbebetrieb insgesamt

Tabelle 21: Einkommensteuer. Teil 2

Gesamtbetrag der Einkünfte nach überwiegender Einkunftsart

	Einkünfte a.Gewerbebetrieb	Querverteilungsrelation	Gesamtbetrag der Einkünfte der üw. Gewerbetreibenden		Eink.a. Untern.u. Vermög.der Dienstleistungsbereiche	Besteuerungsmengenelastizität	Gesamtbetrag der Einkünfte der üw.Selbständigen		Einkommen aus unselbständiger Arbeit	Besteuerungsmengenelastizität	Gesamtbetrag der Einkünfte der üw.Nichtselbständigen		Einkommen aus Untern.u. Vermög. insges.	Besteuerungsmengenelastizität	Gesamtbetrag der Einkünfte der Übrigen	
	Mill.DM	vH	Mill.DM	vH	vH	-	Mill.DM	vH	vH	-	Mill.DM	vH	vH	-	Mill.DM	vH
	1	2	3	4	5	6	7	8	9	1o	11	12	13	14	15	16
1954	15 13o	1o1,9o	15 42o				1 955				5 o93				3 615	
1955	18 o8o	1o2,3o	18 49o	+ 19,9	+ 14,8	1,22	2 3o9	+ 18,1	+ 14,o	1,42	6 1o7	+ 19,9	+ 16,9	- o,o7	3 577	- 1,1
1956	2o 7oo	1o2.6o	21 25o	+ 14.9	+ 15.7	1.22	2 752	+ 19,2	+ 12,o	1,42	7 151	+ 17,1	+ 8,4	- o,13	3 539	- 1,1
1957	22 9oo	1o3.oo	23 6oo	+ 11,1	+ 13,1	1.22	3 2oo	+ 16,3	+ 9,4	1,42	8 1oo	+ 13,3	+ 8,2	- o,13	3 5oo	- 1,1
1958	23 96o	1o3.3o	24 76o	+ 4,9	+ 11,1	1,22	3 623	+ 13,8	+ 7,9	1,86	9 299	+ 14,8	+ 5,3	o,2o	3 539	+ 1,1
1959	26 9oo	1o3,7o	27 91o	+ 12.7	+ 9.8	1,22	4 o58	+ 12,o	+ 7,o	1,86	1o 53o	+ 13,2	+ 8,9	o,37	3 656	+ 3,3
1960	32 67o	1o4.1o	34 ooo	+ 21.9	+ 13,6	1,22	4 732	+ 16,6	+ 12,6	1,86	13 ooo	+ 23,5	+ 1o,5	o,7o	3 927	+ 7,4
1961	36 36o	1o4,4o	37 97o	+ 11.7	+ 16,4	1,22	5 681	+ 2o,o	+ 12,6	1,86	16 o3o	+ 23,3	+ 5,4	o,85	4 1o8	+ 4,6
1962	38 2oo	1o5.oo	4o 12o	+ 5,7	+ 8,6	o,84	6 o9o	+ 7,2	+ 1o,6	2,1o	19 61o	+ 22,3	+ 3,9	o,91	4 252	+ 3,5
1963	39 35o	1o5,6o	41 56o	+ 3.6	+ 13,5	o,83	6 772	+ 11,2	+ 7,3	2,1o	22 61o	+ 15.3	+ 4,4	o,91	4 422	+ 4,o
1964	42 21o	1o6.2o	44 82o	+ 7.9	+ 13,o	o,83	7 5o3	+ 1o,8	+ 9,6	2,1o	27 18o	+ 2o,2	+ 9,6	o,91	4 8o7	+ 8,7
1965	45 o7o	1o6.8o	48 13o	+ 7,4	+ 13,6	o,84	8 359	+ 11,4	+ 1o,6	2,1o	33 18o	+ 22,1	+ 6,8	o,91	5 1o3	+ 6,2
1966	44 98o	1o6,8o	48 o3o	- o,2	+ 14,2	o,85	9 37o	+ 12,1	+ 7,6	1,9o	37 96o	+ 14,4	+ 1,5	o,95	5 174	+ 1,4
1967	43 ooo	1o6.9o	45 97o	- 4,3	+ 1o,o	o,9o	1o 21o	+ 9,o	+ o,1	1,9o	38 o3o	+ o,2	- o,9	o,95	5 128	- o,9
1968	5o 6oo	1o7,oo	54 14o	+ 17.8	+ 12,7	o,9o	11 38o	+ 11,4	+ 7,3	2,oo	43 59o	+ 14,6	+ 18,2	o,95	6 o15	+ 17,3
1969	54 19o[1]	1o7.oo	57 98o	+ 7,1	+ 8,3[1]	o,9o	12 23o	+ 7,5	+ 12,5	2,o4	54 7oo	+ 25,5	+ 8,6	o,96	6 51o	+ 8,3
197o	58 15o[1]	1o7.oo	62 22o	+ 7,3	+ 7.3[1]	o,95	13 o6o	+ 6,8	+ 13,4	1,95	68 98o	+ 26,1	+ 7,5	o,97	6 99o	+ 7,3
Alternative I (untere)																
1969	53 7oo	1o7,1o	57 51o	+ 6.2	+ 6,8	o,9o	12 o7o	+ 6,1	+ 6,o	2,o5	48 95o	+ 12,3	+ 5,7	o,96	6 34o	+ 5,4
197o	56 95o	1o7,2o	61 o5o	+ 6.1	+ 7.4	o,9o	12 88o	+ 6,7	+ 6,o	2,o1	54 87o	+ 12,1	+ 5,6	o,97	6 69o	+ 5,5
1971	6o 26o	1o7,3o	64 66o	+ 5,9	+ 7,5	o,9o	13 76o	+ 6,8	+ 6,o	1,8o	6o 8oo	+ 1o,8	+ 5,7	o,98	7 o6o	+ 5,5
1972	63 74o	1o7.4o	68 46o	+ 5.9	+ 7,6	o,9o	14 69o	+ 6,8	+ 6,o	1,65	66 81o	+ 9,9	+ 5,6	o,99	7 45o	+ 5,6
1973	67 24o	1o7,5o	72 29o	+ 5,6	+ 7,6	o,9o	15 69o	+ 6,8	+ 6,o	1,51	72 9oo	+ 9,1	+ 5,7	1,oo	7 87o	+ 5.7
1974	7o 57o	1o7,6o	75 93o	+ 5,o	+ 7,7	o,9o	16 77o	+ 6.9	+ 6,o	1.35	78 8oo	+ 8,1	+ 5,6	1,o1	8 32o	+ 5,7
1975	74 15o	1o7.7o	79 78o	+ 5,1	+ 7,7	o.9o	17 93o	+ 6,9	+ 6,o	1,18	84 39o	+ 7,1	+ 5,6	1,o2	8 8oo	+ 5,8
Alternative II (obere)																
1969	56 31o	1o7,oo	6o 26o	+ 11,3	+ 1o,4	o,9o	12 45o	+ 9,4	+ 8,7	2,o4	51 3oo	+ 17,7	+ 1o,4	o,96	6 62o	+ 1o,o
197o	62 51o	1o6.9o	66 82o	+ 1o,9	+ 1o,5	o,89	13 61o	+ 9,3	+ 8,7	1,99	6o 17o	+ 17,3	+ 1o,4	o,97	7 29o	+ 1o,1
1971	69 o8o	1o6,8o	73 78o	+ 1o.4	+ 1o,6	o,88	14 88o	+ 9,3	+ 8,7	1.77	69 44o	+ 15,4	+ 1o,3	o,98	8 o3o	+ 1o,1
1972	76 21o	1o6,7o	81 31o	+ 1o,2	+ 1o,6	o,87	16 25o	+ 9,2	+ 8,7	1,61	79 16o	+ 14,o	+ 1o,3	o,99	8 84o	+ 1o,2
1973	83 83o	1o6,6o	89 36o	+ 9,9	+ 1o,7	o,86	17 75o	+ 9,2	+ 8,7	1,46	89 21o	+ 12,7	+ 1o,3	1,oo	9 76o	+ 1o,3
1974	91 66o	1o6,5o	97 61o	+ 9,2	+ 1o,7	o,85	19 37o	+ 9,1	+ 8,7	1,29	99 2oo	+ 11,2	+ 1o,2	1,o1	1o 76o	+ 1o,3
1975	1oo 22o	1o6,4o	1o6 63o	+ 9,2	+ 1o,7	o,84	21 11o	+ 9,o	+ 8,7	1,11	1o8 82o	+ 9,7	+ 1o,2	1,o2	11 88o	+ 1o,4

[1] Wachstum der Einkommen aus Unternehmertätigkeit und Vermögen aller Wirtschaftsbereiche

Tabelle 22:Einkommensteuer,Teil 3
Veranlagte Einkommen und Steuerschuld

	Gesamtbetrag der Einkünfte	davon an überwiegend				Sonderausgaben/Freibeträge	Anteil am Gesamtbetrag der Einkünfte	Veranlagte Einkommen[1]		Tarifelastizität	Steuerschuld, unbereinigt		Belastungsveränderung	Steuerschuld, bereinigt	
		Gewerbetreibende	Selbständige	Nichtselbständige	Übrige Steuerpflichtige										
	Mill.DM	Mill.DM	Mill.DM	Mill.DM	Mill.DM	Mill.DM	vH	Mill.DM	vH	-	vH	Mill.DM	Mill.DM	Mill.DM	vH
	1	2	3	4	5	6	7	8	9	1o	11	12	13	14	15
1954	26.o8o	15.42o	1 955	5 o93	3 615	3 559	13,64	22 53o							
1955	3o 49o	18 49o	2 3o9	6 1o7	3 577	4 1o9	13,48	26 38o	+ 17,1						
1956	34 69o	21 25o	2 75o	7 151	3 539	4 621	13,32	3o o7o	+ 14,o						
1957	38 4oo	23 61o	3 192	8 1oo	3 5oo	5 o58	13,17	33 34o	+ 1o,9						
1958	41 23o	24 76o	3 623	9 299	3 539	5 314	12,89	35 91o	+ 7,7						
1959	46 15o	27 91o	4 o58	1o 53o	3 656	5 819	12,61	4o 33o	+ 12,3						
196o	55 67o	34 o1o	4 732	13 ooo	3 927	6 863	12,33	48 8oo	+ 21,o	(1,33o)		(11 21o)	(- 15o)[2]	(11 o6o)	
1961	63 79o	37 97o	5 68o	16 o3o	4 1o8	7 684	12,o5	56 11o	+ 15,o	(1,32o)	+ 19,8	13 25o	(- 15o)[2]	13 1oo	(+18,5)
1962	7o o7o	4o 12o	6 o9o	19 61o	4 252	8 646	12,34	61 42o	+ 9,5	1,311	+ 12,4	14 73o	- 525	14 2oo	+ 8,4
1963	75 36o	41 56o	6 772	22 61o	4 422	9 518	12,63	65 84o	+ 7,2	1,298	+ 9,4	15 53o	- 26o	15 27o	+ 7,5
1964	84 31o	44 82o	7 5o3	27 18o	4 8o7	1o 89o	12,92	73 42o	+ 11,5	1,288	+ 14,8	17 53o	- 225	17 31o	+13,3
1965	94 77o	48 13o	8 359	33 18o	5 1o3	12 52o	13,21	82 25o	+ 12,5	1,271	+ 15,8	2o o5o	-118o	18 87o	+ 9,o
1966	1oo 5oo	48 o3o	9 37o	37 96o	5 17o	13 57o	13,5o	86 96o	+ 5,7	1,445	+ 8,3	2o 43o	- 16o	2o 27o	+ 7,4
1967	99 34o	45 97o	1o 21o	38 o3o	5 128	13 46o	13,55	85 88o	- 1,2	1,42o	- 1,8	19 91o	- 1oo	19 81o	- 2,3
1968	115 1oo	54 14o	11 38o	43 59o	6 o15	16 23o	14,1o	98 88o	+ 15,1	1,446	+ 21,9	24 15o	- 14o	24 o1o	+21,2
1969	131 4oo	57 98o	12 23o	54 7oo	6 51o	18 86o	14,35	112 6oo	+ 13,8	1,421	+ 19,7	28 72o	- 14o	28 58o	+19,1
197o	151 3oo	62 22o	13 o6o	68 98o	6 99o	22 o1o	14,55	129 2oo	+ 14,8	1,399	+ 2o,7	34 51o	- 14o	34 37o	+2o,2
Alternative I (untere)															
1969	124 9oo	57 51o	12 o7o	48 95o	6 34o	17 73o	14,2o	1o7 1oo	+ 8,4	1,428	+ 11,9	26 87o	- 14o	26 73o	+11,3
197o	135 5oo	61 o5o	12 88o	54 87o	6 69o	19 38o	14,3o	116 1oo	+ 8,4	1,412	+ 11,8	29 89o	- 14o	29 75o	+11,3
1971	146 3oo	64 66o	13 76o	6o 8oo	7 o6o	21 o6o	14,4o	125 2oo	+ 7,8	1,398	+ 11,o	33 o1o	- 45o	32 56o	+ 9,5
1972	157 4oo	68 46o	14 69o	66 81o	7 45o	22 82o	14,5o	134 6oo	+ 7,5	1,387	+ 1o,4	35 94o	- 41o	35 53o	+ 9,1
1973	168 8oo	72 29o	15 69o	72 9oo	7 87o	24 64o	14,6o	144 11o	+ 7,1	1,38o	+ 9,8	39 ooo	- 12o	38 88o	+ 9,4
1974	179 8oo	75 93o	16 77o	78 8oo	8 32o	26 43o	14,7o	153 4oo	+ 6,4	1,375	+ 8,9	42 33o	- 13o	42 2oo	+ 8,5
1975	19o 9oo	79 78o	17 93o	84 39o	8 8oo	28 25o	14,8o	162 65o	+ 6,o	1,373	+ 8,3	45 69o	- 13o	45 56o	+ 8,o
Alternative II (obere)															
1969	13o 6oo	6o 26o	12 45o	51 3oo	6 62o	18 62o	14,25	112 ooo	+ 13,3	1,422	+ 18,9	28 54o	- 14o	28 4oo	+18,3
197o	147 9oo	66 82o	13 61o	6o 17o	7 29o	21 3oo	14,4o	126 6oo	+ 13,o	1,4o3	+ 18,3	33 58o	- 14o	33 44o	+17,8
1971	166 1oo	73 78o	14 88o	69 44o	8 o3o	24 17o	14,55	142 ooo	+ 12,1	1,388	+ 16,9	39 o8o	- 45o	38 63o	+15,5
1972	185 6oo	81 31o	16 25o	79 16o	8 84o	27 28o	14,7o	158 3oo	+ 11,5	1,376	+ 15,8	44 74o	- 41o	44 33o	+14,8
1973	2o6 1oo	89 36o	17 75o	89 21o	9 76o	3o 6oo	14,85	175 48o	+ 1o,9	1,367	+ 14,9	5o 91o	- 12o	5o 79o	+14,6
1974	226 9oo	97 61o	19 37o	99 2oo	1o 76o	34 o4o	15,oo	192 9oo	+ 9,9	1,361	+ 13,5	57 66o	- 13o	57 53o	+13,3
1975	248 4oo	1o6 6oo	21 11o	1o8 8oo	11 88o	37 64o	15,15	21o 8oo	+ 9,3	1,358	+ 12,6	64 78o	- 13o	64 65o	+12,4

[1] Ohne Einkommen der beschränkt Steuerpflichtigen. - [2] Nur Struktureffekt - In Klammern gesetzte Zahlen sind grobe Schätzungen.

Tabelle 23: Einkommensteuer, Teil 4
Abzugsbeträge und Steueraufkommen

	Elastizität d. einbehaltenen Lohnsteuer	Einbehaltene Lohnsteuer, unbereinigt		Belastungsveränderung	Einbehaltene Lohnsteuer, bereinigt		Einbehaltene Kapitalertragsteuer	Verbleibende Steuerschuld[1]		Vorauszahlungen	Nachzahlungen	Nachzahlungen	Nachzahlungen	Sonstige Zahlungen	Kassenmäßiges Steueraufkommen	
		vH	Mill.DM	Mill.DM	Mill.DM	vH	Mill.DM	Mill.DM	vH	Mill.DM	Mill.DM	Mill.DM	Mill.DM	Mill.DM	Mill. DM	vH
	1	2	3	4	5	6	7	8	9	1o	11	12	13	14	15	16
196o	-	.	(1 8o4)	(- 5o)	1 754	.	37o	8 936	.	.	.	.	.	.	8 963	+21,4
1961	2,4o	(+ 3o,2)	(2 285)	- 5o	2 235	+ 27,4	377	1o 49o	+ 17,4	(7 916)	.	.	.	.	1o 82o	+2o,7
1962	2,5o	+ 26,5	2 827	-14o	2 687	+ 2o,2	384	11 13o	+ 6,1	9 435	(+ 643)	.	.	.	12 22o	+13,o
1963	2,6o	+ 19,o	3 198	- 8o	3 118	+ 16,o	4o1	11 75o	+ 5,6	1o 39o	+ 424	(+ 1 286)	.	.	13 45o	+1o,1
1964	2,7o	+ 25,9	3 925	- 6o	3 865	+ 24,o	428	13 o2o	+ 1o,8	11 o5o	+ 34o	+ 849	(+ 643)	(+ 1 219)	14 1oo	+ 4,8
1965	2,8o	+ 29,7	5 o17	-35o	4 667	+ 2o,8	464	13 74o	+ 5,5	11 95o	+ 491	+ 681	+ 424	+ 1 249	14 8oo	+ 4,9
1966	3,o1	+ 22,9	5 736	- 5o	5 686	+ 21,8	51o	14 o7o	+ 2,5	12 81o	+ 445	+ 983	+ 34o	+ 1 5oo	16 o8o	+ 8,6
1967	2,92	+ o,3	5 7o3	- 3o	5 673	- o,2	53o	13 61o	- 3,3	13 2oo	+ 316	+ 891	+ 491	+ 888	15 78o	- 1,8
1968	3,11	+ 22,7	6 961	- 4o	6 921	+ 22,o	57o	16 52o	+ 21,4	13 38o	+ 1o3	+ 632	+ 445	+ 1 713	16 27o	+ 3,1
1969	3,28	+ 41,o	9 759	- 3o	9 729	+ 4o,6	72o	18 14o	+ 9,8	14 74o	+ 784	+ 2o6	+ 316	+ 945	16 99o	+ 4,4
197o	3,25	+ 43,6	13 97o	- 3o	13 94o	+ 43,2	84o	19 59o	+ 8,o	16 75o	+ 849	+ 1 568	+ 1o3	+ 228	19 5oo	+14,8
Alternative I (untere)																
1969	3,19	+ 19,1	8 246	- 3o	8 216	+ 18,7	61o	17 9oo	+ 8,4	14 72o	+ 784	+ 2o6	+ 316	+ 1 3oo	17 32o	+ 6,5
197o	3,16	+ 19,o	9 774	- 3o	9 744	+ 18,6	65o	19 36o	+ 8,1	16 62o	+ 796	+ 1 568	+ 1o3	+ 1 3oo	2o 39o	+17,7
1971	2,96	+ 17,8	11 48o	- 3o	11 45o	+ 17,4	69o	2o 43o	+ 5,5	17 94o	+ 685	+ 1 593	+ 784	+ 1 3oo	22 3oo	+ 9,4
1972	2,82	+ 16,9	13 38o	- 4o	13 34o	+ 16,6	73o	21 46o	+ 5,1	19 1oo	+ 622	+ 1 369	+ 796	+ 1 3oo	23 18o	+ 4,o
1973	2,69	+ 16,1	15 49o	- 4o	15 45o	+ 15,8	77o	22 66o	+ 5,6	2o 11o	+ 59o	+ 1 245	+ 685	+ 1 3oo	23 93o	+ 3,2
1974	2,54	+ 15,2	17 81o	- 4o	17 77o	+ 15,o	81o	23 62o	+ 4,2	21 16o	+ 637	+ 1 18o	+ 622	+ 1 3oo	24 9oo	+ 4,1
1975	2,38	+ 14,3	2o 31o	- 4o	2o 27o	+ 14,1	85o	24 45o	+ 3,5	22 15o	+ 614	+ 1 275	+ 59o	+ 1 3oo	25 93o	+ 4,1
Alternative II (obere)																
1969	3,18	+ 27,7	8 836	- 3o	8 8o6	+ 27,2	67o	18 92o	+ 14,6	14 81o	+ 784	+ 2o6	+ 316	+ 1 3oo	17 42o	+ 7,o
197o	3,14	+ 27,3	11 21o	- 3o	11 18o	+ 27,o	76o	21 5oo	+ 13,6	17 31o	+1o28	+ 1 568	+ 1o3	+ 1 3oo	21 31o	+22,3
1971	2,93	+ 25,5	14 o3o	- 3o	14 ooo	+ 25,2	84o	23 79o	+ 1o,6	19 66o	+1o48	+ 2 o55	+ 784	+ 1 3oo	24 85o	+16,6
1972	2,78	+ 24,2	17 39o	- 4o	17 35o	+ 23,9	91o	26 o7o	+ 9,6	21 95o	+1o31	+ 2 o97	+ 1 o28	+ 1 3oo	27 4oo	+1o,3
1973	2,64	+ 23,o	21 33o	- 4o	21 29o	+ 22,7	97o	28 53o	+ 9,4	24 13o	+1o31	+ 2 o61	+ 1 o48	+ 1 3oo	29 57o	+ 7,9
1974	2,48	+ 21,6	25 89o	- 4o	25 85o	+ 21,4	1 o2o	3o 66o	+ 7,5	26 37o	+1o99	+ 2 o63	+ 1 o31	+ 1 3oo	31 86o	+ 7,7
1975	2,31	+ 2o,1	31 o5o	- 4o	31 ooo	+ 19,9	1 o7o	32 57o	+ 6,2	28 5oo	+1o73	+ 2 198	+ 1 o31	+ 1 3oo	34 1oo	+ 7,o

[1]Ohne beschränkt Steuerpflichtige - In Klammer gesetzte Zahlen sind grobe Schätzungen

Tabelle 24: Einkommensteuer, Teil 5
Belastungsveränderungen
in Mill.DM

	1962	1963	1964	1965	1966	1967	1968	1969	197o	1971	1972	1973	1974	1975
I. Struktureffekte														
1. "Steuerklassen I u. III/O"	5o	5o	5o	5o	4o	3o	2o	25	3o	35	4o	45	5o	5o
2. "Steuerklassen II, III/1-III/4, IV"	12o	12o	12o	12o	1oo	5o	6o	65	7o	75	8o	85	9o	9o
II. Rechtsänderungen														
1. Erhöhung der Kinderfreibeträge	18o	-	-	-	-	-	-	-	-	-	-	-	-	-
2. Erhöhung des Altersfreibetrags	8o	-	-	-	-	-	-	-	-	-	-	-	-	-
3. Erhöhung d. Freibetr. f. außergew. Bel.	3o	-	-	-	-	-	-	-	-	-	-	-	-	-
4. Berlinpräferenzerhöhung	3o	5o	2o	-	-	-	-	-	-	-	-	-	-	-
5. Begünstigung v. Berlindarlehen	15	2o	1o	-	-	-	5o	5o	-	-	-	-	-	-
6. Sonstige Steuerermäßigungen	2o	2o	25	3o	2o	2o	1o	-	-	-	-	-	-	-
7. II. Vermög.Bild G	-	-	-	8o	-	-	-	-	-	-	-	-	-	-
8. Tarifkorrektur	-	-	-	9oo	-	-	-	-	-	-	-	-	-	-
9. Investitionszulagen	-	-	-	-	-	-	-	-	35o	3oo	-	-	-	-

Tabelle 25: Ableitung Kapitalertragsteuer

	Ausschüttungen der Körperschaft.		Sonstige Kapitalerträge	Kapitalerträge insgesamt		Kapitalerträge im Zahlungszeitraum	Steuerbelastung	Kassenmäßiges Steueraufkommen	
	Mill. DM	vH	Mill.DM	Mill. DM	vH	Mill.DM	vH	Mill. DM	vH
	1	2	3	4	5	6	7	8	9
196o	5 535	.	2 ooo	7 535	.	.		846	.
1961	5 827	+ 5,3	2 o2o	7 847	+ 4,1	7 629	12,85	98o	+15,8
1962	6 439	+1o,5	2 o4o	8 479	+ 8,1	8 o37	14,o6	1 13o	+15,3
1963	6 648	+ 3,2	2 o6o	8 7o8	+ 2,7	8 548	13,31	1 138	+ o,7
1964	7 875	+18,5	2 o8o	9 955	+14,3	9 o82	13,79	1 252	+1o,1
1965	8 o85	+ 2,7	2 1oo	1o 185	+ 2,3	1o o24	13,48	1 351	+ 7,9
1966	8 17o	+ 1,o	2 12o	1o 29o	+ 1,o	1o 217	14,25	1 456	+ 7,8
1967	8 444	+ 3,4	2 14o	1o 58o	+ 2,8	1o 38o	14,15	1 469	+ o,9
1968	11 176	+32,4	2 16o	13 336	+26,1	11 4o7	13,49	1 539	+ 4,8
1969	12 45o	+11,4	2 18o	14 63o	+ 9,7	13 724	12,5o	1 715	+11,4
197o	13 71o	+1o,1	2 2oo	15 91o	+ 8,8	15 o14	13,oo	1 95o	+13,8
Alternative I (untere)									
1969	12 177	+ 9,o	2 18o	14 357	+ 7,7	13 642	13,45	1 83o	+19,2
197o	13 162	+ 8,1	2 2oo	15 362	+ 7,o	14 659	13,4o	1 96o	+ 7,1
1971	14 197	+ 7,9	2 22o	16 417	+ 6,9	15 679	13,35	2 o9o	+ 6,6
1972	15 334	+ 8,o	2 24o	17 574	+ 7,o	16 764	13,3o	2 23o	+ 6,5
1973	16 487	+ 7,5	2 26o	18 747	+ 6,7	17 925	13,25	2 38o	+ 6,5
1974	17 738	+ 7,6	2 28o	2o o18	+ 6,8	19 128	13,2o	2 52o	+ 6,3
1975	19 o77	+ 7,5	2 3oo	21 377	+ 6,8	2o 426	13,15	2 69o	+ 6,4
Alternative II (obere)									
1969	12 798	+14,5	2 18o	14 978	+12,3	13 829	13,4o	1 85o	+2o,4
197o	14 669	+14,6	2 2oo	16 869	+12,6	15 545	13,3o	2 o7o	+11,6
1971	16 742	+14,1	2 22o	18 962	+12,4	17 497	13,2o	2 31o	+11,7
1972	19 o69	+13,9	2 24o	21 3o9	+12,4	19 666	13,1o	2 58o	+11,5
1973	21 621	+13,4	2 26o	23 881	+12,1	22 o81	13,oo	2 87o	+11,4
1974	24 49o	+13,3	2 28o	26 77o	+12,1	24 748	12,9o	3 19o	+11,2
1975	27 675	+13,o	2 3oo	29 975	+12,o	27 732	12,8o	3 55o	+11,2

$0{,}7 \cdot Q_{KE,t-1} + 0{,}3 \cdot Q_{KEt}$

Tabelle 26: Körperschaftsteuer, Teil 1
Einkünfte der unbeschränkt Steuerpflichtigen
in Mill.DM

	LFF	BGB	ERG	CHM	SEF	ENE	SMF	EFE	HPD	TLB	NUG	BAU	HAN	VER	GEV	DIE	SGS	POE	Insgesamt
	1	2	3	4	5	6	7	8	9	1o	11	12	13	14	15	16	25	26	
1954	13	232	276	592	225	265	9o2	493	193	245	48o	41	526	42	573	285	3		5 386
1955	16	4o8	359	924	293	5o2	1 346	862	311	318	758	69	662	62	731	468	3		8 o92
1956	1o	492	556	1 oo7	273	614	1 374	861	259	414	849	78	871	83	977	5o7	3		9 228
1957	5	488	633	1 175	275	584	1 582	992	271	44o	869	82	1 o79	119	1 229	447	3		1o 27o
1958	6	345	648	1 155	323	635	1 948	923	276	362	939	86	1 o71	84	1 238	384	4		1o 43o
1959	4	452	798	1 935	425	7o7	2 378	94o	32o	442	1 o96	158	1 23o	113	1 444	369	4		12 81o
196o	5	511	1 o29	2 559	489	1 13o	2 6o1	1 1o8	362	449	1 256	175	1 377	172	1 641	574	4		15 44o
1961	4	471	1 o13	2 198	464	939	2 782	1 31o	259	433	1 436	225	1 625	136	1 965	472	4		15 74o
1962	6	4o6	1 134	2 352	468	663	3 211	1 44o	252	428	1 4o7	3o4	1 755	138	2 o56	578	5		16 6oo
1963	1o	436	1 236	2 391	46o	596	3 277	1 333	24o	423	1 284	334	1 587	152	1 8o1	7o8	7		16 28o
1964	13	463	1 35o	2 842	588	746	3 8o7	1 759	366	458	1 26o	331	1 865	133	2 o52	868	8		18 91o
1965	15	352	1 252	2 741	647	788	3 417	1 757	381	453	1 151	281	2 196	165	1 877	1 o63	9		18 54o
1966	16	312	1 543	2 574	59o	637	3 373	1 566	36o	376	1 1o9	244	1 934	2oo	1 841	1 294	9		17 98o
1967	34	368	1 686	2 478	575	6o8	2 357	1 624	424	314	982	3oo	1 827	273	1 896	1 622	9		17 38o
1968	36	646	2 354	5 392	7o2	735	2 94o	2 171	486	449	1 355	345	2 132	317	2 474[1]	1 958	9		24 5oo
1969	.	.	.	.	.	.	.	.	.	.	.	.	.	.	.	.	.		26 24o
197o	.	.	.	.	.	.	.	.	.	.	.	.	.	.	.	.	.		28 15o
Alternative I (untere)																			
1969	36	69o	2 483	5 735	749	892	3 3o7	2 4o6	498	466	1 459	375	2 2o3	365	2 5o2	2 2o8	-		26 37o
197o	36	689	2 62o	6 238	798	87o	3 497	2 648	512	482	1 564	43o	2 291	413	2 6o7	2 455	-		28 15o
1971	36	69o	2 769	6 751	852	854	3 719	2 898	54o	498	1 668	485	2 379	445	2 748	2 684	-		3o o2o
1972	37	688	2 969	7 278	9o9	844	3 996	3 156	564	514	1 772	5o6	2 464	5o8	2 896	2 936	-		32 o4o
1973	37	677	3 o91	7 82o	972	828	4 3o6	3 412	583	53o	1 875	556	2 549	539	3 o62	3 196	-		34 o3o
1974	37	665	3 263	8 38o	1 o36	818	4 657	3 673	6o2	544	1 978	569	2 63o	611	3 264	3 469	-		36 2oo
1975	37	642	3 445	8 964	1 1o7	811	5 o65	3 942	622	557	2 o81	613	2 71o	649	3 488	3 753	-		38 49o
Alternative II (obere)																			
1969	36	585	2 57o	6 342	8o6	8oo	3 313	2 516	527	477	1 546	417	2 3o9	38o	2 688	2 282	-		27 59o
197o	37	531	2 795	7 4o4	921	855	3 828	2 887	571	5o5	1 748	5o1	2 497	445	2 984	2 611	-		31 12o
1971	37	472	3 o47	8 565	1 o54	9o7	4 395	3 279	638	534	1 956	587	2 697	496	3 364	2 938	-		34 97o
1972	37	41o	3 363	9 861	1 2o1	96o	5 oo1	3 693	697	562	2 168	64o	2 91o	584	3 8o1	3 3o4	-		39 19o
1973	37	344	3 6o5	11 28o	1 366	1 oo2	5 673	4 131	768	59o	2 391	739	3 135	64o	4 319	3 7oo	-		43 72o
1974	37	271	3 918	12 9oo	1 553	1 o34	6 386	4 582	839	618	2 622	795	3 372	746	4 947	4 13o	-		48 75o
1975	37	2o2	4 252	14 67o	1 759	1 o65	7 163	5 o51	913	645	2 857	9o2	3 624	814	5 683	4 594	-		54 23o

[1] Unter Berücksichtigung des Abbaus des Körperschaftsteuerprivilegs.

Tabelle 27: Ableitung der Körperschaftsteuer, Teil 2
Veranlagte Einkommen, Steuerschuld und Steueraufkommen

	Einkünfte aus Gewerbebetrieb		Quer-ver-tei-lungs-re-lation	Ver-anlag-te Einkom-men der Organ-gesell.	Veranlagte Einkommen insgesamt		Anteil der ausge-schüt-teten Gewinne	Einbe-haltene Gewinne	Ausge-schüttete Gewinne	Steuerschuld		Voraus-zahlungen	Nachzahlungen		Sonstige Zahlungen	Kassenmäßiges Steueraufkommen	
	Mill.DM	vH	vH	Mill.DM	Mill.DM	vH	vH	Mill.DM	Mill.DM	Mill.DM	vH	Mill.DM	Mill.DM	Mill.DM	Mill.DM	Mill.DM	vH
	1	2	3	4	5	6	7	8	9	1o	11	12	13	14	15	16	17
196o	15 442	+2o,5	98,55	966,3	16 184,3	+2o,6	34,2o	1o 649	5 535	6 396	+16,61	5 946	-	-	-	6 51o	+25,7
1961	15 735	+ 1,9	98,64	1 127,4	16 647,6	+ 2,9	35,oo	1o 821	5 827	6 537	+ 2,21	6 39o	+225	-	-	7 473	+14,79
1962	16 6o3	+ 5,5	98,64	1 215,1	17 591,9	+ 5,7	36,6o	11 153	6 439	6 817	+ 4,28	6 691	+ 73	+225	+8o1	7 79o	+ 4,24
1963	16 276	- 2,o	98,64	1 3o2,8	17 357,4	- 1,3	38,3o	1o 7o9	6 648	6 631	- 2,73	6 677	+ 63	+ 74	+874	7 688	- 1,31
1964	18 9o8	+16,2	98,63	1 39o,5	2o o39,3	+15,5	39,3o	12 164	7 875	7 592	+14,49	7 226	- 23	+ 64	+751	8 o18	+ 4,29
1965	18 543	- 1,9	98,63	1 478,2	19 767,o	- 1,4	4o,9o	11 682	8 o85	7 387	- 2,71	7 373	+183	- 23	+637	8 17o	+ 1,9o
1966	17 976	- 3,1	98,6o	1 473,2	19 179,5	- 3,o	42,6o	11 oo9	8 17o	7 o63	- 4,38	7 213	+ 7	+183	+284	7 687	- 5,91
1967	17 376	- 3,3	98,58	1 39o,o	18 519,4	- 3,4	45,6o	1o o74	8 444	6 641	- 5,97	6 842	- 75	+ 7	+287	7 o61	- 8,15
1968	24 499	+41,o	98,5o	1 5oo,o	25 631,9	+38,4	43,6o	14 456	11 176	9 357	+4o,9o	8 313	-1oo	- 75	+415	8 553	+21,13
1969	26 679	+ 3,9	.	.	27 91o,o	+ 8,9	44,6o	15 46o	12 45o	1o o98	+ 7,92	9 53o	+522	-1o1	+944	1o 895	+27,38
197o	28 81o	+ 8,o	.	.	3o 14o,o	+ 8,o	45,5o	16 426	13 714	1o 819	+ 7,14	1o 457	+284	+522	+287	11 55o	+ 6,o
Alternative I(untere)																	
1969	26 374	+ 7,7	98,48	1 58o,o	27 55o	+ 7,5	44,2o	15 373	12 177	1o oo4	+ 6,92	9 474	+522	-1o1	+5oo	1o 4oo	+21,5
197o	28 15o	+ 6,7	98,46	1 66o,o	29 38o	+ 6,6	44,8o	16 218	13 162	1o 613	+ 6,o9	1o 3o5	+265	+522	+4oo	11 49o	+1o,5
1971	3o o16	+ 6,6	98,44	1 72o,o	31 27o	+ 6,4	45,4o	17 o73	14 197	11 235	+ 5,86	1o 925	+154	+265	+4oo	11 74o	+ 2,2
1972	32 o37	+ 6,7	98,43	1 8oo,o	33 334	+ 6,6	46,oo	18 ooo	15 334	11 912	+ 6,o3	11 579	+155	+154	+5oo	12 39o	+ 5,5
1973	34 o33	+ 6,2	98,42	1 88o,o	35 38o	+ 6,1	46,6o	18 893	16 487	12 575	+ 5,57	12 242	+166	+155	+5oo	13 o6o	+ 5,5
1974	36 196	+ 6,4	98,41	1 96o,o	37 58o	+ 6,2	47,2o	19 842	17 738	13 285	+ 5,65	12 935	+166	+167	+5oo	13 77o	+ 5,4
1975	38 486	+ 6,3	98,4o	2 o4o,o	39 91o	+ 6,2	47,8o	2o 833	19 o77	14 o31	+ 5,62	13 662	+175	+167	+5oo	14 5oo	+ 5,4
Alternative II(obere)																	
1969	27 594	+12,6	98,5o	1 58o,o	28 76o	+12,2	44,5o	15 962	12 798	1o 416	+11,32	9 721	+522	-1o1	+5oo	1o 64o	+24,4
197o	31 12o	+12,8	98,5o	1 66o,o	32 31o	+12,3	45,4o	17 641	14 669	11 6o8	+11,44	11 o25	+347	+522	+4oo	12 29o	+15,5
1971	34 966	+12,4	98,5o	1 72o,o	36 16o	+11,9	46,3o	19 418	16 742	12 887	+11,o2	12 256	+291	+348	+4oo	13 3oo	+ 8,2
1972	39 192	+12,1	98,5o	1 8oo,o	4o 4oo	+11,7	47,2o	21 331	19 o69	14 282	+1o,83	13 596	+315	+292	+5oo	14 7oo	+1o,5
1973	43 724	+11,6	98,5o	1 88o,o	44 95o	+11,3	48,1o	23 329	21 621	15 759	+1o,34	15 o29	+343	+316	+5oo	16 19o	+1o,1
1974	48 748	+11,5	98,5o	1 96o,o	49 98o	+11,2	49,oo	25 49o	24 49o	17 379	+1o,28	16 583	+365	+343	+5oo	17 79o	+ 9,9
1975	54 234	+11,3	98,5o	2 o4o,o	55 46o	+11,o	49,9o	27 785	27 675	19 12o	+1o,oo	18 261	+398	+365	+5oo	19 52o	+ 9,7

Tabelle 28 Steuern vom Umsatz (Mehrwert- und Einfuhrumsatzsteuer), Teil 1
Bemessungsgrundlage "Steuerliche Endnachfrage"

	Privater Verbrauch Inländer		Saldo Reiseausgaben	Privater Verbrauch Inland		./. Wohnungsmieten		./. Käufe priv. Haushalte vom Staat, Priv. Org.o.E., Eigenverbrauch d. priv. Haushalte		./. Eigenverbrauch der Priv. Org. o. E.		Privater Verbrauch (Inland) korrigiert		+ Käufe Priv. Org. o. E. von Unternehmen		+ Wohnungsbauinvestitionen	
	Mill.DM	vH	Mill.DM	Mill.DM	vH	Mill.DM	vH	Mill.DM	vH	Mill.DM	vH	Mill.DM	vH	Mill.DM	vH	Mill.DM	vH
	1	2	3	4	5	6	7	8	9	1o	11	12	13	14	15	16	17
1966	274 89o	.	- 2 69o	272 2oo	.	27 18o	.	6 24o	.	4 42o	.	234 36o	.	3 69o	.	27 41o	.
1967	281 4oo	+ 2,4	- 2 32o	279 o8o	+ 2,5	3o 69o	+12,9	6 46o	+ 3,5	4 63o	+ 4,8	237 3oo	+ 1,3	3 92o	+ 6,2	25 24o	- 7,9
1968	297 3oo	+ 5,7	- 2 34o	295 o3o	+ 5,7	34 6oo	+12,7	6 81o	+ 5,4	4 86o	+ 5,o	248 76o	+ 4,8	4 16o	+ 6,1	26 25o	+ 4,o
1969	328 24o	+1o,4	- 2 63o	325 61o	+1o,4	39 o6o	+12,9	7 55o	+1o,9	5 1oo	+ 5,o	273 9oo	+1o,1	4 42o	+ 6,2	26 9oo	+ 2,5
197o	365 72o	+11,4	- 3 o3o	362 69o	+11,4	43 47o	+11,3	8 41o	+11,4	5 37o	+ 5,2	3o5 44o	+11,5	4 69o	+ 6,1	31 37o	+16,6
Alternative I (untere)																	
1969	316 27o	+ 6,4	- 2 5oo	313 77o	+ 6,4	37 71o	+ 9,o	7 27o	+ 6,8	5 1oo	+ 5,o	263 69o	+ 6,o	4 43o	+ 6,5	27 33o	+ 4,1
197o	336 52o	+ 6,4	- 2 68o	333 84o	+ 6,4	41 1oo	+ 9,o	7 74o	+ 6,5	5 34o	+ 5,o	279 66o	+ 6,1	4 72o	+ 6,5	28 45o	+ 4,1
1971	358 16o	+ 6,4	- 2 87o	355 29o	+ 6,4	44 8oo	+ 9,o	8 24o	+ 6,5	5 61o	+ 5,o	296 64o	+ 6,1	5 o3o	+ 6,5	29 59o	+ 4,o
1972	381 27o	+ 6,5	- 3 o8o	378 19o	+ 6,5	48 83o	+ 9,o	8 77o	+ 6,4	5 89o	+ 5,o	314 7oo	+ 6,1	5 36o	+ 6,5	3o 8oo	+ 4,1
1973	4o5 99o	+ 6,5	- 3 3oo	4o2 69o	+ 6,5	53 23o	+ 9,o	9 34o	+ 6,5	6 19o	+ 5,o	333 93o	+ 6,1	5 71o	+ 6,5	32 o3o	+ 4,o
1974	432 42o	+ 6,5	- 3 54o	428 88o	+ 6,5	58 o2o	+ 9,o	9 95o	+ 6,5	6 5oo	+ 5,o	354 41o	+ 6,1	6 o8o	+ 6,5	33 31o	+ 4,o
1975	46o o7o	+ 6,5	- 3 8oo	456 27o	+ 6,4	63 24o	+ 9,o	1o 58o	+ 6,3	6 83o	+ 5,o	375 62o	+ 6,o	6 48o	+ 6,5	34 64o	+ 4,o
Alternative II (obere)																	
1969	323 73o	+ 8,9	- 2 56o	321 17o	+ 8,9	38 75o	+12,o	7 45o	+ 9,3	5 2oo	+ 7,o	269 77o	+ 8,5	4 45o	+ 7,o	28 o6o	+ 6,9
197o	352 49o	+ 8,9	- 2 88o	349 61o	+ 8,9	43 4oo	+12,o	8 11o	+ 8,8	5 56o	+ 7,o	292 54o	+ 8,4	4 76o	+ 7,o	3o o2o	+ 7,o
1971	383 79o	+ 8,9	- 3 24o	38o 55o	+ 8,9	48 61o	+12,o	8 83o	+ 8,9	5 95o	+ 7,o	317 16o	+ 8,4	5 o9o	+ 7,o	32 o9o	+ 6,9
1972	417 83o	+ 8,9	- 3 64o	414 19o	+ 8,9	54 44o	+12,o	9 61o	+ 8,8	6 37o	+ 7,o	343 77o	+ 8,4	5 45o	+ 7,o	34 3oo	+ 6,9
1973	454 9oo	+ 8,9	- 4 o9o	45o 81o	+ 8,9	6o 97o	+12,o	1o 46o	+ 8,9	6 82o	+ 7,o	372 56o	+ 8,4	5 83o	+ 7,o	36 6oo	+ 6,7
1974	495 23o	+ 8,9	- 4 46o	49o 77o	+ 8,9	68 29o	+12,o	11 39o	+ 8,9	7 3oo	+ 7,o	4o3 79o	+ 8,4	6 24o	+ 7,o	39 13o	+ 6,9
1975	539 14o	+ 8,9	- 5 ooo	534 14o	+ 8,9	76 49o	+12,o	12 4oo	+ 8,9	7 81o	+ 7,o	437 44o	+ 8,3	6 68o	+ 7,o	41 75o	+ 6,7

	+ Investitionskäufe von Unternehmen ohne Vorsteuerabzug	darunter für Anlageinvestitionen	darunter für Vorratsinvestitionen	+ Käufe des Staates von Unternehmen [1/2]		darunter Käufe des Staates für lfd. Produktion		darunter Käufe des Staates für Investitionen		Steuerliche Endnachfrage	
	Mill.DM	Mill.DM	Mill.DM	Mill.DM	vH	Mill.DM	vH	Mill.DM	vH	Mill.DM	vH
	18	19	2o	21	22	23	24	25	26	27	28
1966	-	-	-	58 17o	.	38 71o	.	19 46o	.	-	-
1967	-	-	-	58 18o	+ o,o	41 12o	+ 6,2	17 o6o	-12,3	-	-
1968	6 5oo	6 ooo	5oo	6o 79o	+ 4,5	41 69o	+ 1,4	19 1oo	+12,o	346 46o	.
1969	7 5oo	6 9oo	6oo	67 83o	+11,6	46 36o	+11,2	21 47o	+12,4	38o 55o	+ 9,8
197o	8 14o	7 74o	4oo	75 54o	+11,4	5o 63o	+ 9,2	24 91o	+16,o	425 18o	+11,7
Alternative I (untere)											
1969	6 72o	6 21o	51o	65 17o	+ 7,2	44 4oo	+ 6,5	2o 77o	+ 8,7	367 34o	+ 6,o
197o	6 95o	6 43o	52o	69 86o	+ 7,2	47 29o	+ 6,5	22 57o	+ 8,7	389 64o	+ 6,1
1971	7 19o	6 66o	53o	74 89o	+ 7,2	5o 36o	+ 6,5	24 53o	+ 8,7	413 34o	+ 6,1
1972	7 44o	6 9oo	54o	8o 28o	+ 7,2	53 63o	+ 6,5	26 65o	+ 8,6	438 58o	+ 6,1
1973	7 7oo	7 15o	55o	86 o6o	+ 7,2	57 12o	+ 6,5	28 94o	+ 8,6	465 43o	+ 6,1
1974	7 97o	7 41o	56o	92 26o	+ 7,2	6o 83o	+ 6,5	31 43o	+ 8,6	494 o3o	+ 6,1
1975	8 25o	7 68o	57o	98 9oo	+ 7,2	64 73o	+ 6,5	34 12o	+ 8,6	523 89o	+ 6,o
Alternative II (obere)											
1969	6 94o	6 42o	52o	66 81o	+ 9,9	45 44o	+ 9,o	21 37o	+11,9	376 o3o	+ 8,5
197o	7 42o	6 88o	54o	73 42o	+ 9,9	49 53o	+ 9,o	23 89o	+11,8	4o8 16o	+ 8,5
1971	7 94o	7 38o	56o	8o 69o	+ 9,9	53 99o	+ 9,o	26 7oo	+11,8	442 97o	+ 8,5
1972	8 5oo	7 92o	58o	88 68o	+ 9,9	58 85o	+ 9,o	29 83o	+11,7	48o 7oo	+ 8,5
1973	9 11o	8 51o	6oo	97 46o	+ 9,9	64 15o	+ 9,o	33 31o	+11,7	521 56o	+ 8,5
1974	9 76o	9 14o	62o	1o7 11o	+ 9,9	69 92o	+ 9,o	37 19o	+11,7	566 o3o	+ 8,5
1975	1o 46o	9 82o	64o	117 71o	+ 9,9	76 21o	+ 9,o	41 5oo	+11,6	614 o4o	+ 8,5

[1] einschl. Direkteinfuhren des Staates.- [2] ab 197o einschl. Einfuhrabgaben auf Regierungskäufe im Ausland.

Tabelle 29: Wohnungsbauinvestitionen[1] 1961-1975

	Fertiggestellte Wohnungen		Brutto-wohnfläche	Brutto-wohnfläche je Wohnung	Veranschlagte reine Baukosten		Baukosten je qm		Zuwachs Wohnungsbauinv. / Zuwachs veranschl.r.Bauk.	Wohnungsbauin-vestitionen	
	Anzahl	vH	1 ooo qm	qm	Mill.DM	vH	DM	vH		Mill. DM	vH
	1	2	3	4	5	6	7	8	9 (11:6)	1o	11
1961	533 58o	.	38 734	72,6	14 879	.	384	.	.	17 81o	.
1962	543 46o	+ 1,9	39 816	73,3	16 691	+12,2	419	+ 9,1	o,9o	19 77o	+11,o
1963	56o oo9	+ 3,1	41 713	74,5	18 875	+13,1	453	+ 8,1	o,56	21 23o	+ 7,4
1964	613 o31	+ 9,5	46 641	76,1	22 714	+2o,3	487	+ 7,5	o,73	24 37o	+14,8
1965	58o 813	- 5,3	45 122	77,7	24 1o5	+ 6,1	534	+ 9,7	o,75	25 48o	+ 4,6
1966	593 267	+ 2,1	46 859	79,o	26 739	+1o,9	571	+ 6,9	o,7o	27 41o	+ 7,6
1967	56o 422	- 5,5	44 823	8o,o	26 925	+ o,7	6o1	+ 5,3	-[a]	25 24o	- 7,9
1968	5o7 347	- 9,5	42 387	83,5	25 974	- 3,5	613	+ 2,o	-[a]	26 25o	+ 4,o
1969	487 977	- 3,8	41 193	84,4	25 387	- 2,3	616	+ o,5	-[a]	26 9oo	+ 2,5
197o	485 ooo	- 1,o	.	87,o	31 18o	+22,8	739	+2o,o	o,73	31 37o	+16,6
Alternative I (untere)											
1969	492 ooo	- 3,o		85,o	27 43o	+ 5,6	656	+ 7,o	o,73	27 33o	+ 4,1
197o	477 ooo	- 3,o		86,5	28 96o	+ 5,6	7o2	+ 7,o	o,73	28 45o	+ 4,1
1971	463 ooo	- 3,o		88,o	3o 6oo	+ 5,6	751	+ 7,o	o,73	29 59o	+ 4,o
1972	449 ooo	- 3,o		89,5	32 31o	+ 5,6	8o4	+ 7,o	o,73	3o 8oo	+ 4,1
1973	436 ooo	- 3,o		91,o	34 12o	+ 5,5	86o	+ 7,o	o,73	32 o3o	+ 4,o
1974	423 ooo	- 3,o		92,5	36 ooo	+ 5,5	92o	+ 7,o	o,73	33 31o	+ 4,o
1975	41o ooo	- 3,o		94,o	37 92o	+ 5,5	984	+ 7,o	o,73	34 64o	+ 4,o
Alternative II (obere)											
1969	497 ooo	- 2,o		85,o	28 47o	+ 9,5	674	+1o,o	o,73	28 o6o	+ 6,9
197o	487 ooo	- 2,o		86,5	31 21o	+ 9,6	741	+1o,o	o,73	3o o2o	+ 7,o
1971	477 ooo	- 2,o		88,o	34 21o	+ 9,5	815	+1o,o	o,73	32 o9o	+ 6,9
1972	467 ooo	- 2,o		89,5	37 45o	+ 9,5	896	+1o,o	o,73	34 3oo	+ 6,9
1973	457 ooo	- 2,o		91,o	4o 96o	+ 9,3	985	+1o,o	o,73	36 6oo	+ 6,7
1974	448 ooo	- 2,o		92,5	44 88o	+ 9,5	1 o83	+1o,o	o,73	39 13o	+ 6,9
1975	439 ooo	- 2,o		94,o	49 15o	+ 9,3	1 191	+1o,o	o,73	41 75o	+ 6,7

Quelle: Statistisches Bundesamt, Bauwirtschaft, Bautätigkeit, Wohnungen.(Fachserie E, Reihe 1).- [1]In jeweiligen Preisen.- [a]Keine Wertangabe wegen negativer Veränderungsrate.

Tabelle 3o: Steuern vom Umsatz, Teil 2
Bemessungsgrundlage "Selbstverbrauch"

	Brutto-Anlagein-vestitionen		./. Wohnungs-bauinve-stitionen	./. Käufe der übri-gen Unternehmen ohne Vorsteuer-abzug von Anla-gegütern	./. Käufe des Staates v. Anlage-gütern	Brutto-Anlage-Invest.d.Unterneh-men korrigiert		darunter Selbstverbrauch		darunter Investitions-steuer		
	Mill.DM	vH	Mill.DM	Mill.DM	Mill.DM	Mill.DM	vH	in vH Sp. 6	Mill.DM	in vH Sp. 9	Mill.DM	Veränd. in vH
	1	2	3	4	5	6	7	8	9	1o	11	12
1966	121 9oo	.	27 41o	-	-	-	-	-	-	-	-	-
1967	11o 4oo	- 9,4	25 24o	-	-	-	-	-	-	-	-	-
1968	12o 28o	+ 8,9	26 25o	6 ooo	19 1oo	68 93o	-	45	31 o2o	7,41	2 3oo	-
1969	143 o6o	+18,9	26 9oo	6 9oo	21 47o	87 79o	+27,4	45	39 51o	6,54	2 58o	+12,2
197o	172 52o	+2o,6	31 37o	7 74o	24 91o	1o8 5oo	+23,6	45	48 83o	5,66	2 76o	+ 7,o
Alternative I (untere)												
1969	127 38o	+ 5,9	27 33o	6 21o	2o 77o	73 o7o	+ 6,o	45	32 88o	6,54	2 15o	- 6,5
197o	134 89o	+ 5,9	28 45o	6 43o	22 57o	77 44o	+ 6,o	45	34 85o	5,66	1 97o	- 8,4
1971	142 85o	+ 5,9	29 59o	6 66o	24 53o	82 o7o	+ 6,o	45	36 93o	3,85	1 42o	-27,9
1972	151 28o	+ 5,9	3o 8oo	6 9oo	26 65o	86 93o	+ 5,9	45	39 12o	1,96	77o	-45,8
Alternative II (obere)												
1969	132 55o	+1o,2	28 o6o	6 42o	21 37o	76 7oo	+11,3	45	34 52o	6,54	2 26o	- 1,7
197o	146 o7o	+1o,2	3o o2o	6 88o	23 89o	85 28o	+11,2	45	38 38o	5,66	2 17o	- 4,o
1971	16o 97o	+1o,2	32 o9o	7 38o	26 7oo	94 8oo	+11,2	45	42 66o	3,85	1 64o	-24,4
1972	177 39o	+1o,2	34 3oo	7 92o	29 83o	1o5 34o	+11,1	45	47 4oo	1,96	93o	-43,3

Tabelle 31: Steuern vom Umsatz, Teil 3
Ableitung des kassenmäßigen Aufkommens

	Steuerl. End-nach-frage (MWST)	darunter MWST[1]		In-vesti-tions-steuer-schuld	UST-Schuld (unber.) insges.	Kassenmäßi-ges Aufkom-men (unber.)		Über-gang Ist - Soll	Aus-wirkung Ab-siche-rungs-ge-setz	Berlin-hilfe-Kür-zung	Altvor-räte-entla-stung	Erlaß, Stun-dung u.s.w.	Aus-wirkung Frist-verlän-gerung	Aus-wirkung Auf-wertungs-aus-gleichs-gesetz	Reste UST_2 alt	Kassenmäßi-ges Aufkom-men insges.	
	Mill.DM	in vH Sp. 1	Mill.DM	Mill.DM	Mill.DM	Mill.DM	vH	Mill.DM	Mill.DM	Mill.DM	Mill.DM	Mill.DM	Mill.DM	Mill.DM	Mill.DM	Mill.DM	vH
	1	2	3	4	5	6	7	8	9	10	11	12	13	14	15	16	17
1968	346 460	8,0	27 720	2 300	30 020	27 020	.	+ 1 000	+ 200	- 650	- 4 400	- 620	-	-	3 030	25 580	.
1969	380 530	8,8	33 490	2 580	36 070	35 470	+31,3	-	+ 400	- 700	- 800	- 540	- 400	-	280	33 710	+31,8
1970	425 180	8,8	37 420	2 760	40 180	39 770	+12,1	-	-	- 750	-	- 300	-	- 780	-	37 940	+12,6
Alternative (untere)																	
1969	367 340	8,8	32 330	2 150	34 480	34 100	+26,2	-	+ 400	- 680	- 800	- 500	- 300	-	280	32 500	+27,1
1970	389 640	8,8	34 290	1 970	36 260	36 080	+ 5,8	-	-	- 710	-	- 300	-	- 780	-	34 290	+ 5,5
1971	413 340	8,8	36 370	1 420	37 790	37 640	+ 4,3	-	-	- 740	-	- 200	-	- 800	-	35 900	+ 4,7
1972	438 580	8,8	38 600	770	39 370	39 210	+ 4,2	-	-	- 770	-	- 200	-	- 820	-	37 420	+ 4,2
1973	465 430	8,8	40 960	-	40 960	40 800	+ 4,1	-	-	- 800	-	- 200	-	- 840	-	38 960	+ 4,1
1974	494 030	8,8	43 480	-	43 480	43 230	+ 6.0	-	-	- 830	-	- 200	-	- 860	-	41 340	+ 6,1
1975	523 890	8,8	46 100	-	46 100	45 840	+ 6,0	-	-	- 860	-	- 200	-	- 880	-	43 900	+ 6,2
Alternative (obere)																	
1969	376 030	8,8	33 090	2 260	35 350	34 890	+29,1	-	+ 400	- 700	- 800	- 500	- 400	-	280	33 170	+29,7
1970	408 160	8,8	35 920	2 170	38 090	37 820	+ 8,4	-	-	- 750	-	- 300	-	- 780	-	35 990	+ 8,5
1971	442 970	8,8	38 980	1 640	40 620	40 370	+ 6,7	-	-	- 800	-	- 200	-	- 810	-	38 560	+ 7,1
1972	480 700	8,8	42 300	930	43 230	42 970	+ 6,4	-	-	- 850	-	- 200	-	- 840	-	41 080	+ 6,5
1973	521 560	8,8	45 900	-	45 900	45 630	+ 6,2	-	-	- 900	-	- 200	-	- 870	-	43 660	+ 6,3
1974	566 030	8,8	49 810	-	49 810	49 420	+ 8,3	-	-	- 950	-	- 200	-	- 900	-	47 370	+ 8,5
1975	614 040	8,8	54 040	-	54 040	53 620	+ 8,5	-	-	-1000	-	- 200	-	- 930	-	51 490	+ 8,7

[1] Einschl. Einfuhrumsatzsteuer; ab 1970 einschl. Einfuhrabgaben auf Regierungskäufe im Ausland.- [2] Einschl. Umsatzausgleichsteuer.

Tabelle 32: Ableitung der Tabaksteuer

	Bevölkerung über 15 Jahre	Verbrauch je pot. Einwohner und Jahr	Versteuerte Zigaretten	Durchschn. Kleinverkaufspreis	Kleinverkaufswerte	Durchschn. Steuersatz	Steuerwert		Aufkommensrelation	Kassenmäßiges Steueraufkommen insgesamt[1]	
	JD in 1 ooo	Stck.	Mill. Stck.	Pfennig	Mill. DM	vH	Mill.DM	vH	vH	Mill.DM	vH
	1	2	3	4	5	6	7	8	9	1o	11
196o	43 827	1 619	7o 956	8,45	5 998	55,85	3 35o		1o5,58	3 537	+ 7,6
1961	43 966	1 775	78 o39	8,44	6 585	55,93	3 683	+ 9,9	1o5,67	3 892	+1o,o
1962	44 466	1 873	83 286	8,42	7 o14	55,99	3 927	+ 6,6	1o7,o8	4 2o5	+ 8,o
1963	44 764	1 9o5	85 276	8,41	7 171	56,o3	4 o18	+ 2,3	1o7,29	4 311	+ 2,5
1964	45 1o1	1 999	9o 156	8,4o	7 568	56,o8	4 244	+ 5,6	1o4,o6	4 416	+ 2,4
1965	45 719	2 1o1	96 o55	8,38	8 o5o	56,11	4 517	+ 6,4	1o3,98	4 697	+ 6,4
1966	46 1o8	2 2o1	1o1 488	8,37	8 499	56,15	4 772	+ 5,6	1o4,39	4 982,	+ 6,1
1967	46 o68	2 152	99 139	9,2o	9 123	58,92	5 375	+12,7	1o7,92	5 8o1	+16,4
1968	46 12o	2 234	1o3 o5o	9,19	9 47o	58,95	5 583	+ 3,9	1o7,33	5 992	+ 3,3
Trend											
1969	.	.	.	.	.	.	.	.	.	6 233	+ 4,o
197o	.	.	.	.	.	.	.	.	.	6 47o	+ 3,8
1971	46 614	2 427	113 13o	9,16	1o 363	59,o4	6 118	+ 2,9	1o7,33	6 57o	+ 2,9
1972	46 781	2 487	116 34o	9,15	1o 645	59,o7	6 288	+ 2,8	1o7,33	6 75o	+ 2,7
1973	46 949	2 545	119 49o	9,14	1o 921	59,1o	6 454	+ 2,7	1o7,33	6 93o	+ 2,7
1974	47 142	2 6o1	122 62o	9,13	11 195	59,13	6 62o	+ 2,6	1o7,33	7 11o	+ 2,6
1975	47 336	2 656	125 724	9,12	11 466	59,16	6 783	+ 2,5	1o7,33	7 28o	+ 2,5

[1] Einschl. Versteuerung von Zigarren, Feinschnitt, Pfeifentabak und Zigarettenhüllen.

Tabelle 33: Ableitung der Einnahmen aus dem Branntweinmonopol

	1961	1962	1963	1964	1965	1966	1967	1968	1969	197o	1971	1972	1973	1974	1975
Privater Verbrauch nominal	186 8oo + 9,8	2o4 ooo + 9,2	215 9oo + 5,8	232 9oo + 7,9	255 7oo + 9,8	274 9oo + 7,5	281 4oo + 2,4	297 3oo + 5,7	328 2oo +1o,4	365 7oo +11,4					
Aufkommenselastizität	o,73	1,24	1,59	1,o5	o,44	-	1,21	1,51	o,74	o,55					
Kassenm. Steueraufkommen	1 o97 + 7,2	1 222 +11,4	1 335 + 9,2	1 441 + 8,3	1 5o8 + 4,3	1 779 +18,o	1 831 + 2,9	1 989 + 8,6	2 142 + 7,7	2 28o + 6,3					
Alternative I (untere)															
Privater Verbrauch nominal									316 3oo + 6,4	336 5oo + 6,4	358 2oo + 6,4	381 3oo + 6,5	4o6 ooo + 6,5	432 4oo + 6,5	46o 1oo + 6,5
Aufkommenselastizität									1,1o	o,8o	o,6o	o,5o	o,45	o,42	o,4o
Kassenm. Steueraufkommen									2 13o + 7,o	2 24o + 5,1	2 32o + 3,8	2 4oo + 3,3	2 47o + 2,9	2 54o + 2,7	2 6oo + 2,6
Alternative II (obere)															
Privater Verbrauch nominal									323 7oo + 8,9	352 5oo + 8,9	383 8oo + 8,9	417 8oo + 8,9	454 9oo + 8,9	495 2oo + 8,9	539 1oo + 8,9
Aufkommenselastizität									1,1o	o,8o	o,6o	o,5o	o,45	o,42	o,4o
Kassenm. Steueraufkommen									2 18o + 9,8	2 34o + 7,1	2 46o + 5,3	2 57o + 4,5	2 67o + 4,o	2 77o + 3,7	2 87o + 3,6

Tabelle 34: Ableitung der Mineralölsteuer

			196o	1961	1962	1963	1964	1965	1966	1967	1968	1969	197o	1971	1972	1973	1974	1975
1	PKW-Bestand	1 ooo	4 21o	5 o1o	5 941	6 848	7 725	8 63o	9 577	1o 23o	1o 84o	12 11o	12 81o	13 42o	13 97o	14 44o	14 85o	15 21o
2		vH	.	+ 19,o	+ 18,6	+ 15,3	+ 12,8	+ 11,7	+ 11,o	+ 6,8	+ 5,9	+ 1o,7	+ 5,8	+ 4,7	+ 4,1	+ 3,4	+ 2,8	+ 2,4
3	Durchschnittl.Fahrleistung	km	18 14o	17 91o	17 68o	17 45o	17 22o	16 99o	16 77o	16 57o	16 4oo	16 26o	16 15o	16 o9o	15 99o	15 94o	15 91o	15 9oo
4	Fahrleistungen der PKW insgesamt	Mrd.km	76,4	89,7	1o5,o	119,5	133,o	146,6	16o,6	169,5	177,8	196,9	2o6,9	215,9	223,4	23o,2	236,3	241,8
5	Durchschnittsverbrauch[1]	1/1oo km	9,28	9,48	9,22	9,o3	9,4o	9,55	9,43	9,31	9,29	9,32	9,35	9,38	9,41	9,44	9,47	9,51
6	Versteuerter VK	Mill.hl	7o,8	85,o	96,9	1o7,9	125,o	14o,o	151,5	157,9	165,2	183,5	193,5	2o2,5	21o,2	217,3	223,7	23o,o
7		1 ooo t	5 436	6 591	7 556	8 455	9 249	-	-	-	-	-	-	-	-	-	-	-
8	Durchschnittl. Steuersatz[2]	DM/hl	29,15	28,82	28,82	28,91	3o,78	31,77	31,81	34,85	35,o7	35,oo	35,oo	35,oo	35,oo	35,oo	35,oo	35,oo
9	Steuersollbetrag	Mill./DM	1 584	1 9oo	2 177	2 444	3 856	4 447	4 82o	5 5o2	5 792	6 423	6 772	7 o89	7 357	7 6o5	7 83o	8 o5o
1o		vH	.	+ 22,3	+ 19,9	+ 14,6	+ 57,8	+ 15,3	+ 8,4	+ 14,1	+ 5,3	+ 1o,9	+ 5,4	+ 4,7	+ 3,8	+ 3,4	+ 3,o	+ 2,8
11	LKW-Bestand	1 ooo	1 622	1 759	1 885	1 984	2 o85	2 184	2 293	2 334	2 397	2 51o	2 63o	2 75o	2 88o	3 o2o	3 16o	3 31o
12		vH	.	+ 8,5	+ 7,1	+ 5,3	+ 5,1	+ 4,7	+ 5,o	+ 1,8	+ 2,7	+ 4,7	+ 4,7	+ 4,7	+ 4,7	+ 4,7	+ 4,7	+ 4,7
13	Durchschnittl.Fahrleistung	km	26 82o	26 85o	26 88o	26 91o	26 94o	26 97o	27 ooo	27 o3o	27 o6o	27 o9o	27 12o	27 15o	27 18o	27 21o	27 24o	27 27o
14	Fahrleistungen der LKW insgesamt	Mrd.km	43,5	47,2	5o,7	53,4	56,2	58,9	61,9	63,1	64,9	68,o	71,3	74,8	78,3	82,2	86,1	9o,3
15	Durchschnittsverbrauch[3]	1/1oo km	11,74	12,41	12,27	12,57	12,6o	13,oo	13,27	12,52	13,o4	13,18	13,32	13,46	13,6o	13,74	13,88	14,o2
16	Versteuerter DK-Verbrauch	Mill.hl.	51,1	58,6	62,2	67,1	7o,8	76,6	82,2	79,o	84,6	89,6	95,o	1oo,6	1o6,5	112,9	119,5	126,6
17		1 ooo t	4 29o	4 924	5 223	5 637	5 944	6 431	6 9o3	6 636	7 1o2	7 528	7 981	8 453	8 943	9 484	1o o4o	1o 63o
18	Durchschnittl. Steuersatz	DM/1oo kg	2o,o7	21,31	21,45	21,56	33,85	35,25	35,25	38,85	38,85	38,85	38,85	38,85	38,85	38,85	38,85	38,85
19	Steuersollbetrag	Mill.DM	861	1 o49	1 12o	1 215	2 o12	2 267	2 433	2 578	2 759	2 925	3 1o1	3 284	3 474	3 684	3 899	4 13o
2o		vH	.	+ 21,8	+ 6,7	+ 8,4	+ 65,6	+ 12,6	+ 7,3	+ 6,o	+ 7,o	+ 6,o	+ 6,o	+ 5,9	+ 5,8	+ 5,9	+ 5,8	+ 5,9
21	Steuersollbetrag Heizöle	Mill.DM	126	3o8	385	463	56o	662	721	698	751	82o	9oo	99o	1 o9o	1 2oo	1 32o	1 45o
22		vH	.	+144,4	+ 25,o	+ 2o,3	+ 2o,9	+ 18,2	+ 8,9	- 3,2	+ 7,6	+ 1o,o	+ 1o,o	+ 1o,o	+ 1o,o	+ 1o,o	+ 1o,o	+ 1o,o
23	Steuersollbeträge insgesamt	Mill.DM	2 571	3 257	3 682	4 122	6 428	7 376	7 974	8 778	9 3o2	1o 168	1o 773	11 363	11 921	12 489	13 o49	13 63o
24	Aufkommensrelation	vH	1o3,6	1o2,o	1oo,4	1oo,4	94,4	1oo,7	1oo,5	1o7,4	1o6,2	1o4,3	1o4,o	1o4,o	1o4,o	1o4,o	1o4,o	1o4,o
25	Kassenmäßiges Steueraufkommen	Mill.DM	2 664	3 325	3 699	4 139	6 o71	7 428	8 o16	9 423	9 875	1o 6oo	11 2oo	11 82o	12 4oo	12 99o	13 57o	14 18o
26		vH	.	+ 24,8	+ 11,2	+ 11,9	+ 46,7	+ 22,4	+ 7,9	+ 17,6	+ 4,8	+ 7,3	+ 5,7	+ 5,5	+ 4,9	+ 4,7	+ 4,5	+ 4,4

[1]Je PKW und 1oo km. - [2]Bis 1963 einschl.: DM/1oo kg. - [3]Je LKW und 1oo km.

Tabelle 35: Kapitalverkehr-, Versicherung- und Wechselsteuer

	1960	1961	1962	1963	1964	1965	1966	1967	1968	1969	1970	1971	1972	1973	1974	1975
Bruttosozialprodukt in Mill. DM	296 800	326 200	354 500	377 600	413 800	452 700	480 800	485 100	529 800	592 100	663 200					
Veränderung in vH	.	+ 9,9	+ 8,7	+ 6,5	+ 9,6	+ 9,4	+ 6,2	+ 0,9	+ 9,2	+11,8	+12,0					
Aufkommenselastizität	.	0,18	0,54	0,13	1,57	1,22	1,44	1,31	1,75	2,04	0,28					
Kassenm. Steueraufkommen in Mill.DM	567	577	604	617	710	765	833	843	979	1 215	1 250					
Veränderung in vH		+ 1,8	+ 4,7	+ 2,1	+15,1	+ 7,7	+ 8,9	+1,2	+16,1	+24,1	+ 2,9					
davon:																
Kapitalverkehrssteuer[1]	235	201	195	174	226	217	226	205	299	454	.					
Versicherungssteuer	217	251	277	304	339	386	433	469	500	555	.					
Wechselsteuer	115	125	132	139	145	162	175	170	181	205	.					
Alternative I (untere)																
Bruttosozialprodukt in Mill. DM										561 600	595 300	631 000	668 900	709 000	751 500	796 600
Veränderung in vH										+ 6,0	+ 6,0	+ 6,0	+ 6,0	+ 6,0	+ 6,0	+ 6,0
Aufkommenselastizität										1,24	1,24	1,24	1,24	1,24	1,24	1,24
Kassenm. Steueraufkommen in Mill.DM										1 050	1 130	1 210	1 300	1 400	1 500	1 610
Veränderung in vH										+ 7,4	+ 7,4	+ 7,4	+ 7,4	+ 7,4	+ 7,4	+ 7,4
davon:																
Kapitalverkehrssteuer[1]										.	.	.	.	.	.	.
Versicherungsteuer										.	.	.	.	.	.	.
Wechselsteuer										.	.	.	.	.	.	.
Alternative II (obere)																
Bruttosozialprodukt in Mill. DM										577 000	628 300	684 200	745 100	811 400	883 600	962 300
Veränderung in vH										+ 8,9	+ 8,9	+ 8,9	+ 8,9	+ 8,9	+ 8,9	+ 8,9
Aufkommenselastizität										1,24	1,24	1,24	1,24	1,24	1,24	1,24
Kassenm. Steueraufkommen in Mill.DM										1 090	1 210	1 340	1 490	1 650	1 830	2 030
Veränderung in vH										+11,0	+11,0	+11,0	+11,0	+11,0	+11,0	+11,0
davon:																
Kapitalverkehrsteuer[1]										.	.	.	.	.	.	.
Versicherungsteuer										.	.	.	.	.	.	.
Wechselsteuer										.	.	.	.	.	.	.

[1] Gesellschaft- und Börsenumsatzsteuer, bis 1964 einschl. Wertpapiersteuer.

Tabelle 36: Sonstige Verbrauchsteuern[1] (ohne Biersteuer)

	Privater Verbrauch		Aufkommens-elastizität	Kassenmäßiges Steueraufkommen	
	Mill.DM	vH		Mill.DM	vH
196o	17o o3o	-	-	1 o77	-
1961	186 76o	+ 9,8	o,63	1 142	+ 6,2
1962	2o4 o3o	+ 9,2	o,35	1 179	+ 3,2
1963	215 94o	+ 5,8	1,93	1 311	+11,2
1964	232 9oo	+ 7,9	o,66	1 378	+ 5,2
1965	255 71o	+ 9,8	o,o	1 378	- o,1
1966	274 89o	+ 7,5	o,47	1 427	+ 3,5
1967	281 4oo	+ 2,4	-	1 532	+ 7,4
1968	297 3oo	+ 5,7	-	1 554	+ 1,4
1969	323 24o	+1o,4	o,74	1 671	+ 7,6
197o	365 72o	+11,4	o,62	1 79o	+ 7,1
Alternative I (untere)					
1969	316 27o	+ 6,4	o,6	1 61o	+ 3,8
197o	336 52o	+ 6,4	o,6	1 67o	+ 3,8
1971	358 16o	+ 6,4	o,6	1 74o	+ 3,8
1972	381 27o	+ 6,5	o,6	1 8oo	+ 3,8
1973	4o5 99o	+ 6,5	o,6	1 87o	+ 3,8
1974	432 42o	+ 6,5	o,6	1 94o	+ 3,8
1975	46o o7o	+ 6,5	o,6	2 o1o	+ 3,8
Alternative II (obere)					
1969	323 73o	+ 8,9	o,6	1 63o	+ 5,3
197o	352 49o	+ 8,9	o,6	1 72o	+ 5,3
1971	383 79o	+ 8,9	o,6	1 81o	+ 5,3
1972	417 83o	+ 8,9	o,6	1 9oo	+ 5,3
1973	454 9oo	+ 8,9	o,6	2 o1o	+ 5,3
1974	495 23o	+ 8,9	o,6	2 11o	+ 5,3
1975	539 14o	+ 8,9	o,6	2 22o	+ 5,3

[1] Kaffe-, Tee-, Zucker-, Salz-, Schaumwein-, Essigsäure-, Zündwaren-, Leuchtmittel-, Spielkartensteuer, Zündwarenmonopol.

Tabelle 37: Ableitung der Vermögensteuer[1]

	Roh-vermögen[2]	Gesamt-vermögen[3]	Steuer-pflichtiges Vermögen[4]	Jahres-steuer-schuld (Soll)	Kassenmäßiges Aufkommen	
	Mrd. DM	Mrd. DM	Mrd. DM	Mill. DM	Mill. DM	vH
	1	2	3	4	5	6
1961	.	.	.	.	1 419	.
1962	.	.	.	.	1 798	+26,7
1963	2o3,o	178,4	16o,3	1 55o	1 673	- 7,o
1964	.	.	.	.	1 931	+15,4
1965	.	.	.	.	1 88o	- 2,6
1966	248,5	222,5	2oo,2	1 95o	1 994	+ 6,1
1967	.	.	.	.	2 421	+21,4
1968	.	.	.	.	2 261	- 6,6
1969	283,9	254,9	226,9	2 23o	2 458	+ 8,7
197o	.	.	.	.	2 8oo	+13,9
1971	.	.	.	.	2 65o	- 5,5
1972	337,2	3o5,o	269,8	2 66o	2 8oo	+ 5,7
1973	.	.	.	.	3 4oo	+21,4
1974	.	.	.	.	3 2oo	- 6,o
1975	.	.	.	.	3 4oo	+ 6,o

[1]Unbeschränkt und beschränkt steuerpflichtige natürliche und nichtnatürliche Personen.- [2]Land- und forstwirtschaftliches Vermögen, Grundvermögen, Betriebsvermögen und Sonstiges Vermögen.- [3]Rohvermögen abzüglich Schulden und sonstige Abzüge.- [4]Gesamtvermögen der Steuerbelasteten abzüglich persönlicher Freibeträge der natürlichen Personen.

Tabelle 38: Ableitung der Kraftfahrzeugsteuer

		196o	1961	1962	1963	1964	1965	1966	1967	1968	1969	197o	1971	1972	1973	1974	1975
1 Bestand an Personenkraftwagen	1 ooo	4 21o	5 olo	5 941	6 848	7 725	8 63o	9 577	1o 232	1o 84o	11 669	12 813	13 42o	13 97o	14 44o	14 85o	15 21o
2	vH	.	+19,o	+18,6	+15,3	+12,8	+11,7	+11,o	+ 6,8	+ 5,9	+ 7,6	+ 9,8	+ 4,7	+ 4,1	+ 3,4	+ 2,8	+ 2,4
3 Stillegungsquote (JD)	vH	6,62	6,68	6,57	6,37	6,88	6,99	7,o9	7,7o	7,oo	7,43	7,15	7,18	7,2o	7,21	7,21	7,21
4 PKW im Verkehr	1 ooo	3 931	4 675	5 551	6 377	7 193	8 o27	8 898	9 444	1o o81	1o 8o2	11 897	12 456	12 964	13 4oo	13 779	14 113
5 Durchschnittlicher Hubraum	ccm	1 19o	1 2oo	1 22o	1 23o	1 25o	1 27o	1 3oo	1 33o	1 355	1 38o	1 4o5	1 43o	1 455	1 48o	1 5o5	1 53o
6 PKW-Kraftfahrzeugsteuer	Mill. DM	7o7	848	1 o24	1 186	1 36o	1 541	1 749	1 899	2 o65	2 254	2 527	2 693	2 852	2 998	3 136	3 265
7	vH	.	+2o,o	+2o,7	+15,8	+14,6	+13,4	+13,5	+ 8,6	+ 8,8	+ 9,1	+12,1	+ 6,6	+ 5,9	+ 5,1	+ 4,6	+ 4,1
8 Bestand an Lastkraftwagen	1 ooo	7oo	716	759	791	824	856	891	882	899	934	978	1 o2o	1 o64	1 11o	1 158	1 2o8
9	vH	.	+ 6,9	+ 6,o	+ 4,3	+ 4,1	+ 3,9	+ 4,1	- 1,o	+ 1,9	+ 3,9	+ 4,7	+ 4,3	+ 4,3	+ 4,3	+ 4,3	+ 4,3
1o Stillegungsquote (1.7.)	vH	9,5o	1o,9o	11,2o	1o,8o	1o,oo	9,5o	9,5o	9,9o	1o,4o	1o,4o	1o,25	1o,1o	1o,oo	9,9o	9,8o	9,7o
11 LKW im Verkehr	1 ooo	633	638	674	7o6	741	775	8o7	795	8o6	837	878	917	958	1 ooo	1 o44	1 o91
12 Kraftfahrzeugsteuer je LKW	DM	62o	625	63o	635	64o	645	65o	655	66o	665	67o	675	68o	685	69o	695
13 LKW-Kraftfahrzeugsteuer	Mill. DM	393	399	425	448	474	5oo	525	521	532	557	588	619	651	685	721	758
14	vH	.	+ 1,5	+ 6,5	+ 5,6	+ 5,9	+ 5,3	+ 4,9	- o,8	+ 2,1	+ 4,7	+ 5,6	+ 5,2	+ 5,2	+ 5,2	+ 5,2	+ 5,2
15 Bestand an Anhängern	1 ooo	358	382	4o6	424	442	464	495	515	538	576	576	598	621	644	669	694
16	vH	.	+ 6,5	+ 6,3	+ 4,5	+ 4,2	+ 5,1	+ 6,6	+ 4,1	+ 4,4	+ 7,1	± o,o	+ 3,8	+ 3,8	+ 3,8	+ 3,8	+ 3,8
17 Stillegungsquote (1.7.)	vH	9,9o	1o,85	11,9o	11,75	1o,4o	9,9o	9,1o	1o,3o	1o,2o	1o,2o	1o,1o	1o,oo	1o,oo	1o,oo	1o,oo	1o,oo
18 Anhänger im Verkehr	1 ooo	323	34o	357	374	396	418	45o	462	483	517	518	538	559	58o	6o2	625
19 Kraftfahrzeugsteuer je Anhänger	DM	67o	675	68o	685	69o	695	7oo	695	7oo	7o5	71o	715	72o	725	73o	735
2o Anhänger-Kraftfahrzeugsteuer	Mill. DM	216	23o	243	256	273	291	315	321	338	365	368	385	4o2	42o	439	459
21	vH	.	+ 6,2	+ 5,8	+ 5,5	+ 6,6	+ 6,4	+ 8,4	+ 2,o	+ 5,3	+ 7,9	+ o,8	+ 4,6	+ 4,5	+ 4,5	+ 4,5	+ 4,5
22 Steuerschuld insgesamt	Mill. DM	1 316	1 477	1 692	1 891	2 1o7	2 332	2 589	2 741	2 935	3 175	3 483	3 697	3 9o5	4 1o3	4 295	4 482
23 Aufkommensrelation	vH	112,1	112,2	111,6	112,9	112,6	112,6	11o,2	111,6	11o,5	11o,4	11o,3	11o,1	11o,o	1o9,9	1o9,8	1o9,7
24 Kassenmäßiges Steueraufkommen	Mill. DM	1 475	1 678	1 888	2 134	2 372	2 624	2 853	3 o59	3 243	3 5o7	3 841	4 o7o	4 3oo	4 51o	4 72o	4 92o
25	vH		+13,8	+12,5	+13,o	+11,2	+1o,6	+ 8,7	+ 7,2	+ 6,o	+ 8,1	+ 9,5	+ 6,o	+ 5,6	+ 4,9	+ 4,6	+ 4,2

Tabelle 39: Ableitung der Biersteuer

	Privater Verbrauch real, Inländer		Verbrauchs-elastizität	Bierverbrauch der Inländer		davon Inlandbier	davon Einfuhr	Steuerfreier Bierabsatz	Versteuerter Bierverbrauch der Inländer		Steuersatz	Steuerschuld	Aufkommensrelation	Kassenmäßiges Steueraufkommen	
	Mill. DM	vH		1000 hl	vH	1000 hl	1000 hl	1000 hl	vH	1000 hl	DM/hl	Mill.DM	vH	Mill.DM	vH
	1	2	3	4	5	6	7	8	9	10	11	12	13	14	15
1960	152 430	.	-	.	.	.	.	.	.	.	.	.	.	700	.
1961	162 980	+ 6,9	-	58 429	-	58 264	165	2 050	96,49	56 378	13,65	770	99,1	763	+ 9,0
1962	172 770	+ 6,0	1,13	62 386	+ 6,8	62 160	226	2 115	96,61	60 271	13,70	826	99,3	820	+ 7,5
1963	177 900	+ 3,0	2,30	66 681	+ 6,9	66 384	297	2 151	96,78	64 531	13,75	887	98,9	877	+ 7,0
1964	187 530	+ 5,4	1,67	72 705	+ 9,0	72 315	390	2 265	96,88	70 440	13,80	972	98,3	955	+ 8,8
1965	199 490	+ 6,4	0,19	73 564	+ 1,2	73 177	387	2 359	96,79	71 205	13,85	986	99,3	979	+ 2,6
1966	206 500	+ 3,5	1,17	76 554	+ 4,1	76 099	454	2 365	96,91	74 188	13,90	1 031	100,1	1 032	+ 5,4
1967	207 690	+ 0,6	2,67	77 759	+ 1,6	77 263	496	2 418	96,89	75 341	13,95	1 051	99,3	1 044	+ 1,1
1968	215 080	+ 3,6	0,67	79 634	+ 2,4	79 126	508	2 517	96,84	77 117	14,00	1 080	101,9	1 101	+ 5,5
1969	231 660	+ 7,7	0,79	84 517	+ 6,1	83 978	539	2 624	96,89	81 893	14,00	1 147	102,8	1 179	+ 7,1
1970	249 030	+ 7,5	0,80	89 590	+ 6,0	89 020	570	2 777	96,90	86 810	14,00	1 215	102,0	1 240	+ 5,1
Alternative I (untere)															
1969	225 190	+ 4,7	0,95	83 220	+ 4,5	82 690	531	2 610	96,84	80 610	14,01	1 129	102,0	1 150	+ 4,5
1970	235 770	+ 4,7	0,93	86 880	+ 4,4	86 330	554	2 730	96,84	84 150	14,02	1 179	102,0	1 200	+ 4,5
1971	246 850	+ 4,7	0,91	90 620	+ 4,3	90 040	578	2 850	96,84	87 770	14,03	1 231	102,0	1 260	+ 4,4
1972	258 450	+ 4,7	0,89	94 420	+ 4,2	93 820	602	2 960	96,84	91 460	14,04	1 284	102,0	1 310	+ 4,2
1973	270 600	+ 4,7	0,87	98 290	+ 4,1	97 660	627	3 090	96,84	95 200	14,05	1 337	102,0	1 360	+ 4,2
1974	283 320	+ 4,7	0,85	102 220	+ 4,0	101 570	652	3 210	96,84	99 010	14,06	1 392	102,0	1 420	+ 4,1
1975	296 640	+ 4,7	0,83	106 210	+ 3,9	105 530	677	3 330	96,85	102 880	14,07	1 448	102,0	1 480	+ 4,0
Alternative II (obere)															
1969	227 770	+ 5,9	0,95	84 090	+ 5,6	83 550	536	2 640	96,84	81 450	14,01	1 141	102,0	1 160	+ 5,7
1970	241 210	+ 5,9	0,93	88 710	+ 5,5	88 145	565	2 780	96,84	85 930	14,02	1 205	102,0	1 230	+ 5,6
1971	255 440	+ 5,9	0,91	93 500	+ 5,4	92 900	596	2 940	96,84	90 560	14,03	1 271	102,0	1 300	+ 5,5
1972	270 510	+ 5,9	0,89	98 460	+ 5,3	97 830	628	3 090	96,84	95 370	14,04	1 339	102,0	1 370	+ 5,4
1973	286 470	+ 5,9	0,87	103 480	+ 5,1	102 820	660	3 250	96,84	100 230	14,05	1 408	102,0	1 440	+ 5,1
1974	303 370	+ 5,9	0,85	108 650	+ 5,0	107 960	693	3 410	96,84	105 240	14,06	1 486	102,0	1 510	+ 4,8
1975	321 270	+ 5,9	0,83	113 970	+ 4,9	113 240	727	3 580	96,84	110 370	14,07	1 553	102,0	1 580	+ 4,6

Tabelle 4o: Sonstige Ländersteuern[1]

	Bruttosozialprodukt		Aufkommens-elastizität	Kassenmäßiges Steueraufkommen	
	Mill. DM	vH		Mill.DM	vH
	1	2	3	4	5
1961	326 2oo	+1o,1	1,4o	777	+14,1
1962	354 5oo	+ 8,7	1,4o	872	+12,2
1963	377 6oo	+ 6,5	-	847	- 2,9
1964	413 8oo	+ 9,6	o,75	9o8	+ 7,2
1965	452 7oo	+ 9,4	1,94	1 o73	+18,2
1966	48o 8oo	+ 6,2	1,16	1 15o	+ 7,2
1967	485 1oo	+ o,9	2,1o	1 172	+ 1,9
1968	529 8oo	+ 9,2	1,15	1 299	+1o,8
1969	592 1oo	+11,8	1,32	1 5o1	+15,6
197o	663 15o	+12,o	1,28	1 73o	+15,4
Alternative I (untere)					
1969	561 59o	+ 6,o	1,28	1 399	+ 7,7
197o	595 28o	+ 6,o	1,28	1 5o7	+ 7,7
1971	631 ooo	+ 6,o	1,28	1 623	+ 7,7
1972	668 86o	+ 6,o	1,28	1 748	+ 7,7
1973	7o8 99o	+ 6,o	1,28	1 883	+ 7,7
1974	751 53o	+ 6,o	1,28	2 o28	+ 7,7
1975	796 62o	+ 6,o	1,28	2 184	+ 7,7
Alternative II (obere)					
1969	576 95o	+ 8,9	1,28	1 447	+11,4
197o	628 3oo	+ 8,9	1,28	1 612	+11,4
1971	684 22o	+ 8,9	1,28	1 796	+11,4
1972	745 11o	+ 8,9	1,28	2 oo1	+11,4
1973	811 43o	+ 8,9	1,28	2 229	+11,4
1974	883 64o	+ 8,9	1,28	2 483	+11,4
1975	962 29o	+ 8,9	1,28	2 766	+11,4

[1]Erbschaft-, Grunderwerb-, Rennwett- und Lotterie-, Feuerschutzsteuer.

Tabelle 41: Ableitung der Gewerbesteuer (E + K)

	Einkünfte aus Gewerbebetrieb-einkommensteuerlich-		Veranlagte Einkommen aus Gewerbebetrieb -körperschaftsteuerlich -		Steuerlicher Gewinn insg. (1+3)		Steuerlicher Gesamtgewinn korrigiert	Gewerbeertrag/ steuerl. Gesamtgewinn	Gewerbeertrag	Meßbetrag nach Gewerbeertrag	Einheitswert der gew. Betriebe	Meßbetrag nach Gewerbekapital	Einheitlicher Steuermeßbetrag	gewogener durchschnittl. Hebesatz
	Mill.DM	vH	Mill.DM	vH	Mill.DM	vH	Mill.DM	-	Mill.DM	Mill.DM	Mill.DM	Mill.DM	Mill.DM	vH
	1	2	3	4	5	6	7	8	9	1o	11	12	13	14
196o	32 67o	.	16 18o	.	48 85o	.	49 83o	1,15	57 3oo	2 29o	135 o3o	32o	2 61o	268
1961	36 36o	+ 11,3	16 65o	+ 2,9	53 o1o	+ 8,5	54 o7o	1,16	62 45o	2 51o	145 o2o	35o	2 86o	268
1962	38 2oo	+ 5,1	17 59o	+ 5,7	55 79o	+ 5,2	56 91o	1,17	66 o2o	2 66o	155 75o	37o	3 o3o	269
1963	39 35o	+ 3,o	17 36o	- 1,3	56 71o	+ 1,7	57 84o	1,18	67 38o	2 73o	167 18o	41o	3 14o	27o
1964	42 21o	+ 7,3	2o o4o	+ 15,5	62 25o	+ 9,8	63 5oo	1,19	74 3oo	3 o2o	178 88o	44o	3 46o	273
1965	45 o7o	+ 6,8	19 77o	- 1,4	64 84o	+ 4,2	66 14o	1,2o	77 72o	3 18o	191 4oo	47o	3 65o	274
1966	44 98o	- o,2	19 18o	- 3,o	64 16o	- 1,o	65 44o	1,21	77 22o	3 17o	2o4 5oo	51o	3 68o	276
1967	43 ooo	- 4,4	18 52o	- 3,4	61 52o	- 4,1	62 75o	1,22	74 36o	3 o6o	216 77o	54o	3 6oo	279
1968	5o 6oo	+ 17,4	25 63o	+ 38,4	76 23o	+ 23,9	77 76o	1,23	92 53o	3 83o	229 78o	57o	4 4oo	281
1969	54 19o	+ 7,3	27 91o	+ 8,9	82 1oo	+ 7,7	83 74o	1,24	1o3 84o	4 15o	243 57o	61o	4 76o	282
197o	58 15o	+ 7,3	3o 14o	+ 8,o	88 29o	+ 7,5	9o o6o	1,25	112 58o	4 5oo	258 18o	65o	5 15o	283
Alternative I (untere)														
1969	53 7oo	+ 6,1	27 55o	+ 7,5	81 25o	+ 6,6	82 88o	1,24	99 o4o	4 11o	241 27o	61o	4 72o	282
197o	56 95o	+ 6,o	29 38o	+ 6,6	86 33o	+ 6,3	88 o6o	1,25	1o5 67o	4 4oo	253 33o	64o	5 o4o	283
1971	6o 26o	+ 5,8	31 27o	+ 6,4	91 53o	+ 6,o	93 36o	1,26	112 5oo	4 71o	266 ooo	67o	5 38o	284
1972	63 74o	+ 5,8	33 33o	+ 6,6	97 o7o	+ 6,1	99 o1o	1,27	119 8oo	5 o3o	279 3oo	72o	5 75o	285
1973	67 24o	+ 5,5	35 38o	+ 6,1	1o2 62o	+ 5,7	1o4 67o	1,28	127 17o	5 36o	293 27o	75o	6 11o	286
1974	7o 57o	+ 4,9	37 58o	+ 6,2	1o8 15o	+ 6,4	11o 31o	1,29	134 58o	5 69o	3o7 93o	79o	6 48o	287
1975	74 15o	+ 5,1	39 91o	+ 6,2	114 o6o	+ 5,5	116 34o	1,3o	142 52o	6 o5o	323 33o	84o	6 89o	288
Alternative II (obere)														
1969	56 31o	+ 11,3	28 76o	+ 12,2	85 o7o	+ 11,6	86 77o	1,24	1o7 6oo	4 3oo	243 57o	61o	4 91o	282
197o	62 51o	+ 11,o	32 31o	+ 12,3	94 82o	+ 11,5	96 72o	1,25	12o 9oo	4 84o	258 18o	65o	5 49o	283
1971	69 o8o	+ 1o,5	36 16o	+ 11,9	1o5 24o	+ 11,o	1o7 35o	1,26	135 26o	5 41o	273 67o	69o	6 1oo	284
1972	76 21o	+ 1o,3	4o 4oo	+ 11,7	116 61o	+ 1o,8	118 94o	1,27	151 o5o	6 o4o	29o o9o	74o	6 78o	285
1973	83 83o	+ 1o,o	44 95o	+ 11,3	128 78o	+ 1o,4	131 36o	1,28	168 14o	6 73o	3o7 5oo	79o	7 52o	286
1974	91 66o	+ 9,3	49 98o	+ 11,2	141 64o	+ 1o,o	144 47o	1,29	186 37o	7 46o	325 95o	83o	8 29o	287
1975	1oo 22o	+ 9,3	55 46o	+ 11,o	155 68o	+ 9,9	158 79o	1,3o	2o6 43o	8 26o	345 51o	9oo	9 16o	288

noch Tabelle 41

	gewogener durch-schnittl. Hebesatz	Gewerbesteuer-schuld unbereinigt		Rechts-änderungen	Gewerbesteuer-schuld bereinigt		Voraus-zahlungen	Nach-zahlungen	Nach-zahlungen	Sonstige Zahlungen	Kassenmäßiges Aufkommen	
	vH	Mill.DM	vH	Mill.DM	Mill.DM	vH	Mill.DM	Mill.DM	Mill.DM	Mill.DM	Mill.DM	vH
	14	15	16	17	18	19	2o	21	22	23	24	25
196o	268	6 99o			6 99o		.	.	.	.	-	.
1961	268	7 67o	+ 9,7	- 63o	7 o4o	+ o,7	.	.	.	.	7 43o	.
1962	269	8 15o	+ 6,3		7 48o	+ 6,3	7 13o	.	.	.	7 99o	+ 7,5
1963	27o	8 48o	+ 4,o		7 78o	+ 4,o	7 41o	+ 18o	.	.	8 46o	+ 6,o
1964	273	9 45o	+ 11,4		8 67o	+ 11,4	7 87o	+ 19o	+ 17o	+ 87o	9 1oo	+ 7,6
1965	274	1o ooo	+ 5,8	- 4oo	8 77o	+ 1,2	8 42o	+ 4oo	+ 18o	+ 35o	9 35o	+ 2,8
1966	276	1o 16o	+ 1,6		8 87o	+ 1,1	8 76o	+ 18o	+ 4oo	+ 75o	1o o9o	+ 7,9
1967	279	1o o4o	- 1,1	- 2oo	8 57o	- 3,4	8 78o	+ 6o	+ 17o	+1 ooo	1o o1o	- o,8
1968	281	12 36o	+ 23,2	+ 13o	1o 69o	+ 24,7	9 o8o	- 11o	+ 5o	+1 52o	1o 54o	+ 5,3
1969	282	13 42o	+ 8,6		11 61o	+ 8,6	1o 24o	+ 81o	- 1oo	+3 27o	14 22o	+ 34,9
197o	283	14 58o	+ 8,6		12 61o	+ 8,6	11 53o	-	-	+ 8oo	12 33o	- 13,3
Alternative I (untere)												
1969	282	13 31o	+ 7,7		11 51o	+ 7,7	1o 22o	+ 81o	- 1oo	+ 7oo	11 63o	+ 1o,3
197o	283	14 26o	+ 7,2		12 34o	+ 7,2	11 43o	+ 65o	+ 8oo	+ 75o	13 63o	+ 17,2
1971	284	15 28o	+ 7,2		13 23o	+ 7,2	12 27o	+ 46o	+ 64o	+ 8oo	14 17o	+ 4,o
1972	285	16 39o	+ 7,3		14 2oo	+ 7,3	13 16o	+ 48o	+ 45o	+ 85o	14 94o	+ 5,4
1973	286	17 48o	+ 6,6		15 14o	+ 6,6	14 1oo	+ 52o	+ 48o	+ 9oo	16 ooo	+ 7,1
1974	287	18 6oo	+ 6,4		16 11o	+ 6,4	15 o5o	+ 52o	+ 52o	+ 95o	17 o4o	+ 6.5
1975	288	19 84o	+ 6,7		17 19o	+ 6,7	16 o4o	+ 53o	+ 52o	+1 ooo	18 o9o	+ 6,2
Alternative II (obere)												
1969	282	13 85o	+ 12,o		11 97o	+ 12,o	1o 31o	+ 81o	- 1oo	+ 8oo	11 82o	+ 12,1
197o	283	15 54o	+ 12,2		13 43o	+ 12,2	11 88o	+ 83o	+ 8oo	+ 85o	14 36o	+ 21,5
1971	284	17 32o	+ 11,5		14 98o	+ 11,5	13 3oo	+ 78o	+ 83o	+ 9oo	15 81o	+ 1o,1
1972	285	19 32o	+ 11,6		16 72o	+ 11,6	14 86o	+ 84o	+ 78o	+ 95o	17 43o	+ 1o,3
1973	286	21 51o	+ 11,3		18 61o	+ 11,3	16 58o	+ 93o	+ 84o	+1 ooo	19 35o	+ 11,o
1974	287	23 79o	+ 1o,6		2o 58o	+ 1o,6	18 44o	+1 o2o	+ 93o	+1 o5o	21 44o	+ 1o,8
1975	288	26 38o	+ 1o,9		22 82o	+ 1o,9	2o 44o	+1 o7o	+1o2o	+1 1oo	23 63o	+ 1o,2

Tabelle 42: Ableitung der Gewerbe - Lohnsummensteuer

	Bruttolohn- und Gehaltsumme (ohne Arbeitgeberbeiträge und Beamtenpensionen, Inlandskonz.)		Steuerquote (4:1)	Steuerliche Lohnsumme	Steuermeßbetrag	durchschnittlicher Hebesatz	Kassenmäßige Steuereinnahmen	
	Mill.DM	vH	vH	Mill. DM	Mill. DM	vH	Mill. DM	vH
	1	2	3	4	5	6	7	8
196o	123 15o	-	-	-	-	8o8	-	-
1961	139 o9o	+12,9	31,9o	44 37o	88,74	797	717	-
1962	154 o5o	+1o,8	31,89	49 12o	98,24	781	783	+ 9,2
1963	165 42o	+ 7,4	31,31	51 8oo	1o3,59	78o	8o9	+ 3,3
1964	182 42o	+1o,3	29,8o	54 36o	1o8,72	784	848	+ 4,8
1965	2o1 74o	+1o,6	29,5o	59 51o	119,o1	784	933	+1o,o
1966	216 51o	+ 7,3	29,57	64 o3o	128,o6	784	1 oo4	+ 7,6
1967	216 24o	- o,1	29,o9	62 9oo	125,8o	783	985	- 1,9
1968	23o 88o	+ 6,8	29,o1	66 97o	133,93	781	1 o46	+ 6,2
1969	258 87o	+12,1	28,95	74 94o	149 87	78o	1 169	+11,8
197o	299 o9o	+15,5	28,85	86 29o	172,58	779	1 34o	+14,6
Alternative I (untere)								
1969	244 56o	+ 5,9	28,9o	7o 68o	141,36	78o	1 1oo	+ 5,2
197o	259 o4o	+ 5,9	28,8o	74 6oo	149,2o	779	1 16o	+ 5,5
1971	274 4oo	+ 5,9	28,7o	78 75o	157,5o	778	1 23o	+ 6,o
1972	29o 64o	+ 5,9	28,6o	83 12o	166,24	777	1 29o	+ 4,9
1973	3o7 86o	+ 5,9	28,5o	87 74o	175,48	776	1 36o	+ 5,4
1974	326 o9o	+ 5,9	28,4o	92 61o	185,22	775	1 44o	+ 5,9
1975	345 41o	+ 5,9	28,3o	97 75o	195,5o	774	1 51o	+ 4,9
Alternative II (obere)								
1969	25o 72o	+ 8,6	28,9o	72 46o	144,92	78o	1 13o	+ 8,o
197o	272 26o	+ 8,6	28,8o	78 41o	156,82	779	1 22o	+ 8,o
1971	295 64o	+ 8,6	28,7o	84 85o	169,7o	778	1 32o	+ 8,2
1972	321 o3o	+ 8,6	28,6o	91 82o	183,64	777	1 43o	+ 8,3
1973	348 6oo	+ 8,6	28,5o	99 35o	198,7o	776	1 54o	+ 7,7
1974	378 53o	+ 8,6	28,4o	1o7 5oo	215,oo	775	1 67o	+ 8,4
1975	411 o3o	+ 8,6	28,3o	116 32o	232,64	774	1 8oo	+ 7,8

Tabelle 43: Ableitung der Grundsteuer A

	Bauinvestitionen insgesamt in jeweiligen Preisen		Deflator: Preisindex f. Wohngebäude 1935 = 1oo	Bauinvestitionen		Grundbeträge	Grundbetrag/ defl. Bauinvestitionen (6:4)	gewogener durchschn. Hebesatz	Kassenmäßiges Aufkommen	
	Mill.DM	vH		in Preisen von 1935	vH	Mill.DM	vH	vH	Mill.DM	vH
	1	2	3	4	5	6	7	8	9	1o
196o	35 o2o	-	299	11 71o	-	2o4	1,74	185	378	-
1961	4o o5o	+14,4	322	12 44o	+ 6,2	2o7	1,66	191	396	+ 4,8
1962	45 54o	+13,7	35o	13 o1o	+ 4,6	2o4	1,57	197	4o2	+ 1,5
1963	49 37o	+ 8,4	371	13 31o	+ 2,3	2o6	1,55	2oo	413	+ 2,7
1964	57 55o	+16,6	383	15 o3o	+12,9	2o8	1,38	2o3	422	+ 2,2
1965	6o 72o	+ 5,5	4oo	15 18o	+ 1,o	2o9	1,37	2o5	428	+ 1,4
1966	64 3oo	+ 5,9	413	15 57o	+ 2,6	2o8	1,34	2o8	432	+ o,9
1967	58 2oo	- 9,5	4o5	14 37o	- 7,7	2o6	1,43	212	437	+ 1,2
1968	62 77o	+ 7,9	422	14 87o	+ 3,5	2o6	1,39	214	441	+ o,9
1969	69 5oo	+ 1o,7	444	15 65o	+ 5,3	2o7	1,32	216	448	+ 1,6
197o	83 99o	+2o,9	51o	16 47o	+ 5,2	211	1,28	218	46o	+ 2,7
Alternative I (untere)										
1969	65 56o	+ 4,5	43o	15 25o	+ 2,6	2o7	1,36	216	445	+ o,9
197o	68 44o	+ 4,4	439	15 59o	+ 2,2	2o7	1,33	218	45o	+ 1,1
1971	71 41o	+ 4,3	448	15 94o	+ 2,2	2o7	1,3o	22o	455	+ 1,1
1972	74 48o	+ 4,3	457	16 3oo	+ 2,3	2o7	1,27	222	46o	+ 1,1
1973	77 64o	+ 4,2	466	16 66o	+ 2,2	2o7	1,24	224	465	+ 1,1
1974	8o 91o	+ 4,2	475	17 o3o	+ 2,2	2o8	1,22	226	47o	+ 1,1
1975	84 26o	+ 4,1	485	17 37o	+ 2,o	2o8	1,2o	228	475	+ 1,1
Alternative II (obere)										
1969	68 14o	+ 8,6	439	15 52o	+ 4,4	2o8	1,34	216	45o	+ 2,o
197o	73 93o	+ 8,5	457	16 18o	+ 4,3	21o	1,3o	218	46o	+ 2,2
1971	8o 17o	+ 8,4	475	16 88o	+ 4,3	213	1,26	22o	47o	+ 2,2
1972	86 9oo	+ 8,4	494	17 59o	+ 4,2	215	1,22	222	48o	+ 2,2
1973	94 13o	+ 8,3	514	18 31o	+ 4,1	218	1,19	224	49o	+ 2,1
1974	1o1 9oo	+ 8,3	535	19 o5o	+ 4,o	221	1,16	226	5oo	+ 2,o
1975	11o 3oo	+ 8,2	556	19 84o	+ 4,1	224	1,13	228	51o	+ 2,o

Tabelle 44: Ableitung der Grundsteuer B

	Bauinvestitionen insgesamt in Preisen von 1935		Grundbeträge	Grundbetrag/defl. Bauinvestitionen (3 : 1)	gewogener durchschn. Hebesatz	Aufkommenssoll	Steuerausfälle (8+9)	darunter		Kassenmäßiges Aufkommen	
								Förderung des Wohnungsbaus	Grundsteuer C[1]		
	Mill.DM	vH	Mill.DM	vH	vH	Mill.DM	Mill.DM	Mill.DM	Mill.DM	Mill.DM	vH
	1	2	3	4	5	6	7	8	9	1o	11
196o	11 71o	-	757	6,46	217	1 643	- 39o	- 39o	-	1 253	-
1961	12 44o	+ 6,2	8o2	6,45	218	1 748	- 43o	- 43o	-	1 318	+ 5,2
1962	13 olo	+ 4,6	857	6,59	219	1 877	- 462	- 46o	- 2	1 415	+ 7,4
1963	13 31o	+ 2,3	891	6,69	225	2 oo4	- 5o8	- 495	- 13	1 496	+ 5,7
1964	15 o3o	+12,9	938	6,24	225	2 11o	- 537	- 525	- 12	1 573	+ 5,1
1965	15 18o	+ 1,o	983	6,48	228	2 242	- 56o	- 56o	-	1 682	+ 6,9
1966	15 57o	+ 2,6	1 o41	6,69	23o	2 394	- 595	- 595	-	1 799	+ 7,o
1967	14 37o	- 7,7	1 o78	7,5o	237	2 555	- 63o	- 63o	-	1 925	+ 7,o
1968	14 87o	+ 3,5	1 126	7,57	239	2 692	- 66o	- 66o	-	2 o32	+ 5,6
1969	15 65o	+ 5,3	1 18o	7,54	241	2 833	- 69o	- 69o	-	2 143	+ 5,5
197o	16 47o	+ 5,2	1 24o	7,54	243	3 olo	- 72o	- 72o	-	2 29o	+ 6,9
Alternative I (untere)											
1969	15 25o	+ 2,6	1 15o	7,57	241	2 77o	- 68o	- 68o	-	2 o9o	+ 2,9
197o	15 59o	+ 2,2	1 18o	7,58	243	2 87o	- 7oo	- 7oo	-	2 17o	+ 3,8
1971	15 94o	+ 2,2	1 21o	7,59	245	2 97o	- 72o	- 72o	-	2 25o	+ 3,7
1972	16 3oo	+ 2,3	1 24o	7,6o	247	3 o6o	- 74o	- 74o	-	2 32o	+ 3,1
1973	16 66o	+ 2,2	1 27o	7,61	249	3 16o	- 76o	- 76o	-	2 4oo	+ 3,5
1974	17 o3o	+ 2,2	1 3oo	7,62	251	3 26o	- 78o	- 78o	-	2 48o	+ 3,3
1975	17 37o	+ 2,o	1 33o	7,63	253	3 37o	- 8oo	- 8oo	-	2 57o	+ 3,6
Alternative II (obere)											
1969	15 52o	+ 4,4	1 18o	7,59	241	2 84o	- 69o	- 69o	-	2 15o	+ 5,8
197o	16 18o	+ 4,3	1 23o	7,61	243	2 99o	- 72o	- 72o	-	2 27o	+ 5,6
1971	16 88o	+ 4,3	1 29o	7,63	245	3 16o	- 75o	- 75o	-	2 41o	+ 6,2
1972	17 59o	+ 4,2	1 35o	7,66	247	3 34o	- 78o	- 78o	-	2 56o	+ 6,2
1973	18 31o	+ 4,1	1 41o	7,69	249	3 51o	- 81o	- 81o	-	2 7oo	+ 5,5
1974	19 o5o	+ 4,o	1 47o	7,72	251	3 69o	- 84o	- 84o	-	2 85o	+ 5,6
1975	19 84o	+ 4,1	1 54o	7,75	253	3 9oo	- 87o	- 87o	-	3 o3o	+ 6,3

[1] Vgl. G. Hagemann, a.a.O., S.196.

Tabelle 45: **Ableitung** der sonstigen Gemeindesteuern

	Bruttosozialprodukt in jeweiligen Preisen		Kassenmäßiges Aufkommen der sonstigen Gemeindesteuern (o.Getränkesteuer)		Belastung des Sozialprodukts (3 : 1)	Kassenm. Aufkommen der Getränkesteuer	Kassenm. Aufkommen d. sonst. Gemeindesteuern insgesamt	
	Mill.DM	vH	Mill.DM	vH	vH	Mill. DM	Mill.DM	vH
	1	2	3	4	5	6	7	8
1960	296 800	-	449	-	o,15	124	573	-
1961	326 200	+ 9,9	477	+ 6,2	o,15	128	605	+ 5,6
1962	354 500	+ 8,7	481	+ o,8	o,14	1o7	588	- 2,8
1963	377 600	+ 6,5	482	+ o,2	o,13	78	56o	- 4,8
1964	413 800	+ 9,6	537	+11,4	o,13	85	622	+11,1
1965	452 700	+ 9,4	581	+ 8,2	o,13	89	67o	+ 7,7
1966	48o 800	+ 6,2	612	+ 5,3	o,13	95	7o7	+ 5,5
1967	485 1oo	+ o,9	605	- 1,1	o,13	98	7o3	- o,6
1968	529 800	+ 9,2	643	+ 6,3	o,12	94	737	+ 4,8
1969	592 1oo	+11,8	754	+17,3	o,13	99	853	+15,7
197o	666 15o	+12,5	8oo	+ 6,1	o,12	8o	88o	+ 3,2
Alternative I (untere)								
1969	561 59o	+ 6,o	67o	-	o,12	8o	75o	+ 1,8
197o	595 28o	+ 6,o	71o	-	o,12	75	785	+ 4,7
1971	631 ooo	+ 6,o	76o	-	o,12	75	835	+ 6,4
1972	668 86o	+ 6,o	8oo	-	o,12	75	875	+ 4,8
1973	7o8 99o	+ 6,o	85o	-	o,12	75	925	+ 5,7
1974	751 53o	+ 6,o	9oo	-	o,12	75	975	+ 5,4
1975	796 62o	+ 6,o	96o	-	o,12	75	1 o35	+ 6,2
Alternative II (obere)								
1969	576 95o	+ 8,9	69o	-	o,12	8o	77o	+ 4,5
197o	628 3oo	+ 8,9	75o	-	o,12	8o	83o	+ 7,8
1971	684 22o	+ 8,9	82o	-	o,12	8o	9oo	+ 8,4
1972	745 11o	+ 8,9	89o	-	o,12	8o	97o	+ 7,8
1973	811 43o	+ 8,9	97o	-	o,12	8o	1 o5o	+ 8,3
1974	883 64o	+ 8,9	1 o6o	-	o,12	8o	1 14o	+ 8,6
1975	962 29o	+ 8,9	1 16o	-	o,12	8o	1 24o	+ 8,8

Tabelle 46: Kassenmäßige Steuereinnahmen von Bund, Ländern und Gemeinden insgesamt
a) in Mill.DM

	Lohn-steuer	Veranlagte Einkommensteuer	Nichtveranlagte Steuer vom Ertrag	Körperschaftsteuer	Steuern vom Umsatz[1]	Gemeinschaftl. Steuern[2] insg.	Ergänzungsabgabe	Beförderungs- und Straßengüter[3] Verkehrssteuer	Zölle	Tabaksteuer	Branntweinmonopol	Mineralölsteuer	Kapitalverkehrsteuern u.a.	Sonstige Verbrauchsteuern	Bundessteuern insg.
	1	2	3	4	5	6	7	8	9	1o	11	12	13	14	15
196o	8 1o2	8 963	846	6 51o	16 o8o	4o 5oo	-	814	2 63o	3 537	1 o23	2 664	567	1 o77	12 31o
1961	1o 45o	1o 82o	98o	7 473	17 81o	47 53o	-	845	2 99o	3 892	1 o97	3 325	577	1 142	13 87o
1962	12 32o	12 22o	1 13o	7 79o	19 15o	52 61o	-	861	3 313	4 2o5	1 222	3 699	6o4	1 179	15 o8o
1963	13 84o	13 45o	1 14o	7 69o	19 85o	55 97o	-	9o4	3 349	4 311	1 335	4 139	617	1 311	15 97o
1964	16 o9o	14 1oo	1 252	8 o18	21 66o	61 13o	-	935	2 619	4 416	1 441	6 o71	71o	1 378	17 57o
1965	16 74o	14 8oo	1 351	8 17o	23 93o	64 99o	-	89o	2 531	4 697	1 5o8	7 428	765	1 378	19 2oo
1966	19 o6o	16 o8o	1 456	7 687	24 95o	69 23o	-	942	2 656	4 982	1 779	8 o16	833	1 427	2o 64o
1967	19 56o	15 78o	1 469	7 o61	24 6oo	68 46o	-	912	2 5o7	5 8o1	1 831	9 423	843	1 532	22 85o
1968	22 o8o	16 27o	1 539	8 553	25 58o	74 o2o	625	92	2 399	5 992	1 989	9 875	979	1 554	23 51o
1969	27 o6o	16 99o	1 715	1o 89o	33 71o	9o 37o	814	391	2 889	6 233	2 142	1o 6oo	1 215	1 671	25 96o
197o	34 49o	19 5oo	1 95o	11 55o	37 94o	1o5 43o	951	438[a]	2 99o	6 47o	2 28o	11 2oo	1 25o	1 79o	27 37o
Alternative I (untere)															
1969	24 75o	17 32o	1 83o	1o 4oo	32 5oo	86 8oo	814	391	2 55o	6 233	2 13o	1o 6oo	1 o5o	1 61o	25 38o
197o	27 38o	2o 39o	1 96o	11 49o	34 29o	95 51o	1 o46	438[a]	2 72o	6 47o	2 24o	11 2oo	1 13o	1 67o	26 91o
1971	29 76o	22 3oo	2 o9o	11 74o	35 9oo	1o1 79o	1 192	5o	2 9oo	6 57o	2 32o	11 82o	1 21o	1 74o	27 8oo
1972	32 61o	23 18o	2 23o	12 39o	37 42o	1o7 83o	1 359	-	3 o9o	6 75o	2 4oo	12 4oo	1 3oo	1 8oo	29 1oo
1973	36 o3o	23 93o	2 38o	13 o6o	38 96o	114 36o	1 549	-	3 29o	6 93o	2 47o	12 99o	1 4oo	1 87o	3o 5oo
1974	39 8oo	24 9oo	2 52o	13 77o	41 34o	122 33o	1 766	-	3 5oo	7 11o	2 54o	13 57o	1 5oo	1 94o	31 93o
1975	44 o1o	25 93o	2 69o	14 5oo	43 9oo	131 o3o	2 oo9	-	3 73o	7 28o	2 6oo	14 18o	1 61o	2 o1o	33 42o
Alternative II (obere)															
1969	25 75o	17 42o	1 85o	1o 64o	33 17o	88 83o	814	391	2 6oo	6 233	2 18o	1o 6oo	1 o9o	1 63o	25 54o
197o	29 73o	21 31o	2 o7o	12 29o	35 99o	1o1 39o	1 o46	438[a]	2 82o	6 47o	2 34o	11 2oo	1 21o	1 72o	27 24o
1971	33 79o	24 85o	2 31o	13 3oo	38 56o	112 81o	1 228	5o	3 o6o	6 57o	2 46o	11 82o	1 34o	1 81o	28 34o
1972	38 65o	27 4oo	2 58o	14 7oo	41 o8o	124 41o	1 442	-	3 32o	6 75o	2 57o	12 4oo	1 49o	1 9oo	29 87o
1973	44 49o	29 57o	2 87o	16 19o	43 66o	136 78o	1 693	-	3 6oo	6 93o	2 67o	12 99o	1 65o	2 o1o	31 54o
1974	51 18o	31 86o	3 19o	17 79o	47 37o	151 39o	1 988	-	3 91o	7 11o	2 77o	13 57o	1 83o	2 11o	33 29o
1975	58 87o	34 1oo	3 55o	19 52o	51 49o	167 53o	2 335	-	4 24o	7 28o	2 87o	14 18o	2 o3o	2 22o	35 16o

[1]Bis 1969 ohne und ab 197o einschließlich buchmäßige Mehreinnahmen aus Regierungskäufen im Ausland.- [2]In der Definition des Finanzreformgesetzes 197o.- [3]Einschließlich Notopfer Berlin.- [a]Geschätzt mit Veränderungsrate des nominalen Bruttosozialprodukts.

noch Tabelle 46
a) in Mill.DM

	Vermögen-steuer	Kraft-fahrzeug-steuer	Bier-steuer	Sonstige Länder-steuern	Länder-steuern insges.	Gewerbe-steuer E + K	Lohn-summen-steuer	Grund-steuer A	Grund-steuer B[1]	Sonstige Gemeinde-steuern	Gemeinde-steuern insges.	Lasten-ausgleichs-abgaben[2]	Steuerein-nahmen von Bund, Länder und Gemeinden insges.
	16	17	18	19	20	21	22	23	24	25	26	27	28
1960	1 100	1 475	700	681	3 956	6 780	653	378	1 253	573	9 637	2 043	68 450
1961	1 419	1 678	763	777	4 637	7 430	717	396	1 324	605	10 470	2 024	78 530
1962	1 798	1 888	820	872	5 378	7 990	783	402	1 460	588	11 180	2 093	86 390
1963	1 673	2 134	877	847	5 531	8 460	809	413	1 538	560	11 740	1 828	91 080
1964	1 931	2 372	955	908	6 166	9 100	848	422	1 573	622	12 570	1 959	99 390
1965	1 880	2 624	979	1 073	6 556	9 350	933	428	1 682	670	13 060	1 660	105 470
1966	1 994	2 853	1 032	1 150	7 029	10 090	1 004	432	1 799	707	14 030	1 532	112 460
1967	2 421	3 059	1 044	1 172	7 696	10 010	985	437	1 925	703	14 060	1 566	114 640
1968	2 261	3 243	1 101	1 299	7 904	10 540	1 046	441	2 032	737	14 800	1 579	121 810
1969	2 458	3 507	1 179	1 501	8 645	14 220	1 169	448	2 143	853	18 830	1 493	145 290
1970	2 800	3 841	1 240	1 730	9 611	12 330	1 340	460	2 290	880	17 300	1 450	161 160
Alternative I (untere)													
1969	2 458	3 507	1 150	1 399	8 514	11 630	1 100	445	2 090	750	16 020	1 500	138 210
1970	2 800	3 841	1 200	1 507	9 348	13 630	1 160	450	2 170	785	18 200	1 450	151 410
1971	2 650	4 070	1 260	1 623	9 603	14 170	1 230	455	2 250	835	18 940	1 400	159 530
1972	2 800	4 300	1 310	1 748	10 160	14 940	1 290	460	2 320	875	19 890	1 350	168 320
1973	3 400	4 510	1 360	1 883	11 150	16 000	1 360	465	2 400	925	21 150	1 300	178 460
1974	3 200	4 720	1 420	2 028	11 370	17 040	1 440	470	2 480	975	22 410	1 250	189 280
1975	3 400	4 920	1 480	2 184	11 980	18 090	1 510	475	2 570	1 035	23 680	1 200	201 310
Alternative II (obere)													
1969	2 458	3 507	1 160	1 447	8 572	11 820	1 130	450	2 150	770	16 320	1 500	140 760
1970	2 800	3 841	1 230	1 612	9 483	14 360	1 220	460	2 270	830	19 140	1 450	158 710
1971	2 650	4 070	1 300	1 796	9 816	15 810	1 320	470	2 410	900	20 910	1 400	173 270
1972	2 800	4 300	1 370	2 001	10 470	17 430	1 430	480	2 560	970	22 870	1 350	188 970
1973	3 400	4 510	1 440	2 229	11 580	19 350	1 540	490	2 700	1 050	25 130	1 300	206 330
1974	3 200	4 720	1 510	2 483	11 910	21 440	1 670	500	2 850	1 140	27 600	1 250	225 440
1975	3 400	4 920	1 580	2 766	12 670	23 630	1 800	510	3 030	1 240	30 210	1 200	246 760

[1] Bis 1963 einschließlich Grundsteuer C. – [2] Grob geschätzt.

Tabelle 46: Kassenmäßige Steuereinnahmen von Bund, Ländern und Gemeinden insgesamt
b) Anteile in vH

	Lohn-steuer	Ver-anlagte Einkom-men-steuer	Nicht-ver-anlagte Steuer vom Ertrag	Körper-schaft-steuer	Steuern vom Umsatz[1]	Gemein-schaftl. Steuern[2] insg.	Ergän-zungs-abgabe	Beför-derungs- und Straßen-güter-[3] ver-kehrs-steuern	Zölle	Tabak-steuer	Brannt-wein-monopol	Mineral-ölsteuer	Kapital-verkehr-steuern u.a.	Sonstige Verbrauch-steuern	Bundes-steuern insg.
	1	2	3	4	5	6	7	8	9	1o	11	12	13	14	15
196o	11,8	13,1	1,3	9,5	23,5	59,2	-	1,2	3,8	5,2	1,5	3,9	o,8	1,6	18,o
1961	13,3	13,8	1,3	9,5	22,7	6o,5	-	1,1	3,8	5,o	1,4	4,2	o,7	1,5	17,7
1962	14,3	14,2	1,3	9,o	22,2	6o,9	-	1,o	3,8	4,9	1,4	4,3	o,7	1,4	17,5
1963	15,2	14,8	1,3	8,4	21,8	61,5	-	1,o	3,7	4,7	1,5	4,5	o,7	1,4	17,5
1964	16,2	14,2	1,3	8,1	21,8	61,5	-	o,9	2,6	4,4	1,5	6,1	o,7	1,4	17,7
1965	15,9	14,o	1,3	7,7	22,7	61,6	-	o,8	2,4	4,5	1,4	7,o	o,8	1,3	18,2
1966	16,9	14,3	1,3	6,8	22,2	61,6	-	o,8	2,4	4,4	1,6	7,1	o,7	1,3	18,4
1967	17,1	13,8	1,3	6,2	21,5	59,7	-	o,8	2,2	5,1	1,6	8,2	o,7	1,3	19,9
1968	18,1	13,4	1,3	7,o	21,o	6o,8	o,5	o,1	2,o	4,9	1,6	8,1	o,8	1,3	18,9
1969	18,6	11,7	1,2	7,5	23,2	62,2	o,6	o,3	2,o	4,3	1,5	7,3	o,8	1,2	17,9
197o	21,4	12,1	1,2	7,2	23,5	65,4	o,6	o,3	1,9	4,o	1,4	6,9	o,8	1,1	17,o
Alternative I (untere)															
1969	17,9	12,5	1,3	7,5	23,5	62,8	o,6	o,3	1,9	4,5	1,5	7,7	o,8	1,2	18,5
197o	18,1	13,5	1,3	7,6	22,6	63,1	o,7	o,3	1,8	4,3	1,5	7,4	o,7	1,1	17,8
1971	18,7	14,o	1,3	7,4	22,5	63,9	o,6	o,o	1,8	4,1	1,5	7,4	o,8	1,1	17,3
1972	19,4	13,8	1,3	7,4	22,2	64,1	o,7	-	1,8	4,o	1,4	7,4	o,8	1,1	17,3
1973	2o,2	13,4	1,3	7,3	21,8	64,o	o,9	-	1,8	3,9	1,4	7,3	o,8	1,o	17,1
1974	21,o	13,2	1,3	7,3	21,8	64,6	o,9	-	1,8	3,8	1,3	7,2	o,8	1,o	16,7
1975	21,9	12,9	1,3	7,2	21,8	65,1	1,o	-	1,9	3,6	1,3	7,o	o,8	1,o	16,6
Alternative II (obere)															
1969	18,3	12,4	1,3	7,6	23,6	63,2	o,6	o,3	1,8	4,4	1,5	7,5	o,8	1,2	18,1
197o	18,7	13,4	1,3	7,7	22,7	63,9	o,6	o,3	1,8	4,1	1,5	7,1	o,8	1,1	17,2
1971	19,5	14,3	1,3	7,7	22,2	65,o	o,7	o,o	1,8	3,8	1,4	6,8	o,8	1,1	16,4
1972	2o,4	14,5	1,4	7,8	21,7	65,8	o,8	-	1,8	3,5	1,4	6,5	o,8	1,o	15,8
1973	21,6	14,3	1,4	7,8	21,3	66,3	o,8	-	1,7	3,4	1,3	6,3	o,8	1,o	15,3
1974	22,7	14,2	1,4	7,9	21,o	67,2	o,9	-	1,7	3,2	1,2	6,o	o,8	o,9	14,7
1975	23,8	13,8	1,5	7,9	2o,9	67,9	o,9	-	1,7	3,o	1,2	5,7	o,8	o,9	14,2

[1] Bis 1969 ohne und ab 197o einschließlich buchmäßige Mehreinnahmen aus Regierungskäufen im Ausland.- [2] In der Definition des Finanzreformgesetzes 197o.- [3] Einschließlich Notopfer Berlin.

noch Tabelle 46
b) Anteile in vH

	Vermögen-steuer	Kraft-fahrzeug-steuer	Bier-steuer	Sonstige Länder-steuern	Länder-steuern insges.	Gewerbe-steuer E + K	Lohn-summen-steuer	Grund-steuer A	Grund-steuer B[1]	Sonstige Gemeinde-steuern	Gemeinde-steuern insges.	Lasten-ausgleichs-abgaben[2]	Steuerein-nahmen von Bund, Ländern und Gemeinden insges.
	16	17	18	19	2o	21	22	23	24	25	26	27	28
196o	1,6	2,2	1,o	1,o	5,8	9,9	1,o	o,6	1,8	o,8	14,1	3,o	1oo,o
1961	1,9	2,2	1,o	1,o	6,1	9,7	o,9	o,5	1,7	o,8	13,7	2,6	1oo,o
1962	2,1	2,2	1,o	1,o	6,2	9,3	o,9	o,5	1,7	o,7	12,9	2,4	1oo,o
1963	1,8	2,3	1,o	o,9	6,1	9,3	o,9	o,5	1,7	o,6	12,9	2,o	1oo,o
1964	1,9	2,4	1,o	o,9	6,2	9,2	o,9	o,4	1,6	o,6	12,6	2,o	1oo,o
1965	1,8	2,5	o,9	1,o	6,3	8,9	o,9	o,4	1,6	o,6	12,4	1,6	1oo,o
1966	1,8	2,5	o,9	1,o	6,3	9,o	o,9	o,4	1,6	o,6	12,5	1,4	1oo,o
1967	2,1	2,7	o,9	1,o	6,7	8,7	o,9	o,4	1,7	o,6	12,3	1,4	1oo,o
1968	1,9	2,7	o,9	1,1	6,5	8,7	o,9	o,4	1,7	o,6	12,1	1,3	1oo,o
1969	1,7	2,4	o,8	1,o	6,o	9,8	o,8	o,3	1,5	o,6	13,o	1,o	1oo,o
197o	1,7	2,4	o,8	1,1	6,o	7,7	o,8	o,3	1,4	o,5	1o,7	o,9	1oo,o
Alternative I (untere)													
1969	1,8	2,5	o,8	1,o	6,1	8,4	o,8	o,3	1,5	o,5	11,5	1,1	1oo,o
197o	1,9	2,5	o,8	1,o	6,1	9,o	o,8	o,3	1,4	o,5	12,o	1,o	1oo,o
1971	1,7	2,6	o,8	1,o	6,o	8,9	o,8	o,3	1,4	o,5	11,9	o,9	1oo,o
1972	1,7	2,6	o,8	1,o	6,o	8,9	o,8	o,3	1,4	o,5	11,8	o,8	1oo,o
1973	1,9	2,5	o,8	1,1	6,3	9,o	o,8	o,3	1,3	o,5	11,9	o,7	1oo,o
1974	1,7	2,5	o,8	1,1	6,1	9,1	o,8	o,3	1,3	o,5	12,o	o,7	1oo,o
1975	1,7	2,4	o,7	1,1	5,9	9,o	o,8	o,2	1,3	o,5	11,8	o,6	1oo,o
Alternative II (obere)													
1969	1,7	2,5	o,8	1,o	6,o	8,4	o,8	o,3	1,5	o,5	11,5	1,1	1oo,o
197o	1,8	2,4	o,8	1,o	6,o	9,o	o,8	o,3	1,4	o,5	12,o	o,9	1oo,o
1971	1,5	2,3	o,8	1,o	5,6	9,1	o,8	o,3	1,4	o,5	12,1	o,8	1oo,o
1972	1,5	2,2	o,7	1,1	5,5	9,2	o,8	o,3	1,4	o,5	12,2	o,7	1oo,o
1973	1,6	2,2	o,7	1,1	5,6	9,5	o,7	o,2	1,3	o,5	12,2	o,6	1oo,o
1974	1,4	2,1	o,7	1,1	5,3	9,5	o,7	o,2	1,3	o,5	12,2	o,6	1oo,o
1975	1,4	2,o	o,6	1,1	5,1	9,6	o,7	o,2	1,2	o,5	12,2	o,5	1oo,o

[1] Bis 1963 einschließlich Grundsteuer C.- [2] Grob geschätzt.

Tabelle 46: Kassenmäßige Steuereinnahmen von Bund, Ländern und Gemeinden insgesamt
c) Veränderung in vH

	Lohn-steuer	Ver-anlagte Einkom-men-steuer	Nicht-ver-anlagte Steuer vom Ertrag	Körper-schaft-steuer	Steuern vom Umsatz[1]	Gemein-schaftl. Steuern[2] insg.	Ergän-zungs-abgabe	Beför-derungs- und Straßen-güter-[3] ver-kehrs-steuern	Zölle	Tabak-steuer	Brannt-wein-monopol	Mineral-ölsteuer	Kapital-verkehr-steuern u.a.	Sonstige Verbrauch-steuern	Bundes-steuern insg.
	1	2	3	4	5	6	7	8	9	1o	11	12	13	14	15
196o	.	+ 21,4	.	+ 25,7	.	.	-	.	.	+ 7,6	.	.	.	.	.
1961	+ 12,9	+ 2o,7	+ 15,8	+ 14,8	+ 1o,7	+ 17,4	-	+ 3,8	+ 13,7	+ 1o,o	+ 7,2	+ 24,8	+ 1,8	+ 6,2	+ 12,6
1962	+ 17,8	+ 13,o	+ 15,3	+ 4,2	+ 7,6	+ 1o,7	-	+ 1,9	+ 1o,8	+ 8,o	+ 11,4	+ 11,2	+ 4,7	+ 3,2	+ 8,8
1963	+ 12,4	+ 1o,1	+ o,7	- 1,3	+ 3,7	+ 6,4	-	+ 5,o	+ 1,1	+ 2,5	+ 9,2	+ 11,9	+ 2,1	+ 11,2	+ 5,9
1964	+ 16,2	+ 4,8	+ 1o,1	+ 4,3	+ 9,1	+ 9,2	-	+ 3,4	- 21,8	+ 2,4	+ 8,3	+ 46,7	+ 15,1	+ 5,2	+ 1o,1
1965	+ 4,o	+ 4,9	+ 7,9	+ 1,9	+ 1o,5	+ 6,3	-	- 4,8	- 3,3	+ 6,4	+ 4,3	+ 22,4	+ 7,7	- o,1	+ 9,3
1966	+ 13,8	+ 8,6	+ 7,8	- 5,9	+ 4,3	+ 6,5	-	+ 5,8	+ 4,9	+ 6,1	+ 18,o	+ 7,9	+ 8,9	+ 3,5	+ 7,5
1967	+ 2,6	- 1,8	+ o,9	- 8,2	- 1,4	- 1,1	-	- 3,2	- 5,6	+ 16,4	+ 2,9	+ 17,6	+ 1,2	+ 7,4	+ 1o,7
1968	+ 12,9	+ 3,1	+ 4,8	+ 21,1	+ 4,o	+ 8,1	.	.	- 4,3	+ 3,3	+ 8,6	+ 4,8	+ 16,1	+ 1,4	+ 2,9
1969	+ 22,5	+ 4,4	+ 11,4	+ 27,4	+ 31,8	+ 22,1	+ 3o,2		+ 2o,4	+ 4,o	+ 7,7	+ 7,3	+ 24,1	+ 7,6	+ 1o,4
197o	+ 27,5	+ 14,8	+ 13,8	+ 6,o	+ 12,6	+ 16,7	+ 17,2	+ 12,o[a]	+ 3,5	+ 3,8	+ 6,3	+ 5,7	+ 2,9	+ 7,1	+ 5,4
Alternative I (untere)															
1969	+ 12,1	+ 6,5	+ 19,2	+ 21,5	+ 27,1	+ 17,3	+ 3o,2		+ 6,5		+ 7,o	+ 7,3	+ 7,4	+ 3,8	+ 8,o
197o	+ 1o,7	+ 17,7	+ 7,1	+ 1o,5	+ 5,5	+ 1o,o	+ 28,5	+ 12,o[a]	+ 6,5		+ 5,1	+ 5,7	+ 7,4	+ 3,8	+ 6,o
1971	+ 8,7	+ 9,4	+ 6,6	+ 2,2	+ 4,7	+ 6,6	+ 14,o	.	+ 6,5	+ 2,9	+ 3,8	+ 5,5	+ 7,4	+ 3,8	+ 3,3
1972	+ 9,6	+ 4,o	+ 6,5	+ 5,5	+ 4,2	+ 5,9	+ 14,o	-	+ 6,5	+ 2,7	+ 3,3	+ 4,9	+ 7,4	+ 3,8	+ 4,7
1973	+ 1o,5	+ 3,2	+ 6,5	+ 5,6	+ 4,1	+ 6,1	+ 14,o	-	+ 6,5	+ 2,7	+ 2,9	+ 4,7	+ 7,4	+ 3,8	+ 4,8
1974	+ 1o,5	+ 4,1	+ 6,3	+ 5,4	+ 6,1	+ 7,o	+ 14,o	-	+ 6,5	+ 2,6	+ 2,7	+ 4,5	+ 7,4	+ 3,8	+ 4,7
1975	+ 1o,6	+ 4,1	+ 6,4	+ 5,4	+ 6,2	+ 7,1	+ 13,8	-	+ 6,5	+ 2,5	+ 2,6	+ 4,4	+ 7,4	+ 3,8	+ 4,7
Alternative II (obere)															
1969	+ 16,6	+ 7,o	+ 2o,4	+ 24,4	+ 29,7	+ 2o,o	+ 3o,2		+ 8,5	+ 4,o	+ 9,8	+ 7,3	+ 11,o	+ 5,3	+ 8,7
197o	+ 15,4	+ 22,3	+ 11,6	+ 15,5	+ 8,5	+ 14,1	+ 28,5	+ 12,o[a]	+ 8,5	+ 3,8	+ 7,1	+ 5,7	+ 11,o	+ 5,3	+ 6,3
1971	+ 13,7	+ 16,6	+ 11,7	+ 8,2	+ 7,1	+ 11,3	+ 17,4	.	+ 8,5	+ 1,6	+ 5,3	+ 5,5	+ 11,o	+ 5,3	+ 2,6
1972	+ 14,4	+ 1o,3	+ 11,5	+ 1o,5	+ 6,5	+ 1o,3	+ 17,4	-	+ 8,5	+ 2,7	+ 4,5	+ 4,9	+ 11,o	+ 5,3	+ 2,6
1973	+ 15,1	+ 7,9	+ 11,4	+ 1o,1	+ 6,3	+ 9,9	+ 17,4	-	+ 8,5	+ 2,7	+ 4,o	+ 4,7	+ 11,o	+ 5,3	+ 4,4
1974	+ 15,o	+ 7,7	+ 11,2	+ 9,9	+ 8,5	+ 1o,7	+ 17,4	-	+ 8,5	+ 2,6	+ 4,7	+ 4,5	+ 11,o	+ 5,3	+ 4,9
1975	+ 15,o	+ 7,o	+ 11,2	+ 9,7	+ 8,7	+ 1o,7	+ 17,4	-	+ 8,5	+ 2,4	+ 3,6	+ 4,4	+ 11,o	+ 5,3	+ 4,9

[1]Bis 1969 ohne und ab 197o einschließlich buchmäßige Mehreinnahmen aus Regierungskäufen im Ausland.- [2]In der Definition des Finanzreformgesetzes 197o.- [3]Einschließlich Notopfer Berlin.- [a]Geschätzt mit Veränderungsrate des nominalen Bruttosozialprodukts.

noch Tabelle 46
c) Veränderung in vH

	Vermögen-steuer	Kraft-fahrzeug-steuer	Bier steuer	Sonstige Länder-steuern	Länder-steuern insges.	Gewerbe-steuer E + K	Lohn-summen-steuer	Grund-steuer A	Grund-steuer B[1]	Sonstige Gemeinde-steuern	Gemeinde-steuern insges.	Lasten-ausgleichs-abgaben[2]	Steuerein-nahmen von Bund, Ländern und Gemeinden insges.
	16	17	18	19	2o	21	22	23	24	25	26	27	28
196o		.		.	.			.	.	.	.	.	.
1961	+ 29,o	+ 13,8	+ 9,o	+ 14,1	+ 17,2	+ 9,6	+ 9,8	+ 4,8	+ 5,2	+ 5,6	+ 8,7	- o,9	+ 14,7
1962	+ 26,7	+ 12,5	+ 7,5	+ 12,2	+ 16,o	+ 7,5	+ 9,2	+ 1,5	+ 7,4	- 2,8	+ 7,2	+ 3,4	+ 1o,o
1963	- 7,o	+ 13,o	+ 7,o	- 2,9	+ 2,8	+ 6,o	+ 3,3	+ 2,7	+ 5,7	- 4,8	+ 5,o	- 12,7	+ 5,4
1964	+ 15,4	+ 11,2	+ 8,8	+ 7,2	+ 11,5	+ 7,6	+ 4,8	+ 2,2	+ 5,1	+ 11,1	+ 6,7	+ 7,2	+ 9,1
1965	- 2,6	+ 1o,6	+ 2,6	+ 18,2	+ 6,3	+ 2,8	+ 1o,o	+ 1,4	+ 6,9	+ 7,7	+ 3,9	- 15,3	+ 6,1
1966	+ 6,1	+ 8,7	+ 5,4	+ 7,2	+ 7,2	+ 7,9	+ 7,6	+ o,9	+ 7,o	+ 5,5	+ 7,4	- 7,7	+ 6,6
1967	+ 21,4	+ 7,2	+ 1,1	+ 1,9	+ 9,5	- o,8	- 1,9	+ 1,2	+ 7,o	- o,6	+ o,2	+ 2,2	+ 1,9
1968	- 6,6	+ 6,o	+ 5,5	+ 1o,8	+ 2,7	+ 5,3	+ 6,2	+ o,9	+ 5,6	+ 4,8	+ 5,3	+ o,9	+ 6,3
1969	+ 8,7	+ 8,1	+ 7,1	+ 15,6	+ 9,4	+ 34,9	+ 11,8	+ 1,6	+ 5,5	+ 15,7	+ 27,3	- 4,4	+ 19,3
197o	+ 13,9	+ 9,5	+ 5,1	+ 15,4	+ 11,2	- 13,3	+ 14,6	+ 2,7	+ 6,9	+ 3,2	- 6,3	- 2,9	+ 1o,9
Alternative I (untere)													
1969	+ 8,7	+ 8,1	+ 4,5	+ 7,7	+ 7,7	+ 1o,3	+ 5,2	+ o,9	+ 2,9	+ 1,8	+ 8,2	- 5,o	+ 13,5
197o	+ 13,9	+ 9,5	+ 4,5	+ 7,7	+ 9,8	+ 17,2	+ 5,5	+ 1,1	+ 3,8	+ 4,7	+ 13,6	- 3,3	+ 9,6
1971	- 5,5	+ 6,o	+ 4,4	+ 7,7	+ 2,7	+ 4,o	+ 6,o	+ 1,1	+ 3,7	+ 6,4	+ 4,1	- 3,4	+ 5,4
1972	+ 5,7	+ 5,6	+ 4,2	+ 7,7	+ 5,8	+ 5,4	+ 4,9	+ 1,1	+ 3,1	+ 4,8	+ 5,o	- 3,6	+ 5,5
1973	+ 21,4	+ 4,9	+ 4,2	+ 7,7	+ 9,8	+ 7,1	+ 5,4	+ 1,1	+ 3,5	+ 5,7	+ 6,4	- 3,7	+ 6,o
1974	- 6,o	+ 4,6	+ 4,1	+ 7,7	+ 1,9	+ 6,5	+ 5,9	+ 1,1	+ 3,3	+ 5,4	+ 5,9	- 3,8	+ 6,1
1975	+ 6,o	+ 4,2	+ 4,o	+ 7,7	+ 5,4	+ 6,2	+ 4,9	+ 1,1	+ 3,6	+ 6,2	+ 5,7	- 4,o	+ 6,4
Alternative II (obere)													
1969	+ 8,7	+ 8,1	+ 5,7	+ 11,4	+ 8,5	+ 12,1	+ 8,o	+ 2,o	+ 5,8	+ 4,5	+ 1o,3	- 5,o	+ 15,6
197o	+ 13,9	+ 9,5	+ 5,6	+ 11,4	+ 1o,6	+ 21,5	+ 8,o	+ 2,2	+ 5,6	+ 7,8	+ 17,3	- 3,3	+ 12,7
1971	- 5,5	+ 6,o	+ 5,5	+ 11,4	+ 3,5	+ 1o,1	+ 8,2	+ 2,2	+ 6,2	+ 8,4	+ 9,3	- 3,4	+ 8,9
1972	+ 5,7	+ 5,6	+ 5,4	+ 11,4	+ 6,7	+ 1o,3	+ 8,3	+ 2,2	+ 6,2	+ 7,8	+ 9,4	- 3,6	+ 8,7
1973	+ 21,4	+ 4,9	+ 5,1	+ 11,4	+ 1o,6	+ 11,o	+ 7,7	+ 2,1	+ 5,5	+ 8,3	+ 9,9	- 3,7	+ 9,o
1974	- 6,o	+ 4,6	+ 4,8	+ 11,4	+ 2,9	+ 1o,8	+ 8,4	+ 2,o	+ 5,6	+ 8,6	+ 9,8	- 3,8	+ 9,2
1975	+ 6,o	+ 4,2	+ 4,6	+ 11,4	+ 11,4	+ 1o,2	+ 7,8	+ 2,o	+ 6,3	+ 8,8	+ 9,5	- 4,o	+ 9,4

[1] Bis 1963 einschließlich Grundsteuer C.- [2] Grob geschätzt.